DIREITO PROCESSUAL
CONCRETIZADO

Eduardo Talamini

DIREITO PROCESSUAL CONCRETIZADO

Belo Horizonte

2010

© 2010 Editora Fórum Ltda.

É proibida a reprodução total ou parcial desta obra, por qualquer meio eletrônico, inclusive por processos xerográficos, sem autorização expressa do Editor.

Conselho Editorial

Adilson Abreu Dallari	Floriano de Azevedo Marques Neto
André Ramos Tavares	Gustavo Justino de Oliveira
Carlos Ayres Britto	Jorge Ulisses Jacoby Fernandes
Carlos Mário da Silva Velloso	José Nilo de Castro
Carlos Pinto Coelho Motta	Juarez Freitas
Cármen Lúcia Antunes Rocha	Lúcia Valle Figueiredo (*in memoriam*)
Clovis Beznos	Luciano Ferraz
Cristiana Fortini	Lúcio Delfino
Diogo de Figueiredo Moreira Neto	Márcio Cammarosano
Egon Bockmann Moreira	Maria Sylvia Zanella Di Pietro
Emerson Gabardo	Oswaldo Othon de Pontes Saraiva Filho
Fabrício Motta	Paulo Modesto
Fernando Rossi	Romeu Felipe Bacellar Filho
Flávio Henrique Unes Pereira	Sérgio Guerra

Luís Cláudio Rodrigues Ferreira
Presidente e Editor

Coordenação editorial: Olga M. A. Sousa
Revisão: Equipe Fórum
Ficha catalográfica: Ricardo Neto – CRB 2752 – 6ª Região
Capa, projeto gráfico e formatação: Walter Santos

Av. Afonso Pena, 2770 – 15º/16º andares – Funcionários – CEP 30130-007
Belo Horizonte – Minas Gerais – Tel.: (31) 2121.4900 / 2121.4949
www.editoraforum.com.br – editoraforum@editoraforum.com.br

T137d Talamini, Eduardo

　　　　Direito processual concretizado / Eduardo Talamini. Belo Horizonte : Fórum, 2010.

　　　　382 p.
　　　　ISBN 978-85-7700-390-7

　　　　1. Direito processual. 2. Arbitragem. 3. Direito administrativo. 4. Direito constitucional.
I. Título.

　　　　　　　　　　　　　　　　　　　　　　　CDD: 341.4
　　　　　　　　　　　　　　　　　　　　　　　CDU: 347.9

Informação bibliográfica deste livro, conforme a NBR 6023:2002 da Associação Brasileira de Normas Técnicas (ABNT):

TALAMINI, Eduardo. *Direito processual concretizado*. Belo Horizonte: Fórum, 2010. 382 p. ISBN 978-85-7700-390-7.

À memória de Elmar Tobias Talamini.

Cinza, meu amigo, é toda teoria,
E verde a esplêndida árvore da vida.
(GOETHE. *Fausto*, 1ª Parte)

Sumário

Introdução 15

Capítulo 1
Invalidade de Sentença Embasada em Questão Nova, não Suscitada nem Debatida pelas Partes. Efeitos de Instrumento Contratual que Veiculou Negócios Jurídicos Coligados 19
    Nota introdutória 19
I   Os fatos e quesitos 21
II   A nulidade da sentença por violação ao contraditório 24
III A inviabilidade de uma solução "nominalista" 29
IV As características de um convênio propriamente dito 31
V   O exame do efetivo conteúdo do ato intitulado "Convênio 87/010/00" 33
VI Negócios jurídicos coligados: convênio (propriamente dito) e alteração contratual 38
VII A conduta das partes como elemento de confirmação hermenêutica 40
VIII O princípio da boa-fé 43
IX A validade da alteração contratual 45
X   Conclusão 46

Capítulo 2
Critérios de Fixação, Duração e Estabilidade de Multa Processual Coercitiva 49
    Nota introdutória 49
I   Os fatos e quesitos 51
II   A comprovação do acerto da antecipação de tutela 54
III A adequação da multa 54
III-a A natureza e a função da multa processual prevista no art. 461, 4º, do Código de Processo Civil 55
III-b A necessidade do emprego da multa 60
III-c Não limitação ao valor do bem de vida discutido 61
III-d Os parâmetros múltiplos para a fixação da multa 67
III-e A ponderação no caso concreto 75
IV A incidência diária da multa enquanto não houver cumprimento: ausência de limite 76
V   Inviabilidade da revisão retroativa do valor da multa 80
V-a Ausência de discricionariedade em sentido estrito 80
V-b Preclusão 81
V-c Imprescindibilidade de fatos novos 83
V-d Descabimento de redução retroativa da multa 85
V-e Arremate do tópico 88

VI   O significado da categoria "excesso de execução": sua impertinência para o caso concreto 88
VII   Base legal do crédito decorrente de multa – O valor do crédito está à mercê da conduta livre do réu 92
VIII   Conclusão 96

Capítulo 3
Fixação de Honorários Relativos a Capítulo Sentencial que Veicula Condenação para o Futuro 99
Nota introdutória 99
I   Os fatos e quesitos 101
II   A condenação para o futuro 103
III   O direito brasileiro: a regra do art. 290 do Código de Processo Civil 104
IV   A natureza condenatória do pedido feito pelos autores e do dispositivo sentencial que o acolheu 107
V   O parâmetro para a fixação de honorários na condenação para o futuro ... 109
VI   Conclusão 112

Capítulo 4
A Natureza do Litisconsórcio em Ação Demarcatória e a Eficácia de Processo e Sentença Demarcatórios em face de Terceiros Adquirentes de Imóveis Objeto do Litígio 113
Nota introdutória 113
I   Os fatos e quesitos 115
II   Ressalva prévia 116
III   Ação demarcatória e litisconsórcio 117
III.a   Litisconsórcio necessário e litisconsórcio facultativo 117
III.b   Litisconsórcio unitário e litisconsórcio simples (ou comum) 120
III.c   Ausência de identificação entre necessariedade e unitariedade e entre facultatividade e não unitariedade 121
III.d   Litisconsórcio facultativo e simples no caso em exame 122
IV   As decorrências de eventual preterimento de litisconsorte, no caso em exame 127
IV.a   A existência jurídica, validade e eficácia parcial da sentença, na hipótese de preterição de litisconsorte simples 128
IV.b   A inutilidade da arguição pelo litisconsorte citado: falta de interesse recursal 132
V   A perfeita formação da relação processual 134
V.a   A participação do Sr. J.J.V. e sua mulher na relação processual 135
V.b   A participação do Sr. W.A.J. e sua mulher na relação processual 135
V.c   A participação do Sr. V.V.M. e sua mulher na relação processual 136
V.d   A perfeita formação da relação processual 138
VI   A ineficácia das alienações subsequentes em face do processo demarcatório 138
VI.a   A disciplina atinente à alienação de coisa litigiosa 138
VI.b   A incidência das regras sobre alienação de coisa litigiosa no caso em exame 144

VII   Irrelevância da manifestação emitida pelo terceiro que adquiriu parte da área dos Consulentes 147
VIII Conclusão 149

Capítulo 5
A Classificação dos Vícios Processuais e das Modalidades de sua Neutralização – Pressupostos para a Configuração de Vício Processual "Transrescisório" – Regime Jurídico Aplicável à Incorporação de Pessoas Jurídicas – Limites do Efeito Devolutivo em Recurso 153
      Nota introdutória 153
I   Os fatos e quesitos 156
II   Ressalva prévia 160
III   Os planos da existência, eficácia e validade dos atos jurídicos (inclusive processuais) 161
IV   A invalidade dos atos processuais 162
V   As diferentes formas intraprocessuais de correção do ato inválido: convalidação, repetição, suprimento e irrelevância 165
VI   A convalidação transprocessual: a "sanatória geral" decorrente da coisa julgada 169
VII Inexistência jurídica: o único vício "transrescisório" concebível 170
VIII Apenas a inexistência jurídica da sentença constitui defeito "transrescisório" 176
IX   Eventual falta de intimação no curso do processo não implica sentença inexistente nem vício "transrescisório" 177
X   Ausência de vício "transrescisório" no caso em exame 178
XI   Ausência de nulidade ou defeito de qualquer espécie 179
XII   Morte de pessoa natural e incorporação de pessoa jurídica: diferenças entre os regimes jurídicos processuais 182
XIII Limites do efeito devolutivo e da competência do órgão *ad quem* quando o recurso não é conhecido (ou é parcialmente conhecido) 184
XIV A garantia do contraditório como dever de debate do órgão jurisdicional com as partes: vedação à surpresa 188
XV   A configuração do erro de fato 193
XVI O cabimento de embargos declaratórios para a correção de erro de fato – Seus efeitos 195
XVII Conclusão 197

Capítulo 6
Violação (sob o Título de "Relativização") da Coisa Julgada que Acoberta Capítulo Sentencial Atinente à Condenação em Honorários de Sucumbência – Cabimento de Recurso Especial e Recurso Extraordinário Adesivos para Combater tal Ofensa .. 199
      Nota preliminar 199
I   Os fatos 200

II	A incidência da coisa julgada sobre o capítulo referente a honorários de sucumbência: a Súmula nº 453 do STJ	203
III	O valor constitucional da coisa julgada	205
IV	"Relativização" da coisa julgada: limites de legitimidade	209
V	Violação a normas constitucionais: cabimento de recurso extraordinário	215
VI	Ausência de erro material	217
VII	Leis federais violadas: cabimento de recurso especial	219
VII.a	Art. 463, CPC	219
VII.b	Artigos 467, 468 e 471, CPC; e art. 6º, LICC	220
VII.c	Art. 474, CPC	222
VII.d	Art. 475-G, CPC	226
VII.e	Art. 485, CPC	233
VIII	Configuração do prequestionamento	234
IX	O cabimento dos recursos adesivos	236
X	Os acórdãos no AI nº 1*****-2 e no AI nº 3*****-4	237
XI	Conclusão	238

Capítulo 7
Ação de Prestação de Contas: seu Caráter Dúplice. Cabimento de Ação Rescisória por Violação à Eficácia Preclusiva e à Função Positiva da Coisa Julgada 241

	Nota introdutória	241
I	Os fatos e quesitos	243
II	Questões relevantes	245
III	Função e objeto da ação de prestação de contas	246
III-a	Objeto abrangente da totalidade dos créditos e débitos existentes na relação entre as partes	247
III-b	Caráter dúplice da ação	248
III-c	O objeto da ação de prestação de contas no caso em exame	251
IV	Princípio da eventualidade: descumprimento de ônus pela ré	253
V	Eficácia preclusiva da coisa julgada	257
VI	Nova ação, relação de continência e coisa julgada	263
VII	Violação da coisa julgada	265
VIII	Cabimento e procedência da ação rescisória	266
IX	Conclusão	268

Capítulo 8
Validade de Intimação da Avaliação de Bem Penhorado em Execução Fiscal. Validade da Avaliação. Consequências de Hipotético Reconhecimento da Invalidade de tais Atos, em face de Leilão Público já Realizado 271

	Nota introdutória	271
I	Os fatos e quesitos	272
II	A validade da intimação da avaliação	274
II.a	Diretrizes gerais sobre intimação	274

II.b   A disciplina da execução fiscal – A orientação jurisprudencial................... 277
II.c   A atual disciplina da execução em geral (Lei nº 11.382/2006)..................... 279
II.d   As circunstâncias do caso concreto.. 280
II.e   Arremate do tópico... 281
III   A validade da avaliação... 282
III.a A validade formal da avaliação.. 282
III.b A correção do resultado da avaliação... 284
III.c Arremate do tópico... 286
IV   Ausência de prejuízo.. 287
V   A incidência da regra do não desfazimento da arrematação..................... 290
VI   Consideração final: devido processo legal, razoabilidade e
       proporcionalidade... 292
VII   Respostas aos quesitos... 296

Capítulo 9
Cabimento de Arbitragem Envolvendo Sociedade
de Economia Mista Dedicada à Distribuição de Gás
Canalizado.. 299
       Nota introdutória.. 299
I   A consulta... 300
II   A natureza jurídica da *Compagás* – O regime jurídico processual a que
       ela se submete.. 301
III   A indisponibilidade do interesse público: suas decorrências no terreno
       processual... 305
IV   O princípio geral da não necessariedade da intervenção jurisdicional
       nas relações de direito público.. 309
V   A "disponibilidade" como requisito da arbitragem.................................. 310
VI   A legitimidade constitucional da arbitragem... 314
VII   O objeto do processo arbitral em exame... 315
VII.1 Perfeita identificação do objeto no compromisso arbitral....................... 315
VII.2 O caráter patrimonial dos bens em disputa.. 317
VII.3 As especificidades técnicas da matéria controvertida............................. 319
VIII   A confirmação doutrinária e jurisprudencial do cabimento da
       arbitragem.. 320
IX   Os princípios da boa-fé e da moralidade administrativa......................... 322
X   Conclusão... 323

Capítulo 10
Competência do Poder Judiciário para Processamento
de Medida Cautelar de Produção Antecipada de
Provas Preparatória de Futura Ação de Indenização e
de Resolução de Contrato, o qual, Embora Contivesse
Cláusula de Arbitragem, Ensejou Anterior Ação
Judicial, ainda em Trâmite... 325
       Nota introdutória.. 325
I   Os fatos e quesitos.. 326
II   Limites de legitimidade da arbitragem.. 329

II.a   Disponibilidade da opção arbitral 331
II.b   Ausência de poder coercitivo do árbitro 332
II.c   A convenção arbitral não afasta o direito à plena e adequada tutela 333
III   Competência do Judiciário para medidas urgentes preparatórias 334
III.a Caráter cautelar da produção antecipada de provas 335
III.b Entendimento assente sobre a competência do Judiciário 337
III.c Os regramentos dos órgãos arbitrais institucionais 338
IV   A competência é matéria que antecede qualquer outra 340
IV.a   A antecedência lógica das questões preliminares 340
IV.b   A presença de *periculum in mora* e *fumus bonis iuris* constitui o mérito da medida cautelar.. 341
IV.c   A precedência da questão da competência entre todas as preliminares.... 342
IV.d   Uma dimensão do princípio da "competência-competência" 342
V   A superação da cláusula arbitral pelo ajuste tácito entre as partes 344
V.a   As regras dos arts. 267, VII e §3º, e 301, §4º, do CPC 344
V.b   A resilição tácita da convenção arbitral 348
VI   A extensão da resilição 352
VI.a   Negócio jurídico bilateral.. 352
VI.b   Conexão entre a ação que já tramita perante o Judiciário e a futura ação principal... 354
VI.c   A vedação ao *venire contra factum proprium* e sua incidência no caso concreto.. 361
VII   O efeito devolutivo no recurso especial 363
VIII   Conclusão 363

Capítulo 11
Desequilíbrio da Equação Econômico-Financeira de Contrato Administrativo. Aditivos Contratuais que não a Reequilibram. Ausência de Preclusão ou Presunção de Renúncia ao Direito ao Reequilíbrio 365
       Nota introdutória 365
I   A consulta 368
II   O equilíbrio econômico-financeiro: sua intangibilidade como imposição constitucional 368
III   A distinção entre regras sobre presunção e regras formativas (preclusivas)... 372
IV   Ausência de regra preclusiva 376
V   Ausência de regra de presunção: norma geral exigindo renúncia expressa 377
VI   A existência de comprovação de que não houve renúncia 379
VII   O princípio da boa-fé da Administração Pública 380
VIII   Conclusão 381

Introdução

A ciência do direito não se ocupa da simples descrição de um fenômeno cultural. Cabe-lhe — não há dúvidas — compreender o ordenamento jurídico à luz da realidade sociocultural e dos valores nela reinantes. Mas isso não significa que a atividade jurídico-doutrinária restrinja-se a meramente retratar o direito tal como ele é praticado. Mais do que isso, ela tem uma função propositiva. Cumpre-lhe interpretar as normas jurídicas e, se for o caso, sugerir a correção de rumos na aplicação do direito. Mas essa atividade não se desenvolve em abstrato: ainda que deva ser crítica em face da realidade, não pode desconsiderá-la. Use-se como exemplo uma das mais importantes dimensões da prática do direito, as decisões dos tribunais. Não é concebível a cega invocação de julgados como argumentos de autoridade. Mas é também inviável o extremo oposto da absoluta desconsideração das construções jurisprudenciais. Deve-se buscar o difícil equilíbrio entre a postura crítica quanto ao que já decidiram os tribunais e a consciência de que a reiterada adoção de determinado entendimento tende a ser razoável indício do "acerto" da solução.

Essa interação crítica com a prática do direito é tanto mais necessária em um campo como o direito processual, que se ocupa, precisamente, do regime jurídico de um dos âmbitos nucleares da produção jurídica concreta, a jurisdição.

Toda a atividade teórica do processo deve, portanto, realizar-se com os olhos voltados à realidade. Mas na produção doutrinária pura essa interação apresenta evidentes limites. As proposições teóricas gerais necessariamente simplificam a realidade. Daí a relevância de estudos a partir de casos concretos — como são, por exemplo, os comentários a julgados. Os pareceres doutrinários também cumprem esse importante papel. Na confecção de peças processuais, não cabe ao advogado "fazer doutrina". O essencial é expor os argumentos favoráveis à parte que representa na estrita medida do necessário para os fins do processo — tomando em conta, portanto, os ditames da economia processual, da duração razoável do processo etc. O mesmo se diga das decisões judiciais: devem veicular o suficiente para que sejam fundamentadas de modo racional, completo e controlável. Já o parecer tem uma missão diferente: sua autoridade funda-se na robustez teórica do seu conteúdo, e sua qualidade é medida pela adequada subsunção do caso em análise à doutrina exposta.

E essa atividade de interação entre teoria e realidade — estudos de casos, pareceres... — é indispensável ao aprimoramento científico. O desenvolvimento de considerações teóricas à luz do caso concreto, para solucionar *questões concretas* — que é a função do parecer doutrinário —, dá ensejo a enfoques e aprofundamentos muitas vezes ausentes, por desnecessidade ou incompatibilidade, no estudo com caráter estritamente científico.

Permito-me aqui três exemplos, pertinentes ao conteúdo deste livro.

A relação entre direito material e processo: há muito, a doutrina põe em destaque as influências que os institutos processuais recebem do direito material — e exemplos são didaticamente apresentados: ônus da prova, condições da ação, meios de tutela diferenciada... No entanto, a exata e precisa repercussão do direito material sobre o processo apenas pode ser dimensionada *em cada caso concreto*. Dizer, por exemplo, que a conexão é um daqueles institutos que sofrem os influxos do objeto litigioso é correto. Mas apenas o caso concreto, conforme o objeto do litígio, permitirá definir as exatas decorrências que a conexão implicará (v., a esse respeito, o Capítulo 10).

A aplicação da proporcionalidade: a ponderação de valores é tarefa que, em sua plenitude, apenas pode desempenhar-se em concreto (fala-se, bem por isso, em "reserva de ponderação no caso concreto"). Os exemplos hipotéticos apresentados em sede teórica são válidos para fins didáticos. Contudo, só se tem verdadeiramente um juízo de proporcionalidade quando se está diante das circunstâncias concretas de um caso (v., por exemplo, o Capítulo 6).

A instrumentalidade das formas: a efetiva aferição dos prejuízos havidos, dos fins efetivamente atingidos, para a partir disso definir-se se um vício deve ser decretado, também depende do caso concreto. Uma mesma hipótese de vício pode receber soluções significativamente diferentes em face das peculiaridades de cada caso concreto (v., entre outros, os Capítulos 4, 5 e 8).

Este livro reúne o exame, em face de casos concretos, dessas questões e de tantas outras com os mesmos atributos. Foram aqui selecionados onze pareceres. Neles são abordados diferentes aspectos de processo civil, processo constitucional, arbitragem, teoria geral do direito. Questões de direito material são também enfrentadas, seja porque repercutem sobre aspectos processuais examinados, seja porque estão intimamente ligadas a questões processuais. O parecer apresentado no Capítulo 11 versa sobre uma questão de direito material, mas foi aqui incluído porque o deslinde dessa questão faz-se mediante a consideração de institutos que, conquanto integrem a teoria geral do direito, são, por razões históricas ou práticas, normalmente estudados no âmbito do processo.

Curitiba, novembro de 2010.

Capítulo 1

Invalidade de Sentença Embasada em Questão Nova, não Suscitada nem Debatida pelas Partes. Efeitos de Instrumento Contratual que Veiculou Negócios Jurídicos Coligados

Nota introdutória

Este parecer ocupa-se de dois temas distintos.

O primeiro concerne à (im)possibilidade de o juiz adotar como razão de decidir um argumento fático-jurídico jamais aventado pelas partes no curso do processo. Demonstra-se que a garantia constitucional do contraditório não se limita a permitir o embate entre as partes, mas impõe ao próprio juiz o dever de com elas dialogar — rejeitando-se decisões que surpreendam por seu conteúdo inovativo em relação aos pontos até então postos em discussão. O poder de conhecer de determinadas matérias de ofício não o exime do dever de debate. Ao vislumbrar um aspecto — fático ou estritamente jurídico — que é cognoscível de ofício, mas que não foi até aquele momento suscitado no processo, cumpre ao juiz permitir que as partes sobre ele se manifestem, antes de sua decisão sobre o tema.

Como indicado no parecer, essa dimensão do contraditório é posta em destaque, já há algum tempo, por autorizada doutrina estrangeira e nacional.[1] Mas é frequentemente desconsiderada na prática

---

[1] Em sede doutrinária, eu já havia tratado do tema em mais de uma oportunidade (p. ex.: "A nova disciplina do agravo e os princípios constitucionais do processo", em *Revista de Informação Legislativa*, n. 129, 1996, p. 70-71, nota 12 [também publicado na *Revista de Processo*, v. 80, 1995]; "O conteúdo do saneamento do processo em Portugal e no direito brasileiro anterior e vigente", em *Revista de Informação Legislativa*, n. 134, 1997, p. 150-151 [também publicado, sob o título "Saneamento do processo", na *Revista de Processo*, v. 86, 1997]).

do processo. O projeto de novo Código de Processo Civil propõe-se a explicitá-la, em diversas disposições (arts. 9º; 10; 110, par. ún.; 469, par. ún.; art. 475, par. ún.; art. 845, par. ún. — entre outros do projeto do novo CPC) — o que é digno de elogios. Reitere-se, contudo: trata-se de mera explicitação de uma decorrência da garantia constitucional do contraditório (o que, aliás, é assinalado na própria Exposição de Motivos do referido projeto).

O segudo tema versado no parecer diz respeito à interpretação de instrumentos negociais, a fim de definir se foi correta a sentença que afirmou a ilegitimidade passiva de determinada parte. O exame desenvolvido centra-se no enfrentamento de questões atinentes ao próprio direito material. A intensa simbiose entre direito material e de direito processual é uma constante nas questões processuais concretas — o que fica evidenciado em vários dos outros pareceres aqui reunidos. Neste caso específico, entretanto, a necessidade de análise do direito material derivou precipuamente da circunstância de não se estar diante de uma verdadeira questão relativa às condições da ação — mas, sim, de um aspecto do próprio mérito da causa. Reconheço a legitimidade das partes como categoria processual, inconfundível com o mérito da causa.[2] No âmbito da legitimação extraordinária isso fica muito evidente — ainda que na legitimação ordinária a verificação propriamente processual tenda a restringir-se à simples asserção do autor.[3] Mas isso não autoriza a rotular de "ilegitimidade" ou "carência de ação" todo e qualquer juízo de falta de pertinência subjetiva de um direito ou dever. A sentença examinada neste parecer também incidiu em tal desvio de perspectiva (ainda que esse aspecto não tenha sido enfatizado no parecer, cujo objetivo era antes demonstrar a existência da referida pertinência subjetiva do que ocupar-se em qualificar sua hipotética ausência).

Nesse ponto, os dois temas do parecer "encontram-se" em certa medida. A prática indica que muito frequentemente juízes e tribunais pretendem classificar como sendo relativos às "condições da ação" juízos relativos ao mérito precisamente por reputar que apenas assim poderiam valer-se de um regime privilegiado de apreensão e emprego de material instrutório, que seria típico das "questões processuais

---

[2] O projeto de novo CPC, a exemplo do diploma atual (CPC, art. 267, VI), mantém a ilegitimidade das partes como um dos possíveis fundamentos da sentença que não julga o mérito (art. 467, VI).

[3] Tratei rapidamente do tema em *Coisa julgada e sua revisão*. São Paulo: Revista dos Tribunais, 2005. p. 380-381, inclusive a nota 16.

de ordem pública": cognição de ofício e utilização sem o crivo do contraditório. Mas, à parte a inviabilidade dessa transfiguração artificial, o seu próprio móvel funda-se em dois equívocos. Por um lado, o campo de cognição judicial de ofício é muito mais vasto do que normalmente se supõe — abrange inclusive as matérias de mérito, ressalvadas apenas as que constituam "exceções materiais". Por outro, como se procura demonstrar na primeira parte do parecer, todo e qualquer ponto relevante, seja processual ou relativo ao mérito, de "ordem pública" ou não, deve ser submetido ao contraditório, compreendido como dever de diálogo do juiz com as partes.

Sumário: **I** Os fatos e quesitos – **II** A nulidade da sentença por violação ao contraditório – **III** A inviabilidade de uma solução "nominalista" – **IV** As características de um convênio propriamente dito – **V** O exame do efetivo conteúdo do ato intitulado "Convênio 21/010/00" – **VI** Negócios jurídicos coligados: convênio (propriamente dito) e alteração contratual – **VII** A conduta das partes como elemento de confirmação hermenêutica – **VIII** O princípio da boa-fé – **IX** A validade da alteração contratual – **X** Conclusão

Parecer

Companhia XXX solicita parecer versando sobre aspectos do litígio que é objeto de ação condenatória, de procedimento ordinário, promovida pela consulente em face da União Federal, que foi recentemente objeto de sentença do d. Juízo da 000ª Vara Federal de Curitiba.

Os fatos pertinentes e os quesitos estão abaixo expostos. A formulação da consulta fez-se acompanhar de cópia integral dos autos do processo.

I Os fatos e quesitos

1 Em março de 1987, depois de sair-se vencedora em processo licitatório, a consulente celebrou contrato com o Estado de YYY tendo por objeto a execução de obras de melhoria e ampliação do porto de ZZZ.

2 Em dezembro de 1987, em vista do direto interesse federal em tais obras, a Empresa de Portos do Brasil (Portobrás) firmou, com o

Estado de YYY e com a consulente, instrumento jurídico que recebeu o nome de "Convênio".[4]

Pelo "Convênio", a Portobrás passava a ter participação técnica e financeira no projeto de ampliação do Porto de ZZZ.

Por expressa previsão, o contrato originalmente celebrado entre o Estado e a consulente foi absorvido, incorporado, ao "Convênio". Constou da cláusula primeira desse instrumento que o referido contrato "passa a integrar o presente Convênio, independentemente de transcrição".

O "Convênio" atribuiu obrigações ao Estado, à Portobrás e à consulente.

Entre outros deveres, coube ao Estado o de arcar com o custo das obras e serviços objeto do contrato, na proporção de 10% (dez por cento), fixada na cláusula terceira do "Convênio". Em consequência, o Estado ficou também obrigado a promover a quitação, perante a consulente, das faturas atinentes a essa parte dos custos, devidamente certificadas pela comissão de fiscalização das obras. O Estado responsabilizou-se também "por todo e qualquer serviço e seu correspondente pagamento, que não constem das Ordens de Serviço expedidas pela PORTOBRÁS" (cláusula segunda, I).

A Portobrás assumiu, entre outras, a obrigação de promover a quitação, junto à consulente, das faturas que lhe fossem apresentadas atinentes à sua parte nos custos (90%), devidamente atestadas pela fiscalização (cláusula segunda, II).

A consulente, por sua vez, obrigou-se a executar as obras e serviços previstos no contrato, nas condições ora estabelecidas no "Convênio". Ficou estabelecido que qualquer alteração de condições contratuais dependeria de "aprovação da PORTOBRÁS e do Estado" (cláusula segunda, II). A consulente passou a se submeter a uma fiscalização conjunta do Estado e da Portobrás, mediante Comissão de Fiscalização integrada por representantes de ambos os entes (cláusula quarta, *caput*) e subordinada, em última instância, à Portobrás (cláusula quarta, parágrafo segundo). Ademais, as ordens de serviço à consulente passaram a ser emitidas pela Portobrás, de comum acordo com o Estado (cláusula quinta).

---

[4] No presente parecer, utiliza-se a expressão *"Convênio"*, com inicial maiúscula e entre aspas, para referir-se a esse ato concretamente praticado e ora em exame. As alusões a *convênio* (sem aspas, inicial minúscula) referem-se ao estrito ato (contrato) de cooperação celebrado entre diferentes entes administrativos, nos moldes sintetizados no item IV, adiante. Como se verá, o "Convênio" do caso concreto tem conteúdo e eficácia que vai além de um puro e simples convênio.

Na mesma oportunidade, foram ainda excluídos dois itens do objeto do contrato (dragagem e construção dos molhes da Barra Sul da Baía de B.).

3 A ordem de serviço nº 1 foi expedida pela Portobrás em 21 de dezembro de 1988. Os trabalhos tiveram início em 1989 e se estenderam até 15 de março de 1990. Diversas outras ordens de serviço foram emitidas pela empresa pública federal.

Durante esse período, a consulente relata que ocorreram pagamentos diretamente em seu favor, por parte da Portobrás, em cumprimento à previsão de quitação de faturas contida no "Convênio".

Também durante esse período, houve duas novas alterações do objeto do contrato, com acréscimos e decréscimos de quantitativos por força de alterações no projeto executivo original. Em ambas as oportunidades, as alterações foram instrumentalizadas mediante aditivos ao "Convênio".

4 A Portobrás teve sua dissolução autorizada pela Lei nº 8.029/90. Iniciou-se processo de liquidação da empresa pública e, por determinação de seu liquidante, as obras foram paralisadas pela consulente.

Desde então não sobreveio nova ordem da Administração autorizando a retomada da execução do contrato. Também não houve formalização de rescisão contratual.

5 Em decorrência da paralisação por ordem da Administração Federal, a consulente arcou com pesados custos pela ociosidade de seus equipamentos e pessoal. Além disso, *não* foram pagos pela Portobrás diversos serviços executados nos termos do contrato.

Por ocasião do procedimento de liquidação do ativo e passivo da Portobrás, a consulente foi excluída sob o argumento de que a validade do contrato e do "Convênio" estavam sendo examinadas pelos Tribunais de Contas do Estado de YYY e da União.

Posteriormente, o Tribunal de Contas da União acolheu os esclarecimentos apresentados e arquivou o processo em que se discutia a legalidade da contratação. Também o Tribunal de Contas do Estado de YYY decidiu pela validade da licitação e do contrato.

6 Diante disso, e com a incorporação da Portobrás pela União, a consulente formulou perante o Ministério dos Transportes o pedido de pagamento das faturas inadimplidas e a indenização dos prejuízos pela suspensão imotivada do contrato.

Esse pleito submeteu-se às mais diversas tramitações na Administração Federal. Recebeu pareceres e decisões intermediárias que o acolhiam ora parcial, ora integralmente. No entanto, jamais foi proferida uma decisão final a respeito dele.

7 Em face dessa omissão, a consulente ajuizou ação condenatória em face da União (autos nº xxxxx).

Depois da contestação, da réplica e da especificação de provas, o d. Juízo da 000ª Vara Federal de Curitiba proferiu sentença. Descartou a alegação de litisconsórcio necessário formulada pela União. No entanto, adotando um entendimento que nem sequer a União havia preconizado em sua defesa, reputou que a pretensão da consulente não deveria ser externada em face da União, mas exclusivamente diante do Estado de YYY. Conforme a r. sentença, o "Convênio" estabeleceria vínculos jurídicos apenas entre o Estado e a União (ora sucessora da Portobrás). A consulente teria apenas intervindo no "Convênio" como "mera observadora em sua consecução" (sic). A consulente estaria juridicamente ligada apenas ao Estado, e em face dele teria de exercer seus direitos, cabendo ao Estado direito de regresso em face da União.

8 A consulente formula os seguintes quesitos:

a) *A sentença é válida, tendo em conta as garantias fundamentais do processo?*

b) *Qual a natureza e a eficácia do intitulado "Convênio 87/010/00"?*

c) *A consulente titulariza uma pretensão jurídica diretamente em face da União, ou está correta a sentença?*

II A nulidade da sentença por violação ao contraditório

9 A tutela ao contraditório e à ampla defesa (CF, art. 5º, LV) destina-se a permitir aos interessados efetiva influência na formação da vontade estatal. A manifestação prévia à emissão do ato decisório constitui-se em uma espécie de colaboração com a autoridade pública. O interessado apresenta à autoridade estatal suas ponderações e contribui para a eliminação das controvérsias acerca do Direito e dos fatos. Nesse setor, a decisão adotada pela autoridade judicial produz-se com um cunho de consequência (lógica, mesmo) da atividade conjugada de todos os potenciais interessados. Assegura-se, desse modo, a efetividade da ampla defesa.

Por tudo isso, a oportunidade de manifestação do interessado tem de ser anterior à formalização da decisão

10 Tradicionalmente, enfatiza-se a natureza eminentemente dialética de que se reveste o processo: permite-se que uma parte pratique um ato (eis a tese), que a outra pratique outro ato em resposta (e aí está a antítese) e que, com base nisso, o juiz decida (estabelecendo-se a síntese — a qual funciona como uma nova tese, reiniciando-se o processo dialético).

Não há dúvidas de que isso representa aplicação do princípio do contraditório. E em um primeiro momento o que transparece é esse fundamento *lógico* do contraditório. Ou seja: ele é decorrência lógica da própria direção contrária dos interesses dos litigantes. É decorrência lógica da própria "bilateralidade da ação e do processo".[5]

Mas não é esse o único fundamento do contraditório — e *o contraditório tampouco pode ser reduzido apenas a esse embate ou diálogo realizado meramente entre as partes.*

A limitação da ideia de contraditório ao debate *entre as partes* — a ser apenas assistido pelo juiz — remonta a um processo civil eminentemente dispositivo, em que todo o material argumentativo e probatório seria necessariamente aportado ao processo pelos litigantes. Na medida em que se atribuiu ao juiz um papel ativo, com o dever de conhecer de determinadas questões e produzir provas mesmo de ofício, aquela noção está superada.

A garantia do contraditório funda-se em aspectos mais relevantes.

10.1 Primeiro, há também um embasamento que poderia ser designado *utilitário, técnico* ou *pragmático*: é a plena participação dos litigantes que garantirá que o processo tenha o resultado mais próximo da "verdade". Um dos chamados princípios formativos do processo consiste em selecionar, ao máximo, meios para atingir a verdade e eliminar o erro. O uso do contraditório no processo é um desses meios.[6]

10.2 Indo avante, o contraditório tem também um fundamento *ético*: não basta que a sentença seja justa; é preciso que seja justa *através de um processo justo*. Ou seja, dentro do moderno Estado democrático de direito reprova-se a máxima maquiavélica de que os fins justificariam os meios. A via escolhida, o meio eleito, afeta de modo inexorável o fim que se quer atingir. A *dignidade humana* — cerne de fundamentação axiológica do Direito, como tal hoje reconhecida inclusive em textos de direito positivo (Preâmbulo da Carta da ONU; Declaração Universal dos Direitos do Homem, Preâmbulo e art. I; Constituição brasileira, art. 1º, III) — impõe que cada pessoa possa participar, influir na formação dos atos que lhe afetarão.

---

[5] GRINOVER, Ada P. *Os princípios constitucionais e o CPC.* São Paulo: Bushatsky, 1975. p. 90.

[6] A luta entre interesses contrapostos das partes é considerada e aproveitada pelo Estado como o instrumento mais apropriado para satisfazer ao final o interesse público da justiça. Cf. CALAMANDREI. El processo como juego. *In: Derecho procesal civil.* Tradução de Santiago Sentís Melendo. Buenos Aires: E.J.E.A., 1973. III, p. 263.

10.3 Por fim, há um fundamento sociopolítico a justificar o contraditório: a participação dos interessados no processo de criação do ato que os atingirá é um importante (ainda que não único) fator de "legitimação subjetiva". Em outras palavras, é uma forma de se garantir que os cidadãos se "disponham a obedecer" os comandos estatais.[7]

11 Essa insistência em destacar tantos aspectos do contraditório não é aleatória. Tamanha é sua importância no direito processual moderno que há quem chegue a considerá-lo o núcleo, a essência do processo. É o que faz por exemplo Elio Fazzalari, para quem o processo consiste em um procedimento do qual participam em contraditório os interessados no ato final.[8]

12 O contraditório traz consigo a noção de audiência bilateral. Essa consiste na plena *informação* dos atos do processo às partes e na *possibilidade de reação* a esses atos. Os institutos que por excelência exemplificam a audiência bilateral são a *citação* (ou seja informação ao réu de que existe uma demanda proposta contra si) e a *abertura de possibilidade de contestação*.

Mas obviamente o princípio da audiência bilateral não se resume a isso. Estende-se a todo o procedimento. Se uma parte traz aos autos um documento, há de se noticiar esse ato à parte contrária, permitindo-lhe manifestar-se sobre ele (CPC, art. 398); antes de exercer eventual juízo de retratação no recurso de agravo retido, o juiz há de ouvir o agravado (CPC, art. 523, §2º) — e assim por diante.

Ademais, o contraditório e a bilateralidade da audiência — como garantias constitucionais — não se restringem ao definido na legislação infraconstitucional. Terão de ser observados sempre que ocorra um ato relevante dentro do processo — ainda que não exista expressa previsão legal.

Como leciona Luigi Paolo Comoglio, por um lado, jamais o sistema constitucional de garantias do processo pode ser lido, interpretado, meramente a partir daquilo que está previsto na legislação infraconstitucional, mas sim o contrário: esta é que há de ser reinterpretada, *reconstruída, à imagem e semelhança* daquele. Por outro, lembra ainda o i. processualista italiano, há uma exigência de que se promovam "le condizioni migliori per una 'concretizzazione' sempre più adeguata di quelle stesse garanzie".[9]

---

[7] V. entre outros DINAMARCO, C. *A instrumentalidade do processo*. 3. ed. São Paulo: Malheiros, 1993. esp. itens 16 e 17.

[8] *Istituzioni di diritto processual*. 6. ed. Padova: Cedam, 1992. p. 82 *et seq*.

[9] "Giurisdizione e processo nel quadro delle garanzie costituzionale", *Riv. trim. di dir. e proced. civile*, 4, p. 1064-1065, 1994.

13 Precisamente por essas razões, o contraditório não consiste apenas na garantia de embate, de ação e reação, *entre as partes*. Mais do que isso, *atinge também o juiz, que tem o dever de estabelecer um diálogo efetivo com as partes*.

Desde que também o juiz está investido de poderes para trazer, *ex officio*, elementos instrutórios (jurídicos ou fáticos) para dentro do processo, essa atividade também fica sujeita ao crivo do contraditório.

A principal decorrência da dimensão do contraditório ora destacada reside na vedação a que o juiz surpreenda as partes com decisões sobre questões que, conquanto versem sobre matéria cognoscível de ofício, não tenham sido debatidas no curso do processo.

O tema tem merecido especial atenção da doutrina nacional e estrangeira.

Como escreve Carlos Alberto Álvaro de Oliveira, ao enfatizar a *colaboração* entre os sujeitos principais do processo como o cerne do contraditório:

> Ora, essa colaboração só se ostenta possível, do ângulo visual das partes, quando sabem elas ou podem saber de que depende, no caso concreto, o ponto de vista do órgão judicial. De modo nenhum pode-se admitir sejam as partes surpreendidas por decisão que se apóie, em ponto decisivo, numa visão jurídica de que não se tenham apercebido, ou considerada sem maior significado: o Tribunal deve dar conhecimento de qual direção o direito subjetivo corre perigo. Permitir-se-á apenas o aproveitamento, na sentença, dos fatos sobre os quais as partes tenham tomado posição.
>
> Dentro da mesma orientação, a liberdade concedida ao julgador de escolher a norma a aplicar, independentemente de sua invocação pela parte interessada, consubstanciada no brocardo iura novit cúria, não dispensa a prévia ouvida das partes sobre os novos rumos a serem imprimidos à solução do litígio, em homenagem ao princípio do contraditório.(...)
>
> (...) Mesmo a matéria que o Juiz deva conhecer de ofício impõe-se pronunciada apenas com a prévia manifestação das partes, pena de infringência da garantia. Por sinal, é bem possível recolha o órgão judicial, dessa audiência, elementos que o convençam da desnecessidade, inadequação ou improcedência da decisão que iria tomar. Ainda aqui o diálogo pode ser proveitoso, porque o Juiz ou o Tribunal, mesmo por hipótese imparcial, muita vez não se apercebe ou não dispõe de informações ou elementos capazes de serem fornecidos apenas pelos participantes do contraditório.[10]

---

[10] OLIVEIRA, C. A. Álvaro de. O juiz e o princípio do contraditório. *Revista de Processo*, v. 71, p. 34, 35, 1993.

Na mesma linha, Cândido Dinamarco leciona:

> Tem-se como certo que seria arbitrário o poder exercido sem a participação dos próprios interessados diretos no resultado do processo. Essa participação constitui postulado inafastável da democracia e o processo é em si mesmo democrático e portanto participativo, sob pena de não ser legítimo. E falar em participação significa, no direito processual moderno, falar também no ativismo judiciário, que é a expressão da postura participativa do juiz — seja através da iniciativa probatória, seja do diálogo a que o juiz tradicional se recusa etc.[11]

Ainda no mesmo sentido, convém citar valiosa doutrina de Giuseppe Tarzia:

> Ocorre, em resumo, um uso racional, e porém também efetivo, dos poderes do juiz. A rapidez, tão freqüente e inutilmente esperada, deve ser em função da decisão e não do sufocamento do debate. O papel "ativo" do juiz deve ser, antes de tudo, aquele de um partícipe do diálogo processual. A sua mediação é esperada não para limitar os poderes das partes, mas para assinalar os temas do debate releváveis de ofício (como já previa uma disposição, até agora não aplicada, do nosso código de processo civil [i.e., o Código italiano]) e para evitar decisões surpresas.
>
> Existe, em uma palavra, a exigência de recolocar o juiz ao centro do fenômeno processual: não para um exercício solitário de autoridade, mas nem para uma aplicação burocrática de esquemas processuais pré-fabricados. Ele deve, ao invés, conduzir o processo, no diálogo e no contraditório com as partes. Esta obrigação do juiz ao contraditório, expressa pelas legislações mais modernas, continua infelizmente a encontrar resistências na normativa e ainda mais na praxe do processo civil italiano.[12]

14 No processo judicial ora em exame, foi desrespeitada essa específica dimensão do contraditório.

Como indicado, os órgãos e agentes federais envolvidos na questão jamais negaram que o vínculo jurídico da consulente se dava diretamente com a Portobrás (e, depois, com sua sucessora, a União). No processo judicial, tampouco se formulou uma defesa no sentido da tese construída pela r. sentença. A União em momento nenhum

---

[11] *A instrumentalidade*, op. cit., p. 131-132.
[12] TRAZIA. *O novo processo civil de cognição na Itália*, conferência pronunciada, em 23.06.1995, nas Jornadas de Direito Processual Civil, realizadas em Curitiba (reprodução escrita, autorizada pelo autor e fornecida pelos organizadores), p. 6.

reputou que a pretensão da consulente não lhe deveria ser dirigida. Na contestação, apenas sustentou-se que o Estado de YYY também deveria integrar o processo, como litisconsorte necessário. Mas mesmo essa defesa pressupunha o reconhecimento de que, de todo modo, a União também deveria ali figurar. No mérito, outros foram os argumentos invocados pela União — todos alheios à formulação desenvolvida na r. sentença.

Adiante, serão examinados os aspectos materiais atinentes à conduta uniforme e inequívoca da Administração federal durante todo o desenvolvimento dos fatos do litígio.

Mas por ora interessa destacar uma decorrência estritamente processual. Uma vez que a União em sua defesa jamais formulou a tese adotada na r. sentença — portanto, uma vez que tal tese *foi adotada de ofício pelo magistrado* —, havia o dever de ela previamente ser submetida ao crivo do contraditório.

Cabia ao juiz — que suscitou inovadoramente a questão da (suposta) ausência de pretensão da consulente em face da União — observar o dever de diálogo com as partes (especialmente a consulente, que seria a prejudicada pela adoção da tese). Era imprescindível, antes de decidir, abrir às partes (especialmente a consulente) a oportunidade de se manifestar sobre a questão.

Mesmo porque — como se vê adiante — há uma série de elementos que se contrapõem à tese encampada na r. sentença, os quais poderiam ter sido previamente apresentados em Juízo pela consulente, caso se lhe tivesse sido dada essa oportunidade. Se fosse o caso, inclusive provas poderiam ter sido produzidas para derrubar a argumentação suscitada *ex officio* (por ex., para confirmar, pela conduta adotada pelas partes, o sentido das disposições do "Convênio" acerca de cumprimento direto de obrigações pela Administração federal junto à consulente...).

Ao desrespeitar a garantia do contraditório, e surpreender a consulente com a adoção *ex officio* de uma pretensa objeção, a r. sentença incidiu no vício da nulidade absoluta.

III A inviabilidade de uma solução "nominalista"

15 No exame da natureza do denominado "Convênio 87/010/00" é inviável qualquer solução que se apegue unicamente ao nome atribuído ao instrumento. É insustentável meramente afirmar que, consistindo os convênios em acordos de cooperação entre entes administrativos, e levando o nome de "Convênio" o ato em exame, isso bastaria para se rejeitar a existência de um vínculo direto entre a Portobrás e a consulente.

E a r. sentença, em larga medida, incidiu nessa prática.

Trata-se de uma perspectiva nominalista, incompatível com a interpretação de atos e normas jurídicas. O nome, em si, nada significa. *Habitus non facit monachum*. Os nomes das coisas não são as coisas. Especialmente na identificação e compreensão de mecanismos e institutos jurídicos o fundamental é investigar-lhes a estrutura e a função, que é ditada não pela denominação que eles recebem, mas sobretudo pelo modo como estão configuradas suas disposições internas, seu conteúdo.

16 Essa diretriz, válida em qualquer tarefa de hermenêutica jurídica, é especialmente enfatizada pela doutrina na interpretação dos negócios e atos jurídicos em sentido estrito.

Como escreveu Galgano:

> Um problema de qualificação surge, em segundo lugar, quando há um descompasso entre o *nomen iuris* dado pelas partes ao contrato e o efetivo conteúdo deste: as partes, por exemplo, escreveram pretender uma "vender" e a outra "comprar" o edifício que será construído pela segunda; mas a segunda acaba obrigada perante a primeira a executar a construção. Nesse caso, o juiz superará o significado literal das palavras usadas pelos contraentes e decidirá que não se trata de venda (de coisa futura), mas sim de empreitada, aplicando consequentemente as normas relativas a esse tipo contratual, em vez daquelas sobre venda.[13]

Outro não é o escólio de Cunha Gonçalves:

> A natureza do contrato não deve ser determinada pela qualificação que as partes lhe deram, quando ela for contrária ao verdadeiro carácter da convenção; e o juiz que aceitasse, sem a necessária crítica jurídica, a designação dada pelos contraentes, violaria a lei. Para que o nome que as partes deram à sua convenção seja exato, é preciso que a natureza desta coincida, em todos os seus elementos, com a descrição legal correspondente ao mesmo nome. "*Il y a le nom et la chose*".[14]

É nessa linha que se deve orientar o presente exame.

---

[13] *Il negozio giuridico*. Milão: Giuffrè, 1988. p. 416. Original em italiano.
[14] *Tratado de direito civil*. Coimbra: Coimbra Ed., 1931. v. IV, p. 425.

IV As características de um convênio propriamente dito

17 Um primeiro passo nesse sentido consiste em identificar os traços fundamentais da figura tradicionalmente denominada de convênio, a fim de verificar, em seguida, se o "Convênio" celebrado no caso concreto se amolda — ou melhor, se restringe — a essas características.

18 O *convênio* merecera expressa previsão na Constituição de 1969. O art. 13, §3º, daquela Carta aludia à possibilidade de determinados serviços serem executados de modo conjugado pelas diversas pessoas políticas. O silêncio da atual Constituição acerca da figura obviamente não representa vedação a ela. A autonomia recíproca dos entes federais não impede a conjugação de esforços para multiplicar os recursos necessários à satisfação do interesse público. Aliás, muito pelo contrário. A evolução institucional tende a incentivar hipóteses de associação entre as diversas pessoas políticas. Tanto que há regras sobre o tema no art. 116 da Lei nº 8.666/93.

Todas as hipóteses de conjugação de esforços administrativos entre diversos entes políticos federais pressupõe uma espécie de convênio, ainda que implícito.

19 A utilização de convênios chega a ser imprescindível, diante do problema da impossibilidade de seccionar, de modo absoluto, os interesses públicos em federais, estaduais e municipais. Existem inúmeros interesses que têm pertinência, simultaneamente, a mais de uma pessoa política. Assim se impõe pela unidade jurídico-política do Estado brasileiro. O convênio propicia uma espécie de atenuação de efeitos secundários decorrentes da fragmentação do poder político. Respeitados os princípios fundamentais norteadores do sistema jurídico, a existência dos convênios decorre do postulado de que a competência é outorgada a diversos sujeitos políticos autônomos, mas para a realização de um único interesse público. Na sua pluralidade, esses entes podem (devem) atuar conjugada e harmonicamente para multiplicação de esforços e realização mais eficiente dos interesses comuns.

Essa modalidade de atuação apresenta grande aplicação no desenvolvimento de serviços públicos que se relacionam com o interesse de diversos entes políticos. Essa possibilidade se intensifica em um Estado federal como o brasileiro, onde há grande quantidade de esferas políticas autônomas (União, Estado, Distrito Federal e Municípios — todos com suas diversas entidades de Administração indireta). Nesse contexto, nem sempre é possível isolar rigorosamente a extensão da titularidade dos serviços públicos. A complexidade das atividades relativas à estrutura técnica dos serviços e outros fatores poderão produzir a conveniência ou, mesmo, a necessidade de uma associação entre diversos entes políticos para a prestação de serviços públicos. Cada entidade isolada não pode obter êxito no desempenho das atividades correspondentes ao serviço.

20 Em suma, o convênio é o mecanismo jurídico destinado a instrumentalizar casos de cooperação entre entidades políticas diversas. Duas ou mais pessoas políticas disciplinam o exercício conjugado de atribuições, definindo fins comuns a serem atingidos através da aplicação coordenada de recursos próprios. Não há interesses contrapostos entre os partícipes. A atuação jurídica não se consubstancia em uma permuta de bens. Ao contrário, verifica-se homogeneidade de interesses. Cada associado colabora para obtenção do fim comum, exercitando atividades que se enquadram na própria competência ou desempenhando atribuições que, teoricamente, se enquadrariam em competência alheia. Diversas pessoas estatais reúnem esforços e recursos para prestação de determinado serviço que interessa a todas elas.

O vínculo jurídico entre as pessoas políticas configura modalidade de *contrato plurilateral*. A situação é radicalmente diversa daquela que se verifica nos contratos entre Administração e particulares, diante da ausência de contraposição de interesses. Não se trata do típico contrato bilateral, no qual cada parte busca resultados diversos e a satisfação de uma parte faz-se através da prestação executada pela outra.

Como leciona Marçal Justen Filho:

> A teoria geral do direito já pôs em destaque que o conceito tradicional de contrato está referido, fundamentalmente, a uma função "distributiva" ou "comutativa", onde o contrato é instrumento da repartição da riqueza. Mas existem avenças de natureza "cooperativa" (ou organizacional), que são meio de aproveitamento conjunto e simultâneo dos bens e recursos humanos. Em um contrato "comutativo", os interesses das partes são contrapostos: a vantagem de uma parte corresponde à desvantagem da outra. Já nos contratos "cooperativos", não se configura essa contraposição de interesses, pois todos os partícipes do negócio estão voltados à consecução de um objetivo comum.
>
> (...)
>
> Já no chamado "convênio administrativo", a avença é instrumento de realização de um determinado e específico objetivo, onde os interesses não se contrapõem — ainda que haja prestações específicas e individualizadas, a cargo de cada partícipe.[15]

---

[15] *Comentários à Lei de Licitações e Contratos Administrativos*. 4. ed. 1995. p. 524-525.

Anteriormente, Manoel de Oliveira Franco Sobrinho já havia tratado do tema, enfatizando os mesmos aspectos:

> Inscrevem-se na categoria interadministrativa os convênios, uma vez considerados como acordos firmados por entidades públicas de qualquer nível na ordem da organização administrativa, muito embora as partes possuam idênticos interesses comuns, e não opostos.
>
> A palavra convênio, significando convenção, significa acordo de vontades voltadas para uma mesma finalidade. Havendo relações e obrigações, os vínculos, quando materializados, possuem valores que, formalizados, ganham dimensões contratuais. O problema não é apenas terminológico, mas de relações, obrigações e finalidade.
>
> O importante é detectar, na relação procurada, a relação jurídica interadministrativa; o motivo pelo qual poderes e órgãos ajustam vontades, equacionam situações, fazem entendimentos nos limites de uma mesma finalidade. Não há razão de ser para que não se tenha como contrato um acordo convencionado entre pessoas jurídicas públicas.
>
> Ninguém ignora que tais relações existem e procedem, aparecendo como normais entre pessoas estatais. Não se trata, porém, de relações internas promovidas dentro de cada entidade pública, coordenando entre si diferentes órgãos que se integram e decorrem da organização administrativa.[16]

A totalidade da doutrina acentua *a comunhão de interesses como ponto característico e distintivo do convênio*. Não há contraposição de posições, mas *coordenação*. Confiram-se, entre outros: DI PIETRO, Maria Sylvia Zanella. *Temas polêmicos sobre licitações e contratos*. Malheiros, 1994. p. 158; SUNDFELD, Carlos Ari. *Licitação e contrato administrativo*. Malheiros, 1994. p. 198; MOTA, Carlos Pinto Coelho. *Eficácia nas licitações e contratos*. Del Rey, 1994. p. 260 e s.; GASPARINI, Diogenes. *Direito administrativo*. 2. ed. Saraiva, 1992. p. 294; PEREIRA JÚNIOR, Jessé Torres. *Comentários à lei das licitações e contratações da Administração Pública*. Renovar, 1994. p. 26.

V O exame do efetivo conteúdo do ato intitulado "Convênio 87/010/00"

21 Todavia, o conteúdo do "Convênio" realizado no caso concreto não se adstringe aos traços essenciais daquilo a que tradicionalmente a doutrina e os profissionais do direito têm chamado de convênio.

---

[16] *Contratos administrativos*. São Paulo: Saraiva, 1981. p. 250-251.

O instrumento celebrado no caso em exame vai muito além da simples coordenação de esforços e interesses comuns entre duas esferas federativas.

A consulente interveio no ato — e não apenas para "assisti-lo" como simples espectadora, tal como indevidamente (e imotivadamente) afirmou a r. sentença. A participação da consulente deu-se em um claro contexto contratual de posições jurídicas contrapostas. Mais do que meramente coordenar interesses e objetivos comuns do Estado e da Portobrás (o que também está presente no "Convênio"), foram fixadas, de um lado, *obrigações em favor da consulente* e, de outro, *ônus e obrigações a serem observados pela consulente*.

A sumária recapitulação das principais disposições do intitulado "Convênio" deixa isso claro.

21.1 Em primeiro lugar, a participação direta da consulente no ato celebrado já indica tratar-se de algo diverso daquilo a que usualmente se denomina convênio. Se o objetivo fosse apenas o de regular a divisão de esforços, entre Portobrás e Estado, em prol de um objetivo comum, seria absolutamente dispensável a intervenção da consulente no ato.

Nem se diga que isso se deveria à circunstância de os convênios trazerem consigo a prerrogativa de fiscalização por parte daquele que está aportando recursos. De fato, essa prerrogativa está sempre presente nos convênios propriamente ditos, mas ela independe da concordância do particular contratado. Nesses casos, quando o ente que aporta recursos verifica desvios ou irregularidades, ele adota medidas contra o outro ente (se for o caso suspende os aportes; resolve o convênio etc.). Mas para isso é desnecessária a aquiescência do particular contratado.

Então, se no presente caso a consulente participou diretamente do "Convênio", isso teve um significado e uma função específicos. O exame das demais cláusulas presta-se a dar essa resposta. Mas, desde logo, é fácil descartar a afirmação contida na sentença de que a intervenção direta da consulente no ato "em nada afeta sua posição de mera observadora em sua consecução".

21.2 Na cláusula primeira, previu-se expressamente que o contrato anteriormente celebrado "passa a integrar o presente Convênio, independentemente de transcrição". Note-se: não se previu a inclusão do contrato como um simples anexo ao "Convênio", destinado apenas a documentar suas premissas ou coisa que o valha. A disposição é inequívoca no sentido de que o "Convênio", em seu próprio conteúdo, incorporou, absorveu o contrato. E os próprios agentes federais que se manifestaram no processo administrativo relativo à questão jamais tiveram dúvidas a esse respeito.

Essa incorporação também seria incompreensível e injustificável em um puro e simples convênio. Para o ajuste de cooperação entre as diferentes esferas administrativas, bastaria referir-se à existência do anterior contrato. A incorporação explícita das disposições contratuais ao "Convênio" teve um objetivo claro. Destinou-se a fazer com que as disposições do contrato passassem a integrar o "Convênio". Significa dizer que, se o "Convênio" estava incorporando o contrato, e o "Convênio" era celebrado também pela Portobrás, esta também estava, a partir daquele momento, vinculando-se à relação contratual.

Isso explica por que a consulente interveio no "Convênio". Cabia-lhe aceder às mudanças que estavam sendo implementadas no contrato — a principal delas, o ingresso da Portobrás na relação contratual.

21.3 No parágrafo único da cláusula primeira, o "Convênio" reduziu o objeto contratual, eliminando-lhe dois itens.

Por um lado, não se tratou de simples previsão de que uma parte do contrato não seria abrangida pelo "Convênio". Absolutamente não foi esse o sentido que se atribuiu a previsão. Todos os envolvidos reconheceram haver ali a própria redução do objeto contratual.

Por outro lado, isso foi feito unicamente mediante disposição no "Convênio". Não foi firmado nenhum outro aditivo para alterar o contrato — o que confirma que, desse momento em diante, o "Convênio" instrumentalizava e disciplinava a própria relação contratual que inicialmente se havia estabelecido apenas entre a consulente e o Estado.

21.4 Na cláusula segunda, item I (c/c cláusula terceira), atribuiu-se ao Estado a obrigação de arcar com os custos correspondentes a 10% do valor das obras e serviços (letra *b*).

Atribuiu-se-lhe também o dever de quitar as faturas atinentes a essa sua participação (letra *c*).

E na letra *d* do mesmo item, previu-se que o Estado seria o exclusivo *responsável* por serviços e respectivos custos que não constassem de ordens de serviço expedidas pela Portobrás. Essa disposição também tem grande relevância para a compreensão do ato em exame. *A contrario sensu*, ela estabeleceu que a Portobrás também seria *responsável* por todos os custos atinentes aos serviços que autorizasse.

Note-se: não se previu que o Estado não seria ressarcido pela Portobrás (na proporção de 90%) quando autorizasse serviços não ordenados pela Portobrás — o que seria a previsão cabível se o "Convênio" em tela fosse mesmo mero ajuste de cooperação entre ambos os entes, sem repercussão contratual, como pretendeu a r. sentença. A fórmula utilizada foi inequivocamente outra: nesse caso, o Estado *responderia* sozinho perante a consulente — o que significa que, nos demais casos, em que houvesse a ordem de serviço da Portobrás, esta *também responderia* perante a consulente, na proporção dos 90% que lhe cabia.

21.5 No item II da mesma cláusula, disciplinam-se obrigações da Portobrás. A regra mais relevante nesse rol é a da alínea *b*: a Portobrás tinha o dever de "promover a quitação das faturas devidamente certificadas pela Comissão de Fiscalização".

Vale dizer: *a consulente cobrava e recebia diretamente da Portobrás*. Essa disposição, por si só, derruba toda a tese da r. sentença. Diante dessa clara e inequívoca previsão (de resto confirmada na posterior execução do contrato — v. adiante), não faz sentido pretender sustentar, como faz a r. sentença, que teria permanecido vigente a regra que estabelecia que os pagamentos seriam feitos pelo Estado. A disposição ora em destaque, no exato sentido oposto, passou a vigorar em lugar da disposição anterior. A partir do "Convênio", a consulente cobrava do Estado 10% do valor dos serviços executados e da Portobrás os outros 90%.

21.6 Ainda na mesma cláusula, no item III, previu-se a obrigação de a consulente executar as obras e serviços contratados. Mas mesmo nesse ponto (não bastassem os demais já enfatizados ou a seguir expostos), a disposição contém uma carga inovativa que também escapou ao d. Juízo. Ao contrário do que se consignou na r. sentença, a obrigação da consulente não permaneceu sendo meramente a de cumprir o contrato, tal como antes estabelecido. Adicionou-se elemento antes inexistente: toda e qualquer alteração apenas se faria "mediante aprovação da PORTOBRÁS e do ESTADO".

Ora, a exigência de aprovação da Portobrás só faz sentido na premissa de que ela tenha passado a integrar o contrato. Caso contrário, se a relação dela fosse apenas com Estado, nos limites de um simples convênio de custeio, essa autorização seria desproposita da: bastaria prever-se que a Portobrás não ressarciria o Estado por incrementos de custos derivados de modificações autorizadas por esse sem a prévia consulta à empresa federal.

21.7 A cláusula quarta versa sobre a fiscalização da execução do contrato. Previu-se a formação de comissão integrada por representantes do Estado e da Portobrás. E tal comissão ficou subordinada a um dos Departamentos da Portobrás. Vale dizer, a fiscalização do contrato, em última instância, passou a ser coordenada pela Portobrás.

Não se tratou de simplesmente a Portobrás fiscalizar a utilização de verbas pelo Estado — o que seria compatível com o puro e simples convênio. Mais do que isso, a comissão, sob o comando da Portobrás, passou a fiscalizar diretamente o contrato, controlando o cumprimento do cronograma, promovendo a emissão dos certificados de emissão, fiscalizando o registro e lançando no diário de obras as observações relevantes (cláusula quarta, parágrafo segundo). Todas essas são atividades ínsitas à condição de direto contratante.

21.8 A cláusula quinta veicula outra disposição que, por si só, já dizimaria a argumentação que a r. sentença procurou desenvolver. *As ordens de serviço passaram a ser emitidas pela Portobrás*, com a aquiescência do Estado. Portanto, a consulente passou a submeter-se aos comandos diretos da Portobrás. Não há outro fundamento para isso senão a circunstância de que a Portobrás havia passado a tomar parte na relação contratual. Um mero fornecedor de recursos para o Estado de YYY não seria investido dessa posição jurídica.

21.9 Na cláusula sétima, torna-se a tratar da repartição de *responsabilidades* entre a Portobrás e o Estado — nos moldes já referidos.

O parágrafo único dessa cláusula veicula ainda mais um dispositivo que evidencia o estabelecimento da relação contratual entre a consulente, o Estado e a Portobrás. Regulou-se ali a reparação devida à consulente em caso de rescisão do "Convênio" por motivo alheio à sua culpa. Previu-se que, nessa hipótese, a Portobrás e o Estado pagariam "os serviços executados até a data da denúncia, sem qualquer outra indenização".

Não se compreende como a r. sentença pôde pretender ver nessa disposição uma comprovação de sua tese. Afinal, se o "Convênio" em exame fosse mesmo um mero ajuste de cooperação entre a Portobrás e o Estado, do qual a consulente seria mera "observadora" (*sic*), não faria sentido a previsão ora destacada. Nessa hipótese, os dois entes romperiam o ajuste entre si, e a consulente nada poderia pretender desse fato. O contrato permaneceria vigorando exatamente como vigorara até então. A sorte do convênio (propriamente dito) não lhe afetaria.

Portanto, a regra em questão só se justifica em outro contexto: havendo a denúncia do "Convênio" por um dos entes administrativos, isso implicará sua saída da relação contratual de que participa a consulente — o que implica o regramento das verbas de ressarcimento em seu favor.[17]

---

[17] Embora alheio ao tema do presente parecer, não se pode deixar de notar que o regramento adotado pelo "Convênio" é, em parte, inconstitucional, no ponto em que pretendeu excluir "qualquer outra indenização".

Por outro lado, em um convênio propriamente dito, não faria sentido uma previsão de "rescisão" por culpa do particular contratado. A culpa do particular contratado apenas pode ser relevante para o contrato de que ele participa. Portanto, se a culpa da "consulente" é objeto de disciplina no "Convênio", isso deriva do fato de que o regramento ali contido é, também, regramento do contrato de execução de obras civis.

VI Negócios jurídicos coligados: convênio (propriamente dito) e alteração contratual

22 Esse conjunto de disposições conduz a uma conclusão óbvia. O intitulado "Convênio" celebrado entre a Portobrás, o Estado e a consulente não consiste em mero ajuste de coordenação de esforços entre os dois primeiros entes. Esse pacto de cooperação *também* está regrado no "Convênio". Porém, tal ato contém *mais* do que isso.

Ao lado de um convênio propriamente dito, o "Convênio 87/010/00" veiculou ainda uma alteração e ratificação do contrato originalmente celebrado entre o Estado e a consulente. Por meio de tal alteração, houve a parcial transferência da condição de contratante à Portobrás, além das outras modificações acima enumeradas.

23 Está-se diante daquilo que a doutrina denomina de "contratos (ou negócios jurídicos) coligados". Trata-se de dois negócios jurídicos encartados em um mesmo instrumento e que preservam sua individualidade, embora relacionados entre si.

Na doutrina brasileira, coube especialmente a Orlando Gomes o exame dessa figura, especialmente para diferenciá-la dos contratos mistos. Nestes, elementos de diferentes tipos contratuais são combinados de modo a se formar uma nova espécie contratual, atípica. Já nos contratos coligados, é preservada a essência de cada um dos contratos. E cada um deles submeter-se-á a seu respectivo regime jurídico.

Como escreveu o i. jurista baiano:

> Em qualquer das suas formas, a coligação de contratos não enseja as dificuldades que os contratos mistos provocam quanto ao direito aplicável, porque os contratos coligados não perdem a individualidade, aplicando-se-lhes o conjunto de regras próprias do tipo a que se ajustam.[18]

---

[18] GOMES, Orlando. *Contratos*. 12. ed. Rio de Janeiro: Forense. p. 113.

Na mesma linha é a doutrina de Giselda Maria Fernandes Novaes Hironaka, que dedicou ao tema inclusive uma monografia específica:

> Se os *contratos mistos* são aqueles que resultam da combinação de elementos de diferentes contratos, formando uma espécie contratual não esquematizada em lei e se desta combinação de *elementos de diferentes contratos*, resulta uma *unicidade* que é o que, afinal, claramente os caracteriza, não há razão para se confundir os *contratos mistos* — assim definidos — com os *contratos coligados*, uma vez que, nestes, não se combinam elementos de vários contratos, simplesmente, mas o que se dá é a combinação de *contratos completos*. Por isso, nos contratos coligados há uma *pluralidade* de contratos, e a combinação deles não resulta, como nos contratos mistos, numa unicidade.[19]

E prossegue, mais adiante:

> Por isso, são os seguintes os elementos constitutivos fundamentais dos contratos coligados: a) a celebração conjunta de dois ou mais contratos; b) a manutenção da autonomia de cada uma das modalidades que integra a modalidade nova; c) a dependência recíproca ou apenas unilateral dos contratos amalgamados; d) a ausência de unicidade entre os contratos jungidos; e) a sua regência jurídica pelas normas típicas alusivas a cada um dos contratos que se coligam.[20]

Ou, ainda, como afirma Maria Helena Diniz, "na coligação, as figuras contratuais unir-se-ão em torno de relação negocial própria, sem perderem, contudo, sua autonomia, visto que se regem pelas normas alusivas ao seu tipo".[21]

Nos ordenamentos estrangeiros, essa noção é também assente. Pode-se citar, como exemplo, manifestação da jurisprudência portuguesa, que emprega a expressão "união de contratos":

> I – A figura de contratos mistos, acumulam-se no mesmo contrato elementos de vários negócios. II – Na *união de contratos*, estes estão ligados entre si, segundo a intenção dos contraentes, por um nexo funcional ou numa relação de dependência. III – Neste caso, a cada um

---

[19] Superando a crise e renovando princípios, no início do vigésimo primeiro século, o tempo da transição legislativa civil brasileira. *In*: Contrato: estrutura milenar de fundação do direito privado. *Jus Navigandi*, Teresina, ano 7, n. 66, jun. 2003. Disponível em: <http://www1.jus.com.br/doutrina/texto.asp?id=4194>. Acesso em: 21 mar. 2005.
[20] *Op. cit.*
[21] *Tratado teórico e prático dos contratos*. São Paulo: Saraiva, 1993. v. I.

dos contratos deve aplicar-se o seu regime próprio, sem prejuízo de aquele vínculo poder implicar que a nulidade ou extinção de um deles se possa ou deva repercutir no outro.[22]

24 No caso em exame, o "Convênio" contém dois contratos coligados: um contrato de convênio propriamente dito (regulando a coordenação de esforços entre Estado e Portobrás) e uma alteração e ratificação do contrato de execução de obras civis (entre Estado, Portobrás e a consulente).

Consequentemente, a Portobrás assumiu a condição de contratante perante a consulente — e essa deve exercer diretamente perante aquela as pretensões atinentes a 90% do valor do contrato.

VII A conduta das partes como elemento de confirmação hermenêutica

25 Não bastasse a clareza das disposições contidas no "Convênio", a posterior conduta das partes serve de confirmação das conclusões acima postas.

Todos os atos e procedimentos das partes envolvidas na celebração do "Convênio" — inclusive e especialmente a Portobrás e posteriormente a União — foram no sentido de que a empresa pública federal havia ingressado diretamente na relação contratual. Confira-se.

25.1 As ordens de serviço passaram a ser diretamente expedidas pela Portobrás. Ou seja, a empresa pública passou a ditar o ritmo e os rumos da execução do contrato — como, aliás, expressamente previsto no "Convênio".

25.2 De outra parte, e também conforme estabelecido no "Convênio", os pagamentos atinentes aos 90% de responsabilidade da Portobrás passaram a ser diretamente feitos por ela à consulente.

25.3 O próprio "Convênio" havia veiculado uma alteração do objeto do contrato (redução de itens) — o que, como exposto acima, já evidenciava não tratar-se apenas de um convênio propriamente dito, mas também de um ato de revisão do contrato de obras civis.

Mas além disso, novas mudanças no objeto do contrato de obras civis foram realizadas. E elas não foram instrumentalizadas mediante "aditivos ao contrato de obras civis", mas, sim, por meio de *aditivos ao Convênio*, firmados pela Portobrás, o Estado e a consulente (termos aditivos 87/010/01, de 30.06.1989 e 87/010/02, de 17.11.1989).

---

[22] Acórdão do Tribunal da Relação do Porto, no processo 0423707, com textual referência à obra de Antunes Varela, *Das obrigações*, v. I.

Se fosse procedente a tese da r. sentença, os aditivos teriam continuado sendo feitos em relação ao contrato original. Mas não foi o que se deu: a conduta comum e uniforme das partes confirma exatamente o contrário. As modificações da relação contratual atinente às obras civis passaram a fazer-se mediante aditivos do "Convênio", precisamente porque neste passou a estar regulada aquela relação.

25.4 Posteriormente, quando se iniciou o processo de liquidação da Portobrás, a ordem de suspensão da execução do contrato também partiu diretamente do liquidante da empresa pública, que então a representava. Não houve sequer a participação do Estado em tal ato.

Os termos da ordem de suspensão são extremamente diretos e precisos. Trata-se do Telex-Circular nº 126, de 10.04.1990:

> Em decorrência da medida provisória 151/90, comunico que *a execução do(s) contrato(s) firmados com essa firma fica suspensa*, em princípio, pelo prazo de 20 (vinte) dias, a contar desta data (sic – grifos nossos).

Ora, a suspensão do contrato de obras civis *pela Portobrás* só se explica na medida em que ela ocupava a posição de contratante nessa relação. Se o único vínculo que a envolvesse fosse o de um convênio propriamente dito com o Estado, ao qual estivesse alheia a consulente, careceria de qualquer sentido determinar a suspensão do contrato. Mas essa hipótese está descartada pelo próprio ato de suspensão emitido pela Administração federal: ali está consignado, às claras, que o contrato de obras civis envolve diretamente a Portobrás ("o contrato firmado com essa firma").

25.5 Mas esse não foi um ato isolado. Diversos outros pronunciamentos escritos da Administração federal consignaram expressamente a existência do contrato de obras civis entre a Portobrás e a consulente. Podem ser citados como exemplos, entre outros contidos nos autos:

- correspondência interna da COESPE/SC (nº 000/90), órgão da Portobrás, datada de 16.05.1990, em que se menciona o "CONTRATO 87/010/00 – PORTOBRÁS/Companhia XXX";
- o parecer da Consultoria Jurídica do Ministério dos Transportes (CONJUR/MT nº 000/96), de 27.05.1996, que expressamente afirma que o contrato de obras civis foi "adotado e ratificado pela PORTOBRÁS" (p. 10);
- a folha de informação emitida pela Portobrás em 20.11.1991, que dá conta da assunção pela empresa pública da obrigação de pagamento à consulente de 90% dos valores contratuais etc.

25.6 Além disso, no processo administrativo originado do pleito de pagamento formulado pela consulente, foram emitidos mais de dez pareceres e decisões intermediárias pelas autoridades federais. Nenhum desses pronunciamentos negou que a Portobrás ocupasse a posição de contratante perante a consulente. Jamais houve qualquer manifestação no sentido de que não haveria relação contratual direta entre a consulente e Portobrás/União, de modo que a pretensão não devesse ser dirigida à União.

Mesmo pareceres que foram parcialmente desfavoráveis à consulente não deixaram de reconhecer que a pretensão deveria ser diretamente dirigida contra a União (reconheceram o direito ao pagamento de serviços inadimplidos, mas negaram a indenização por ociosidade).

25.7 Em síntese, a conduta das partes do "Convênio", especialmente a Portobrás/União, confirma aquilo que já é extraível claramente das disposições contidas naquele ato.

26 Nesse ponto, cabe aplicar outra diretriz de hermenêutica útil. O comportamento das partes posterior à celebração do negócio jurídico presta-se a esclarecer (no presente caso, apenas *confirmar*) o significado e alcance das disposições negociais.

Como escreveu Carvalho de Mendonça:

> O fato dos contratantes posterior ao contrato, que tiver relação com o objeto principal será a melhor explicação da vontade que as partes tiveram no ato de celebração do mesmo contrato.
>
> A observância do negócio jurídico é um dos meios denunciativos da interpretação autêntica da vontade das partes. Esclarece esta vontade, servindo de guia indefectível para a solução da dúvida, levantada por qualquer delas.[23]

Inclusive o Código Comercial veiculou regra nesse sentido (art. 131, n. 3). Essa diretriz é aplicável a todos os campos do direito contratual, e independe inclusive de previsão normativa. Mesmo porque ela nada mais é do que expressão do princípio fundamental da boa-fé, ao qual também se submete a Administração Pública (v. item seguinte).

Tanto é assim que também em outros ordenamentos essa baliza é tradicionalmente aplicada. Por exemplo, Guido Alpa, no direito italiano, observa que "o comportamento posterior das partes [relevante para fins interpretativos] pode consistir em atos de execução do contrato — como mais frequentemente ocorre..."[24]

---

[23] MENDONÇA, J. X. Carvalho de. *Tratado de direito comercial brasileiro*. 4. ed. Rio de Janeiro: Freitas Bastos, 1947. v. VI, parte 1, p. 212-213.
[24] *L'interpretazione del contratto*. I, Milão: Giuffrè, 1983. p. 220.

VIII O princípio da boa-fé

27 Como visto, o comportamento dos órgãos e agentes federais envolvidos confirma o exato significado e eficácia do "Convênio", no sentido de que se estabeleceu vínculo jurídico direto entre a consulente e a Portobrás (sucedida pela União).

De qualquer modo, e a título de mera argumentação, ainda que o "Convênio" não tivesse originalmente aquela significação (*e tem*), a conduta adotada pelos agentes e órgãos da Administração federal já seria suficiente para o reconhecimento do resultado aqui preconizado. Em outras palavras, o comportamento uniforme e inequívoco da Administração nos mais de quinze anos em que se desenvolveram os fatos do litígio já bastaria para fundamentar a pretensão da consulente diretamente em face da União.

Tratar-se-ia de aplicar o princípio constitucional da boa-fé.

A Administração Federal adotou, de modo inequívoco e constante, práticas e procedimentos característicos, típicos, de um ocupante de posição na relação contratual direta com a consulente. Expediu diretamente as ordens de serviço. Pagou diretamente à consulente. Determinou, em ato próprio e sem nenhum concurso do Estado de YYY, *a suspensão da execução do contrato*. Expediu diversos atos em que claramente afirmava ocupar a posição de contratante perante a consulente. Recebeu e processou os pleitos da consulente, e neles emitiu pareceres e decisões intermediárias, sempre assumindo, de modo extreme de dúvidas, a posição de contratante.

A consulente confiou na Administração Pública federal. Acreditou que — tal como indicado reiteradamente nos atos e procedimentos dos agentes e órgãos federais — a condição de contratante era titularizada pela Portobrás e depois pela União. Entre muitos, o episódio mais marcante nesse sentido — reitere-se — foi a própria ordem direta e autônoma para a suspensão do contrato: emitida pelo liquidante da Portobrás, não contestada pelo Estado de YYY e obedecida pela consulente. Ora, a postura adotada tanto pela Administração federal (que emitiu a ordem), quanto pela Administração estadual (que reconheceu na Administração federal a condição de participante direto do contrato — pois só assim apto a ordenar diretamente a suspensão do contrato) transmitia à consulente, tal como todos os outros atos e episódios acima recapitulados, a impressão inequívoca de que o ente federal participava diretamente do contrato. Portanto, a título de mera argumentação, mesmo se não fosse esse o significado original das disposições do "Convênio" (e *é*), não seria possível simplesmente agora desconsiderar todo o conjunto de atos e procedimentos da Administração no sentido diametralmente oposto.

Logo, e não bastassem todas as outras razões, a imposição de boa-fé já bastaria para amparar a posição do consulente.

28 Com o devido respeito, solução diversa implicaria sustentar que o princípio da boa-fé não se coloca na relação entre a Administração Pública e o particular. Isso seria despropositado, dando lugar a vício de inconstitucionalidade (CF, art. 37, *caput*). A Administração federal, tendo concordado e, mais do que isso, incentivado determinado encaminhamento da questão (no sentido de que participava diretamente do contrato e, portanto, a pretensão deveria ser dirigida diretamente contra ela), não poderia ignorar sua conduta anterior. E tampouco o Judiciário estaria autorizado a fazê-lo.

Trata-se da conhecida vedação ao *venire contra factum proprium*, inerente à boa-fé, tal como demonstra Franz Wieacker.[25] Na lição de Francisco Muniz:

> A locução venire contra factum proprium traduz o exercício de um direito em contradição com o comportamento assumido anteriormente pelo titular.
>
> Infringe a boa-fé quem pretende fazer valer um direito em contradição com sua conduta anterior, na qual a outra parte confia.[26]

No âmbito administrativo, tanto quanto no privado, aplica-se universalmente o princípio da boa-fé como exigência de lealdade e realização das expectativas objetivamente criadas.[27]

No Brasil, o princípio da boa-fé tem assento constitucional, no *caput* do art. 37 da Constituição Federal, que determina à Administração o respeito ao princípio da moralidade.[28] Há reprovação qualificada — justamente porque constitucional — à postura desleal da Administração Pública. Todo agente estatal tem o dever *jurídico* de agir de boa-fé. E todo o aparato judiciário, do primeiro ao último grau, tem o dever de rechaçar conduta que atente com o princípio da boa-fé.

---

[25] *El Principio General de la Buena Fe*. Madrid: Civitas, 1982. p. 60 e s.

[26] *Textos de Direito Civil*. Curitiba: Juruá, 1998. p. 41.

[27] Entre tantos outros, vejam-se os ensinamentos GONZALES PEREZ, Jesus. *El principio general de la buena fe en el derecho administrativo*. Madrid: Civitas, 1983. p. 48 e s. e MAURER, Hans. *Droit Administratif Allemand*. Paris: Librairie Générale de Droit et de Jurisprudence, 1994. p. 55-56.

[28] Como demonstra Marçal Justen Filho, em o princípio da moralidade pública e o direito tributário, *RTDP* 11, 1995. p. 44 e s.

Esse entendimento é compartilhado por Celso Antônio Bandeira de Mello, para quem o princípio da moralidade administrativa compreende "...os chamados princípios da lealdade, e boa-fé".[29] Sua orientação é assim lançada:

> Segundo os cânones da lealdade e da boa-fé, a Administração haverá de proceder em relação aos administrados com sinceridade e lhaneza, sendo-lhe interdito qualquer comportamento astucioso, eivado de malícia, produzido de maneira a confundir, dificultar ou minimizar o exercício de direitos por parte dos cidadãos.[30]

IX A validade da alteração contratual

29 De resto, a alteração do contrato original contida no "Convênio" não padece de defeito de legalidade. Não há qualquer defeito de validade na alteração parcial do objeto dos serviços, na inclusão da Portobrás na relação contratual e na alteração de outras disposições.

A r. sentença, além de pretender descartar que a Portobrás tivesse ingressado na relação contratual, consigna que, de resto, uma "sub-rogação" parcial do contrato seria de "legalidade duvidosa".

Note-se tratar-se de simples conjectura ("legalidade duvidosa"), despida de qualquer motivação ou explicação adicional — o que, por si só, retira qualquer valor dessa passagem do r. pronunciamento (CF, art. 93, IX) e até mesmo dispensaria maiores digressões.

30 Seja como for, a alteração contratual encartada no "Convênio" (incluída a parcial sub-rogação do contrato) foi perfeita.

A contratação originária tinha sido regular. Tinha-se procedido à devida licitação. Portanto, a Portobrás passou a manter relação contratual com particular que se submetera à exigência do prévio certame licitatório.

Por outro lado, foram respeitadas as disposições de direito financeiro. Havia específica previsão orçamentária para a Portobrás fazer frente às despesas do contrato.

Some-se a isso o óbvio interesse federal nos serviços objeto da contratação. Lembre-se que a exploração do porto é de competência constitucional da União (CF, art. 21, XII, "f"), que meramente delegara sua administração ao Estado membro. Trata-se, portanto, de um serviço público federal.

---

[29] *Curso de direito administrativo*. 8. ed. São Paulo: Malheiros, 1996. p. 69.
[30] *Op. cit.*, p. 69.

A razão para a Administração federal diretamente intervir na relação contratual também era evidente e justificável. Buscava-se assegurar de modo mais eficaz a correta utilização dos recursos. Os valores eram diretamente pagos à consulente e apenas por serviços diretamente autorizados pela própria Portobrás.

Nesse contexto, a assunção superveniente da posição contratual por um ente da Federação em lugar de outro nada tem de ilegítimo. Há reiterados episódios dessa ordem — todos reputados perfeitos e válidos. Podem ser citados como exemplos recentes contratos de concessão de rodovias (precipuamente federais) em que a União assumiu a posição contratual de concedente em lugar de determinados Estados-membros. No presente caso, a situação é ainda mais simples do que essa, pois houve apenas a parcial sub-rogação.

31 Além disso, tanto o Tribunal de Contas do Estado de YYY quanto o Tribunal de Contas da União reconheceram a legalidade e validade de todos os atos praticados, em decisões proferidas há mais de doze anos. As duas Cortes de Contas responsáveis pelo acompanhamento do projeto, que envolvia recursos estaduais e federais, reconheceram a legalidade do contrato e dos pagamentos realizados até o momento.

32 E mesmo que assim não o fosse — o que só se põe para argumentar —, o longo tempo decorrido teria gerado a consolidação de uma situação fática insuscetível de controvérsia. O prestígio aos princípios da segurança jurídica e da boa-fé conduzem à estabilização das relações jurídicas pelo decurso do tempo.

Passados mais de cinco anos desde a data do convênio, já não caberia sequer a discussão sobre sua legalidade (de resto, repita-se, presente). O instituto da decadência inviabiliza a invalidação da sub-rogação do contrato após o decurso do prazo decadencial.

Anteriormente, a previsão do prazo legal para que os vícios fossem expurgados pelo decurso do tempo e imutabilizadas as relações era extraída do Decreto nº 20.910/32. Aquele diploma legal estipulava o prazo de cinco anos, contados do ato ou fato administrativo. O mesmo lapso temporal foi mantido pela Lei nº 9.784/99.

X Conclusão

33 Em face das considerações acima realizadas, apresentam-se as seguintes respostas para os quesitos formulados:

a) *A sentença é válida, tendo em conta as garantias fundamentais do processo?*
Não. Ao amparar-se em uma questão nova, que não havia sido alegada nem discutida no processo, a r. sentença ofendeu a garantia constitucional do contraditório, que impõe inclusive ao juiz o dever de debate com as partes.

b) *Qual a natureza e a eficácia do intitulado "Convênio 87/010/00"?*
O referido "Convênio" veiculou dois negócios jurídicos coligados: por um lado, um convênio propriamente dito, entre a Portobrás e o Estado de YYY; por outro, incorporou o anterior contrato de obras civis, ratificando-o e parcialmente o alterando. Esse segundo negócio jurídico envolveu a Portobrás, o Estado e a *consulente*.

c) *A consulente titulariza uma pretensão jurídica diretamente em face da União, ou está correta a sentença?*
A consulente titulariza uma pretensão jurídica diretamente contra a União, que é sucessora da Portobrás. A União, na condição de cocontratante das obras civis, responde diretamente perante a consulente por 90% das obrigações contratuais e, na mesma proporção, por todas as suas decorrências. Isso é extraível das disposições contidas no "Convênio" e foi inequivocamente confirmado pela conduta das partes, inclusive especialmente dos órgãos e agentes da Portobrás e da União. A r. sentença portanto está incorreta – *data venia*.

É o parecer.

Curitiba, 23 de março de 2005.

Capítulo 2

Critérios de Fixação, Duração e Estabilidade de Multa Processual Coercitiva

Nota introdutória

A instituição de um sistema eficiente e adequado de tutela específica foi a mais impactante alteração do nosso ordenamento processual civil, nos quase vinte anos de sucessivas reformas do Código de Processo Civil de 1973. Tal inovação se deu mediante a instituição de novas disposições no art. 461 do Código, relativamente à "tutela das obrigações de fazer e de não fazer" (Lei nº 8.852/1994). Posteriormente tais regras foram estendidas à tutela para a entrega de coisa (CPC, art. 461-A, instituído pela Lei nº 10.444/2002).

Dediquei-me ao exame detido desse sistema de tutela em obra monográfica (*Tutela relativa aos deveres de fazer e de não fazer*, 1. ed., 2001; 2. ed., 2003).

Este parecer foi uma excelente oportunidade para não apenas dar aplicação a muitas das considerações que havia antes desenvolvido em sede teórica, como também para detalhá-las, levando-as adiante, em face de especificidades que só concretamente se apresentam.

A eficiência da tutela *ex* art. 461 depende da efetividade das medidas coercitivas ou sub-rogatórias que se possam adotar. Quando o dever específico tiver natureza infungível, de modo que só possa ser cumprido pelo próprio obrigado, as medidas de coerção assumem papel essencial. Ainda que também sejam concebíveis, em tese, medidas coercitivas atípicas (art. 461, §5º, CPC), a multa por descumprimento da decisão é o mais importante desses mecanismos. E para que ela funcione como verdadeiro instrumento de pressão psicológica destinado a conduzir o réu ao cumprimento, deve incidir de modo rigoroso, sem limites predeterminados nem perspectiva de futura anistia retroativa. É nesse ponto que se põe um (aparente) embate de valores. Muitos juízes temem a incidência ilimitada da multa por ver nisso um modo de "enriquecimento sem causa" do autor da ação (a quem se destina o crédito decorrente da multa). Desconsideram o fato de que, ao limitar o valor da multa ou reduzi-la retroativamente, estão premiando o réu renitente, que não tem razão na causa e afronta a autoridade do juiz.

O projeto de novo Código de Processo Civil pretende superar esse pretenso impasse mediante uma nova regra de atribuição do crédito derivado da incidência da multa: será destinado ao autor da ação, até "o valor da obrigação, destinando-se o excedente" aos cofres públicos (art. 503, §5º). Sendo a obrigação de valor inestimável, o juiz deverá definir o limite em que o crédito da multa caberá ao autor (art. 503, §6º). O crédito permanecerá destinando-se integralmente ao autor apenas quando o réu for a própria Fazenda Pública (art. 503, §7º).[1] Mas a destinação, ainda que parcial, do crédito da multa aos cofres públicos também apresenta inconvenientes. O crédito tende a ser executado de modo menos eficiente pelo Poder Público do que seria pelo autor, diretamente interessado na questão. E quanto mais insatisfatória for tal execução, menos eficaz como meio de coerção será a multa. Além disso, se o autor é titular do crédito, pode dele dispor, em eventual acordo com réu, em troca da obtenção do cumprimento da decisão até então desrespeitada. Se parte do crédito pertence à Fazenda Pública, desaparece, relativamente a essa fração, tal possibilidade. Por isso, sugeri dois reparos em relação ao novo modelo proposto no projeto: (1º) atribuir-se legitimidade concorrente para o próprio autor da ação promover a execução da parte do crédito cabível à Fazenda. (2º) Conferir-se ao autor a disponibilidade, para eventual renúncia, inclusive da parte do crédito cabível ao Estado.[2]

Sumário: I Os fatos e quesitos – **II** A comprovação do acerto da antecipação de tutela – **III** A adequação da multa – **III-a** A natureza e a função da multa processual prevista no art. 461, 4º, do Código de Processo Civil – **III-b** A necessidade do emprego da multa – **III-c** Não limitação ao valor do bem de vida discutido – **III-d** Os parâmetros múltiplos para a fixação da multa –

---

[1] Sugeri essa solução, *de lege ferenda*, no já mencionado *Tutela relativa aos deveres de fazer e de não fazer* (2. ed. São Paulo: RT, 2003. n. 9.9, p. 266-267) — com as mesmas ressalvas a seguir feitas.

[2] Manifestação apresentada na audiência pública organizada pelo Senado Federal, em Curitiba, em 16.04.2010, para discutir as linhas gerais de um novo Código de Processo Civil (Disponível em: <http://www.justen.com.br//informativo.php?&informativo=39&artigo=212&l=pt>).

III-e A ponderação no caso concreto – **IV** A incidência diária da multa enquanto não houver cumprimento: ausência de limite – **V** Inviabilidade da revisão retroativa do valor da multa – **V-a** Ausência de discricionariedade em sentido estrito – **V-b** Preclusão – **V-c** Imprescindibilidade de fatos novos – **V-d** Descabimento de redução retroativa da multa – **V-e** Arremate do tópico – **VI** O significado da categoria "excesso de execução": sua impertinência para o caso concreto – **VII** Base legal do crédito decorrente de multa – O valor do crédito está à mercê da conduta livre do réu – **VIII** Conclusão

Parecer

O.A.R. solicita-me parecer sobre critérios de fixação, estabilidade e duração de multa processual coercitiva (CPC, art. 461, §4º) cominada no processo de autos nº 00000000 da 2ª Vara Cível de QQQ – GO.
Os fatos pertinentes e os quesitos estão abaixo expostos.

I Os fatos e quesitos

1 Transcrevem-se, a seguir, excertos do relato elaborado pelo próprio consulente:

> O litígio em vista do qual se formula a presente consulta tem, de um lado, a empresa XXX S/A, afiliada da YYY, multinacional que domina o mercado mundial de fertilizantes e tem grande importância no comercio de alimentos. No ano de 2008, segundo noticiaram os jornais de grande circulação nacional (*Jornal Valor*, ***/***/2009, p. b12), ela faturou nada menos que $52.600.000,00 (cinquenta e dois bilhões e seiscentos milhões de dólares norte americanos). Do outro lado está o ora Consulente, produtor rural e empresário respeitado no seu meio e considerado ao longo dos anos como um dos maiores e mais prósperos produtores de alimentos da região do oeste baiano (algodão, soja e milho), cujas lavouras eram desenvolvidas numa área de mais ou menos 18.200 hectares de terras, das quais, em condições normais advinha-lhe um faturamento anual de R$53.900.000,00 (cinquenta e três milhões e novecentos mil reais), segundo atestam os laudos agronômicos apresentados.
> O ora Consulente e a Empresa desenvolveram uma parceria por mais de dez anos, com essa fornecendo àquele todos os insumos/adubos de que ele necessitava para suas lavouras. Mas, diante de intempéries ocorridas, quando suas culturas tiveram diminuição sensível de produção e queda de qualidade, os débitos contraídos para a safra 2004/2005 não foram integralmente solvidos e, em razão disso, por exigência da Empresa, foi celebrada entre as partes um instrumento de confissão e assunção de dívida. Dessa forma, o Consulente confessou a dívida, no montante

exigido pela Empresa, e lhe deu garantias (não só da dívida pretérita, mas para as futuras compras de adubo) — e a Empresa, por sua vez, comprometeu-se a continuar fornecendo-lhe os insumos para a safra de 2005/2006.

Ocorre que, tão logo foi assinado referido instrumento, no valor de R$11.450.925,04 (onze milhões, quatrocentos e cinquenta mil, novecentos e vinte e cinco reais e quatro centavos), a Empresa negou-se a continuar a fornecer os adubos ao produtor. Isso obviamente depois de conseguir garantias reais para tal confissão de dívida e também para a compra dos adubos futuros (adubos que não foram entregues ao consulente).

Com a cessação do fornecimento dos insumos/adubos o Consulente viu-se, então, na contingência de interromper o seu ciclo produtivo. Obviamente, isso agravou de modo drástico sua situação financeira.

Diante, pois, da situação real que se lhe apresentou (falta de liquidez financeira e a recusa da Empresa em cumprir o combinado que era fornecer-lhe o adubo para a safra 2005/2006), o Consulente não teve alternativa senão recorrer ao Judiciário, para evitar a cobrança abusiva de uma dívida artificialmente ampliada e, também, para extirpar as cláusulas abusivas e com isso poder continuar com a sua atividade.

Isso foi feito. Ajuizou a competente ação revisional no juízo da comarca de QQQ, com a pretensão de revisionar o contrato celebrado com a Empresa, em primeiro para alongar seu débito e, em segundo, para anular as cláusulas abusivas (2ª VC, autos n. 00000). Nesse pleito, diante do fundado receio de que a credora viesse a cobrar-lhe judicialmente a dívida, pleiteou, também, a antecipação da tutela, com o fito de suspender a exigibilidade do título e determinar que a Empresa se abstivesse de qualquer ato de cobrança. (...) ficou amplamente provado (...) estar passando por dificuldade de caixa, mas que, em condições normais, tinha um grande potencial de produção, pois plantava 18.200 hectares de lavoura de soja, milho e algodão, como consta da planilha em anexo. Com o produto dessas lavouras, obteria um faturamento anual, em preços atualizados, de R$53.900.000,00 anuais, e com isso continuaria sua atividade, ou seja, com a vigência da tutela antecipada, reequilibraria o seu caixa.

O julgador monocrático, após analisar o processo, concedeu em antecipação da tutela a suspensão da exigibilidade do contrato posto em revisão, bem como, impôs multa diária de 2% sobre o valor do contrato, no caso de não obediência da decisão judicial.

Essa decisão foi atacada pela Empresa mediante agravo de instrumento, mas foi integralmente mantida pelo Egrégio Tribunal de Justiça de Goiás. Depois, o recurso especial contra o acórdão do E. TJGO que a manteve não foi sequer conhecido pelo E. STJ.

Estando intimada da decisão concessiva da tutela antecipatória, e sem jamais haver obtido qualquer suspensão dessa ordem judicial, a Empresa, na prática, ignorou-a — e permanece violando-a — por completo. Promoveu a execução forçada contra o ora Consulente, visando o recebimento da quantia representada pelo contrato — desobedecendo, dessa forma, a decisão judicial concessiva da antecipação de tutela. E houve ainda circunstância agravante: a Empresa fez o nome do Consulente ser inserido no rol dos maus pagadores perante os órgãos de proteção ao crédito. Mesmo buscando a proteção do poder Judiciário isso não foi suficiente para manter a sua atividade agrícola em funcionamento, pois o setor agrícola não sobrevive sem crédito. (...)

Prosseguiram os processos judiciais. De um lado, a ação revisional, em que o ora Consulente ficou amparado pela decisão antecipadora da tutela, insistentemente descumprida pela Empresa ré — o que faz com que permaneça incidindo a multa diária de 2% sobre o valor do contrato posto em revisão. Do outro lado, a ação de execução movida pela Empresa contra o Consulente — apesar da ordem de que se abstivesse de fazê-lo. Ambos os processos foram sentenciados. Ao decidir em definitivo a questão, o julgador monocrático julgou procedente a revisão pedida, com o consequente alongamento da dívida e extirpação das cláusulas abusivas, determinando a subsistência da decisão liminar, bem como, decidiu pelo descabimento da execução, por faltar ao título exequendo (...) a exigibilidade.

Contra as duas sentenças houve recursos de apelação, e o Egrégio Tribunal de Justiça de Goiás, conheceu de ambos, mas os desproveu, mantendo, de consequência, as sentenças vergastadas. A empresa interpôs recursos especiais, que não foram conhecidos pelo E. TJGO. Contra tal inadmissão, ela ajuizou agravos de instrumento, ora em processamento.

2 Diante desse panorama foram formulados os seguintes quesitos:

a) Foi corretamente concedida a tutela antecipada no presente caso?

b) O valor da multa diária cominada é adequado para o caso concreto?

c) O valor da multa diária deve ser limitado ao valor da obrigação discutida?

d) No presente caso, é possível a revisão retroativa do valor fixado para a multa?

e) Em impugnação ao cumprimento de sentença, o valor executado relativo à incidência de multa poderia ser retroativamente reduzido, sob o amparo da regra que censura o "excesso de execução" (CPC, art. 475-L, inc. V)?

f) O recebimento do crédito derivado da multa pelo autor constitui enriquecimento sem causa?

Passo a responder.

II A comprovação do acerto da antecipação de tutela

3 A resposta ao primeiro quesito dispensa investigação mais aprofundada, tendo em vista o atual panorama do litígio e do processo. Melhor dizendo, a resposta é dada pelos próprios fatos havidos depois de haver sido deferida a antecipação de tutela. O integral acerto da concessão da medida urgente foi comprovado pelos eventos que a sucederam.

A presença do requisito da plausibilidade do direito ("prova inequívoca da verossimilhança" – CPC, arts. 273, *caput*, e 461, §3º) ficou evidente com o posterior julgamento de procedência da demanda, mediante r. sentença — a qual foi depois inclusive confirmada pelo E. TJGO em julgamento de apelação. Ou seja, a pretensão do consulente era até mais do que plausível: aferiu-se, mediante cognição exauriente, sua integral procedência.

Os fatos posteriores à antecipação da tutela também confirmaram estar preenchido o segundo requisito da medida de urgência: o fundado receio de danos (CPC, art. 273, I, e 461, §3º). Tanto havia o risco concreto de que o réu adotasse medidas de cobrança que esse, a despeito de já ciente da pendência do processo e da concessão da liminar, efetivamente as adotou.

De resto, não há dúvidas de que a tutela urgente concedida não é irreversível quanto a seus efeitos. No caso, a ordem de abstenção de conduta seria perfeitamente revogável, se fosse o caso. E, nessa hipótese, não ficaria inviabilizada a adoção pelo réu das providências antes proibidas. Portanto, está presente também o terceiro requisito para a antecipação da tutela (CPC, art. 273, §2º).

4 Seja como for, qualquer debate sobre a correção da tutela antecipada agora já está de todo vencido. Não apenas a medida urgente foi confirmada pelo E. TJGO (em decisão não alterada pelo E. STJ), como ainda já houve — conforme indicado — o próprio julgamento de procedência da demanda, nos dois graus de jurisdição. O tema, portanto, já está de há muito precluso no processo.

III A adequação da multa

5 A definição dos parâmetros de valor da multa processual pressupõe a adequada compreensão da natureza e função desse instituto.

III-a A natureza e a função da multa processual prevista no art. 461, 4º, do Código de Processo Civil

6 Cumpre ao juiz fixar, até mesmo de ofício, multa para o caso de inobservância da decisão judicial que determine o cumprimento de dever de fazer, não fazer ou entrega de coisa. Tal providência é aplicável tanto à sentença final quanto à decisão interlocutória concessiva de tutela antecipada.

A medida não tem caráter ressarcitório ou compensatório. Tampouco constitui uma sanção precipuamente punitiva, no que difere da multa do parágrafo único do art. 14 do CPC.

A multa do art. 461, §4º, constitui instrumento destinado a induzir o réu a cumprir o mandado. É exemplo daquilo que se denomina "execução indireta": o uso de mecanismos destinados a pressionar psicologicamente o réu, a fim de que ele mesmo cumpra o seu dever. Ameaça-se o réu com medidas constritivas que o induzem a, por ato próprio, adotar a conduta devida.

Para a doutrina majoritária nessas hipóteses não há execução propriamente dita: a atividade executiva implicaria necessariamente a adoção de meios sub-rogatórios, substitutivos da conduta do devedor. Na célebre definição de Liebman, a "verdadeira execução" consiste na efetivação da sanção *independentemente* da vontade do devedor.[3] O Estado, então, substitui o devedor para proporcionar ao credor o resultado mais próximo possível do que haveria se não tivesse sido violado o direito. Exemplo perfeito do uso de meios sub-rogatórios é a execução por quantia certa: o devedor é citado; não pagando, o próprio Estado penhora-lhe bens, expropria-os e entrega ao credor o dinheiro obtido.

Chiovenda, diferentemente, sustentava haver atuação executiva tanto através dos "meios de sub-rogação", quanto pelos "meios de coação". Ambos seriam "meios executivos": "medidas que a lei permite aos órgãos jurisdicionais pôr em prática para o fim de obter que o credor logre praticamente o bem a que tem direito".[4]

Enquadrar ou não os meios coercitivos (a "execução indireta") no âmbito da execução propriamente dita depende da perspectiva que se adote. Carnelutti destacou o caráter híbrido dessas medidas,

---

[3] *Processo de execução*. 5. ed. atual. por J. Munhoz de Mello. São Paulo: RT, 1986. p. 2-6, n. 1-3. Quanto à adesão da doutrina brasileira a esse entendimento, v. referências em TALAMINI. *Tutela relativa aos deveres de fazer e de não fazer*. 2. ed. São Paulo: RT, 2003. n. 5.2.2, p. 172, nota 8.

[4] *Instituições de direito processual civil*. 2. ed., I, São Paulo: Saraiva, 1965 (trad. de G. Menegale, da 2. ed. ital.), n. 86, p. 287-288 (trad. G. Menegale).

comparando-as com a "estrutura" e a "função" da "execução" (por sub-rogação, "restituição") e da "pena" ("punição", "penitência").[5] Sob o aspecto funcional, a "execução" é meio adotado *a fim de que* se atinja a situação a que o direito tende com o comando desobedecido; a "pena", ao invés, emprega-se *porque* aquela situação não se verificou. A "execução", em outros termos, visa à "satisfação" do direito violado; a "pena" impõe uma "aflição" em virtude da violação. Estruturalmente, a "execução" sacrifica o *mesmo* interesse (ou interesse *equivalente* ao) que se afetaria caso observado o comando; a "pena" golpeia um interesse *diverso*. A medida coercitiva constitui um terceiro gênero, entre a "pena" e a "execução". Apresenta em comum com a "pena" sua estrutura, pois recai sobre bem do devedor *diferente* daquele que é objeto do dever violado. Já funcionalmente, identifica-se com a "execução": tem finalidade "satisfativa", antes que "aflitiva". Chiovenda, quando reputa propriamente executivo o emprego dos "meios de coação", toma em conta tal identidade funcional. A doutrina prevalente, ao negar o caráter de "verdadeira execução" à "execução indireta", tem em mira a incompatibilidade estrutural, a diversidade quanto ao modo de operar, de uma e outra.

Classificações à parte, importa é reconhecer a diferença substancial entre a atuação de meios sub-rogatórios, destinados a substituir a prestação devida por outra, e o uso de meios coercitivos, consistentes na imposição de um comando estatal direto ao devedor para que ele cumpra a conduta devida.

A multa processual do art. 461, §4º, enquadra-se inequivocamente nessa segunda categoria.

6.1 A doutrina, ainda antes da instituição do atual sistema de tutela do art. 461, já não tinha dúvidas quanto à natureza da multa processual, então prevista na disciplina da execução das obrigações de fazer e de não fazer (CPC, arts. 287 e 645). Reconhecia-lhe a natureza de meio de coação, a exemplo das *astreintes* francesas, que foi uma de suas fontes de inspiração.

Conforme então já escrevia Amílcar de Castro:

---

[5] "Diritto e processo nella teoria delle obbligazione", em *Studi in onore di Giuseppe Chiovenda*, Pádua, Cedam, 1927, n. 5, p. 241-242; *Sistema di diritto processuale civile*, I, Pádua, Cedam, 1936, n. 10, p. 22-24; *Diritto e processo*, n. 23-27, p. 39-44. Antes, em *Il danno e il reato* (Pádua, Cedam, 1930, n. 10 e segs., p. 31 e segs.) e em *Lezioni di diritto processuale civile* (Pádua, Cedam, 1986, ed. fac-similar da de 1926, n. 28-30, p. 80-92), CARNELUTTI, ainda que sem examinar as medidas coercitivas, já havia tratado da diversidade de estrutura e função das diversas formas de sanção.

Não se trata de uma aplicação da teoria do ressarcimento dos danos, mas de um simples meio de coação. O vocábulo francês astreinte é sinônimo de contrainte, que quer dizer constrangimento, ou violência exercida contra alguém. A astreinte não é pena para punir o devedor pelo fato de não haver cumprido, ou haver demorado a cumprir, mas um meio de coação para obrigar o devedor a cumprir.[6]

No mesmo diapasão era o escólio de Alcides Mendonça Lima:

As astreintes correspondem a uma coação de caráter econômico, no sentido de influírem no ânimo do devedor, psicologicamente, para que cumpra a prestação de que se está esquivando. (...)
Não se deve confundir esta engenhosa medida com as perdas e danos decorrentes do inadimplemento da obrigação pelo devedor.[7]

Igualmente Cândido Dinamarco lecionava que "as multas diárias constituem medidas de pressão psicológica sobre o espírito do obrigado, para induzi-lo ao cumprimento voluntário da obrigação (...). As multas diárias não substituem a obrigação reconhecida em sentença, nem se confundem com as perdas e danos decorrentes do inadimplemento".[8]

6.2 Do mesmo modo — e ainda antes da atual regra do art. 461 — o Supremo Tribunal Federal também já havia identificado a natureza processual coercitiva da multa diária — diferenciando-a das perdas e danos:

A pena pecuniária que, a título de astreintes, se comina não tem o caráter de indenização pelo inadimplemento da obrigação de fazer ou de não fazer, mas, sim, o de meio coativo de cumprimento da sentença, como resulta expresso na parte final do art. 287 do CPC.[9]

6.3 O §2º do novo art. 461, instituído pela Lei nº 8.952/1994, veio a confirmar essa orientação: "A indenização por perdas e danos dar-se-á *sem prejuízo da multa*".

Como não poderia deixar de ser, a doutrina manteve a orientação acerca da natureza "puramente coercitiva" da multa em questão. No dizer de Ada Pellegrini Grinover:

---

[6] *Comentários ao CPC*. São Paulo: RT, 1983. v. VIII, p. 188-189, n. 253.
[7] *Comentários ao CPC*. Rio de Janeiro: Forense, 1974. v. VI, t. 2, p. 775, n. 1787-1788.
[8] *Execução civil*. São Paulo: RT, 1989. v. 2, p. 219-220, n. 82.
[9] RE nº 94.966-6, 2ª T., v.u., rel. Min. Moreira Alves, j. 20.11.1981, *DJU*, 26 mar. 1982, em *RTJ* 103/774.

(...) os ordenamentos processuais cunharam um sistema de sanções pecuniárias, representativas das medidas coercitivas, concebidas para induzir o devedor a cumprir espontaneamente as orientações que lhe incumbem, principalmente as de natureza infungível. Essas multas não são de natureza reparatória, de modo que sua imposição não prejudica o direito do credor à realização específica da obrigação ou ao recebimento do equivalente monetário, ou ainda à postulação das perdas e danos. A multa, em suma, tem natureza puramente coercitiva.

(...)

É esse o sistema das *astreintes*, mantido no processo brasileiro (...).[10]

Outra não é a opinião de Kazuo Watanabe: "A multa é medida de coerção indireta imposta com o objetivo de convencer o demandado a cumprir espontaneamente a obrigação. Não tem finalidade compensatória (...)".[11]

A opinião de Grinover e Watanabe é de grande relevância. Não bastasse a autoridade de sua produção científica, ambos foram os principais responsáveis pela concepção do sistema de tutela do atual art. 461 do Código de Processo Civil. Na condição de coautores do anteprojeto, haviam formulado idêntico modelo no Código de Defesa do Consumidor (art. 84) — o qual declaradamente constituiu a matriz da regra do art. 461.

E a noção do caráter coercitivo da multa em pauta é compartilhada — ousa-se dizer — pela totalidade da atual doutrina brasileira.[12]

Nos Tribunais, essa concepção também encontra pacífico acolhimento. Confiram-se, por exemplo, alguns julgados do E. STJ e de tribunais locais:

---

[10] "Tutela jurisdicional nas obrigações de fazer e não fazer", em *Revista de Processo*, 79, 1995, n. 3, p. 68.

[11] "Tutela antecipatória e tutela específica das obrigações de fazer e não fazer", em *Reforma do CPC*, São Paulo, Saraiva, 1996 (org. S. F. Teixeira), n. 36, p. 47.

[12] Entre inúmeros, podem ser citados exemplificativamente: DINAMARCO, Cândido. *A reforma do CPC*. 2. ed., São Paulo, Malheiros, 1995, n. 115, p. 157; DOS SANTOS, Ernane Fidélis. *Novos perfis do processo civil brasileiro*. Belo Horizonte: Del Rey, 1996, cap. IV, n. 6, p. 77; PASSOS, J. J. Calmon de. *Comentários ao CPC*. 8. ed., III, Rio de Janeiro: Forense, 1998. p. 188, n. 133.2; GUERRA, Marcelo. *Execução indireta*. São Paulo: RT, 1998. p. 188, n. 4.2.2; SPADONI, Joaquim F. *Ação Inibitória*: a ação preventiva prevista no art. 461 do CPC. São Paulo: RT, 2002. p. 166 e 174; AMARAL, Guilherme Rizzo. *As astreintes e o processo civil brasileiro: multa do artigo 461 do CPC e outras*. Porto Alegre: Livraria do Advogado, 2004. p. 61; FUX, Luiz. *Curso de direito processual civil*. 3. ed. Rio de Janeiro: Forense, 2005; p. 194 e 195; BUENO, Cassio Scarpinella. *Curso sistematizado de direito processual civil*: tutela jurisdicional executiva. São Paulo: Saraiva, 2008. v. 3, p. 415; OLIVEIRA, Carlos Alberto Alvaro de. *Teoria e prática da tutela jurisdicional*. Rio de Janeiro: Forense, 2008. p. 186; DIDIER JR., F.; CUNHA, L.; OLIVEIRA, R.; BRAGA, P. *Curso de Direito Processual Civil*: execução. Salvador: JusPodivm, 2009. v. 5, p. 443.

A função das *astreintes* é vencer a obstinação do devedor ao cumprimento da obrigação, por isso do seu termo a quo ocorrer quando da ciência do obrigado e da sua recalcitrância.[13]

(...) a imposição de multa para eventual descumprimento de medida cautelar tem como fundamento principal mais que uma agressão ao direito do requerente da medida, mas, sobretudo, uma resposta à necessidade de dar efetividade às decisões judiciais, evitando-se a recusa ao seu cumprimento, pois seria inócuo o juiz deferir o provimento cautelar e não adotar medida alguma para lhe conferir eficácia, induzindo o réu a cumpri-la, sob pena de por em descrédito a própria decisão.[14]

Agravo de Instrumento. Multa Diária. Possibilidade. I – Admite-se a fixação das *astreintes* caso não cumprida a obrigação no lapso de tempo determinado, visto que trata-se de um meio coativo do direito moderno para se fazer cumprir as obrigações. Agravo de Instrumento conhecido e improvido.[15]

As *astreintes* foram instituídas para convencer o devedor a cumprir a obrigação de fazer em tempo razoável (art. 461, §§2º e 4º, do CPC); quando ocorre incumprimento injustificável, com o devedor pouco ou nada importando com a possível incidência das *astreintes*, a sua exigibilidade passa a ser questão de honra para a efetividade do processo (art. 5º, XXXV, da CF).[16]

6.4 Em suma, a multa do art. 461, §4º, enquadra-se na categoria que o signatário denominou, em outra oportunidade, de "medidas indutivas negativas" (coercitivas).[17] Na dicção tradicional, é meio de "execução indireta".

É essa essência de meio processual coercitivo da multa *ex* art. 461 que não apenas justifica a possibilidade de sua concessão e revisão de ofício como ainda — eis o dado importante para o presente parecer — norteia a determinação de seu valor.

É do que se trata nos itens seguintes.

---

[13] STJ, REsp nº 518.155/RS, Rel. Min. Luiz Fux, Primeira Turma, j. 17.02.2004, *DJ*, 28 abr. 2004, p. 232.
[14] STJ, REsp nº 159.643/SP, Rel. p/ ac. Min. Castro Filho, 3ª T., j. 23.11.2005, *DJ*, 27 nov. 2006, p. 272 (o trecho transcrito foi extraído do voto da Ministra Nancy Andrighi).
[15] TJGO, Processo nº 200604257257, 3ª Cam. Civ., Rel. Des. Rogério Aredio Ferreira, *DJ*, 27 abr. 2007.
[16] TJSP, AC nº 119.016-4/0, 3ª C. D. Priv., Rel. Des. Ênio Santarelli Zuliani, ac. de 29.05.01. Vejam-se ainda as diversas outras decisões citadas nos tópicos seguintes, em que também se afirma o caráter essencialmente coercitivo da multa, para daí se extrair decorrências bastante relevantes para o caso em exame.
[17] *Tutela relativa aos deveres...*, op. cit. , p. 171-175.

III-b A necessidade do emprego da multa

7 O §4º do art. 461 faz referência a "suficiência" e "compatibilidade" da multa com a "obrigação". Esses parâmetros, por um lado, prestam-se a indicar as hipóteses de cabimento da multa e, por outro, definem os seus limites quantitativos.

8 No que tange ao seu cabimento, a multa *deve* ser cominada toda vez que se configurar sua utilidade, ainda que mínima, para influenciar a vontade do réu. Sob esse aspecto, e como nota Thereza Arruda Alvim, "suficiência e compatibilidade nada mais é do que a adequação, ou seja, que haja a possibilidade, com a fixação de multa, de a obrigação vir a ser cumprida".[18]

Só ficará descartado o emprego da multa quando esta revelar-se absolutamente inócua ou desnecessária, em virtude das circunstâncias concretas. Assim, se o réu é manifestamente insolvente já mesmo antes da cominação da multa, nem faz sentido utilizá-la. Em casos como esse, a coerção patrimonial perde sua razão de ser — cabendo ao juiz adotar, na medida do possível, outros mecanismos de indução da conduta do réu (genericamente autorizados pelo §5º do art. 461).

Por outro lado, lembre-se que a multa processual, no direito brasileiro, é aplicável tanto às decisões judiciais que tutelam obrigações infungíveis quanto àquelas que dão cumprimento a obrigações fungíveis.[19] Mas é evidente que para os deveres de natureza infungível — em que a conduta perseguida apenas pode ser adotada pelo próprio réu — o emprego da multa assume um papel fundamental. Nesses casos, a pressão psicológica sobre o réu tende a ser o único modo de se obter a tutela específica (i.e., o exato bem de vida devido, e não o mero equivalente pecuniário). E a tutela específica constitui a prioridade do sistema de tutela jurisdicional, conforme expressamente afirmado no §1º do art. 461 e também extraível da garantia constitucional à proteção jurisdicional efetiva (CF, art. 5º, XXXV).

9 No caso em exame, a adequação do emprego da multa não suscita maiores dúvidas. O réu é pessoa jurídica com situação patrimonial extremamente sólida — conforme descrito e documentado pelo consulente. O tema é retomado adiante. Portanto, a coerção patrimonial era e é mecanismo compatível com o caso.

Mais do que compatível, o emprego da multa era imperioso no caso em análise, dado o caráter infungível do dever objeto da tutela

---

[18] "A tutela específica do art. 461, do CPC", em *RePro* 80, 1995, p. 109.
[19] Ver a respeito TALAMINI. *Tutela relativa a deveres...*, *op. cit.*, p. 244-245, esp. notas 10 e 11.

jurisdicional. Trata-se de um dever de *não fazer*, um dever de *abstenção*: não promover medidas de cobrança do pretenso crédito objeto de exame judicial. Depende-se, assim, do comportamento do próprio réu: cabe a ele, e a mais ninguém, abster-se da conduta vedada. Não há como designar terceiros para que, em tempo integral, "substituam" o réu na conduta omissiva. Essa há de ser uma conduta personalíssima do réu. Para induzi-lo a observar essa conduta, era imprescindível a utilização de meio coercitivo, de que a multa é a espécie mais factível e razoável — a ponto de haver merecido exclusiva tipificação legal.

III-c Não limitação ao valor do bem de vida discutido

10 A "suficiência" e a "compatibilidade" referidas pelo art. 461, §4º, funcionam também como balizas para a definição do valor da multa.

10.1 Mas não se deve extrair de tal fórmula a ideia de que vigoraria alguma limitação do valor da multa ao da "obrigação" nem ao dos danos derivados da violação. Tal limite só se explicaria se a multa tivesse caráter indenizatório — o que está, como visto, pacificamente descartado.

10.2 Por outro lado, a multa processual é inconfundível com a cláusula penal contratualmente fixada. A multa contratual e a multa imposta pelo juiz (multa processual), conquanto tenham *mediatamente* o mesmo objetivo, diferenciam-se no que tange à sua estrutura e função *imediatas*. A multa contratual é mecanismo de *direito material*, instituído pelas partes e destinado a incentivar o cumprimento tempestivo da obrigação. É, então, instrumento de tutela no âmbito do direito material. Insere-se entre os "meios de coerção privada".[20] É bem verdade que, em face da vedação da autotutela, só poderá ser cobrada constritivamente em juízo. Mas isso não afasta sua natureza de direito material. Já a multa que o próprio juiz impõe é mecanismo *processual* destinado a garantir a efetividade da ordem emitida pelo órgão jurisdicional. É — já foi dito — meio processual coercitivo.

Por essas razões, não se aplica à multa processual o limite que a lei impõe à cláusula negocial penal (C. Civ. de 1916, art. 920; C. Civ. de 2002, art. 412). Vale dizer: a limitação ao valor da obrigação é noção de todo incompatível com a multa processual. Incide apenas nos estritos termos em que foi prevista: no âmbito das cláusulas penais *contratuais*.

---

[20] Sobre tal categoria, vede João Calvão da Silva, *Cumprimento e sanção pecuniária compulsória*. 2. ed. (2. reimp.). Coimbra: Fac. Dir. Univ. Coimbra, 1997, cap. II, p. 229 e seguintes.

11 Esse já era o entendimento dominante, antes da instituição do sistema do art. 461. Quando examinavam a multa já então prevista na execução das obrigações de fazer e de não fazer, doutrina e jurisprudência descartavam limitá-la ao valor da obrigação almejada ou dos danos sofridos.

Alcides Mendonça Lima então lecionava que "as *astreintes* não têm limite". Elas apenas "cessam no momento em que o devedor se resolve a cumprir a obrigação". E ainda explicitava: "As *astreintes* podem ultrapassar o valor da obrigação, enquanto as perdas e danos não devem superá-lo".[21]

Idêntico era o ensinamento de todos os demais autores de escol que à época examinaram o tema. Podem aqui ser mencionados, entre muitos: Amílcar de Castro, Cândido Dinamarco, José Frederico Marques, Barbosa Moreira, Sálvio de Figueiredo Teixeira, Vicente Greco Filho, Araken de Assis e Arruda Alvim.[22]

Também os tribunais reconheciam a não limitação da multa processual ao valor da obrigação. Tal entendimento inclusive foi reiteradamente afirmado pelo STJ.[23]

12 Com a instituição do sistema de tutela do art. 461, a ausência de limite quantitativo para a incidência da multa foi mantida. Mais do que isso, a necessidade do emprego amplo desse mecanismo coercitivo foi enfatizada, com a explicitação da máxima preferência pelo resultado específico (§1º do art. 461) e a dupla previsão normativa da multa (§§4º e 5º do art. 461).

O §2º do art. 461, de resto, veio a eliminar qualquer dúvida: "A indenização por perdas e danos dar-se-á sem prejuízo da multa". Se

---

[21] *Comentários op. cit.*, p. 775-776.
[22] CASTRO, Amílcar de. *Comentários...*, VIII, *op. cit.*, p. 179 e 189; DINAMARCO. *Execução civil*. 3. ed. São Paulo: Malheiros, 1993. p. 102, e *Execução, op. cit.*, v. 2, p. 217-218; MARQUES, Frederico. *Manual de direito processual civil*. IV, São Paulo: Saraiva, 1976. p. 134, nota 5; MOREIRA, Barbosa. "Notas sobre o problema da efetividade do processo", em *Temas de direito processual*: terceira série. São Paulo: Saraiva, 1984. p. 40, e *O novo processo civil brasileiro*, 18. ed., Rio de Janeiro: Forense, 1996. p. 254; TEIXEIRA, Sálvio. *CPC anotado*. 4. ed. São Paulo: Saraiva, 1992. p. 383; GRECO FILHO, Vicente. *Direito processual civil brasileiro*. 10. ed., III, São Paulo: Saraiva, 1995. p. 69; ASSIS, Araken de. *Manual do processo de execução*. 2. ed., São Paulo: Ed. RT, 1995. p. 109 e p. 408; ALVIM, Arruda. *Interpretação da sentença liquidanda*: fidelidade ao seu sentido original: multa convencional e 'astreintes': diferenças e limites, em *Revista de Processo*, 77, 1995, p. 183.
[23] STJ, REsp nº 8.065-SP, v.u., rel. Min. Cláudio Santos, j. 03.09.1991, *DJU*, 23 set. 1991, p. 13.080; STJ, REsp nº 43.389-4-RJ, v.u., rel. Min. W. Zveiter, j. 22.03.1994, em *RSTJ* 63/438; STJ, REsp nº 141.559-RJ, v.u., rel. Min. Eduardo Ribeiro, j. 17.03.1998, *DJU*, 17 ago. 1998, p. 68; STJ, REsp nº 196.262-RJ, rel. Min. C. Alberto Direito, j. 06.12.1999, em *Inf. STJ* 6 a 10.12.1999; TAPR, Apel. nº 828/86, v.u., rel. Juiz Ivan Righi, j. 16.09.1986, em *RTJE* 43/160; STJ, REsp nº 106.262-RJ, v.u., rel. Min. C. Alberto Direito, j. 06.12.1999, em *RT* 785/197.

o crédito decorrente da multa é algo inconfundível com as perdas e danos, careceria de sentido limitá-lo ao valor do dever violado ou dos prejuízos havidos.

Mais do que isso, tal limitação destruiria a utilidade do mecanismo. A função indutiva, intimidatória, da multa, seria aniquilada. É da essência do instrumento coercitivo a "desproporção" entre o bem atingido pela sanção e o bem tutelado. Para ser eficaz, a medida de coerção terá de impor ao réu um sacrifício necessariamente maior do que o que ele sofreria com o cumprimento do dever que lhe cabe. Apenas assim haverá efetiva pressão psicológica, de modo a demover o réu da disposição de violar o comando judicial.

13 Como se vê, esse não é um atributo da multa processual que derive meramente do direito positivo (muito embora, como visto, o direito positivo brasileiro consagre-o expressamente). Trata-se, antes, de uma imposição lógico-jurídica. Vale dizer, é uma característica inerente à multa processual coercitiva, em qualquer ordenamento que pretenda a efetiva adoção desse mecanismo. Esse aspecto está presente, por exemplo, na *astreinte* francesa. Lá, é corrente a afirmação de que a coerção patrimonial deve fazer-se mediante a cominação de uma "soma arbitrária", i.e., um montante que supere em muito o valor da obrigação tutelada ou das perdas e danos advindas da violação ao direito.[24] Como escreveu o grande jurista uruguaio Eduardo Couture, a *astreinte* é "desproporcionada con la obligación misma".[25]

14 A doutrina brasileira é uníssona ao destacar essa característica.

Assim, Araken de Assis ressalta a necessidade de que a multa seja fixada "em valor exorbitante (...) capaz de ensejar o efeito pretendido pelo credor".[26]

Inúmeras outras lições similares poderiam ser aqui referidas. Eis algumas delas:

> Pela sua própria natureza de meio coativo, as *astreintes* não ficam limitadas ao valor da obrigação, nem ao das perdas e danos, podendo ultrapassá-los, caso se prolongue a mora. O que importa é que o *quantum*

---

[24] Ver, por exemplo, Starck, Roland e Boyer, *Obligations: t. 3 – Regime général*, 5ª ed., Paris, Litec, 1997, p. 256.

[25] *Fundamentos del derecho procesal civil*, 3ª ed., B. Aires, Depalma, 1958 (16ª reimp., 1990), p. 464.

[26] *Manual da Execução*. 12. ed. São Paulo: RT, 2009. p. 628. O trecho integral dessa passagem de Araken de Assis é ainda mais eloquente: "o juiz preocupar-se-á apenas em identificar e aplicar um valor exorbitante e desproposital, inteiramente arbitrário, capaz de ensejar o efeito pretendido" (*op. e loc. cit.*).

seja fixado, como escreveu ARRUDA ALVIM, 'de molde a que o réu não possa 'optar' entre o cumprimento da obrigação e o pagamento da multa, pois seu objetivo é o de proporcionar ao credor o cumprimento da obrigação *in natura*, é o de criar condições para que o processo seja realmente efetivo'. (Teori Albino Zavascki)[27]

O valor deve ser significativamente alto, justamente porque tem natureza inibitória. O Juiz não deve ficar com receio de fixar o valor em quantia alta, pensando no pagamento. O objetivo das *astreintes* não é obrigar o réu a pagar o valor da multa, mas obrigá-lo a cumprir a obrigação na forma específica. A multa é apenas inibitória. Deve ser alta para que o devedor desista de seu intento de não cumprir a obrigação específica. Vale dizer, o devedor deve sentir se preferível cumprir a obrigação na forma específica a pagar alto valor da multa fixada pelo juiz. (Nelson Nery Jr. e Rosa Nery)[28]

A finalidade da multa é coagir o demandado ao cumprimento do fazer ou do não-fazer, não tendo caráter punitivo. Constitui forma de pressão sobre a vontade do réu, destinada a convencê-lo a cumprir a ordem jurisdicional. Para que a multa coercitiva possa constituir autêntica forma de pressão sobre a vontade do demandado, é fundamental que seja fixada com base em critérios que lhe permitam alcançar seu fim. Assim é que o valor da multa coercitiva não tem qualquer relação com o valor da prestação que se quer observada mediante a imposição do fazer ou não-fazer. As *astreintes*, para convencer o réu a adimplir, devem ser fixadas em montante suficiente para fazer ver ao réu que é melhor cumprir do que desconsiderar a ordem do juiz. (Marinoni e Mitidiero)[29]

Como a multa visa à realização de determinado comportamento ou abstenção e, por definição, ela representa uma forma de exercer pressão psicológica no obrigado para que realize a obrigação a que está sujeito, é correto o entendimento de que ela possa, eventualmente, superar o valor do contrato ou de eventual cláusula penal para que seja *eficaz* no atingimento dessa sua finalidade. A multa deve ser fixada de uma tal maneira que leve o executado a pensar que a *melhor solução para ele*, pelo menos do ponto de vista econômico, é o acatamento da determinação judicial. (Cassio Scarpinella Bueno)[30]

---

[27] *Comentários ao Código de Processo Civil*. v. 8. São Paulo: RT, 2000. p. 503-504.
[28] NERY JUNIOR, Nelson; NERY, Rosa. *Código de processo civil comentado e legislação extravagante.* São Paulo: RT, 2006. p. 588.
[29] MARINONI; MITIDIERO. *Código de Processo Civil comentado artigo por artigo*. São Paulo: RT, 2008, p. 429.
[30] *Curso sistematizado*, v. 3, *op. cit.*, p. 415.

(...) não está o juiz adstrito ao valor da obrigação ou a qualquer limite, objetivando, exclusivamente a adequação para obtenção da tutela específica (...). (Thereza Arruda Alvim)[31]

Do caráter coercitivo da multa diária resultam vários aspectos importantes do regime jurídico a que ela se subordina. Em primeiro lugar, a sua total independência de qualquer finalidade ressarcitória significa que ela pode ser cumulada com a indenização de prejuízos resultantes do não-cumprimento da obrigação consagrada no título executivo. (...), é ainda o caráter coercitivo da multa diária que impõe total desvinculação de seu valor do montante do prejuízo decorrente da inexecução. (Marcelo Lima Guerra)[32]

15 Aos tribunais tampouco tem escapado esse aspecto da questão. Há diversos julgados, especialmente do E. STJ, que não apenas rejeitam que a multa possa limitar-se ao valor do bem de vida almejado, como ainda afirmam a necessidade de sua imposição severa, em valor elevado, a fim de que cumpra sua função coercitiva.

15.1 Assim, o STJ já procedeu à rigorosa distinção entre a multa processual coercitiva e a cláusula penal contratual — para o fim de rechaçar, tal como acima feito, a possibilidade de aplicação do art. 412 do Código Civil de 2002 (equivalente ao art. 920 do antigo Código Civil) à multa processual ora em pauta. Confira-se a ementa do acórdão:

Multa. Cláusula Penal. Multa Compensatória. Limitação do Art. 920 do Código Civil. Precedente da Corte. 1. Há diferença nítida entre a cláusula penal, pouco importando seja a multa nela prevista moratória ou compensatória, e a multa cominatória, própria para garantir o processo por meio do qual pretende a parte a execução de uma obrigação de fazer ou não fazer. E a diferença é, exatamente, a incidência das regras jurídicas específicas para cada qual. Se o Juiz condena a parte ré ao pagamento de multa prevista na cláusula penal avençada pelas partes, está presente a limitação contida no art. 920 do Código Civil. *Se, ao contrário, cuida-se de multa cominatória em obrigação de fazer ou não fazer, decorrente de título judicial, para garantir a efetividade do processo, ou seja, o cumprimento da obrigação, está presente o art. 644 do Código de Processo Civil, com o que não há teto para o valor da cominação.* 2. Recurso especial conhecido e provido.[33]

---

[31] *Op. e loc. cit.*
[32] *Execução indireta, op. cit.*, p. 189.
[33] STJ, REsp nº 196.262/RJ, Rel. Min. Carlos Alberto Menezes Direito, 3ª T., j. 06.12.1999, *DJ*, 11 set. 2000, p. 250.

Mais recentemente, o STJ ocupou-se também em distinguir a multa do art. 461, 4º, relevante para o caso em exame, daquela prevista no art. 14, também do Código de Processo Civil. E o fez para precisamente descartar que a multa do art. 461 submeta-se à limitação quantitativa imposta àquela outra, de caráter estritamente punitivo. Mais do que isso, em tal julgado, o Superior Tribunal também enfatizou que a multa não se confunde com as perdas e danos — e pode (e deve) superar o valor da obrigação principal, para que cumpra seu papel intimidatório. O acórdão, relatado pelo Min. Luiz Fux, um dos mais renomados processualistas brasileiros, é elucidativo mediante a simples transcrição de parte de sua ementa:

(...)
2. A multa processual prevista no caput do artigo 14 do CPC difere da multa cominatória prevista no Art. 461, §4º e 5º, vez que a primeira tem natureza punitiva, enquanto a segunda tem natureza coercitiva a fim de compelir o devedor a realizar a prestação determinada pela ordem judicial.

3. Os valores da multa cominatória não revertem para a Fazenda Pública, mas para o credor, que faz jus independente do recebimento das perdas e danos. (...)

4. *O legislador não estipulou percentuais ou patamares que vinculasse o juiz na fixação da multa diária cominatória.* Ao revés, o §6º, do art. 461, autoriza o julgador a elevar ou diminuir o valor da multa diária, em razão da peculiaridade do caso concreto, verificando que se tornou insuficiente ou excessiva, sempre com o objetivo de compelir o devedor a realizar a prestação devida.

5. *O valor da multa cominatória pode ultrapassar o valor da obrigação a ser prestada, porque a sua natureza não é compensatória, porquanto visa persuadir o devedor a realizar a prestação devida.*

6. *Advirta-se, que a coerção exercida pela multa é tanto maior se não houver compromisso quantitativo com a obrigação principal*, obtemperando-se os rigores com a percepção lógica de que o meio executivo deve conduzir ao cumprimento da obrigação e não inviabilizar pela bancarrota patrimonial do devedor.[34]

Tal orientação está externada ainda em diversos outros julgados do E. STJ. Por exemplo, no acórdão do REsp , consignou-se que "é imperioso observar, como bem notado pelo Tribunal *a quo*, que a *astreinte*

---

[34] STJ, REsp nº 770.753/RS, Rel. Min. Luiz Fux, 1ª T., j. 27.02.2007, *DJ*, 15 mar. 2007, p. 267.

não tem natureza de multa contratual, de modo que não se submete à regra do art. 412 do CC/02 (equivalente ao art. 920 do CC/16)".[35]

15.2 Nos tribunais locais, idêntico entendimento é externado. Confira-se, por exemplo, julgado do E. TJGO:

> Lado outro, não deve prosperar, também, o pedido de redução do valor fixado para a multa diária por descumprimento da ordem judicial, tendo em vista possuir as *astreintes* a natureza precipuamente inibitória, ou seja, a sua finalidade é obrigar a parte a cumprir a ordem proferida pelo órgão julgador. Dessa forma, o seu valor pode e deve ser alto, tanto quanto necessário para compelir ao cumprimento do mandamento judicial.[36]

Na mesma linha, entre vários, mencione precedente do E. TJSP:

> A multa por descumprimento de obrigação de fazer ou de não fazer deve ser fixada pelo juiz em valor significativamente alto, justamente porque tem caráter inibitório, tendo como objetivo fazer com que o devedor cumpra a obrigação na forma específica. O valor alto deve ter potencialidade para inibir o devedor, fazendo com que prefira cumprir a obrigação na forma específica a pagar a multa.[37]

16 Em suma, a multa não fica limitada ao valor da obrigação nem dos danos. Pelo contrário, é essencial à sua funcionalidade que o valor cominado seja bastante significativo, de modo a dissuadir o réu do descumprimento do comando judicial.

III-d Os parâmetros múltiplos para a fixação da multa

17 Então rejeita-se a subordinação pura e simples do valor da multa ao valor da obrigação tutelada ou das perdas e danos decorrentes da violação ao direito. Isso não significa, obviamente, que não há balizas para a definição do valor da multa. Elas existem e são várias. Precisam ser consideradas conjuntamente. Entre elas, a própria dimensão econômica do bem de vida envolvido e dos potenciais ou efetivos danos patrimoniais também é relevante. Mas não — como já

---

[35] STJ, MC nº 12.328, Rel. Min. Aldir Passarinho Junior, 4ª T., *DJ*, 12 dez. 2006.
[36] TJGO, AP nº 110.177-4/188, Anicuns, Rel. Juiz Miguel d'Abadia Ramos Jubé, *DJ*, 19 set. 2007.
[37] TJSP, 4ª Câm. Dir. Priv., AC nº 128.244-4/1-00, rel. Des. Armindo Freire Mármora, j. 22.8.2002, v.u.

se buscou demonstrar — como teto ao valor da multa, e sim como fator a ser conjugado com os demais.

Em sede teórica, o ora signatário fez a seguinte enumeração não exaustiva dos aspectos a serem ponderados na definição do valor da multa:

> Haverá de estabelecer-se montante tal que concretamente influa no comportamento do demandado — o que, diante das circunstâncias do caso (a situação econômica do réu, sua capacidade de resistência, vantagens por ele carreadas com o descumprimento, outros valores não patrimoniais eventualmente envolvidos etc.), pode resultar em *quantum* que supere aquele que se atribui ao bem jurídico visado.[38]

Também Teori Albino Zavascki põe em destaque os vários elementos a serem sopesados:

> Levar-se-á em consideração, certamente, a natureza da obra ou dos serviços a serem executados, o grau de dificuldade, a condição pessoal do devedor, a sua capacidade econômica. É nesse sentido e sob esse aspecto, e não quanto ao seu valor, que a multa deve 'compatível com a obrigação'.[39]

Joaquim Spadoni refere-se igualmente a essa multiplicidade de critérios.[40]

18 No caso em exame, a consideração dessa multiplicidade de fatores confirma o acerto do *quantum* estabelecido a título de multa diária. Conforme será apontado em tópico posterior, o tema já está vencido, no presente caso. Já ficaram superadas as oportunidades processuais de discussão do valor fixado. De todo modo, e para dar resposta a quesito posto, basta um rápido exame desses diversos fatores para o fim de evidenciar a adequação do montante diariamente cominado.

18.1 A multa — não é demais insistir — não tem seu valor atrelado ao valor do bem de vida envolvido. Mas, como também já apontado, esse não deixa de ser um parâmetro digno de consideração. Não é um parâmetro restritivo ou de limitação, mas de ponderação, tendo em vista o papel *coercitivo* da multa. É dizer: o valor da multa tem de servir para efetivamente pressionar o réu, tendo em vista a dimensão econômica do bem de vida envolvido. O *quantum* da multa diária não pode ser

---

[38] *Tutela relativa aos deveres...*, op. cit., p. 248.
[39] *Comentários...*, v. 8, op. cit., p. 503.
[40] *Ação inibitória...*, op. cit., p. 174-176.

irrisório em face da envergadura econômica do litígio. Caso contrário, a multa cairá no vazio. Será mera peça decorativa, um penduricalho na decisão judicial que ela visaria a dar eficácia.

No caso analisado, o valor do contrato objeto do pedido de revisão judicial — conforme os documentos apresentados pelo Consulente e que integram os autos do processo — ultrapassava a casa da quinzena de milhões de reais. A multa diária foi estabelecida em um percentual até relativamente pequeno do contrato: 2%.[41] Reputou-se que, conquanto pequeno tal percentual, o valor daí decorrente, em termos absolutos, seria adequado para pressionar o réu. E, em tese, parecia ser (na prática, a recalcitrância do réu — que continua descumprindo a decisão — ora indica que o valor devesse até mesmo ser maior). Enfim — à luz do primeiro fator — não há como se considerar excessiva a multa fixada (pelo contrário, os fatos ulteriores sugerem que poderia até haver sido maior).

18.2 As considerações acima feitas relativamente ao valor do bem de vida envolvido aplicam-se igualmente ao valor dos danos patrimoniais que o autor tende a sofrer (ou efetivamente sofre) na hipótese de descumprimento da decisão judicial. Esse é também um fator que não funciona como limite ao valor da multa, mas que tem de ser considerado: o risco de danos materiais altos para o autor justifica a cominação de uma multa em valor alto contra o réu. Quanto mais elevados os prejuízos que o autor sofrerá se a ordem judicial não for cumprida, maior deve ser a multa cominada. A proporcionalidade justifica o emprego de instrumentos mais severos, quanto mais grave seja o mal a evitar.

No caso objeto da consulta, a cobrança indevida, que a decisão judicial destinava-se a evitar, tenderia a dizimar as perspectivas de obtenção de crédito do consulente, inviabilizando, consequentemente, sua atividade empresarial agrícola.

E aqui não se trata de mera elucubração. Os fatos comprovaram a realidade desse risco. O réu, descumprindo a ordem judicial, promoveu (e permanece promovendo – conforme relatado e documentado pelo consulente) atos indevidos de cobrança que efetivamente arruinaram a atividade profissional do consulente. Conforme levantamentos apresentados pelo consulente, a cessação de sua atividade agrícola, por

---

[41] O que confirma algo já apontado e que se tornará a destacar: se o montante atual cumulado por força da incidência da multa diária é alto, isso não deriva de ela haver sido fixada em valor unitariamente elevado, mas, sim, do fato de o réu vir descumprindo a decisão há anos.

conta da imediata cessação do crédito na praça derivada das cobranças indevidamente efetivadas pelo réu, impediu de obter um faturamento anual de R$53,9 milhões. Considerado o período em que essa situação já perdura — praticamente três anos, o dano patrimonial gravita em torno de R$170 milhões.

Também sob esse viés, evidencia-se que era de fato necessária a cominação de multa rigorosa (e, novamente, cabe até indagar se o valor não haveria de ter sido ainda mais elevado).

18.3 Um terceiro aspecto importante para o caso diz respeito à existência do risco de danos imateriais, de cunho personalíssimo. Atos de cobrança indevida afetam a honra e a reputação daquele que os sofre. Não apenas seu nome e sua consideração perante a coletividade em geral são prejudicados (honra objetiva), como ainda e especialmente há o abalo pessoal (honra subjetiva) decorrente não só do constrangimento ocasionado pela cobrança como ainda das consequências de tal cobrança (o sofrimento moral sofrido com o impedimento da continuidade da atividade agrícola etc.).

Tendo em vista o caráter imaterial desses danos, o ressarcimento pecuniário, já por si só insatisfatório e inigualável à tutela específica em qualquer hipótese, torna-se ainda menos adequado. Daí a necessidade do emprego de meios coercitivos rigorosos, eficientes, a fim de se evitar o dano moral. Quanto maior a perspectiva de tais danos, maior deve ser a multa empregada.

No caso examinado, havia o concreto risco de o consulente ter seu nome lançado na "lista negra" dos maus pagadores, caso o réu consumasse os atos de cobrança indevida. E esse risco foi confirmado na prática: o réu fez com que o nome do consulente fosse inscrito no Serasa; o registro da pendência da ação executiva no Cartório Distribuidor do Foro do domicílio do consulente inviabilizou-lhe a realização de outras operações comerciais; outros fabricantes de adubo negaram-se a fornecer insumos ao consulente, declaradamente por força da restrição de crédito acusada pela empresa e comunicada ao restante do setor e às instituições financeiras (cf. documentos apresentados pelo consulente, extraídos dos próprios autos do processo) — e assim por diante.

Cabia, então, o emprego de coerção patrimonial severa destinada a tentar evitar esse mal que, depois, não teria (e não tem) como ser propriamente desfeito. Novamente, é o princípio da proporcionalidade que respalda tal solução.

18.4 A proporcionalidade desempenha papel relevante também no que tange a outro dos fatores a considerar. Se, por um lado, o descumprimento da decisão era apto a gerar graves danos materiais e morais para o consulente, por outro, constata-se a ausência de qualquer risco de dano a direitos personalíssimos para o réu, em caso de regular submissão ao comando judicial. Vale dizer: não se trata de um comando judicial que imponha ao réu o sacrifício de posições jurídicas imateriais. Como já apontado, trata-se de providência reversível quanto aos seus efeitos concretos (tópico II, acima).

O cotejo dos riscos de um lado e outro também aconselhava o emprego de multa rigorosa para a hipótese de descumprimento da decisão pelo réu.

18.5 No mesmo panorama insere-se a consideração do caráter infungível do dever do réu que foi objeto de imposição pela decisão judicial que se fez acompanhar da multa. Como indicado em tópico anterior, a abstenção de conduta determinada judicialmente — não promover medidas de cobrança — é infungível. Não há como designar um terceiro para que "não faça" no lugar daquele que está obrigado a não fazer.[42] O sucesso da tutela específica depende, na hipótese, de uma conduta do próprio réu. Não há a alternativa do emprego de mecanismos sub-rogatórios adequados, eficientes e razoáveis quantos a seus custos. Depende-se unicamente da coerção.

Se a medida coercitiva é o "único tiro" de que se dispõe, cumpre empregar munição suficiente. Ela não pode ser desperdiçada. Uma multa acanhada — pede-se licença para prosseguir na figura de linguagem — não passa de um tiro de festim.

Também à luz desse aspecto descarta-se qualquer excesso na multa cominada no caso concreto. O montante era, em tese e de início,[43] razoável em face da inviabilidade de se atingir o resultado específico almejado por outra via.

18.6 Por último — e não menos importante — a situação patrimonial do réu é elemento a ser ponderado na definição do valor da multa. Aliás, não há exagero em dizer que, em termos práticos, esse tende a ser o principal fator na dosimetria da multa. Se o réu tem situação patrimonial precária, é insolvente etc., uma multa pesada de nada serve: o réu já está financeiramente arruinado desde antes da

---

[42] O próprio mecanismo da intervenção judicial, embora apto a interferir na estrutura de uma pessoa jurídica a fim de que ela se abstenha de uma conduta, serve apenas para casos em que a omissão devida tem um período cronológico exato para ser observada, além de constituir uma medida significativamente grave, por força da intromissão na esfera autonômica do réu. Não há como usá-la indefinidamente, em casos, como o analisado, em que a abstenção de conduta é imposta por um período cronologicamente indeterminado.

[43] Novamente, se alguma censura cabe, é à não elevação da multa tendo em vista a persistência do réu na violação ao comando do juiz.

cominação da multa e tende a não se impressionar com ela. Por outro lado — e esse é o aspecto relevante para o caso — diante de um réu com uma robusta situação patrimonial é necessária uma multa igualmente significativa, sob pena de ela não lhe atingir.

18.6.1 Essa faceta da questão tem sido reiteradamente ressaltada pela jurisprudência e a doutrina.

Como já decidiu o E. TJMS, impõe-se "(...) levar em consideração o poder econômico do devedor e a natureza jurídica da obrigação".[44]

Do E. TJSP e do 2º TACivSP (atualmente incorporado ao TJSP), podem ser citados os seguintes precedentes que enfrentam o tema:

> E à vista do porte econômico do agravante, mostra-se adequado o valor das *astreintes*, conforme fixado pelo douto julgador, mesmo porque sua função é vencer a obstinação do devedor ao cumprimento da obrigação, devendo ser expressivo a fim de coagi-lo ao cumprimento do preceito.[45]

> Processo Civil. Antecipação de tutela. Obrigação de fazer. Multa cominatória. Valor que deve ser de suficiente para servir como fator coercitivo eficaz para obrigar ao cumprimento da decisão judicial, levando-se em conta, para tanto, a capacidade financeira da parte destinatária. (...) E o valor da multa pecuniária deve ser suficiente para exercer a sua finalidade primordial que é a coercitiva, sob pena de desvalorizar indevidamente a decisão judicial cujo cumprimento através dela se visa obrigar. A multa de valor que não corresponda à necessária coerção é ineficaz e prejudicial ao Poder Judiciário quanto ao seu dever estatal de fazer cumprir suas próprias decisões.[46]

> (...) em face dessa diversidade de funções, deve o juiz, na graduação da multa, ter em conta a capacidade patrimonial do obrigado, pois, sendo ela um modo de pressioná-lo a cumprir o mandado judicial, só uma pressão bem graduada pode ser eficaz a ponto de alcançar o resultado desejado.[47]

18.6.2 Alexandre Freitas Câmara, i. processualista e Desembargador do E. TJRJ, atinge o ponto nuclear da questão, mediante argumentos que se aplicam à perfeição ao caso em apreciação:

---

[44] TJMS, AC nº 1000.066250-2/0000-00, 1ª T. Cív., Rel. Des. Hildebrando Coelho Neto, ac. de 16.02.2002.
[45] TJSP, AI nº 7109146-6, rel. Des. Pedro Alexandrino Ablas, j. 31.01.2007.
[46] TJSP, AI nº 554.668-4/8, Rel. Des. Maia da Cunha, *DJ*, 21 fev. 2008.
[47] 2º TACivSP, 12ª Câm., v.u., rel. J. Romeu Ricupero, j. 13.12.2001, em *RT* 800/324 (com citação da doutrina de J. E. C. ALVIM).

De nada adiantaria, por exemplo, impor a uma grande instituição financeira uma multa diária de cem reais, pois isto nada seria se comparado aos ganhos diários que essa empresa tem. Basta dizer que o maior banco privado brasileiro teve, em 2006, um lucro líquido superior a R$5.054.000.000,00 (cinco bilhões e cinquenta e quatro milhões de reais), o que corresponde a um lucro diário superior a R$13.846.575,34 (treze milhões, oitocentos e quarenta e seis mil, quinhentos e setenta e cinco reais e trinta e quatro centavos). Sendo o devedor uma empresa como esta, a multa deve ser fixada em valores bastante altos. (...)[48]

Depois de observar que a locução legal alude à suficiência e compatibilidade da multa "com a obrigação", Câmara pondera que a medida coercitiva há de ser também, e sobretudo, compatível *com a situação econômico-patrimonial do réu*. Nas suas palavras, a suficiência e a compatibilidade se apresentam quando a multa é "capaz de pressionar de forma efetiva o devedor, para que este se sinta realmente constrangido a cumprir a decisão judicial dentro do prazo assinado pelo juiz".[49] Tal lição, note-se, coincide com aquelas de Thereza Arruda Alvim e de Teori Zavascki, acima citadas.

Com essa precisa orientação comungam diversos outros doutrinadores. A título exemplificativo, vejam-se as seguintes passagens:

O juiz considerará o patrimônio do devedor — quanto mais rico, maior o valor da pena — e a magnitude da provável resistência, e preocupar-se-á apenas em identificar e aplicar um valor exorbitante e desproposidado, inteiramente arbitrário, capaz de ensejar o efeito pretendido pelo credor. (Araken de Assis)[50]

(...) o juiz deve levar em consideração, no arbitramento de seu valor, a possibilidade da multa cominatória influir na vontade do réu, fazendo-o entender que melhor é cumprir o comando judicial do que manter-se recalcitrante.
Para tanto, a análise da capacidade econômica do réu é fundamental. Com esta, o valor arbitrado deve guardar estreita proporcionalidade, devendo sempre revelar-se significativamente oneroso para o obrigado. (Joaquim Spadoni)[51]

Para o adequado dimensionamento do valor da multa, afigura-se imprescindível que o juiz considere a capacidade econômica do demandado.

---

[48] "Redução...", p. 1562-1563.
[49] *Op. e loc. cit.*
[50] *Manual da execução*, 12. ed., *op. cit.*, p. 628.
[51] SPADONI, Joaquim. *Ação inibitória, op. cit.*, p. 175-176.

Se a multa não surte os efeitos que dela esperam, converte-se automaticamente em desvantagem patrimonial que recai sobre o demandado desobediente. (Marinoni e Mitidiero)[52]

Tem-se, realmente o potencial intimidador como o principal elemento valorativo, para a fixação da multa pecuniária. Esta, evidentemente, deve levar em conta a capacidade econômica do sujeito passivo da ordem, sua capacidade de suportar (ou não) a pena pecuniária, bem como, eventualmente, sua possibilidade de absorver o impacto da aplicação da *astreinte*. (Arenhart)[53]

18.6.3 No caso em exame, o réu é detentor de um patrimônio imenso. Seu lucro e seu faturamento são elevadíssimos. Conforme relata o consulente, respaldado em dados publicados na imprensa especializada em economia e finanças, "no ano de 2008, segundo noticiaram os jornais de grande circulação nacional (*Jornal Valor*, 14 abr. 2009, p. b12), ela faturou nada menos que $52.600.000,00 (cinquenta e dois bilhões e seiscentos milhões de dólares norte americanos)". Ora, esse valor é aproximadamente vinte vezes maior do que aquele — já altíssimo — cogitado pelo Professor e Desembargador Alexandre Câmara no exemplo que ele formula no passo acima transcrito. A sucursal brasileira faturou um pouco menos: R$31,7 bilhões de reais, conforme informado no seu próprio *site* na *internet* (www.***.com.br).

Diante disso, era imperiosa a fixação de multa em valor significativo. Aliás, tão sólida é a situação do réu que ele optou por resistir ao cumprimento da decisão, a despeito da multa cominada — apostando, ao que se infere, em uma futura reversão da situação. O valor estabelecido — que seria tido por alto para a imensa maioria dos jurisdicionados — ao que tudo indica, não lhe pareceu tão grave. Tanto que assumiu o risco de violar o comando do juiz.

19 Em síntese, a consideração de todos os fatores acima referidos confirma que a multa não foi excessiva. Se o valor ora atingido pela incidência dela é alto, isso deriva de duas circunstâncias. (1º) Ela está a incidir há quase três anos (cerca de 1070 dias, até o momento), por força da permanência do descumprimento por parte do réu. (2º) Trata-se de um litígio de grandes dimensões, que envolve um contrato em valor relevante, uma empresa que é uma das gigantes da economia mundial, danos patrimoniais altíssimos para o réu — e assim por diante.

---

[52] MARINONI; MITIDIERO, *op. e loc. cit.*
[53] ARENHART, Sergio C. *A tutela inibitória da vida privada*. São Paulo: RT, 2000. p. 194-195.

A primeira circunstância tornará a ser examinada adiante (tópicos IV e VII).

Quanto à segunda circunstância, cumpre ressaltar que a multa diária do art. 461 pode (e deve) ser aplicada em qualquer tipo de litígio, independentemente de sua dimensão. E quanto maior a dimensão do litígio, maior será o valor cominado.

As decisões judiciais têm de ser cumpridas independentemente do valor em disputa. Se às grandes empresas fosse dada a certeza de que a multa diária pode ser reduzida no final só porque atingiu grandes valores, as decisões judiciais estariam condenadas ao descrédito: as grandes corporações desrespeitariam as ordens judiciais o maior tempo possível para depois se beneficiarem da redução da multa. O tema tornará a ser enfrentado no item VII, adiante.

III-e A ponderação no caso concreto

20 Conforme já adiantado e melhor examinado em tópico adiante, a cominação da multa e a definição do seu valor são matérias cuja discussão está preclusa no processo. Mas, não bastasse isso, ressalte-se que no caso em exame a definição do valor da multa é tarefa que implica a ponderação de circunstâncias especiais do caso concreto. Não é concebível um reexame do tema em sede de recurso ou outra via impugnativa destinada ao exame de questões de direito estrito (recurso especial e extraordinário, ação rescisória fundada em violação a literal disposição de lei, etc.).

Pode-se aludir aqui a uma *reserva de ponderação no caso concreto*.[54] Não é possível o simples estabelecimento de *standards*, soluções padronizadas, na identificação dos valores em conflito. A moldura geral apreciável em sede abstrata aponta para o acerto da multa fixada. Toda e qualquer pretensão de reduzi-la exigiria a consideração de novos fatos (v. tópico V-c, adiante) — o que não é possível nas vias impugnativas destinadas ao estrito exame de questões de direito.

O tema já foi enfrentado pelo E. STJ:

> Bancário. Obrigação de Fazer. Exclusão dos Cadastros de Proteção ao Crédito. Imposição de Multa Diária. Possibilidade. Revisão do Valor. Súmula 7.

---

[54] A expressão é usada por José Maria Rodríguez de Santiago (*La ponderación de bienes e intereses en el derecho administrativo*. Madri: Marcial Pons, 2000. p. 149).

– É possível a cominação de multa diária para induzir o cumprimento da decisão de excluir dos cadastros de proteção ao crédito o nome do devedor, por se tratar de obrigação de fazer.

– A redução do valor atribuído às astreintes implica no revolvimento dos fatos e circunstâncias da causa, o que encontra óbice na Súmula 7.[55]

IV A incidência diária da multa enquanto não houver cumprimento: ausência de limite

21 Por outro lado, enfatize-se que a multa processual coercitiva é ilimitável *a priori* não apenas sob o aspecto quantitativo em si mesmo. Ela é igualmente ilimitada sob o aspecto *temporal*. Ela incide enquanto tiver de incidir. Enquanto não houver cumprimento da decisão judicial — e enquanto permanecer possível a tutela específica — a multa será aplicada. Se o réu mantém sua postura de desrespeito ao comando jurisdicional, como ocorre no caso em análise, permanecerá respondendo, dia após dia de recalcitrância, pelo valor da multa.

Obviamente, isso implicará a progressão aritmética do valor devido a título de multa. É o que se dá no caso em exame. O valor derivado da incidência da multa tornou-se significativo precisamente porque o réu descumpre a decisão desde *07.08.2006* (i.e., *aproximadamente 1070 dias de descumprimento, até a presente data*).

E é inadmissível — sob pena de afronta à seriedade da função judicial e à garantia da tutela jurisdicional adequada e efetiva — cogitar de algum teto para tal valor.

22 O ora signatário já examinou esse aspecto em sede teórica,[56] há mais de dez anos — enfatizando precisamente a impossibilidade de o Judiciário ser "vencido pelo cansaço", ou seja, curvar-se à insubordinação, à contumácia do réu, liberando-o, de um ponto em diante de responder pela multa. Afinal, esse seria o resultado prático de qualquer limitação temporal (ou quantitativa global) que se apusesse à multa do art. 461. O signatário reafirma esse seu entendimento, a seguir recapitulado. A casuística sobre o tema, retratada nos tribunais, confirma e reforça a necessidade da adoção rigorosa de tal diretriz.

---

[55] STJ, AgRg no Ag nº 777.089/RS, Rel. Min. Humberto Gomes de Barros, 3ª T., j. 03.04.2007, *DJ*, 21 maio 2007, p. 572.

[56] *Tutela relativa aos deveres de fazer...*, *op. cit*, p. 255-257 — obra originada de dissertação acadêmica apresentada no curso de pós-graduação *stricto sensu* da Faculdade de Direito da USP em 1999 e cuja primeira edição comercial foi publicada em 2001.

Não é possível que o próprio pronunciamento que comina a multa, desde logo, defina um período fixo de tempo, dentro do qual ela incidirá. Isso retiraria a eficácia da medida coercitiva.

Como já decidiu o E. TJSP, em acórdão relatado pelo então Desembargador Cândido Dinamarco:

> Limitadas no tempo as *astreintes*, chega sempre o momento em que o transgressor se apercebe de que a continuação do estado de inadimplência nada lhe custará. É preciso que, a cada dia e sem limites, a pena pecuniária incida sobre o espírito do obrigado, como freio à transgressão e fator de pressão psicológica ao adimplemento.[57]

Mais recentemente, o E. STJ proferiu decisão com teor semelhante:

> Processo Civil – Obrigação de Fazer – Astreintes – Fixação de Termo Final. Impossibilidade. – É lícito ao juiz modificar o valor e a periodicidade da astreinte (CPC, Art. 461, §6º). Não é possível, entretanto fixar-lhe termo final, porque a incidência da penalidade só termina com o cumprimento da obrigação.[58]

Por um lado, a insistência do réu em descumprir o dever não caracteriza, por si só, impossibilidade, geradora da excepcional conversão em perdas e danos (CPC, art. 461, §1º: "A obrigação *só* se converterá em perdas e danos se o autor o requerer ou se impossível a tutela específica ou a obtenção do resultado prático correspondentes"). Para que ocorra a impossibilidade por perda de interesse jurídico, devem existir elementos concretos que afastem a utilidade do cumprimento tardio do dever.[59] Absolutamente não é o que ocorre no caso em exame.

Por outro lado, a pura e simples insistência no descumprimento não pode ser qualificada como indicativa de inadequação da multa. Se isso fosse possível, teria de se reconhecer, por rigorosa lógica, que, desde o início, a multa era inadequada, uma vez que já existia a intenção de descumprir, e estaria havendo apenas a *constatação superveniente* de uma inadequação originária — o que não seria razoável.

---

[57] Emb. Decl. nº 64.022-1, transcrito por Dinamarco, em *Execução*, v. 2, *op. cit.*, p. 219-220. No mesmo sentido: *RJTJSP* 123/320, Emb. nº 62.801-1, relatado pelo também brilhante processualista e professor titular da Faculdade de Direito do Largo São Francisco, à época Desembargador, Luiz Carlos de Azevedo, j. 31.10.1989. No direito português, com remissões à doutrina francesa, Calvão da Silva, *Cumprimento...*, *op. cit.*, p. 426-427.

[58] STJ, REsp nº 890.900/SP, Rel. Min. Humberto Gomes de Barros, 3ª T., j. 17.03.2008, *DJe*, 13 maio 2008.

[59] Quanto ao tema, v. Talamini, *Tutela relativa...*, p. 328-331.

Para a caracterização da inadequação superveniente, há de se acrescer à resistência em cumprir algum outro fator que lhe seja externo. É o que ocorreria, por exemplo, se o réu que persiste no descumprimento do comando caísse em insolvência (eventualmente causada pela dívida derivada da incidência da multa). A rigor, nesses casos, a inadequação nem mesmo advém da continuidade da transgressão do comando judicial — e sim do evento externo. E, quando isso efetivamente ocorrer, além do emprego dos meios sub-rogatórios, caberá verificar a adequação de medidas coercitivas atípicas (art. 461, §5º) — para só depois cogitar-se da conversão em perdas e danos.

Portanto, não é correto afirmar que a simples insistência do réu em descumprir baste para impor a cessação da incidência da multa. Em princípio, a multa deverá continuar a incidir. Não advindo a insolvência do réu, ou outro elemento que torne a multa inadequada, não há o que obste sua aplicação. Fazê-la cessar significaria premiar a recalcitrância do réu.

23 Mesmo na disciplina anterior ao sistema de tutela do atual art. 461, em que o emprego da multa era muito mais limitado, não havia dúvidas acerca da impossibilidade de se limitar temporalmente a multa enquanto não houvesse cumprimento da decisão ou esse se tornasse impossível.

Era essa a lição, por exemplo, de Frederico Marques: ("O curso e repetição da multa não têm limites"),[60] de José Carlos Barbosa Moreira ("Não existe limite para a incidência: a cada dia que passa, eleva-se o montante da multa, até que seja praticado o ato, ou cesse de o ser, ou se desfaça o que foi feito, conforme o caso...")[61] e de Araken de Assis ("Não há *dies ad quem*, a multa é infinda...").[62]

24 Agora, sob a égide do art. 461, em que tônica recai sobre a busca da tutela específica e a consequente valorização dos meios executivos aptos a propiciá-la, essa noção ganha ainda mais força.

Humberto Theodoro Jr., endossando explicitamente o entendimento do ora signatário, acima recapitulado, afirma o seguinte:

> O fato de prolongar-se muito a inadimplência, mesmo depois de cominada a multa diária, representará, sem dúvida motivo para melhor avaliação da pena como medida executiva indireta e funcionará como indício de sua inadequação à espécie do processo. Mas daí a dizer, só por

---

[60] *Manual...*, v. IV, *op. cit.*, p. 134.
[61] *O novo processo civil brasileiro*, v. 2, Rio de Janeiro, Forense, 1976, p. 56.
[62] *Manual do processo de execução*, 2. ed., *op. cit.*, p. 408.

isso, que ela deverá cessar de incidir, vai uma distância muito grande e o argumento envolve um raciocínio nem sempre convincente. O devedor pode justamente estar se prevalecendo de seu poderio econômico para prejudicar o credor, que depende substancialmente da prestação *in natura* para seus negócios. Parece-me correta a ponderação de Eduardo Talamini de que o juiz não pode singularmente 'premiar a recalcitrância do réu'. Em vez de se preocupara com o possível 'enriquecimento sem causa' gerado pela indefinida protelação do cumprimento da sentença, deverá o juiz indagar se houve algum outro motivo para concluir que a multa se tornou inadequada ao seu objetivo institucional.[63]

E há diversas outras manifestações doutrinárias na mesma linha:

(...) a multa (...) existe para coagir, para convencer o devedor a cumprir a prestação. Justamente por isso, não pode ser irrisória, devendo ser fixada num valor tal que possa gerar no íntimo do devedor o temor do descumprimento. Também por ser coercitiva, *a priori* ela não tem teto, não tem limite, não tem valor pré-limitado. (Didier Jr., Cunha, Braga e Oliveira)[64]

O réu, ameaçado pela incidência de multa que, por incidir por tempo indefinido, pode chegar a valores bem maiores que os da própria obrigação principal, é compelido a defender seu patrimônio, através do cumprimento da decisão judicial. (Guilherme Rizzo Amaral)[65]

Outro corolário da ligação entre o instituto da *astreinte* e o princípio da efetividade do processo é que a multa pode crescer indefinidamente, sem guardar qualquer relação com a extensão de eventual prejuízo que o credor tenha experimentado. Como ensinou o saudoso processualista mineiro, "diferentemente das perdas e dano, falta à *astreinte* o caráter correlativo, de proporcionalidade legal, entre o dano sofrido e a indenização reparatória".
Não se deve, portanto, considerar que haja qualquer relação entre o valor da multa e o valor do prejuízo que o credor eventualmente tenha sofrido em razão do atraso no cumprimento da obrigação. Aliás — se pede perdão pela insistência nesse ponto —, sequer é necessário que o credor tenha experimentado algum prejuízo para que o devedor tenha de pagar a multa devida em razão de seu atraso. (Alexandre Freitas Câmara)[66]

---

[63] "Tutela específica das obrigações de fazer e de não fazer", *RePro*, v. 105, 2002, p. 28.
[64] DIDIER JR.; CUNHA; BRAGA; OLIVEIRA. *Curso, op. cit.*, p. 443.
[65] *As* astreintes *no processo civil...*, *op. cit.*, p. 61.
[66] "Redução do valor da *astreinte* e efetividade do processo", em *Direito Civil e processo*: estudos em homenagem ao Professor Arruda Alvim (coord. A. Assis, E. A. Alvim, N. Nery Jr., R. Mazzei, T. A. A. Wambier e T. Alvim), São Paulo: RT, 2008. p. 1563 – com apoio na lição de Edson Prata.

Como já decidiu o E. STJ:

> (...)
> 3. A função das *astreintes* é vencer a obstinação do devedor ao cumprimento da obrigação, por isso do seu termo a *quo* ocorrer quando da ciência do obrigado e da sua recalcitrância.
> 4. Concedido o provimento liminar, é da ciência do mesmo que se caracteriza a resistência ao cumprimento do julgado, *incidindo a multa até que se desfaça (facere) o que foi feito em transgressão ao preceito*.[67]

25 A questão do limite temporal da multa é retomada no tópico final, inclusive com a menção de outros julgados do STJ.

V Inviabilidade da revisão retroativa do valor da multa

26 Viu-se acima não ter havido exagero na fixação do valor da multa. Mas, além disso, nem mesmo seria concebível, no atual estágio do processo, qualquer redução retroativa do valor da multa.

V-a Ausência de discricionariedade em sentido estrito

27 Como já escreveu anteriormente o signatário, não há discricionariedade na cominação da multa:

> Fica descartada a pura e simples discricionariedade do juiz para decidir se comina a multa (compreendido o termo como mero juízo de conveniência e oportunidade, impassível de controle). A fórmula adotada no §4º do art. 461, segundo a qual "o juiz *poderá* (...) impor multa diária", não consiste na atribuição de mera "faculdade" ao julgador.
>
> Nas regras que têm por destinatário sujeito da esfera privada, o emprego do verbo "poder" destina-se normalmente a indicar a facultatividade de conduta. Autoriza-se o particular a adotar um comportamento e confere-se-lhe a alternativa de adotá-lo ou não — cabendo-lhe decidir, no exercício da autonomia da vontade. Isso é incompatível com a função pública. O agente público recebe poderes precisamente para através deles desincumbir-se dos deveres que lhe recaem. A norma, quando prevê que o juiz "pode" fazer algo, está conferindo-lhe instrumento que *deverá* ser utilizado sempre que necessário para o adequado desempenho das tarefas que a função jurisdicional lhe impõe.[68]

---
[67] STJ, REsp nº 518.155/RS, Rel. Min. Luiz Fux, Primeira Turma, j. 17.02.2004, *DJ*, 28 abr. 2004, p. 232.
[68] *Tutela relativa aos deveres...*, op. cit., p. 241.

Pelas mesmas razões, tampouco é discricionária a determinação do seu valor:

> A determinação do valor da multa pelo juiz não é ato discricionário — ainda que se reconheça a inexistência de critérios absolutos, prévios e abstratos para sua definição. O julgador há de estabelecê-los levando em conta as duas balizas, "suficiência" e "compatibilidade", e sempre com o preciso exame do caso concreto.[69]

Consequentemente, se não há discricionariedade em sentido estrito, fica afastada a possibilidade de revogação total ou parcial do comando cominatório da multa por razões de mera oportunidade ou conveniência. Como não se trata de provimentos emitidos mediante mero juízo de oportunidade e conveniência, tampouco é atividade discricionária sua revogação ou alteração pelo órgão que os emitiu. Dependerá, sempre, da superveniência de elementos novos, que justifiquem a modificação do ato originário. Exceto nas hipóteses legalmente autorizadas de retratação (art. 471, II; ex.: arts. 523, §2º, e 529), obsta-se a pura e simples revisão de entendimento pelo juiz ou tribunal, quando não amparada em fatos novos dentro do processo.

V-b Preclusão

28 No caso em exame, não se põe nenhuma das hipóteses legais autorizadoras de retratação ou revisão da decisão fixadora da multa.

O agravo de instrumento que se voltava contra a decisão que antecipou tutela e cominou a multa não foi sequer conhecido pelo E. TJGO — decisão essa que não foi revista pelo E. STJ, que negou conhecimento ao recurso especial contra o acórdão do Tribunal goianiense. De resto, aquele agravo nem sequer impugnava o valor da multa.

A sentença final julgou procedente o pedido e confirmou a tutela antecipada. Tal provimento também foi mantido pelo E. TJGO. A apelação do réu foi desprovida. O recurso especial contra o acórdão de desprovimento não foi conhecido — e ora pende agravo de instrumento dirigido ao E. STJ. Mas tanto a apelação quanto o recurso especial e o agravo contra seu não conhecimento não têm por objeto o capítulo da sentença que confirmou a antecipação de tutela mantendo a multa.

29 A questão, portanto, está preclusa.

---

[69] TALAMINI, op. cit., p. 248-249.

Incidem as regras dos arts. 471 e 473 do CPC. Esse segundo, impõe a preclusão à faculdade recursal do réu: "É defeso à parte discutir, no curso do processo, as questões já decididas, a cujo respeito se operou a preclusão". O art. 471, por sua vez, consagra a preclusão dos poderes do juiz: "Nenhum juiz decidirá novamente as questões já decididas, relativa à mesma lide...".

29.1 Como já decidiu o E. TJGO:

> Tangente à modificação do valor aplicado a título de multa, ressalte-se que a decisão impositiva de astreinte não foi objeto de recurso, incidindo preclusão, militando óbice impeditivo à posterior discussão sobre o *quantum* arbitrado.[70]

Idêntico entendimento adotou o E. TJMG, respaldado na autorizada doutrina de Humberto Theodoro Jr.:

> Vê-se, pois, que o recorrente pretende a reforma da matéria que fora objeto do primeiro agravo de instrumento, não conhecido por este Tribunal e que tivera seu trânsito em julgado, restando o tema complemente precluso, portanto. A discussão da viabilidade da cominação da multa e do valor fixado a esse titulo, questões trazidas pelo INSS no presente recurso, constara do primeiro agravo (fls. 18/27), já solucionado, o que é inadmissível. Com efeito, o artigo 473 do Código de Processo Civil impede a reapreciação das questões já dirimidas, contra as quais não caibam mais recursos, dispondo sobre a preclusão consumativa: "é defeso à parte discutir, no curso do processo, as questões já decididas, a cujo respeito se operou a PRECLUSÃO."
>
> (...) opera-se a PRECLUSÃO, não sendo mais lícito à parte reabrir discussão, no mesmo processo, sobre a questão.[71]

29.2 Em síntese, e como leciona Araken de Assis:

> A possibilidade de o órgão judiciário reduzir o montante da multa, após a respectiva incidência, e nada obstante o sujeito passivo não ter se dado por vencido, há de ser entendida nos devidos termos. É preciso que não tenha ocorrido preclusão, ou seja, haja a parte aviado recurso específico para impugnar o valor da multa.[72]

---

[70] TJGO, AI nº 65.931-2/180, Rel. Des. Stenka I. Neto, *DJ*, 13 out. 2008.
[71] TJMG, Proc. nº 2.0000.00.505213-7/000. Rel. Des. Sebastião Pereira Souza, *DJ*, 23 set. 2005.
[72] *Manual da execução*, 12. ed., *op. cit.*, p. 628-629.

V-c Imprescindibilidade de fatos novos

30 A regra do art. 461, §6º, autoriza a mudança de valor da multa, para mais ou menos, mas desde que existam fatos novos ("O juiz poderá, de ofício, modificar o valor ou a periodicidade da multa, caso verifique que se tornou insuficiente ou excessiva" – acrescido ao CPC pela Lei nº 10.444/2002).

O signatário pede licença para novamente se reportar à opinião sua já emitida em sede teórica:

> O valor da multa inicialmente estabelecido poderá ser alterado, para mais ou menos, conforme variem as circunstâncias concretas. O art. 461 não expressava regra a esse respeito, diferentemente do que ocorria no processo de execução (arts. 644, na redação anterior à Lei 10.444/2002, e 645). Mas essa possibilidade já era ínsita à própria função coercitiva da multa. (...)
>
> Obviamente, também essa atividade não fica subordinada ao mero arbítrio do juiz, sendo, por igual, controlável mediante recurso. A modificação do valor terá de estar fundamentada na mudança dos fatos que haviam ensejado sua definição originária. Por exemplo, o cumprimento de uma parte do comando judicial poderá ensejar sua diminuição. Da mesma forma, a persistência do demandado em descumpri-lo é elemento fático bastante para autorizar seu aumento (não se exaurem nesses dois exemplos, evidentemente, as hipóteses de eventos autorizadores da alteração do valor da multa).[73]

30.1 Essa orientação reflete entendimento corrente na doutrina brasileira.

Como escrevem Nelson Nery Jr. e Rosa Nery, "mantida a mesma situação de fato, o valor da multa constante da sentença não pode ser alterado; sobrevindo nova situação de fato, o valor da multa constante da sentença pode ser modificado."[74]

30.2 O Superior Tribunal de Justiça também tem emitido julgamentos bastante precisos nesse sentido.

A ementa do REsp nº 938.605 é bastante elucidativa a respeito do assunto:

> Embargos à Execução. Descumprimento de Decisão Judicial. Multa. Artigo 461, §6º, do CPC. Modificação. Faculdade do Magistrado. Inobservância do Requisito.

---

[73] *Tutela relativa aos deveres de fazer...*, p. 249.

[74] NERY JUNIOR, Nelson; NERY, Rosa. *Código de processo civil comentado e legislação extravagante*. São Paulo: RT, 2006. p. 587.

I – A disposição contida no §6º, do artigo 461, do Código de Processo Civil não obriga ao magistrado alterar o valor da multa mas, em verdade, confere *uma faculdade, condicionada ao preenchimento de um requisito*, qual seja, que tal valor tenha se tornado insuficiente ou excessivo.

II – Ainda que na hipótese o acórdão recorrido tenha decidido sobre a inviabilidade do exercício daquela faculdade por entender pela existência da coisa julgada, não deixou de considerar sobre *a inobservância do requisito, não demonstrada qualquer alteração superveniente da situação fática a justificar a redução do valor arbitrado.*

III – Recurso improvido.[75]

Essa orientação está externada ainda em vários outros julgados anteriores do STJ. Assim, por exemplo:

> Note-se que autorização para a revisão da multa de ofício depende de uma modificação objetiva na situação concreta, o que se verifica pela expressão *"caso verifique que se tornou insuficiente ou excessiva"*. (...) a norma pressupõe, para sua aplicação, uma alteração do quadro fático (...).[76]

> Processo Civil. Obrigação de Fazer. *Astreintes*. Alteração do Valor. Execução. Coisa Julgada. (...). – O valor das *astreintes* pode ser alterado a qualquer tempo, *quando se modificar a situação em que foi cominada a multa*.[77]

Também no REsp nº 776.922, em acórdão relatado pela Ministra Eliana Calmon, o E. STJ reputou que a mudança do valor da multa apenas admite mediante "decisão devidamente fundamentada" demonstrando de modo específico que houve "alteração na situação fática posteriormente à imposição da multa".[78]

O Tribunal de Justiça de Goiás igualmente já adotou esse entendimento:

> (...) a lei ao estatuir a norma do art. 461, §6º do CPC admite a revisão da multa arbitrada, embora transitada em julgado, apenas diante da

---

[75] STJ, REsp nº 938.605/CE, Rel. Min. Francisco Falcão, 1ª T., j. 04.09.2007, *DJ*, 08 out. 2007, p. 234 (original sem destaques).

[76] STJ, Resp nº 780.510-GO, Rel. Min. Nancy Andrighi, *DJ*, 09 out. 2006.

[77] REsp nº 763.975/RS, Rel. Min. Humberto Gomes de Barros, 3ª T., j. 13.02.2007, *DJ*, 19 mar. 2007, p. 330 — sem destaque no original. No mesmo sentido, também do STJ: REsp nº 708.290/RS, Rel. Min. Arnaldo Esteves Lima, 5ª T., julgado em 26.06.2007, *DJ*, 06 ago. 2007, p. 618; REsp nº 705.914/RN, Rel. Min. Humberto Gomes de Barros, 3ª T., j. 15.12.2005, *DJ*, 06 mar. 2006.

[78] STJ, REsp nº 776.922/SP, Rel. Min. Eliana Calmon, 2ª T., j. 27.03.2007, *DJ*, 13 abr. 2007, p. 364.

superveniência de modificações no estado de fato ou de direito — e, portanto, nos pressupostos e elementos constitutivos da situação julgada, a fim de adaptá-la à nova situação que sobrevém, o que não é o caso dos autos, posto que inexistente requisito viabilizador da pretendida alteração, qual seja, fato superveniente a alterar os dados da equação jurídica nela traduzida.[79]

V-d Descabimento de redução retroativa da multa

31 Derivação óbvia do que se vem de dizer é a inviabilidade de redução retroativa da multa. Se a alteração do valor fica condicionada a fatos novos, eventual redução apenas será aplicável a partir da ocorrência do fato novo. De resto — e como também é óbvio — não havendo fato novo, descabe a redução da multa.

Como já escreveu o ora signatário:

> Havendo diminuição da multa judicial em virtude de alteração das circunstâncias concretas, o novo valor incidirá apenas a partir desses fatos que ensejaram a mudança.
>
> Note-se que não há base legal para o juiz, retroativamente, vir a eximir total ou parcialmente o réu de multa que incidiu de forma válida (à diferença do que se dá, por exemplo, no direito argentino e, com a *"astreinte provisoire"*, no direito francês). A multa só é revisável *ex tunc* se tiver havido defeito em sua fixação. Afasta-se a simples remissão pelo juiz.[80]

E o eventual defeito na fixação do valor da multa há de ser atacado no momento oportuno, mediante o recurso cabível — sob pena de preclusão, como visto acima.

Aliás, a possibilidade de diminuição retroativa do valor da multa como mera forma de exoneração do réu não só não é contemplada no direito positivo brasileiro, como ainda é alvo de críticas severas nos países em a legislação a permite. Na França, por exemplo, a *astreinte* provisória é passível de modificação não só no curso de sua incidência. Diferentemente da *astreinte* definitiva (que também vigora no direito francês), ao liquidar a *astreinte provisoire*, o juiz pode rever o valor a ser imposto ao condenado, alterando a taxa incidente ou o período de incidência, para mais ou menos. Para tanto, tomará em conta o comportamento do condenado e as dificuldades que ele encontrou para cumprir

---

[79] TJGO, AI nº 71.143-9/180, Rel. Jeronymo Pedro Villas Boas, *DJ*, 04 maio 2009.
[80] *Tutela relativa aos deveres...*, p. 254.

a decisão (Lei nº 91-650, art. 36). Note-se que, mesmo lá, não se trata de uma autorização incondicionada para reduzir. Todavia, a doutrina francesa aponta frequentemente a limitação da carga intimidatória dessa espécie de *astreinte*: o condenado tende a apostar na redução ou supressão da condenação que provisoriamente lhe foi imposta.

Nesse sentido, Starck, Roland e Boyer apontam a diminuta eficácia coercitiva da *astreinte provisoire*.

> Sabendo que *astreinte* é apenas provisória, a parte pode ainda esperar que no fim das contas, por ocasião de sua liquidação, o juiz vá reduzi-la, até mesmo suprimi-la. Essa esperança lhe é excluída se a *astreinte* é definitiva, isso é, sem possibilidade de revisão. O caráter cominatório, portanto, apenas engendra seu pleno e integral efeito no caso em que a *astreinte* é pronunciada a título irrevogável.[81]

Semelhante crítica é formulada por Mazeaud e Chabas, após definirem a *astreinte définitive* e a *astreinte provisoire*: "Essa segunda medida é menos eficaz do que a primeira, na medida em que o devedor mantém a esperança de uma liquidação da *astreinte* a um montante reduzido, e talvez de sua supressão."[82]

Ora, como então se pretender "importar" um instituto que, além de não autorizado em nosso direito positivo, não é bem visto nem sequer em ordenamentos em que está previsto?

32 Alexandre Câmara honrou o ora signatário com a explícita adesão ao entendimento acima transcrito — acrescentando-lhe ainda outra fundamentação: a redução retroativa implicaria *ofensa a direito adquirido*. Conforme consignou em ensaio doutrinário:

> Não vejo como discordar desta última lição. A diminuição do valor da multa só pode se dar *ex nunc*. Jamais se pode admitir que o juiz perdoe o devedor de sua obrigação de pagar uma multa que legitimamente se venceu. E há um argumento em favor da tese aqui sustentada que, a meu ver, é irrespondível. É que a redução *ex tunc*[83] do valor da multa implica violação a direito adquirido.

---

[81] *Obligations: t. 3, op. cit.* , p. 245. No original em francês: "Sachant que l'astreinte n'est que provisoire, le plaideur peut encore espérer qu'en fin de compte, lors de sa liquidation, le juge va la réduire, voire la supprimer. Cet espoir lui est interdit se l'astreinte est définitive, c'est-à-dire sans possibilité de révision. Le caractère comminatoire n'engendre donc son plein et entier effet que dans le cas où lastreinte est prononcée à titre irrévocable".

[82] H., L. e J. MAZEAUD e F. CHABAS, *LeçonsLeçons de droit civil. – Obligations: théorie générale*, t. II, v. 1, 9ª ed., Paris, Montchrestien, 1998, p. 1.030. No original em francês: "Ce second procédé est moins efficace que le premier, puisque le débiteur garde l'espoir d'une liquidation de l'astreinte à un montant réduit, e peut-être de sa suppression".

[83] No original, consta, nesse ponto "nunc" — o que foi um óbvio erro material, conforme se depreende do contexto da argumentação.

(...) Ora, se o demandado tem o dever jurídico de pagar uma quantia em dinheiro a alguém (seja lá ele quem for), é evidente que o beneficiário desse dever jurídico é seu *credor*. (...) É sabido que a multa é criada com finalidade coercitiva. O fim de sua criação não é, realmente, criar um crédito para o demandante, mas pressionar psicologicamente o demandado para que este cumpra, no prazo fixado na decisão judicial. No caso de não ser observado esse prazo, porém, incide a multa e, então, nasce o crédito do demandante. O surgimento desse crédito não é, pois, a *finalidade* da fixação da multa, mas um *efeito* do descumprimento da decisão judicial pelo demandado.

O que não se pode negar é que, não sendo cumprida a decisão no prazo, nasce para o demandante[84] um direito de crédito: o direito de exigir do demandado o pagamento da multa já vencida.

Assim sendo, a partir do momento em que se vence a multa, incorpora-se ao patrimônio de seu credor o direito de exigir seu pagamento. E direito incorporado ao patrimônio, que já pode ser exercido. Trata-se, pois, indubitavelmente, de *direito adquirido*.

Aceitar que o juiz tenha o poder de reduzir *ex tunc*[85] o valor de uma multa que — legitimamente — já está vencida e, com isso, reduzir o *quantum debeatur*, diminuindo os contornos do direito do credor é dar ao Estado-juiz um poder de que nem o Constituinte Reformador dispõe. Seria, em outras palavras, considerar que o juiz pode, por decisão, fazer o que não se consegue nem por emenda à Constituição.

É, portanto, absolutamente inaceitável a redução retroativa do valor da *astreinte* já vencida.[86]

Tal conclusão é precisa. A redução retroativa da multa dizimaria direito adquirido e ato perfeito — o que é constitucionalmente vedado (CF, art. 5º, XXXVI). Conforme já decidiu o Supremo Tribunal Federal, se nem à lei é dado prejudicar o direito adquirido, o ato perfeito e a coisa julgada, muito menos o juiz — aplicador que é da ordem jurídica — pode em princípio fazê-lo.[87]

Na mesma linha, Carlos Alberto Alvaro de Oliveira leciona que um fundamento apto a justificar a eliminação ou redução da multa "faz cessar apenas os efeitos da multa para o futuro, sem afetar a sua eficácia quanto ao passado".[88] E Guilherme Rizzo Amaral igualmente afirma

---

[84] No original, consta nesse ponto, em evidente lapso material, "demandado".
[85] Também aqui, por erro material, constou no original "nunc".
[86] Alexandre Freitas Câmara, "Redução..." *op. cit.*, p. 1565-1566.
[87] STF, RE nº 92.823, *RTJ* 99/794; RE nº 112.405, *RTJ* 121/373.
[88] *Op. e loc. cit.*

que "por óbvio, quaisquer alterações no *quantum* e na periodicidade da multa só terão efeitos *ex nunc*, não podendo, portanto, retroagir...".[89]
Outro não é o posicionamento de Joaquim Spadoni:

> (...) a revogação da multa cominatória, em sendo ato jurisdicional de efeitos constitutivos negativos, não elide a sanção oriunda de desrespeito à ordem judicial até então perpetrada. Ou seja, a revogação da multa pecuniária não retroage, de forma que o réu recalcitrante continua obrigado a pagar os valores referentes à multa que incidiu até a data de sua revogação.[90]

V-e Arremate do tópico

33 Em suma, a regra do art. 461 §6º, apenas autoriza a modificação do valor da multa à luz de fatos novos, e sempre com o objetivo de efetivar as decisões judiciais. O fato de o réu descumprir a decisão judicial por longo tempo, no caso concreto, não lhe dá o direito de ver a multa reduzida apenas porque atingiu grandes valores. O réu, aliás, ainda está descumprindo a decisão judicial — o que apenas demonstra que a multa tornou-se insuficiente. A única alteração cogitável é, portanto, o aumento de seu valor.

VI O significado da categoria "excesso de execução": sua impertinência para o caso concreto

34 Pelas razões até aqui expostas, fica claro que não é possível, em sede de defesa contra a execução do título judicial (impugnação ao cumprimento de sentença; embargos à execução; objeção na execução), pretender-se a pura e simples diminuição do crédito resultante da incidência da multa sob o argumento de que ele se tornou muito grande. Ou bem estão presentes fatos novos, justificadores da redução da multa apenas a partir deles (e isso se fará no próprio procedimento de execução da decisão impositiva do dever de fazer ou não fazer), ou, se ausentes novos fatos, não cabe nenhum perdão, remissão ou abatimento do valor da dívida.

A categoria do "excesso da execução", constitutiva de uma das hipóteses de cabimento da impugnação ao cumprimento de sentença

---

[89] *As* astreintes *e o processo civil...*, op. cit., p. 130.
[90] *Ação inibitória...*, op. cit., p. 180.

e dos embargos de executado (CPC, arts. 475-L, V, e 741, V), não tem como ser invocada para tal fim. O "excesso de execução", cujas hipóteses de ocorrência estão arroladas no art. 743 do CPC, diz respeito a uma pretensão executiva que não encontra amparo num título executivo. A categoria pode ser sintetizada nos seguintes termos:

> As hipóteses de excesso de execução, discriminadas no art. 743, recaem na falta total ou parcial de título executivo (I – pleito de quantia superior à que consta do título; II – execução que recai em coisa diversa da declarada no título; III – processamento de modo diverso do determinado na sentença — em todos esses casos *não há título* para aquilo que se está pretendendo) e na sua inexigibilidade (IV – credor não cumpre a prestação que lhe corresponde e exige o adimplemento da do devedor; V – falta de prova da realização da condição).[91]

A execução do crédito derivado da incidência da multa diária respalda-se em um título executivo: a decisão cominatória da multa. Na medida em que o valor executado corresponda ao resultado da multiplicação do número de dias de descumprimento pelo valor atribuído à multa, a pretensão executiva está perfeitamente respaldada em título executivo. Não há de se falar em excesso de execução.

A pretensão de rediscutir o valor da multa nada tem a ver com apontar um descompasso entre o valor que o título autoriza executar e o valor que está sendo executado — e essa, repita-se, é a noção de "excesso de execução". Tal pretensão, na verdade, busca *revisar o valor cuja execução o título permite* — o que é vedado em sede de impugnação ao cumprimento de sentença e de embargos de executado.

35 O tema foi enfrentado pelo E. STJ, no acórdão que decidiu o REsp nº 938.605/CE (Rel. Min. Francisco Falcão, 1ª T., j. 04.09.2007, *DJ*, 08 out. 2007), cuja ementa já foi transcrita no item V-c), acima. Descartou-se, na oportunidade, o cabimento de embargos de executado para o fim de se rediscutir o valor da multa, quando não há fatos novos.

O E. TJGO também já teve a oportunidade de se pronunciar sobre o tema, em várias ocasiões. Veja-se, por exemplo, parte da fundamentação contida no acórdão da Apelação nº 96.798-9/188:

> É cediço que nos embargos à execução, não é cabível a discussão das questões já decididas no processo de conhecimento. Assim, tem razão em parte a apelada, pois, o recurso em comento não só tratou

---

[91] WAMBIER, Luiz R.; TALAMINI, Eduardo. *Curso avançado de processo civil*. v. 2, 10. ed., 2. tir. São Paulo: RT, 2009. p. 395.

de matéria já transitada em julgado, como também expõe sobre tema ainda não apreciado por esta Corte, os quais abrangem somente à ação de embargos à execução, devendo ser analisados.

(...)

Quanto à alegação de excesso de execução, melhor sorte não lhe assiste, pois o pedido da credora/apelada está de acordo com o título judicial e o cálculo apresentado pela apelada foi feito a partir da data do trânsito em julgado do acórdão que manteve a sentença, onde foi fixada a multa diária. Além disso, o embargante/apelante não indicou nenhuma das hipóteses prevista no artigo 743 do CPC, apenas argumenta que o valor da multa fixado pelo juiz monocrático é exorbitante, matéria esta preclusa, sendo impertinente a sua análise nesta fase recursal, não havendo de se falar em ofensa aos princípios da razoabilidade e da proporcionalidade.

(...)

É pertinente frisar que mesmo sendo fixada a multa diária para o caso de descumprimento da decisão judicial, o apelante não se cuidou de cumpri-la, não restando outra alternativa à esta Corte senão confirmar a sentença recorrida que julgou improcedentes os embargos à execução, visto que não existe nenhuma irregularidade no título judicial executado.[92]

Também no acórdão da Apelação nº 103.721-8/188, o TJGO rejeitou a possibilidade de rediscussão da multa em sede de embargos de executado:

Nessa linha de raciocínio, em que reputado válido o ato citatório em questão, certo é que, quanto aos valores fixados a título de multa diária pelo descumprimento da ordem judicial relativa à juntada do contrato firmado entre os contendores, preclusa está a respectiva pretensão recursal, uma vez que, na sede em que foi fixada a tal *astreinte*, ou seja, na ação de conhecimento em apenso, deveria ter sido a decisão que a estabeleceu atacada por recurso próprio, providência esta não tomada pelo apelante.

Com efeito, porquanto não manejado o remédio processual adequado, a tempo e modo, neste estágio processual, ou seja, em sede de apelação interposta da sentença exarada já nos autos dos embargos do devedor, apresenta-se inviável qualquer pronunciamento deste Tribunal a respeito da eventual "desproporcionalidade do valor da multa", a qual, fixada judicialmente, é o objeto da execução forçada movida pela apelada em desproveito do embargante/apelante.[93]

---

[92] TJGO, AP nº 96.798-9/188, Rel. Des. Gilberto Marques Filho, *DJ*, 23 nov. 2006.
[93] TJGO, AP nº 103.721-8/188, Rel. p/ o ac. Des. Zacarias Neves Coêlho, *DJ*, 22 jun. 2007.

E ainda em outro julgado, o TJGO aplicou tal entendimento à impugnação ao cumprimento de sentença:

> Agravo de instrumento. Impugnação ao cumprimento de sentença – Obrigação de fazer – Legalidade da imposição de multa diária. I – O art. 461, parágrafo 4, do CPC permite ao juiz condutor do feito a faculdade de cominar multa diária com caráter inibitório e impositivo, a fim de obter o cumprimento de ordem judicial consubstanciada numa obrigação de fazer. II – Preclusão. Quando a decisão impositiva de multa diária não for objeto de recurso, incidirá a preclusão, militando óbice impeditivo a posterior discussão sobre o valor arbitrado para a multa diária. III – Montante da multa diária. Comprovado nos autos, por documento idôneo, a data do cumprimento da ordem judicial, não há como questionar tal fato para obter a redução do valor da multa diária. Recurso conhecido e improvido.[94]

Na mesma linha, pode-se mencionar precedente do E. TJMG, em caso em que o réu pretendia, por meio de embargos de executado, a eliminação ou redução da multa diária fixada no processo de conhecimento:

> Embargos à Execução – Decisão Desfavorável – Inércia da Parte – Preclusão – Discussão em Apelação – Impossibilidade – Coisa Julgada – Obediência aos Limites do Comando Decisório. Os embargos à execução de sentença versam sobre matérias elencadas no art. 741, do CPC, obstando o exame das questões já decididas no processo de conhecimento. Se a parte permanece inerte quanto á decisão que lhe foi desfavorável no curso do processo, deixando que se opere a preclusão, impossível a análise do pleito. A coisa julgada se forma sobre o dispositivo do ato judicial, ficando os demandantes limitados aos contornos do comando decisório.[95]

Conforme consta do corpo de tal v. acórdão:

> A insatisfação do apelado em relação à aplicação da multa diária por descumprimento de ordem judicial, e todo o argumento acerca da inexigibilidade do título judicial exeqüendo, bem como da necessidade de limitação do importe cobrado, deveria ter sido objeto de outra insurgência ofertada em momento oportuno, entretanto, o mesmo quedou-se

---

[94] TJGO, AI nº 54.267-5/180, Rel. Des. João Waldeck Felix de Sousa, *DJ*, 23 maio 2007.
[95] TJMG, Processo nº 1.0024.05.860186-5/001, Rel. Des. Eulina do Carmo Almeida, *DJ*, 05 out. 2007.

silente, deixando que operasse a preclusão da matéria. Portanto, o inconformismo acerca do tema não pode ser apreciado no presente recurso.[96]

Tais precedentes são todos aplicáveis ao caso ora em exame. É inviável a rediscussão da multa em sede de impugnação ao cumprimento de sentença ou em objeção na execução ("exceção de pré-executividade").

VII Base legal do crédito decorrente de multa – O valor do crédito está à mercê da conduta livre do réu

36 A título de arremate do quanto aqui exposto, reitere-se não haver nada de estranhável ou censurável no fato de crédito advindo da multa atingir um valor maior do que o do bem de vida posto em litígio. Por um lado, isso decorre da incidência de decisões judiciais adotadas em conformidade com regras legais. Por outro, isso só acontece porque o réu insiste em descumprir a decisão.

36.1 A multa só incidirá enquanto possível o cumprimento específico e espontâneo do dever. O réu é livre para insistir no inadimplemento — *e arcar com sua carga* —, ou adotar a conduta imposta — subtraindo-se à incidência da multa, desse momento em diante. Daí que, sob esse enfoque, não há nenhuma ilegitimidade no fato de, com a recalcitrância do réu, a multa vir a representar soma maior do que o conteúdo econômico do dever tutelado.

Como ensinava Alcidesa Mendonça Lima, acerca da *astreinte*: "É combinação de tempo e dinheiro. Quanto mais o devedor retardar a solvência da obrigação, mais pagará como pena".[97]

36.2 Aliás, sob esse aspecto — repita-se —, a multa não poderia mesmo ser limitada ao valor do dever ou funcionar como ressarcimento pela violação desse, sob pena de se tornar inócua como medida coercitiva. O destinatário da ordem judicial, de antemão, saberia a que montante máximo a multa chegaria — podendo "optar" por insistir na transgressão, ciente de que arcaria com o mero ressarcimento das perdas e danos (pois a multa incidente, então, não teria outra natureza senão essa). Tal desfecho contrariaria o postulado da absoluta preferência

---

[96] TJMG, Processo nº 1.0024.05.860186-5/001, Rel. Des. Eulina do Carmo Almeida, *DJ*, 05 out. 2007.
[97] *Comentários, op. cit.*, p. 775.

pelo resultado específico (art. 461, §1º), que, por sua vez, consagra o princípio constitucional da tutela integral, adequada e efetiva (CF, art. 5º, XXXV).

36.3 Não se ignora que o autor poderá receber valor maior do que o da "obrigação", a título de multa. Aliás, poderá receber cumulativamente a multa e o cumprimento específico tardio ou a multa e indenização por perdas e danos (nos quais se incluirá o valor da "obrigação").

Mas estamos diante de um dever de não fazer, infungível, e cujos danos decorrentes de sua violação não têm exata equivalência monetária (v. tópico III-d, acima). Em tal hipótese, nem há de se cogitar de "enriquecimento sem causa" ou figura similar. Se o dever originário de fazer ou de não fazer — ou, por outro ângulo, o dano decorrente de sua inobservância — era pecuniariamente inestimável, inexistirá parâmetro para afirmar a ocorrência de um ganho injustificado do autor, por receber o crédito da multa. Não haverá termos para comparação. A única constatação que se poderá fazer com razoável segurança é a de que o réu, se prefere insistir na transgressão, considera o cumprimento do dever específico um sacrifício menor do que a multa.

De resto, não se trata de enriquecimento sem causa: há dispositivo legal prevendo a cominação da multa — e há uma decisão que concretamente a cominou.

36.4 Reduzir retroativamente a multa, sob o argumento de que ela produziu um resultado econômico muito elevado — à parte ser proibido por todos os motivos antes expostos — implicaria enfraquecer a autoridade do Poder Judiciário e prestigiar a conduta daquele que transgride ordens jurisdicionais.

37 O tema tem sido com alguma frequência enfrentado pelo E. STJ, que vem adotando a orientação aqui externada. Veja-se, por exemplo, o acórdão proferido no REsp nº 681.294, em que a multa atingiu valor mais de doze vezes maior do que a obrigação tutelada. As circunstâncias do caso então julgado em muito se aproximam da causa ora em análise:

> Não havia qualquer dificuldade fática ou jurídica para que a ré cumprisse imediatamente a determinação judicial. O único obstáculo foi seu descaso pela justiça. Se a multa diária tem por objetivo, como visto, forçar o devedor renitente a cumprir sua obrigação, não há como reduzi-la nesta hipótese, pois a conclusão que se retira do contexto fático é que foi realmente necessário o acúmulo de uma multa pesadíssima para que a ré, finalmente, cedesse à ordem judicial.

A análise sobre o excesso ou não da multa não deve ser feita na perspectiva de quem, olhando para fatos já consolidados no tempo — agora que a prestação finalmente foi cumprida — procura razoabilidade quando, na raiz do problema, existe justamente um comportamento desarrazoado de uma das partes; ao contrário, a eventual revisão deve ser pensada de acordo com as condições enfrentadas no momento em que a multa incidia e com o grau de resistência do devedor.[98]

No mesmo diapasão é o julgado proferido pelo Superior Tribunal na MC nº 12.328, cuja moldura fática também guarda marcante similaridade com a do caso objeto deste parecer:

> Medida cautelar. Pedido de atribuição de efeito suspensivo a recurso especial. Alegação de exagero na fixação de multa diária para cumprimento da obrigação. *Hipótese em que o montante da multa atingiu o valor reputado exagerado pela requerente tão somente porquanto ela tomou 335 dias para cumpri-la.* Multa que, individualmente considerada, afigura-se razoável. Ausência de *fumus boni iuris*. Liminar indeferida. Processo extinto sem resolução de mérito.[99]

No corpo de tal v. acórdão, pondera-se não haver nenhum despropósito no fato de o crédito referente à multa constituir uma soma quase 4,5 vezes maior do que o objeto do litígio, pois "a multa somente chegou a esse montante porquanto a inadimplência da instituição financeira se prolongou por 335 dias".[100] Tal consideração é também de todo aplicável ao caso objeto do presente parecer. Assim como também o é a conclusão que lhe segue:

> Alegar, agora, que a multa tornou-se muito elevada por *fato superveniente* (a demora no cumprimento da obrigação) implicaria esvaziar completamente o conteúdo e a finalidade da *astreinte*. Com efeito, a multa diária tem a finalidade de compelir o devedor a *cumprir a decisão judicial o mais rapidamente possível*. Possibilitar sua redução justamente porque o devedor tomou tempo demais para adimplir sua obrigação, implicaria premiar a exatamente a postura que a lei pretende evitar.[101]

Ainda em outras oportunidades o E. STJ reiterou essas diretrizes. Vejam-se, por exemplo, os aqui já citados REsp nº 890.900 ("a incidência

---

[98] STJ, REsp nº 681.294/PR, Rel. Min. Carlos Alberto Menezes Direito (ac. lavrado pela Min. Nancy Andrighi, em virtude da ida do Min. Direito ao STF), 3ª T., j. 18.12.2008, *DJe*, 18 fev. 2009.
[99] STJ, MC nº 12.328, Rel. Min. Aldir Passarinho Junior, 4ª T., *DJ*, 12 dez. 2006.
[100] STJ, MC nº 12.328, *op. cit.*
[101] STJ, MC nº 12.328, *op. cit.* — original com itálicos mas sem sublinhados.

da penalidade só termina com o cumprimento da obrigação")[102] e REsp nº 518.155 (deve continuar "incidindo a multa até que se desfaça (facere) o que foi feito em transgressão ao preceito").[103]

38 Do E. TJMG também se colhe acórdão que veicula considerações que servem como uma luva ao caso ora em exame:

> Se o que era para ser feito o tivesse sido há alguns anos atrás, este processo sequer existiria, muito menos o valor que ora se pretende receber, pelo que não se mostra possível cogitar em enriquecimento sem causa, ou muito menos, afronta aos artigos 461, §6º e 644, parágrafo único do CPC.
>
> Não é demais ressaltar que o apelante, em nenhum momento discordou ou recorreu da fixação da multa diária ou sequer do seu valor.
>
> Se a parte exeqüente de uma multa diária por descumprimento de decisão judicial, não tem o poder de interferir no modo de agir da parte contrária, não se pode cogitar que ao vir a juízo executar a mesma (a multa), esteja tentando se enriquecer às custas alheias, data máxima vênia.[104]

39 A doutrina também tem estado atenta à questão, descartando haver enriquecimento sem causa.

Como ensina Alexandre Câmara:

> Ora, no caso que aqui se examina um ponto é certo: o enriquecimento do credor que eventualmente ocorra não é *sem causa*. Trata-se de *enriquecimento com causa*. Afinal, o enriquecimento, então, é conseqüência de uma previsão contida em um provimento judicial. Há, assim, um meio válido, um adequado título jurídico, que fundamenta o enriquecimento. Inadmissível, portanto, que se lhe considere ilícito.[105]

Esse é também o escólio de Araken de Assis:

> Eventualmente, o valor da multa assumirá montante expressivo, como é de tal índole, e, embora aproveite ao exeqüente, rigorosamente não há enriquecimento sem causa: a causa reside na emissão do pronunciamento judicial e no descumprimento do preceito imputável ao executado.[106]

---

[102] STJ, REsp nº 890.900/SP, Rel. Min. Humberto Gomes de Barros, 3ª T., j. 17.03.2008, *DJe*, 13 maio 2008.

[103] STJ, REsp nº 518.155/RS, Rel. Min. Luiz Fux, Primeira Turma, j. 17.02.2004, *DJ*, 28 abr. 2004, p. 232.

[104] TJMG, Processo nº 1.072.05.227383-7/000(1), Rel. Des. Unitas Silva, *DJ*, 23 mar. 2007.

[105] "Redução..." *op. cit.*, p. 1.567.

[106] *Manual da execução*, 12. ed., *op. cit.*, p. 628-629.

40 Encerre-se com a citação de trecho de julgado extremamente lúcido do E. STJ, que sintetiza aquele que é o aspecto nuclear de todo o conjunto de questões aqui postas:

> Penso, antes, em nossa função paradigmática: se a parte tiver a certeza que o Superior Tribunal de Justiça não ampara os que injustificadamente deixam de cumprir as decisões judiciais, certamente pensará duas vezes antes de desatender ao comando do juiz.
>
> O peso da multa é diretamente proporcional à resistência no cumprimento da decisão. O que tem ocorrido, com freqüência, é o descumprimento proposital da medida, para depois alegar excesso na cobrança de multa. Com isso, fica vazio o sistema: quanto mais se demora para cumprir, maior a chance de ter a multa afastada, porque certamente alcançará valores astronômicos.
>
> Ocorre que só está sujeito ao pagamento de multa aquele que não obedece a decisão. Ele é o senhor do prejuízo que lhe atingirá.[107]

VIII Conclusão

41 Em face das considerações acima realizadas, apresentam-se as seguintes respostas para os quesitos formulados:

a) Foi corretamente concedida a tutela antecipada no presente caso?

Sim. A evolução dos fatos demonstrou o integral acerto da decisão: tanto havia a plausibilidade do direito que a pretensão do consulente foi acolhida, em sentença, e depois confirmada pelo E. Tribunal; tanto havia risco de danos graves, que o réu inclusive praticou a conduta indevida cuja abstenção perseguia-se com a medida urgente.

b) O valor da multa diária cominada é adequado para o caso concreto?

Sim. Não apenas cabia como era imperiosa a cominação de multa, dado o caráter infungível do dever de não fazer (dever de abstenção) cujo cumprimento se buscava. E foram adequadamente considerados os diversos fatores relevantes para a fixação da multa (valor do contrato, valor dos danos materiais, existência do risco de danos imateriais, de cunho personalíssimo, situação patrimonial da ré, caráter infungível da obrigação objeto da tutela jurisdicional etc.) O valor estabelecido para multa foi razoável e proporcional à luz de tais fatores.

---

[107] STJ, REsp nº 633.105/MG, Rel. Min. Humberto Gomes de Barros, 3ª T., j. 25.09.2006, *DJ*, 27 nov. 2006, p. 275.

c) *O valor da multa diária deve ser limitado ao valor da obrigação discutida?*
Não. Isso eliminaria a eficácia funcional desse meio de coerção, tornando-a inútil para a tarefa de pressionar o réu ao cumprimento da conduta devida.

d) *No presente caso, é possível a revisão retroativa do valor fixado para a multa?*
Não. Está preclusa para a parte a faculdade de se impugnar a multa tal como cominada, bem como para o juiz precluso está o poder de redecidir a questão. Uma redução da multa apenas seria possível se fundada em fato novo, justificador de uma tal diminuição — e incidiria apenas a partir da ocorrência do fato novo.

e) *Em impugnação ao cumprimento de sentença, o valor executado relativo à incidência de multa poderia ser retroativamente reduzido, sob o amparo da regra que censura o "excesso de execução" (CPC, art. 475-L, inc. V)?*
Não. O "excesso de execução" consiste no exercício de pretensão executiva parcial ou totalmente não respaldada em título. Quando se busca reduzir o valor da multa, não se pretende apontar uma falta de título executivo, mas, sim, rever o título executivo existente — o que é em sede de impugnação ao cumprimento, bem como em embargos à execução do título judicial.

f) *O recebimento do crédito derivado da multa pelo autor constitui enriquecimento sem causa?*
Não. Há dispositivo legal prevendo a cominação da multa — e há uma decisão que concretamente a cominou. O réu tinha como evitar a incidência da multa: bastava-lhe cumprir a decisão judicial. É sua conduta livre, de recalcitrância, que produz o montante devido. "Ele é o senhor do prejuízo que lhe atingirá", na feliz expressão do STJ (REsp nº 633.105/MG).

É o parecer.

Curitiba, 14 de julho de 2009.

Capítulo 3

Fixação de Honorários Relativos a Capítulo Sentencial que Veicula Condenação para o Futuro

Nota introdutória

A análise central desenvolvida neste parecer recai sobre uma técnica processual que tem sido relativamente ignorada entre nós: a condenação para o futuro. Modernas preocupações com o emprego da tutela preventiva (com que a condenação para o futuro apenas levemente se aparenta), o cabimento de decisões mandamentais, a adoção de meios executivos atípicos e outros tantos aspectos relevantes para a constituição de um sistema de proteção jurisdicional adequada e eficaz acabaram por obscurecer o vetusto, porém utilíssimo, mecanismo da condenação para o futuro. Isso não significa que ela não venha sendo utilizada entre nós. Em certos campos de litígio (p. ex., os atinentes a locações de imóveis), seu emprego é frequente. Mas não se tem atentado suficientemente para todo o seu alcance nem para as decorrências de seu emprego. A regra geral autorizadora da condenação para o futuro permanecerá vigorando entre nós, se vier a ser aprovado o projeto de novo Código de Processo Civil (art. 310).

Um segundo aspecto que se evidencia neste parecer concerne às dificuldades desnecessariamente geradas pela redação do inc. I do art. 475-N do Código de Processo Civil (acrescido pelo Lei nº 11.232/2005). Ainda que aos poucos se venha firmando o entendimento de que tal dispositivo não alterou o regime vigente, a imprópria fórmula ali adotada ("sentença que *reconhece* obrigação" — de modo a confundir as eficácias meramente declaratória e condenatória) incentiva o surgimento de teses no mínimo caprichosas — como a adiante enfrentada, no sentido de que, em certas condições, o provimento judicial formador do título executivo não deveria ensejar condenação em verba honorária por supostamente não ser "condenatório". O projeto de novo Código de Processo Civil insiste na adoção dessa fórmula inadequada (art. 492, I).

Um terceiro aspecto merecedor de atenção relaciona-se com os frequentes artifícios interpretativos que acabam por frustrar a imposição equitativa de honorários de sucumbência. A imperfeita redação dos arts. 20 e 21 do Código de Processo Civil atual é terreno fértil para distorções que aviltam a remuneração do advogado. Mas, como destacado no parecer, tais disposições comportam interpretação conforme aos ditames constitucionais da razoabilidade (que desautoriza soluções absurdas e díspares, no que tange à fixação dos honorários, que desconsiderem o efetivo benefício econômico obtido e se apeguem a mera classificação formal do pronunciamento emitido) e da plenitude da tutela jurisdicional (que exige que aquele que tem razão, saia o máximo possível indene do processo — o que não se tem quando, por força da insignificância dos honorários fixados em Juízo, a parte tem de sistematicamente "completar" a remuneração devida a seu patrono). O projeto do novo Código, nesse específico ponto, traz notável avanço. Estabelece como base para a fixação percentual dos honorários advocatícios não mais apenas o valor da condenação, e sim também o "do proveito, do benefício ou da vantagem econômica obtidos". Vale dizer: explicita não caber nenhuma discriminação baseada na eficácia principal da sentença (art. 73, 2º, do projeto).[1]

Sumário: **I** Os fatos e quesitos – **II** A condenação para o futuro – **III** O direito brasileiro: a regra do art. 290 do Código de Processo Civil – **IV** A natureza condenatória do pedido feito pelos autores e do dispositivo sentencial que o acolheu – **V** O parâmetro para a fixação de honorários na condenação para o futuro – **VI** Conclusão

Parecer

N.E.V.N. e **M.B.S.**, procuradores de E.K.J. e M.A.C. em ação de cobrança em face de R.E.P. e outra, ora em fase de embargos declaratórios em recurso de apelação no E. TJSC (de n. 000000), solicitam-me parecer

---

[1] Criticável é apenas a insistência no tratamento privilegiado para a Fazenda Pública relativamente ao tema, veiculado no 3º do mesmo art. 73. Não há fundamento razoável para que os limites mínimo e máximo de honorários contra a Fazenda seja menores do que os aplicáveis aos litigantes em geral — o que implica inconstitucionalidade por ofensa à isonomia.

sobre a natureza de pedido de imposição de cumprimento de prestações periódicas com vencimento futuro e o critério para a fixação de honorários relativos ao comando que acolhe tal demanda.

Os fatos pertinentes e os quesitos estão abaixo expostos.

I Os fatos e quesitos

1 Transcreve-se, a seguir, o relato elaborado pelos próprios Consulentes:

> Os Autores promoveram ação de cobrança a fim de serem "os Réus condenados a pagar aos Autores os honorários previstos no contrato originário, ou seja, o valor correspondente a 4,5% de toda e qualquer importância que vier a ser por eles recebida em virtude da cessão de suas ações às empresas componentes do GRUPO B."
>
> O contrato em questão previa o pagamento de honorários advocatícios incidentes sobre parcelas periódicas, de trato sucessivo, que se protraem no tempo e cuja última parcela vencerá em 2012. O pedido visava, expressamente, condenar os Réus ao pagamento de todas as parcelas, tanto as já vencidas por ocasião da propositura quanto as que se venceriam no futuro, até integral cumprimento da obrigação.
>
> Em juízo de apelação, o E. TJSC reformou parcialmente a r. sentença de primeiro grau de jurisdição, para o fim de julgar a ação procedente, nos seguintes termos:
>
> "À vista do exposto, nego provimento aos recursos adesivos das rés e provejo parcialmente o apelo dos acionantes para: (I) descontado o valor já adimplido (R$1.005.947,70 – fl. 9), condená-las ao pagamento de 4,5% do valor de cada parcela que perceberam por força da transação de fl. 220, até a quantia global referente a 4,5% de R$140.000.000,00, parcelas vencidas e as que se vencerem no curso da causa, correção monetária (INPC) a contar da data em que foi implementada cada condição suspensiva, juros de mora (1% ao mês) desde a citação; (II) declarar (Art. 475-N, I, CPC) que, uma vez implementadas as demais condições suspensivas da aquisição do direito adrederente constituído no contrato de honorários, nos termos da fundamentação, assiste aos acionantes (a) a pretensão de receber 4,5% da expressão econômica de cada parcela de pagamento referente à transação mencionada no item I e (b) a prerrogativa de, em caso de inadimplemento, comparecer ao juízo executivo, provando o advento da condição, independentemente de novo processo de conhecimento; (III) ampliar o espectro de incidência da cautelar interdital proferida à fl. 851, de modo a adequá-la aos valores constantes do item I deste dispositivo; (IV) condenar as rés ao pagamento de custas processuais e honorários advocatícios fixados em 20% sobre o valor atualizado da condenação (fl. 2.513)."

Provocado pela parte ex adversa a esclarecer o alcance da condenação em honorários advocatícios fixados, o v. acórdão que julgou os embargos declaratórios por elas opostos dispôs que:

"Apenas para tornar mais explícito: descontado o valor já adimplido pelas embargantes antes do ajuizamento da ação (R$1.005.947,70 – fl. 9), que se vê fora da condenação, *os honorários incidem à base de 20% da quantia relativa a 4,5% de cada parcela que elas receberam por força da transação de fl. 220, até a publicação do acórdão de fls. 2.486-2.514, que é a linha final para as parcelas que, nos termos do item I do dispositivo, 'se vencerem no curso da causa'*.

Estabelece-se a publicação daquele aresto como marco temporal do percebimento da honorária por força do disposto no artigo 462 do CPC, assim redigido 'Se, depois da propositura da ação, algum fato constitutivo, modificativo ou extintivo do direito influir no julgamento da lide, caberá ao juiz tomá-lo em consideração, de ofício ou a requerimento da parte, no momento de proferir a sentença'.

À luz desse preceito, até a publicação não se considera tenha havido pedido de pagamento de quantia em relação a qual pendia o implemento de condição suspensiva. Após esse termo (publicação), sim, e é somente a partir dele que ganha relevo o item II do dispositivo (tutela puramente declaratória).

À guisa de exemplo: à folha 864 consta o recebimento, pelas embargantes, por força da transação de fl. 220, de R$1.584.089,41. Dessa quantia, em atenção à cautelar de fl. 851, houve a retenção em juízo de R$71.284,03, que corresponde a 4,5% daquele montante. Logo, com relação a essa operação, aqui tomada por exemplo, estão as embargadas condenadas a pagar, a título de honorários advocatícios, 20% de R$71.284, 03. Semelhante cálculo deverá se repetir, e.g., com os valores indicados nas fls. 1.913, 1.973, 2.035, 2.046, 2.208, 2.329, 2.409, 2.441 e 2.454. Os valores indicados nessas páginas dos autos, não custa lembrar, estão abrangidos na condenação a que alude o item I do dispositivo (parcelas vencidas e as que se vencerem no curso da causa, até a publicação), e foram consignados em juízo por força de decisão cautelar (fl. 851), decisão essa (não custa também lembrar) que está em plena vigência (item III do dispositivo) e cuja (eventual) inobservância traduzirá desrespeito à ordem judicial, com as graves cominações de regência."

Ou seja, aparentemente, o v. acórdão entende que só haveria *condenação* em relação ao pagamento das parcelas que se venceram durante o curso da causa, e o "final" da causa é situado na publicação do acórdão que julgou a apelação.

Relativamente às parcelas que se vencerem depois de publicada aquela decisão, e àquelas que ainda não se venceram, haveria, consoante se pode deduzir do acórdão, mera *declaração* de que estas devem ser pagas, *mas dita declaração não teria conteúdo condenatório* (embora, ainda segundo o acórdão, possam os credores executá-las no bojo da ação de conhecimento, sem a necessidade de nova propositura).

Em razão disso, os honorários de sucumbência de 20% devidos aos patronos dos Autores, que venceram a ação e lograram condenar os Réus a pagarem aos seus clientes 4,5% sobre todas as verbas que estes vierem a receber do Grupo B., estariam circunscritos a incidir somente sobre as parcelas vencidas até a *publicação* do acórdão que julgou a apelação (pois, segundo o acórdão, somente até ali teria havido *condenação*), mas não incidiria sobre as parcelas vencidas *depois* da publicação nem sobre as vincendas (pois em relação a essas parcelas, vencidas após a publicação, haveria mera *declaração*).

2 Diante desse panorama, foram formulados os seguintes quesitos:

a) É possível a formulação de pedido condenatório relativo a prestações periódicas com vencimento futuro?

b) Qual a natureza, no caso em exame, do pedido formulado relativamente às prestações com vencimento futuro e do comando sentencial que acolheu tal pleito?

c) Qual o parâmetro para a fixação judicial de honorários relativos ao capítulo da sentença referido no quesito anterior?

Passo a responder.

II A condenação para o futuro

3 Tradicionalmente, a condenação é modalidade de tutela repressiva ou sucessiva. Isso é, opera após a lesão, a transgressão ao direito. O inadimplemento é exigido não apenas para a configuração do interesse de agir daquele que pede a condenação, como também para a própria procedência substancial do pleito condenatório.

No entanto, há hipóteses em que a ordem processual admite o pedido condenatório e a sentença de condenação fundados não já na violação do direito, mas na perspectiva de sua ocorrência futura. É a chamada "condenação para o futuro".

Trata-se de figura de há muito considerada pela doutrina, a prática do foro e as legislações de diversos países. Chiovenda, em suas célebres *Instituições*, escreveu o seguinte acerca do tema:

> Nem sempre, porém, a sentença de condenação se condiciona a uma violação, e ainda menos a uma violação atual, do direito; isso acontece, como dissemos, somente em regra. Casos há em que se pode agir por uma prestação ainda não devida, e que só será devida depois da condenação, pelo que não há nenhuma violação do direito no momento da sentença.[2]

---

[2] *Instituições de direito processual civil*. Trad. de G. Menegale da 2. ed. ital. 2. ed., I, II e III. São Paulo: Saraiva, 1965. p. 191, n. 48.

E, entre as hipóteses em que se põe o legítimo interesse processual em uma condenação para o futuro, Chiovenda incluía precisamente aquela ocorrente no caso em exame:

> Nesse caso, o interesse pode consistir:
> (...)
> b) Na conveniência de evitar processos reiterados para conseguir o que é devido periodicamente (quota de aluguel, de alimentos, de juros, de rendas), uma vez que haja razão para supor que esses processos se tornariam, de qualquer forma, necessários: como quando o devedor se mostra moroso no pagamento de algumas quotas.[3]

4 Em alguns ordenamentos, como o alemão (ZPO, §§257-259), há normas que conferem à condenação para o futuro um caráter de remédio de admissibilidade geral, aplicável a todo e qualquer caso em que se configure o interesse jurídico para o seu emprego.

Em outros, como há regras consagrando a condenação para o futuro apenas em casos específicos, põe-se a questão de saber se se trata de instrumento de alcance amplo (com as regras expressas que o consagram tendo caráter meramente exemplificativo) ou medida excepcional (admitida apenas nas hipóteses previstas naquelas regras explícitas). É o que ocorre na Itália, por exemplo. Para um cotejo entre o modelo alemão e o italiano, vede Gian Antonio Micheli e, mais recentemente, Andrea Proto Pisani.[4]

III O direito brasileiro: a regra do art. 290 do Código de Processo Civil

5 No direito brasileiro, a amplitude e intensidade da garantia fundamental de acesso à Justiça — que assegura a proteção jurisdicional em face de toda e qualquer lesão ou ameaça a direito (CF, art. 5º, XXXV) — apontam para a admissibilidade geral da condenação para o futuro.

Seja como for, o exame de tal questão é irrelevante para o presente caso. Há regra expressa no direito brasileiro consagrando a possibilidade de condenação para o futuro em hipóteses como a do caso ora em exame. Nos termos do art. 290 do CPC:

---

[3] *Op. cit.*, p. 191, n. 48.
[4] MICHELI. L'azione preventiva. *Rivista di Diritto Processuale*, 1959, n. IV, p. 210-212; PROTO PISANI. Appunti sulla tutela di condanna. In: *Appunti sulla giustiza civile*. Bari: Cacucci, 1982. p. 183 e seguintes, n. 12.

Quando a obrigação consistir em prestações periódicas, considerar-se-ão elas incluídas no pedido, independentemente de declaração expressa do autor; se o devedor, no curso do processo, deixar de pagá-las ou de consigná-las, a sentença as incluirá na condenação enquanto durar a obrigação.

Tal disposição não apenas permite a condenação para o futuro na hipótese de prestações periódicas, como ainda consagra uma modalidade de "pedido implícito" em relação às prestações com vencimento futuro: ainda que o autor não peça expressamente, as parcelas futuras estarão necessariamente incluídas na condenação.

Pontes de Miranda, comentando tal regra, formula considerações bastante precisas:

> A condenação com trato sucessivo abrange o que se venceu e o que se vença até se iniciar a execução. Não há necessidade de nova ação condenatória; a sentença transita em julgado a respeito do que estava vencido ao tempo da produção, do que se venceu após a sentença e antes da passagem em julgado e do que se vença depois. A ação de execução do julgado condenatório, que se proponha, alcança tudo o que até a data do pedido executivo se venceu, sem que com isso se exaura a ação *iudicati*: a cada vencimento de prestação, nova ação iudicati surge, que, em verdade, é apenas parte da carga contínua de executividade da sentença condenatória. Não precisa o autor vencedor no litígio intentar ação para haver a condenação no que se vai vencendo (Conselho de Justiça do Tribunal de Apelação do Distrito Federal, 28 de novembro de 1945, D. da J., 7 de agosto de 1946, 1462)[...]. O de que o autor precisa é exercer a *ação executiva da sentença que vai nascendo à medida que as prestações se vencem, até que se vença a última prestação vincenda. A condenação foi quanto ao vencido e ao vincendo.* A executibilidade é que depende de que se vençam as prestações vincendas.[5]

Não menos elucidativo é o escólio de Calmon de Passos:

> Cuida-se, na espécie, de um dos tipos de pedido implícito. [...]
> [...]
> A sentença que venha a ser proferida será sentença condenatória, sem oferecer qualquer particularidade digna de nota, com relação às prestações vencidas até a data de sua prolação, e será sentença de condenação para o futuro, no que diz respeito às prestações vencíveis após o momento referido. Constitui-se em favor do credor um título executivo

---

[5] *Comentários ao CPC* (atual. S. Bermudês), v. IV, 3. ed., Rio de Janeiro, Forense, 1996, n. 2 ao art. 290, p. 64 – original sem destaque.

de trato sucessivo, isto é, sentença condenatória que o habilita a executar o devedor, não só quanto às vencidas, no que ela é um título executório idêntico a todas as outras sentenças condenatórias, como, por igual, em relação às que vierem a se vencer, futuramente, se não satisfeitas no tempo e nas condições fixadas.[6]

Calmon de Passos é enfático ao apontar que todas as prestações com vencimento futuro ficam abrangidas por essa condenação — *não se limitando ao momento de prolação ou trânsito em julgado da sentença*. Depois de observar que o CPC de 1939, tal como o Código Português, também já continha regra com igual teor ao do art. 290 do diploma atual, completa:

> E em Portugal, como entre nós, no regime anterior, dúvida não se pôs quanto à abrangência, pela sentença, tanto das prestações vencidas até sua prolação, como das que se vencessem posteriormente a ela, enquanto perdurar o negócio jurídico de que elas decorrem. E deve ser este o entendimento em relação ao art. 290.[7]

No mesmo sentido, entre muitos, é a lição de Nelson Nery Jr. e Rosa Nery.[8]

Na jurisprudência, também não há dúvidas acerca do alcance dessa condenação para o futuro. Demonstrativos disso são os repertórios trazidos por Nery Jr. e Rosa Nery, na obra e local citados, e por Theotonio Negrão, J. Roberto Gouvêa e L. Guilherme Bondioli, em seu *CPC e legislação processual em vigor*.[9] Deste, entre outros, pode ser citado o seguinte julgado:

> Sendo de trato sucessivo as prestações (homogêneas, contínuas, da mesma natureza, sem modificação unilateral), enquanto durar a obrigação estão incluídas na sentença condenatória da ação de cobrança. Vencidas depois da condenação, liquidam-se. Novas, não precisam de nova sentença de condenação. As liquidadas por sentença formam título executivo judicial; executam-se. Após a sentença de liquidação, surgidas outras, novamente liquidam-se e se executam, sem necessidade de outra ação de cobrança com sentença condenatória (*RT* 651/97).
> No mesmo sentido: *Lex-JTA* 174/335.[10]

---

[6] *Comentários ao CPC*. 6. ed. Rio de Janeiro: Forense, 1991. v. III, p. 234-235, n. 148 e 149.1.
[7] *Op. cit.*, n. 149, p. 235.
[8] *CPC comentado e legislação extravagante*. 10. ed. São Paulo: RT, 2007. p. 558, n. 2 ao art. 290.
[9] 41. ed. São Paulo: Saraiva, 2009. p. 448-449.
[10] *Op. cit.*, p. 448-449, n. 3 ao art. 290.

IV A natureza condenatória do pedido feito pelos autores e do dispositivo sentencial que o acolheu

6 Como visto, tratando-se de negócio jurídico com prestações de trato sucessivo, nem seria necessário pedido expresso relativamente às prestações futuras. O pedido condenatório atinente às prestações vencidas abrange necessariamente as prestações ainda a vencer. Eis o sentido da locução "independentemente de declaração expressa do autor" contida no art. 290.

No caso em análise, de qualquer modo, os autores, por cautela, formularam pedido expresso atinente às parcelas com vencimento futuro. Formularam pedido de que fossem "os Réus condenados a pagar aos Autores os honorários previstos no contrato originário, ou seja, o valor correspondente a 4,5% de toda e qualquer importância que vier a ser por eles recebida em virtude da cessão de suas ações às empresas componentes do GRUPO B."

Os autores expressamente atribuíram caráter condenatório ao seu pedido. E — com a devida *venia* — procederam corretamente. Como visto acima, o pedido relativo à determinação de cumprimento, sob pena de execução, das prestações futuras, ainda não vencidas, é mesmo condenatória. Remete-se aqui aos excertos doutrinários e jurisprudenciais acima transcritos.

O fato de não ser exigível ainda a dívida não afeta o caráter condenatório da pretensão ao cumprimento e da respectiva sentença de procedência. Como se tornará a destacar logo a seguir, toda sentença que preordena, que autoriza, subsequente execução, tem natureza condenatória. Referindo-se especificamente à condenação para o futuro, Chiovenda trata de distingui-la da mera declaração, observando que:

> (...) na condenação à prestação futura a declaração tem também em mira a execução futura, tem assim ambas as funções que lhe reconhecemos algures (nota 7): tornar certo o direito e formar a convicção dos órgãos do Estado sobre ulterior exequibilidade do direito.
>
> Nós visualizamos ação e sentença de mera declaração apenas na hipótese em que a declaração apresenta-se apenas com a primeira função.[11]

Mais adiante, Chiovenda reforça a distinção: "A diferença prática entre pura declaração e condenação, está, repito, na circunstância de

---

[11] L'azione nel sistema dei diritti. *In: Saggi di diritto processuale civile.* Milão: Giuffrè, 1993. v. 1, p. 79, nota 68. Original em italiano.

que da simples declaração jamais pode derivar execução forçada, mas apenas ação (*a. iudicati*) para uma ulterior sentença de condenação".[12]

Chiovenda, com sua usual perspicácia, anota ainda, nessa mesma passagem, que a sentença condenatória não é necessariamente uma "sentença madura para a execução". A falta de tal maturidade — o que ocorre na condenação para o futuro — não afeta a essência condenatória. Afinal, a sentença condenatória ilíquida também não é sentença "madura para a execução". Depende ainda de prévia liquidação. E nem por isso lhe é negado o caráter condenatório.

7 O comando sentencial que acolheu o pedido relativo às prestações ainda a vencer (item II da parte dispositiva do acórdão) tem também caráter condenatório.

É bem verdade que ali se aludiu à mera declaração. No entanto, fez-se explícita e textual remissão ao art. 475-N, inc. I — para o fim de indicar que também esse comando sentencial constitui título executivo. Tal disposição consagra como título executivo judicial "a sentença proferida no processo civil que reconheça a existência de obrigação de fazer, não fazer, entregar coisa ou pagar quantia".

Tal expressa qualificação do *decisum* como título executivo até já bastaria. Mas o v. acórdão de provimento da apelação foi além. Expressamente indicou que o acolhimento da pretensão relativa às prestações futuras implicava autorização aos autores para "em caso de inadimplemento, comparecer ao juízo executivo, provando o advento da condição, independentemente de novo processo de conhecimento".

Vale dizer, também o capítulo sentencial contido no item II da parte dispositiva autorizou expressamente o futuro emprego de execução, no caso do inadimplemento.

8 E sentença que autoriza execução outra natureza não tem: é condenatória.

Não há outra perspectiva para identificar a condenação senão a da sua "função processual". Sentença condenatória é a que possibilita a execução forçada (compreendida esta como a atuação coativa de sanção, independentemente da participação do sancionado). No dizer de Calamandrei, define-se a condenação não tanto pelo que ela é, mas pelo que ela *prepara*. A essa constatação, Calamandrei adicionava o reconhecimento do caráter funcional próprio e essencial da sentença condenatória: através dela, haveria a transformação do dever, cujo adimplemento dependia da vontade do obrigado, em sujeição passiva

---

[12] *Op. cit.*, n. 68, p. 80, original em italiano.

à força alheia (executiva), contra a qual a vontade do condenado de nada adianta.[13] Melhor dizendo, e como pondera Attardi: o provimento condenatório não converte o dever em sujeição, mas, mantendo o dever íntegro, estabelece paralelamente um estado de sujeição jurídica do obrigado: a sujeição a uma futura execução, em caso de inadimplemento.[14]

Sobre o tema, vejam-se ainda as considerações e referências bibliográficas apresentadas pelo ora signatário em seu ensaio "'Sentença que reconhece obrigação', como título executivo (CPC, art. 475-N, I – acrescido pela lei 11.232/2006)".[15]

9 Em suma, na medida em que reconhece o direito dos autores ao recebimento das prestações futuras e desde logo constitui título executivo judicial (art. 475-N, I) para tais prestações, autorizando o futuro emprego da tutela executiva, o comando sentencial contido no item II da parte dispositiva do acórdão reveste-se de natureza *condenatória*.

V O parâmetro para a fixação de honorários na condenação para o futuro

10 Identificado o caráter condenatório do comando sentencial em exame, simplifica-se a constatação do critério aplicável à fixação dos honorários de sucumbência. Incide, também em relação ao *decisum* relativo às prestações futuras, a regra do §3º do art. 20 do CPC: "Os honorários serão fixados entre o mínimo de dez por cento (10%) e o máximo de vinte por cento (20%) sobre o valor da condenação".

Não há o que justifique — com a devida *venia* — diferença na fixação dos honorários relativos ao item I e aqueles relativos ao item II da parte dispositiva do acórdão.

10.1 De resto, note-se que — fosse qual fosse a natureza do capítulo sentencial contido no item II — haveria de se tomar em conta sempre a dimensão econômica do litígio. Ou seja, ainda que não fosse condenatória a determinação contida no item II (e o é), caberia estabelecer-se a verba honorária com base na dimensão econômica das prestações ali versadas.

---

[13] La condanna. In: *Studi sul processo civile*. Pádua: Cedam, 1934. p. 188-189, n. 4.
[14] *L'interesse ad agire*. Pádua: Cedam, 1955. p. 103, cap. II, n. 5nota 42. reimp. 1958.
[15] *Revista Jurídica*, v. 344, 2006, *passim*.

Tendo sido os Recorrentes vitoriosos inclusive em relação às prestações futuras, com o julgamento de procedência também nesse ponto, fazem jus a honorários também em relação a tal capítulo sentencial, leve ele o nome formal de "condenatório" ou não.

Mesmo que não fosse condenatório tal capítulo sentencial (o que só se põe para argumentar), ainda assim teria de haver fixação de honorários em relação a tal ponto. Não era dado ao órgão *a quo* excluir a incidência de honorários nessa parte da sentença apenas sob o fundamento (errado, de todo modo) de que não havia ali condenação. Os honorários sucumbenciais não são devidos apenas quando uma da partes obtém uma condenação em face da outra, mas, sim, sempre que há a vitória de uma parte sobre a outra.

10.2 Na lição de Cândido Rangel Dinamarco: "O Código nada diz sobre as sentenças meramente declaratórias referentes a obrigações por dinheiro, mas há grande analogia entre elas e as condenatórias de igual conteúdo e por isso também a tais sentenças aplica-se o *caput* do art. 20".[16]

Como apontam T. Negrão, J. R. Gouvêa e L. G. Bondioli:

> Onde está escrito "valor da condenação", neste §3º, deve-se ler conteúdo econômico da causa (art. 258). Atrelando a base de cálculo dos honorários aos valores em jogo, ter-se-á parâmetro seguro e isonômico para sua fixação, sem variações de acordo com a natureza da demanda e conforme esta seja julgada procedente ou improcedente.[17]

Nesse mesmo sentido, pronuncia-se Bruno Vasconcelos Carrilho Lopes:

> No entanto, há muito a doutrina vem propondo uma interpretação mais acurada do disposto nos §§3º e 4º do art. 20. A natureza da sentença está relacionada à crise de direito material trazida ao processo, e não faz sentido utilizá-la como critério para a identificação da base de cálculo do valor dos honorários, pois ela não influirá no trabalho e nas responsabilidades do advogado. Não só nas sentenças condenatórias, mas sempre que for possível apurar o *benefício econômico proporcionado pela atuação do advogado*, é sobre o valor desse benefício que os honorários devem ser calculados, não importando a natureza da sentença. Essa é a interpretação extraída de uma análise conjunta do art. 20, §§3º e 4º, do

---

[16] *Instituições de direito processual civil*. 4. ed. São Paulo: Malheiros, 2004. v. II, p. 664-665.
[17] *Op. cit.*, n. 30c ao art. 20, p. 157.

Código de Processo Civil com lei ulterior, o art. 22, §2º, do Estatuto da Advocacia, de acordo com o qual, em qualquer situação, os honorários advocatícios devem ser compatíveis "com o trabalho realizado e o *valor econômico* da questão".[18]

10.3 Tal orientação já foi consagrada pelo e. STF, em célebre julgado, em que se discutia a base de cálculo dos honorários judiciais em caso de uma sentença de improcedência de uma ação de cobrança (ou seja, uma sentença declaratória negativa). Com toda razão, a Corte Suprema concluiu que também em tal hipótese os honorários teriam de pautar-se no valor da potencial condenação impedida (isso é, a condenação que teria havido se o resultado do julgamento tivesse sido o exato oposto do que foi). Como constou, então, do acórdão, "prevalece para a fixação dos honorários, tanto o valor da condenação que se pede quanto o da condenação que se impede".[19]

11 O fato de se tratar de uma condenação para o *futuro* não afeta a sucumbência já havida. Nem se diga que não se sabe se, no futuro, os Réus cumprirão espontaneamente ou não a condenação. A perspectiva de que venham a cumpri-la (e seria o correto que o fizessem) não desautoriza a condenação em honorários ora no processo de conhecimento. Essa condenação justifica-se na medida em que os réus negaram a dívida ora reconhecida e obrigaram os Autores a ir a Juízo para fazer valer seu direito. Se, no futuro, os réus vierem a cumprir espontaneamente as prestações que ainda estão por vencer, exonerar-se-ão de responder por novos honorários na execução — e apenas isso.

Aliás, sob esse aspecto, a condenação para o futuro e a condenação comum em nada se diferenciam. Em ambas há a perspectiva do cumprimento espontâneo pelo condenado. Tal submissão voluntária ao comando condenatório presta-se a eximir o condenado de novos honorários na fase executiva — e não a livrá-lo da condenação em honorários derivados do processo de conhecimento. Se esse teve de ocorrer — e ocorreu por culpa dos réus, que indevidamente negaram a dívida —, impõe-se que a parte sem razão, que lhe deu causa, responda pelos respectivos honorários frente à adversária. E os honorários devem refletir a real e integral magnitude econômica do litígio.

---

[18] *Honorários advocatícios no processo civil*. São Paulo: Saraiva, 2008. p. 143-144.
[19] STF, 2ª T., RE nº 94.112-6, rel. Min. Décio Miranda, j. 26.06.1981, em *RT* 555/248.

VI Conclusão

12 Em face das considerações acima realizadas, apresentam-se as seguintes respostas para os quesitos formulados:

a) É possível a formulação de pedido condenatório relativo a prestações periódicas com vencimento futuro?

Sim. Trata-se da "condenação para o futuro", expressamente prevista no art. 290 do CPC. Aliás, tal regra até dispensa pedido explícito nesse sentido, impondo-o como uma decorrência necessária do pedido condenatório das parcelas já vencidas.

b) Qual a natureza, no caso em exame, do pedido formulado relativamente às prestações com vencimento futuro e do comando sentencial que acolheu tal pleito?

Tanto o pedido quanto a sentença que o acolheu são condenatórios. Na medida em que reconhece o direito dos autores ao recebimento das prestações futuras e desde logo constitui título executivo judicial (art. 475-N, I) para tais prestações, autorizando o futuro emprego da tutela executiva, o comando sentencial contido no item II da parte dispositiva do acórdão reveste-se de natureza condenatória.

c) Qual o parâmetro para a fixação judicial de honorários relativos ao capítulo da sentença referido no quesito anterior?

Considerado o caráter condenatório do comando sentencial, incide, também em relação ao *decisum* relativo às prestações futuras, a regra do §3º do art. 20 do CPC: "Os honorários serão fixados entre o mínimo de dez por cento (10%) e o máximo de vinte por cento (20%) sobre o valor da condenação". De resto, mesmo que não fosse condenatório tal capítulo, o critério de fixação dos honorários permaneceria sendo pautado pelo real conteúdo econômico do litígio.

É o parecer.

Curitiba, 4 de junho de 2009.

Capítulo 4

A Natureza do Litisconsórcio em Ação Demarcatória e a Eficácia de Processo e Sentença Demarcatórios em face de Terceiros Adquirentes de Imóveis Objeto do Litígio

Nota introdutória

O regime jurídico da eficácia do processo e da sentença em face de terceiros adquirentes dos bens litigiosos é exemplo claro do delicado equilíbrio de valores que constantemente cumpre ao processo civil (i.e., a seus estudiosos e aplicadores) buscar. Por um lado, a garantia fundamental à tutela jurisdicional plena e efetiva exige que se neutralizem atos de transferência dos bens controvertidos que tenderiam a tornar inútil a atuação jurisdicional. Por outro, o contraditório, a ampla defesa e o devido processo legal desautorizam a indiscriminada extensão da autoridade do julgado a terceiros adquirentes do bem litigioso. De resto, em ambos os pratos dessa balança, exerce algum peso o princípio da segurança jurídica — ora a resguardar a estabilidade do resultado do processo, ora a proteger a perfeição e eficácia do ato de transferência da titularidade do bem litigioso. A adequada solução para esse embate entre princípios não é exatamente aquela que permitiria supor, em seus termos literais, o regramento legal do tema (CPC, art. 42 — cujas disposições são integralmente repetidas no art. 97 do projeto de novo CPC). Há inclusive a necessidade da consideração das circunstâncias do caso concreto — o que se procurou fazer neste parecer.

Examinam-se também os limites da necessidade do litisconsórcio passivo na ação demarcatória — para demonstrar que eles não são tão extensos quanto se costuma afirmar com base na parte final do art. 950 do Código de Processo Civil (reproduzido, em seus exatos termos, no art. 527 do projeto de novo CPC). Descarta-se ainda a configuração de litisconsórcio unitário entre os réus proprietários de diferentes imóveis confinantes da linha demarcanda — e se verifica como a eventual preterição de um dos litisconsortes passivos repercutiria sobre a eficácia e a autoridade da sentença. A análise que respalda essa conclusão abrange o enfrentamento da problemática redação do *caput* do art. 47 do Código de Processo Civil, que confunde, numa mesma prescrição, a necessidade e a unitariedade do litisconsórcio — confusão essa que é eliminada do projeto de novo Código (arts. 102 e 104).

Sumário: **I** Os fatos e quesitos – **II** Ressalva prévia – **III** Ação demarcatória e litisconsórcio – **III.a** Litisconsórcio necessário e litisconsórcio facultativo – **III.b** Litisconsórcio unitário e litisconsórcio simples (ou comum) – **III.c** Ausência de identificação entre necessariedade e unitariedade e entre facultatividade e não-unitariedade – **III.d** Litisconsórcio facultativo e simples no caso em exame – **IV** As decorrências de eventual preterimento de litisconsorte, no caso em exame – **IV.a** A existência jurídica, validade e eficácia parcial da sentença, na hipótese de preterição de litisconsorte simples – **IV.b** A inutilidade da arguição pelo litisconsorte citado: falta de interesse recursal – **V** A perfeita formação da relação processual – **V.a** A participação do Sr. J.J.V. e sua mulher na relação processual – **V.b** A participação do Sr. W.A.J. e sua mulher na relação processual – **V.c** A participação do Sr. V.V.M. e sua mulher na relação processual – **V.d** A perfeita formação da relação processual – **VI** A ineficácia das alienações subsequentes em face do processo demarcatório – **VI.a** A disciplina atinente à alienação de coisa litigiosa – **VI.b** A incidência das regras sobre alienação de coisa litigiosa no caso em exame – **VII** Irrelevância da manifestação emitida pelo terceiro que adquiriu parte da área dos Consulentes – **VIII** Conclusão

Parecer

D.B.N. e sua mulher, **M.R.N.N.**, por meio de seu i. procurador, Dr. ***, solicitam-me parecer sobre a eficácia de atos processuais e da sentença proferida em ação demarcatória em relação a terceiros que adquiriram os imóveis objeto da demarcação no curso do processo.

Os fatos pertinentes e os quesitos estão abaixo expostos. A formulação da consulta fez-se acompanhar de cópia integral dos autos do processo de ação demarcatória, bem como de outros incidentes e processos conexos, adiante referidos.

I Os fatos e quesitos

1 Os Consulentes ajuizaram, em 1979, ação demarcatória destinada a estabelecer os limites entre imóvel de sua propriedade e alguns dos imóveis que lhe são confinantes.

Os imóveis situam-se em localidade, denominada Taquara, que, na época da propositura da demanda, pertencia ao município e à comarca de Cuiabá (MT). Por essa razão, a ação foi ajuizada em tal comarca. Posteriormente, a localidade passou a integrar outro município o qual, por sua vez, veio a pertencer a outras comarcas. Isso implicou a redistribuição do processo e a remessa dos autos para essas outras comarcas.

Respaldando-se em documentação e levantamento pormenorizados, os Consulentes relatam ainda que todas as pessoas que eram proprietárias dos imóveis confinantes objeto da lide na época da instauração do processo foram citadas ou integraram espontaneamente a relação processual. Houve também a publicação de editais, no *Diário da Justiça* e em jornal de ampla circulação, dando conta da pendência da ação.

2 Posteriormente, vários desses imóveis foram alienados a terceiros — alguns até sucessivamente.

Por outro lado, os ora Consulentes também alienaram parte do seu imóvel a terceiro (Sr. J.L.S.). Mantiveram-se, contudo, na propriedade da parcela do imóvel em que se situam as lindes objeto da ação demarcatória. Relativamente a esta área houve apenas um compromisso de compra e venda. Os Consulentes permaneceram como autores da ação demarcatória.

3 Depois de quase dezessete anos de tramitação processual, em 2006, veio a ser resolvida a lide em primeiro grau de jurisdição. No processo demarcatório, proferiu-se sentença de procedência, lastreada em prova pericial judicial que confirmou as alegações dos ora Consulentes. Além disso, foi rejeitada uma oposição que havia sido formulada pelo proprietário de alguns dos imóveis confinantes (Sr. V.V.M. e esposa).

Em face da sentença demarcatória, houve apelação de um dos réus (Sr. W.A. J. e esposa). Por outro lado, um adquirente superveniente de alguns dos imóveis confinantes que são objeto do litígio promoveu embargos de terceiro (Sr. A.J. C. e esposa). Em linhas gerais, tanto a apelação quanto os embargos de terceiro sustentam que a sentença não seria eficaz em face dos terceiros que adquiriram supervenientemente imóveis confinantes objeto do litígio, pois teria faltado a citação desses terceiros ou a prévia inscrição da pendência do processo nas respectivas matrículas dos imóveis. Além disso, na apelação invoca-se ainda uma declaração prestada pelo terceiro adquirente de parte da área dos Consulentes (Sr. J.L.S.), na qual ele supostamente reconheceria que os limites corretos da área (alheia à sua aquisição) seriam aqueles defendidos pelos réus da demarcatória.

4 Diante desse panorama, foram formulados os seguintes quesitos:

a) Qual a natureza do litisconsórcio estabelecido no caso concreto? Quais seriam as consequências da hipotética falta de citação do proprietário de um dos imóveis confinantes?

b) O Sr. W.A.J. e a esposa, que integraram regularmente a relação processual demarcatória, teriam interesse processual para arguir uma hipotética falta de citação de outro proprietário de área confinante?

c) Os terceiros que adquiriram imóveis confinantes objeto do litígio depois de já estabilizada a relação processual precisavam também ter sido citados para que o resultado do processo demarcatório pudesse produzir efeitos e autoridade de coisa julgada perante eles?

d) O registro da litispendência demarcatória na matrícula dos imóveis que são objeto do litígio é pressuposto para que a respectiva sentença vincule terceiros que venham a adquirir tais bens?

e) A declaração prestada pelo Sr. J.L. S. tem alguma eficácia em face dos Consulentes, de modo a vinculá-los e (ou) a prejudicar a demanda demarcatória por eles conduzida?

Passo a responder.

II Ressalva prévia

5 O presente parecer foi antecedido de breve opinião legal emitida também pelo ora signatário, a pedido do patrono do Consulente. Com a autorização do signatário, a opinião legal subsidiou a elaboração das contrarrazões de apelação do Consulente. No presente parecer, o signatário retoma e aprofunda as considerações desenvolvidas naquela sua anterior manifestação.

III Ação demarcatória e litisconsórcio

6 A resposta aos dois primeiros quesitos pressupõe a precisa identificação das modalidades de litisconsórcio, no que tange (i) à sua "obrigatoriedade" e (ii) à relação entre a pluralidade de partes e a unicidade ou pluralidade de pretensões constitutivas do objeto do processo. A investigação indicada em "i" conduz à classificação que distingue litisconsórcio necessário do litisconsórcio facultativo. Já à dicotomia referida em "ii" corresponde à diferenciação entre litisconsórcio unitário e simples (ou comum).

É frequente a confusão entre litisconsórcio unitário e necessário, incentivada pela própria redação defeituosa do art. 47 do Código de Processo Civil.

Por outro lado, é grande a tentação de supor que na ação demarcatória o litisconsórcio é sempre necessário. E aí é a parte final do art. 950 do Código de Processo que contribui para tanto.

Procurar-se-á destrinchar essas questões a seguir, examinando-se inclusive as disposições legais ora referidas.

III.a Litisconsórcio necessário e litisconsórcio facultativo

7 O litisconsórcio é dito necessário quando sua observância constitui uma imposição do ordenamento jurídico. Nessa hipótese, não é dado ao jurisdicionado escolher se irá formá-lo ou não. Especificamente no que tange ao autor, nessa hipótese não lhe é dada escolha no momento em que formula a demanda: se há ordem jurídica que exige o litisconsórcio passivo, ele haverá de observá-lo, propondo a ação contra todos aqueles que devem figurar como litisconsortes; do mesmo modo, nos casos excepcionais em que o litisconsórcio ativo é imposto pelo ordenamento, haverão de figurar como autores todos aqueles que devem ser litisconsortes.

Já quando a ordem jurídica não exige o litisconsórcio, mas apenas o autoriza, tem-se o litisconsórcio facultativo. Em determinadas hipóteses (CPC, art. 46), confere-se ao jurisdicionado o direito de escolher se pretende a instituição do litisconsórcio. Normalmente, tal faculdade é atribuída ao autor, quando formula a demanda. Mas também terceiros exercem esse direito de escolha, nas hipóteses em que lhes é dado intervir em processo sob a modalidade de assistência litisconsorcial. Essa nada mais é do que a instituição superveniente de um litisconsórcio facultativo (CPC, art. 54).

7.1 O litisconsórcio necessário decorre de uma imposição do ordenamento jurídico. Mas nem sempre ele está expresso em um dispositivo legal. Ao lado daqueles casos em que há a explícita determinação de sua ocorrência (p. ex., Lei nº 4.717/1965, art. 6º; CPC, art. 942; CPC, art. 999...), põem-se hipóteses em que ele é uma implicação da própria unitariedade da situação jurídica de direito material (efetivamente existente ou apenas afirmada por uma das partes) que está na base do conflito.

Vale dizer: há casos em que uma única e mesma situação jurídica vincula diretamente uma pluralidade de sujeitos, de modo que ela não tem como ser constituída ou desconstituída, ou declarada (in)existente ou (in)válida, apenas para alguns e não para outros desses sujeitos. Pense-se na ação de nulidade de casamento proposta pelo Ministério Público: seria até despicienda uma regra que explicitasse que ambos os cônjuges devem figurar como réus da ação. A necessidade da presença de ambos no polo passivo decorre da circunstância de que ambos integram igualmente a relação jurídica matrimonial. Não há como se manter o casamento válido para o marido e tê-lo por inválido para a mulher — e vice-versa. Daí advém a exigência do litisconsórcio.

Foi o que tentou dizer o art. 47 do Código de Processo Civil, mediante redação que é criticada pela generalidade da doutrina:[1] "Há litisconsórcio necessário, quando, por disposição de lei ou pela natureza da relação jurídica, o juiz tiver de decidir a lide de modo uniforme para todas as partes; caso em que a eficácia da sentença dependerá da citação de todos os litisconsortes no processo."

7.2 Como se torna a ver adiante, tal dispositivo incide em falha ao dar a entender que sempre que o litisconsórcio fosse necessário haveria unitariedade (o que se tentou dizer ao aludir-se à imposição de o juiz "decidir a lide de modo uniforme para todas as partes" — redação em si mesma também deplorável: literalmente, "uniforme para todas as partes" é algo despido de sentido, pois impossível).

Mas, além disso, nem sempre a unitariedade da situação material subjacente é apta a estabelecer a necessariedade do litisconsórcio. Tal diretriz é genericamente aplicável apenas ao litisconsórcio passivo. O autor tem o ônus de dirigir a demanda contra todos os sujeitos diretamente vinculados à situação material objeto do processo. Já no

---

[1] Ver, entre muitos: MOREIRA, Barbosa. *Litisconsórcio unitário*. Rio de Janeiro: Forense, 1972. p. 227 e seguintes (criticando ainda o anteprojeto do atual Código); BARBI, Celso Agrícola. *Comentários ao CPC*. 7. ed. Rio de Janeiro: Forense, 1992. v. I, p. 164, n. 301; DINAMARCO, Cândido. *Litisconsórcio*. 3. ed. São Paulo: Malheiros, 1994. p. 161, n. 51.1; BUENO, Cassio Scarpinella. *Partes e terceiros no processo civil brasileiro*. São Paulo: Saraiva, 2003. cap. III, n. 4, p. 91.

que tange ao polo ativo da ação, não se põe idêntica norma geral.[2] Pelo contrário, em regra, ainda que a situação material subjacente seja unitária e vincule de modo incindível os vários legitimados ativos para a demanda, qualquer um deles pode promovê-la isoladamente, sem necessidade de atuar em litisconsórcio ativo com os demais. O princípio constitucional do acesso à justiça (art. 5º, XXXV) desautoriza a previsão cogente do litisconsórcio ativo nessa hipótese. Exigir da parte que, para que possa demandar em juízo, ela se faça acompanhar nessa atividade por outros sujeitos tornaria muito difícil ou mesmo praticamente impossível o exercício da ação. Bastaria que algum desses sujeitos não quisesse ir a juízo para que a parte interessada em litigar ficasse impedida de fazê-lo. A alternativa a isso seria obrigar esses outros sujeitos a litigar como autores — colocando-os nessa posição ainda que contra a sua vontade (seriam citados para serem autores). Mas aí se esbarraria na noção, também tributária da garantia do acesso à justiça, de que ninguém pode ser forçado a agir em juízo (STF, *RTJ* 112/20).

Por isso, o litisconsórcio ativo necessário é relegado à absoluta excepcionalidade. E — sempre em atenção à garantia de acesso ao Judiciário — mesmo em casos em que se condiciona o exercício da ação à concordância de outrem (*v.g.*, art. 10, CPC), é razoável que exista um mecanismo de suprimento de tal chancela (para o exemplo que se vem de dar: art. 11, CPC).

O ordenamento contempla várias regras que, em face da titularidade conjunta de uma posição jurídica, reconhecem a qualquer dos cotitulares a legitimidade para isoladamente promover ações em defesa desse direito comum. Entre outras, considerem-se as seguintes hipóteses: (i) legitimidade de cada um dos cocredores para exigir integralmente a obrigação indivisível (C. Civ., art. 260); (ii) legitimidade de cada um dos credores solidários para exigir do devedor o cumprimento da obrigação por inteiro (C. Civ., art. 267); (iii) legitimidade de cada condômino para reivindicar a coisa comum de terceiro e para defender a sua posse (C. Civ., art. 1.314); (iv) legitimidade de qualquer dos herdeiros para defender, até a partilha, os bens integrantes da herança (C. Civ., art. 1.791, parágrafo único); (v) legitimidade de qualquer dos cotitulares do direito ameaçado ou violado para propor mandado de segurança

---

[2] Assim, entre outros: Celso Agrícola Barbi (*Comentários...*, *op. cit.*, n. 301, p. 165); Cândido Dinamarco (*Litisconsórcio*, *op. cit.*, p. 231-232, n. 58.7); TALAMINI, Eduardo. *Coisa julgada e sua revisão*. São Paulo: RT, 2005. p. 104, n. 2.5.3; DIDIER JR., Fredie. *Curso de direito processual civil*. 9. ed., Salvador: JusPodium, 2008. v. 1, p. 303, cap. X, n. 2.3.

(Lei nº 1.533/1951, art. 1º, §2º); (vi) legitimidade de cada um dos sócios para promover ação de responsabilização civil dos administradores da sociedade anônima (Lei nº 6.404/1976, art. 159, §3º) etc.

Ao contrário do que poderia parecer, essas regras não constituem exceções a um princípio geral. Antes, são a própria expressão do princípio geral do acesso à justiça: o litisconsórcio ativo apenas é necessário quando expressamente imposto, mediante regra explícita ou como inequívoco resultado da conjugação de outras normas. De resto, especialmente as três primeiras regras acima mencionadas não têm incidência limitada às específicas relações de direito privado a que se referem (as quais, de resto, já são de grande amplitude prática). Incluem-se entre as normas do Código Civil que, à falta de outras específicas, aplicam-se à generalidade dos direitos e deveres.

7.3 Aludiu-se antes à "obrigatoriedade" do litisconsórcio, quando ele é necessário. Mas a expressão não é a mais apropriada. A rigor, nessas hipóteses, não se trata de dever ou obrigação de observar o litisconsórcio. Melhor dizendo, isso constitui um *ônus* para o autor. Trata-se de providência que ele há de adotar a fim de evitar que lhe advenham consequências desfavoráveis no que tange à eficácia e à validade do processo. Adiante, esse aspecto da questão será retomado.

III.b Litisconsórcio unitário e litisconsórcio simples (ou comum)

8 Quando os litisconsortes, no plano material, encontram-se vinculados a uma situação jurídica una e incindível, nos termos antes expostos, diz-se que o litisconsórcio é unitário.

Já quando não se põe tal unicidade, o litisconsórcio é simples ou comum.

Note-se que a essência do litisconsórcio unitário não reside propriamente na exigência de que o juiz, ao resolver a causa, dê um tratamento "uniforme" para os litisconsortes (foi o que tentou dizer o legislador no já referido art. 47 do CPC). Essa uniformidade é estrita decorrência da incindibilidade da situação jurídica material. A rigor, não se trata de mera solução "uniforme", mas de uma solução única e incindível para todos os litisconsortes. Solução meramente "uniforme" haverá, por exemplo, nas hipóteses de litisconsortes com direitos meramente homogêneos — sem que aí precise existir unitariedade.

Nas hipóteses de litisconsórcio unitário, há um mesmo e único objeto do processo para uma multiplicidade de litisconsortes. Em outros termos, os litisconsortes unitários ativos exercem uma mesma e única pretensão; os litisconsortes unitários passivos têm contra si uma mesma e única pretensão. No litisconsórcio unitário, a cumulação de demandas é apenas subjetiva. Não há um cúmulo objetivo (i.e., de pretensões, pedidos, "ações materiais").

No litisconsórcio simples, à pluralidade de autores ou réus corresponde idêntica pluralidade de objetos litigiosos. O objeto do processo é complexo. Há uma pretensão (uma demanda, uma "ação material") para cada litisconsorte simples. Há não apenas uma cumulação subjetiva como também, na mesma proporção, outra objetiva. A esse respeito, vejam-se as lições de Araken de Assis e Cândido Dinamarco, adiante expostas.

III.c Ausência de identificação entre necessariedade e unitariedade e entre facultatividade e não unitariedade

9 Não há identidade nem exata correspondência entre litisconsórcio necessário e unitário e tampouco entre litisconsórcio facultativo e litisconsórcio simples.

Como já exposto, o litisconsórcio necessário muitas vezes decorre de mera exigência legal, não tendo por substrato material a unicidade e incindibilidade da situação jurídica subjacente. Retomem-se os exemplos antes dados: na ação popular, cada um dos diversos sujeitos que têm de ser postos como réus por determinação legal encontra-se em posição jurídica própria e inconfundível com a dos outros litisconsortes. Daí que a sentença pode dar tratamento diverso para cada um deles. O mesmo se passa no processo de usucapião e no inventário — entre outras hipóteses. Em todos esses casos, o litisconsórcio é necessário, mas simples.

Por outro lado, é concebível o litisconsórcio facultativo e unitário. Basta considerar a generalidade dos casos de litisconsórcio unitário ativo. Como antes destacado, em regra, a unitariedade no polo ativo não implica a sua necessariedade. Mas tampouco fica proibida a espontânea formação de litisconsórcio nessas hipóteses. Assim, um condômino pode promover sozinho a ação de reivindicação da coisa comum. Mas se, em vez disso, todos os condôminos ou alguns deles agem em litisconsórcio, esse será facultativo, porém unitário.

Em síntese pode-se dizer que: (i) o litisconsórcio ativo apenas excepcionalmente é necessário — e, quando o for, poderá ser unitário ou simples; (ii) o litisconsórcio ativo facultativo pode ser unitário ou simples;

(iii) o litisconsórcio passivo necessário pode ser unitário ou simples; e — eis o aspecto fundamental para o caso em exame — (iv) o *litisconsórcio passivo facultativo é sempre simples*, pois, como visto antes, no polo passivo, a unitariedade implica a necessariedade.

III.d Litisconsórcio facultativo e simples no caso em exame

10 O litisconsórcio passivo estabelecido no processo em exame, no que tange à presença de vários proprietários de diferentes imóveis confinante, é facultativo.

10.1 Seria perfeitamente possível que diferentes ações demarcatórias tivessem sido propostas em face dos titulares das diferentes áreas. Isso evidencia que não era mesmo necessária a presença de todos em litisconsórcio.

Não há uma imposição de que o autor da ação demarcatória tenha de, numa mesma e única demanda, pleitear a definição dos limites do seu imóvel diante de uma pluralidade de imóveis lindeiros. É perfeitamente possível que ele pretenda promover a constituição ou avivamento da linde apenas em relação a um imóvel vizinho (optando por não fazê-lo em relação a outros — ou preferindo deixá-lo para depois). Então, é sempre dado ao autor escolher se promoverá uma única ação, para obter a demarcação em face dos seus vários vizinhos num mesmo e único processo (o que lhe tende a ser vantajoso do ponto de vista da economia processual), ou se o fará em processos diversos.

Afinal, há uma específica divisa com cada um dos vizinhos. Topograficamente, as lindes do imóvel com cada imóvel vizinho podem até constituir uma mesma "linha" (o que justifica, do ponto de vista da economia processual, a reunião dos litígios demarcatórios em face de diferentes vizinhos num mesmo processo). Mas, juridicamente, cada divisa é autônoma das demais.

Na lição de Hamilton de Moraes e Barros, "se tiver o prédio mais de um confinante, a demarcação poderá (...) ser parcial".[3]

10.2 Assim, se é possível litigar separadamente em face de cada vizinho, fica evidente que não há unitariedade de litisconsórcio. Tanto não se impõe uma solução idêntica em face de cada litisconsorte, que é até possível que cada um dos conflitos demarcatórios, em face de cada um dos vizinhos, seja objeto de um processo próprio e independente

---

[3] *Comentários ao CPC*. Rio de Janeiro: Forense. v. IX, p. 63.

dos demais. E nesse caso, cada um desses processos receberá uma solução própria, desvinculada daquela estabelecida em cada um dos outros processos.

11 A constatação da possibilidade de processos demarcatórios autônomos em relação a cada vizinho escancara também o quão relativa é a própria ideia, por vezes impensadamente difundida, de que a ação demarcatória implicaria em qualquer caso litisconsórcio necessário.

11.1 Em parte, essa confusão deriva do fato de diversas das disposições legais da seção do Código de Processo Civil destinada às ações de demarcação e divisão tratarem da hipótese em que o imóvel é objeto de condomínio — caso em que, aí sim, a lei impõe o litisconsórcio necessário *entre os condôminos* (art. 952, CPC).

Mas a necessidade de litisconsórcio vai apenas até aí. Não se traduz em nenhuma exigência de que todos os confinantes sejam postos como réus numa mesma e única ação. Não é esse o sentido da parte final do art. 950 do Código de Processo.

De acordo com esse dispositivo, a suposta "necessariedade" do litisconsórcio apenas existirá se o autor *optar* por cumular os pedidos demarcatórios em face de diversos proprietários de imóveis vizinhos cujos limites, em relação ao imóvel do autor da ação, estejam numa mesma linha.

Ou seja, na origem desse litisconsórcio supostamente "necessário" está uma *opção*, uma *escolha*, uma *faculdade* do autor. Se o autor optar pela cumulação de demandas em face dos vários vizinhos, todos deverão ser citados no processo. Se não o fizer, não será necessária — nem caberá — a citação de outros vizinhos. Esse é o significado da parte final do art. 950 do Código de Processo Civil, quando prevê que "todos os confinantes da linha demarcanda" sejam citados ("nomear-se-ão" é a expressão utilizada, pouco técnica).

11.2 Mas, bem pesadas as coisas, o que se tem não é nada diferente daquilo que ocorre em qualquer caso de litisconsórcio facultativo. Por exemplo, se uma sociedade empresária pretende promover a revisão judicial de contratos bancários que firmou com diferentes instituições financeiras e opta por fazê-lo num único processo (tendo em vista a economia processual que obteria com perícias unificadas etc.), terá então de citar como rés cada uma das instituições financeiras com quem celebrara cada um daqueles contratos. Pois bem, esse é um exemplo típico de litisconsórcio facultativo. A "necessidade" de citar como litisconsortes todas as instituições financeiras decorre da *opção*, da *escolha*, do autor em reunir a solução dos diversos conflitos num mesmo processo. A situação é equiparável à que se tem no caso da ação demarcatória. Vale dizer, não é necessário que figurem como litisconsortes os proprietários dos diversos imóveis confinantes. Isso derivará de uma livre escolha do autor. Em outros termos, decorrerá do exercício da *faculdade* de cumular subjetivamente demandas. Isso é litisconsórcio *facultativo*.

Como leciona Araken de Assis:

> No âmbito do litisconsórcio facultativo (simples ou comum) se situam, na realidade, as questões pertinentes à cumulação subjetiva de ações. Litisconsorciando-se autores, ou réus, na mesma demanda, em face de razões de conveniência, eles mantêm independentes, em relação uns aos outros, as ações materiais.[4]

E mais adiante, Araken de Assis retoma a questão:

> Dizer que há cumulação de ações no litisconsórcio voluntário porque, ao contrário do que ocorre no necessário, se verifica a pluralidade de objetos litigiosos, ou ações materiais, equivale, no respeitante ao cúmulo de pedidos, observar a presença de vários petita.[5]

No mesmo diapasão, confira-se ainda o claro ensinamento de Cândido Rangel Dinamarco:

> 23. Cúmulo de demandas no litisconsórcio comum facultativo:
> (...) Aqui, não constituindo objeto do julgamento uma só e única relação jurídica substancial incindível (...), o processo tende a vários provimentos, ainda que afinal venham eles, através do procedimento que é um só, "somados numa sentença formalmente única" [REDENTI].
> (...)
> Em casos assim, o que se tem é uma pluralidade jurídica de demandas, também unidas só formalmente; cada um dos litisconsortes é parte legítima apenas com referência àquela porção do objeto do processo que lhe diz respeito e, consequentemente, entende-se que o seu *petitum* se reduz a essa parcela. Trata-se, efetivamente, de um cúmulo de demandas, não só subjetivo, mas também objetivo, na medida em que à pluralidade de sujeitos corresponde uma soma de pedidos, todos eles amalgamados no complexo objeto que esse processo tem.[6]

É exatamente o que se passa no processo demarcatório. Tendo ele por objeto a cumulativa demarcação das lindes com vários imóveis

---

[4] *Cumulação de ações*, 4. ed., São Paulo: RT, 2002. p. 162, n. 39.
[5] *Cumulação, op. cit.*, n. 40, p. 164.
[6] *Litisconsórcio, op. cit.*, n. 23, p. 75-76.

vizinhos — e tendo assim como litisconsortes passivos os proprietários de cada um dos imóveis vizinhos —, "cada um dos litisconsortes é parte legítima apenas com referência àquela porção do objeto do processo que lhe diz respeito" (para usar as precisas palavras de Dinamarco, acima transcritas). A nenhum desses proprietários será dado discutir como deve ser demarcada a divisa entre o imóvel do autor e outro imóvel vizinho a esse, que não o seu próprio.

11.3 É essa absoluta independência das demandas (formuladas uma contra cada proprietário de cada uma dos imóveis vizinhos), apenas cumuladas no mesmo processo, que retrata a não necessariedade (facultatividade) e a não unitariedade (caráter simples ou comum) do litisconsórcio em questão.

12 A desnecessidade do litisconsórcio na ação demarcatória não é frequentemente enfrentada de modo expresso pela doutrina. Mas está implícita em — ou subjacente a — diversos escólios sobre o tema.

Por exemplo, Humberto Theodoro Júnior, ao tratar da legitimidade passiva na ação demarcatória, destaca que ela recai sobre "o vizinho confinante, perante quem o proprietário quer fazer valer a faculdade de estremar limites". Nada diz — e com razão — acerca de necessidade de litisconsórcio de outros vizinhos confinantes.[7]

Pontes de Miranda, por sua vez, comentando o já referido art. 950, pondera que, "*se há litisconsortes*, têm de ser nomeados para que haja as citações".[8] É dizer: reputa o litisconsórcio uma *eventualidade* na ação demarcatória. Esse excerto confirma que a regra da parte final do art. 950 não impõe a ocorrência de litisconsórcio, mas sim apenas exige que todos sejam citados como condição para a cumulação de demandas demarcatórias.

13 Em suma, a demanda demarcatória é voltada contra *cada confinante* — e apenas contra ele. É possível cumular ações contra vários confinantes. Mas isso é uma *possibilidade,* uma *opção* do autor. Então, aí se tem litisconsórcio *facultativo*.

Há normas expressas quanto a isso.

O inciso I do art. 946 do Código de Processo Civil evidencia a desnecessidade de litisconsórcio, ao prever que "cabe a ação de demarcação ao proprietário para obrigar *o seu confinante* [no singular] a extremar os respectivos prédios...".

---

[7] *Curso de direito processual civil*. 31. ed. Rio de Janeiro: Forense, 2003. v. III, p. 200-201, n. 1.364.
[8] *Comentários ao CPC*. 2. ed. atual. S. Bermudes. Rio de Janeiro: Forense, 2004. t. XIII, p. 338, n. 2 ao art. 950.

E no plano material a regra é estipulada nos mesmos termos: "O proprietário (...) pode constranger *o confinante* [também no singular] a proceder com ele à demarcação entre os dois prédios, a aviventar rumos apagados e a renovar marcos destruídos ou arruinados..." (C. Civil, art. 1.297).

Esse dispositivo reproduz em linhas gerais a dicção contida no art. 569 do Código Civil de 1916, vigente na época da propositura da demanda: "O proprietário pode obrigar *o seu confinante* [novamente, no singular] a proceder com ele à demarcação entre os dois prédios, a aviventar rumos apagados e a renovar marcos destruídos ou arruinados, repartindo-se proporcionalmente entre os interessados as respectivas despesas".

Tais normas constituem prova cabal da plena possibilidade de demandar-se separadamente *cada confinante* — o que significa, por outro lado, que o litisconsórcio entre vários confinantes, quando se o tem, é *facultativo*.[9]

14 Seja como for, ainda que houvesse litisconsórcio necessário entre os vizinhos confinantes (e não há), certamente o litisconsórcio não é do tipo unitário.

O caso é de litisconsórcio simples. Não há uma incindibilidade de resultado para todos os litisconsortes. Cada um deles pode receber tratamento próprio e específico, em termos práticos. Trata-se de demarcar cada uma das áreas confrontantes indicadas na inicial — e seria perfeitamente possível que para algumas delas o pedido demarcatório fosse julgado procedente e para outras, improcedente (ou parcialmente procedente em alguns casos e em outros, improcedente; ou ainda parcialmente procedente em diferentes proporções em cada caso).

A razão para tanto é óbvia: não há uma relação jurídica subjacente única e incindível a vincular os litisconsortes passivos. Suas posições jurídicas materiais são autônomas e independentes entre si. Do ponto de vista jurídico, cada um deles titulariza um direito dominial próprio e inconfundível com o dos demais — e o imóvel de cada um desses litisconsortes tem suas divisas próprias com o imóvel do autor. Essa última constatação, aliás, nem é apenas jurídica, mas física — e igualmente óbvia.

---

[9] Reitere-se que isso não significa, por óbvio, que não possa existir propriamente litisconsórcio necessário em ação demarcatória: pense-se na hipótese — distinta ainda daquela há pouco mencionada — em que o imóvel confinante é objeto de condomínio; ou ainda no caso em que o proprietário de tal imóvel é casado (CPC, art. 10, §1º). Mas, em todos esses casos, o litisconsórcio deriva da incidência de regras gerais — e não de uma especificidade da ação demarcatória.

A própria possibilidade de se conceberem ações autônomas em face de cada um dos confinantes é demonstrativa da não unitariedade. Ainda que alguém pretenda ver na ação demarcatória um exemplo de litisconsórcio necessário — com base numa leitura de todo criticável do art. 950 do Código de Processo Civil —, haverá de reconhecer que, em tese, não fosse essa pretensa norma (insista-se: que, de todo modo, não existe), seria viável a formulação de demandas em processos separados contra cada um dos confinantes da linha demarcanda.

Ou seja, ainda que se pudesse considerar a ação demarcatória como hipótese de litisconsórcio necessário — e não é possível, como visto — ter-se-ia então uma necessariedade derivada unicamente de uma explícita imposição legal (nessa ótica — incorreta, repita-se — o art. 950, parte final). Em outros termos, a pretensa necessariedade não adviria de uma unitariedade do substrato jurídico-material.

Nesse sentido, tome-se como exemplo o que escreve Ovídio Baptista da Silva. O i. processualista gaúcho reputa haver litisconsórcio necessário nas ações demarcatória e divisória, *no que tange aos condôminos* (o que — frise-se — é situação *distinta* daquela que se tem no caso ora em exame). Contudo, é enfático na afirmação de que se trata de litisconsórcio *simples* (não unitário):

> No chamado litisconsórcio necessário simples, a sentença não necessita ser uniforme para todos os litisconsortes. É o que se dá na ação de divisão e demarcação (arts. 952 e 967 do CPC) (...). Nestes casos, a sentença poderá tratar, e normalmente trata, diversamente cada litisconsorte. A reunião deles numa única demanda decorre mais de uma opção do legislador do que propriamente das relações jurídicas materiais relativas a cada litisconsorte e destes em relação ao seu oponente na causa.[10]

15 Em síntese, o caso objeto do presente exame, no que concerne à posição processual dos proprietários dos diferentes imóveis confinantes submetidos à demarcação, é de litisconsórcio *facultativo* e *simples*.

IV As decorrências de eventual preterimento de litisconsorte, no caso em exame

16 Identificada a natureza do litisconsórcio existente entre os vários confinantes do imóvel do autor, cabe investigar as consequências que adviriam da possível falta de citação e de comparecimento espontâneo de algum desses litisconsortes.

---

[10] *Comentários ao CPC*. São Paulo: RT, 2000. v. I, p. 211, n. 4 ao art. 47.

Essa investigação é feita em caráter estritamente hipotético, para o fim de dar resposta a quesito formulado pelos Consulentes. Como se vê adiante, não parece existir problema dessa ordem no processo demarcatório aqui em exame.

IV.a A existência jurídica, validade e eficácia parcial da sentença, na hipótese de preterição de litisconsorte simples

17 Uma hipotética falta de citação (e de comparecimento espontâneo) de um dos confrontantes jamais afetaria a existência jurídica, validade e eficácia da sentença na íntegra. Tal falha apenas inviabilizaria a eficácia da demarcação relativa ao imóvel confinante de propriedade do litisconsorte preterido. Vale dizer: ficaria prejudicada a sentença apenas na parte atinente à determinação dos limites entre o imóvel do autor e o imóvel do proprietário que não participou do processo.

18 Tratando-se, como se trata, de litisconsórcio passivo facultativo, a ausência de citação e comparecimento espontâneo de um dos litisconsortes apenas frustraria a formação do litisconsórcio tal como pretendia o autor. A demanda demarcatória em face de tal confinante, que seria desenvolvida e julgada dentro daquele mesmo processo em que se desenvolvem as demandas relativas aos outros confinantes, fica prejudicada.

Em outros termos, ao se deixar de citar alguém que seria litisconsorte facultativo — e não havendo o suprimento da citação pelo comparecimento espontâneo — tem-se o mesmo resultado que se teria caso o autor tivesse optado por não formar o litisconsórcio. E nada mais do que isso.

18.1 Como escreveu Adroaldo Furtado Fabrício:

> Se o litisconsórcio passivo é facultativo, ao autor fora lícito, desde antes da propositura da demanda, escolher entre adotá-lo ou não. Continua sendo livre de abrir mão de alguma citação acaso não realizada ou mal efetivada, no curso do processo, com vistas a agilizar sua tramitação, de modo que o procedimento siga em face de um ou de alguns dos primitivos demandados. Certo, essa desistência, tácita que seja, relativamente a alguns dos réus, dependeria eventualmente da anuência daqueles outros já citados. Mas, na perspectiva deste estudo, o ponto é irrelevante, eis que se está a cogitar de processo onde já foi proferida sentença[11] e, por hipótese, o problema da concordância ou divergência

---

[11] E — lembre-se — é exatamente o que também se passa no caso objeto do presente parecer.

quanto ao desistimento já foi colocado e resolvido, por manifestação expressa ou por consentimento silencioso.

Em tais condições, não parece questionável a validade do processado, com base na falta ou nulidade de alguma das citações. O problema reduzir-se-á à identificação dos limites subjetivos da coisa julgada no caso concreto, restritos às pessoas que efetivamente figuravam como partes ao tempo do julgamento.[12]

18.2 A jurisprudência é também assente no sentido de que a falta de citação do litisconsorte necessário apenas e tão somente frustra a opção pelo litisconsórcio — não afetando a validade do processo. Entre muitos, podem ser citados os seguintes julgados do Superior Tribunal de Justiça: REsp nº 1.060.653, rel. Min. Francisco Falcão, *DJe*, 20 out. 2008; REsp nº 884.150, rel. Min. Luiz Fux, *DJe*, 07 ago. 2008; REsp nº 565.317, rel. Min. Luiz Fux, *DJU*, 05 dez. 2005; REsp nº 329.735, Rel. Min. Garcia Vieira, *DJU*, 29 out. 2001; REsp nº 21.376, rel. Min. Peçanha Martins, *DJU*, 15 abr. 1996.

19 Não bastasse isso, o litisconsórcio entre diferentes confinantes na ação demarcatória é simples (não unitário), como indicado antes.

Esse aspecto, por si só, já bastaria para manter incólume a sentença em relação aos litisconsortes que foram efetivamente citados. Mesmo que o litisconsórcio na hipótese fosse necessário, seu caráter não unitário já seria suficiente para impor a preservação da sentença relativamente a todos os litisconsortes citados.

Há uma diferença fundamental entre as hipóteses de preterimento de litisconsorte necessário unitário e de litisconsorte necessário simples. No litisconsórcio necessário unitário, a falta de citação (e comparecimento espontâneo) de um dos litisconsortes torna a sentença ineficaz perante todos. No litisconsórcio necessário simples, o preterimento de um dos litisconsortes implica a ineficácia da sentença apenas em relação ao preterido.

19.1 O signatário já examinou o tema em sede teórica. Pede licença para reproduzir aqui o que expôs naquela oportunidade:

> A inobservância do litisconsórcio necessário unitário acarretará sentença ineficaz mesmo em face do litisconsorte citado no processo. Por um lado, não existirá sentença que vincule o litisconsorte não-citado como parte. Por outro, e na medida em que a situação de direito material é

---

[12] "Réu revel não citado, *querela nullitatis* e ação rescisória", em *Ensaios de direito processual* (Rio de Janeiro: Forense, 2003. p. 255, n. 6).

incindível, não há como imaginar, em caso de sentença de procedência, dois resultados diferentes — um para o(s) litisconsorte(s) citado(s), outro para o(s) não citado(s). Por exemplo, não há como a sentença de invalidação do casamento desconstituir o vínculo matrimonial em relação a um dos cônjuges, que foi regularmente citado, e mantê-lo em relação ao outro, que deixou de ser citado. (...)

Parcialmente distintas são as consequências da inobservância do litisconsórcio necessário não-unitário (também dito simples ou comum — *v.g.*, Lei 4.717/1965, art. 6º). Ao litisconsorte não-citado aplica-se o quanto já exposto. Diferente, porém, é a situação do litisconsorte que foi citado. Nessa hipótese, o litisconsórcio é imposto por expressa disposição legal por razões outras que não a impossibilidade de cisão do objeto do processo: os litisconsortes não estão inseridos em uma situação jurídica única e não-cindível. Consequentemente, cabe considerar a situação de cada litisconsorte, de modo que a sentença não veiculará um único comando aplicável indistintamente a todos os litisconsortes, mas, sim, conterá um capítulo para cada litisconsorte: à situação específica de cada litisconsorte corresponderá um específico decisum. Assim, (...) *a sentença será eficaz em face do litisconsorte que houver sido validamente citado. Uma vez que é cindível o objeto do processo e há um específico decisum para cada litisconsorte, a inoperância do comando dirigido ao não-citado não afetará a eficácia do comando atinente àquele que foi citado.*[13]

19.2 Em outras palavras, no litisconsórcio simples ou comum (seja ele facultativo ou não), a solução do conflito de cada litisconsorte em face da parte adversária implica um diferente *capítulo da sentença* — e isso mesmo quando, sob o aspecto formal, a decisão esteja redigida com um comando aparentemente único. Daí que, a falta de citação de um litisconsorte apenas afeta a eficácia do capítulo que lhe diria respeito, e não os demais, relativos aos litisconsortes que participaram do processo.

Focando precisamente esse aspecto da questão, Cândido Dinamarco assim se pronuncia:

> Sendo *comum* o litisconsórcio em casos assim (e não unitário) e portanto sendo possível tratar os litisconsortes de modo individualizado, a anulação integral da sentença é uma arbitrária demasia, contrária aos postulados do devido processo legal; diferente seria a situação em caso de litisconsórcio unitário, cujo regime impede o tratamento diferenciado dos litisconsortes.[14]

---

[13] TALAMINI. *Coisa julgada, op. cit.*, n. p. 345-347 — sem destaque no original.
[14] *Capítulos da sentença*. São Paulo: Malheiros, 2002. n. 38, p. 85.

19.3 Pontes de Miranda, de modo perspicaz, aplicou essas premissas explicitamente ao processo da ação demarcatória, ao examinar a regra do art. 948 do Código de Processo, que trata da repercussão da sentença de divisão sobre a demarcação de limites com imóveis confinantes. Cogitando da hipótese em que o resultado da ação divisória prejudique um confinante que não foi parte na demanda divisória, Pontes de Miranda descarta haver nessa hipótese alguma nulidade.[15] O problema resume-se à mera ineficácia da sentença no que tange a tal confinante: "O condômino ou confinante que não foi citado, nem interveio, espontaneamente, como litisconsorte, não sofre os efeitos contrários da sentença".[16]

19.4 Portanto, ainda que o litisconsórcio em questão fosse necessário, a falta da presença de um litisconsorte na relação processual apenas afetaria a eficácia da sentença demarcatória em relação a tal confinante — mantendo-se perfeita, válida e eficaz quanto aos outros litisconsortes.

20 De resto, a aplicação dos princípios que norteiam o tratamento da invalidade dos atos processuais também confirmaria tal conclusão.

20.1 Incidiria a regra do art. 248, parte final do Código de Processo Civil: "a nulidade de uma parte do ato não prejudicará as outras, que dela sejam independentes". Ou seja, a falta da citação de um litisconsorte, jamais teria como afetar a eficácia e validade da sentença em relação aos demais, que regularmente integraram a relação processual — na medida em que há a independência das posições jurídicas de cada litisconsorte.

20.2 Mais ainda, relativamente aos confinantes que integraram efetivamente a relação processual, aplicar-se-ia ao caso o princípio de que "não há nulidade sem prejuízo", retratado em nosso Código de Processo no art. 244 e no §1º do art. 249. Os confinantes que regularmente participaram do processo não teriam sofrido nenhum prejuízo com a hipotética falta de participação de outro confinante. A cada um caberia discutir os limites de seu respectivo terreno com o imóvel do autor — de modo que o confinante presente não teria suportado nenhuma desvantagem ou inconveniente pela ausência de outro confinante.

Tratando precisamente de caso em que faltara a citação de um litisconsorte, mas a sentença era perfeitamente aproveitável em face

---

[15] *Comentários ao CPC, op. cit.*, t. XIII, p. 333, n. 8 aos arts. 948 e 949.
[16] *Comentários ao CPC, op. cit.*, t. XIII, n. 12 aos arts. 948 e 949, p. 334.

de outro, o Min. Luiz Fux, em voto proferido na condição de relator em acórdão unânime do Superior Tribunal de Justiça, foi ao cerne da questão:

> Incide, *in casu*, a regra mater derivada do Princípio da Instrumentalidade das Formas no sentido de que 'não há nulidade sem prejuízo' (art. 244 do CPC), dispositivo do estatuto processual brasileiro considerado pelo Congresso Mundial de Processo Civil realizado em Portugal, como o mais belo do mundo.[17]

Essa é a pedra de toque na aferição da validade e eficácia dos atos processuais. Como escreve José Roberto Bedaque em obra essencial sobre o tema:

> Para correta compreensão do sistema das nulidades é preciso considerar a premissa maior adotada pelo Código de Processo Civil brasileiro: os vícios processuais, independentemente da sua natureza, devem ser sempre relevados se não comprometido o objetivo pretendido com a determinação da forma — e, consequentemente, se da violação ao modelo legal não resultar prejuízo.[18]

20.3 No caso em exame, se houvesse faltado a citação de um confinante (e não parece ser o caso — repita-se), isso absolutamente em nada repercutiria sobre a situação jurídica dos demais confinantes litisconsortes: cada um deles tem um disputa própria e específica com os autores da ação demarcatória. Nenhum prejuízo jurídico para os litisconsortes integrantes da relação processual seria dedutível do preterimento de outro litisconsorte.

21 Em síntese, uma hipotética falta de citação (e de comparecimento espontâneo) de algum dos litisconsortes, no caso em exame, não afetaria a validade e eficácia da sentença em relação aos demais, que integraram o processo.

IV.b A inutilidade da arguição pelo litisconsorte citado: falta de interesse recursal

22 Desse quadro também se extrai a falta de interesse processual do Sr. W.A.J. e sua mulher para alegarem, em apelação, uma suposta falta de citação de outro confinante.

---

[17] REsp nº 506.511, 1ª T., v.u., *DJU*, 19. dez. 2003.
[18] *Efetividade do processo e técnica processual*. 2. ed. São Paulo: Malheiros, 2007. p. 436, n. 9.

22.1 Falta-lhe interesse recursal para apontar tal hipotético defeito. Afinal, *ele* — o próprio não o nega — participou normalmente do processo (v. tópico seguinte). A suposta falta de citação de algum outro confinante afetaria apenas áreas de outros réus (caso efetivamente não tivessem sido citados os proprietários originários). A sentença se manteria sempre perfeita e eficaz em relação às áreas originalmente titularizadas por W.A.J. e esposa (e por todos os demais que tivessem regularmente sido citados ou participado espontaneamente do processo).

Qualquer falta de citação dos proprietários originais de outras áreas jamais afetaria a validade e o resultado da sentença em relação ao Apelante, pois ele foi devidamente citado. Assim, tal alegação não lhe é de nenhuma utilidade, faltando-lhe consequentemente interesse processual quanto a ela.

22.2 Conforme escreveu Liebman, o interesse processual consiste na "relação de utilidade entre a afirmada lesão de um direito e o provimento de tutela jurisdicional pedido". E tal interesse deve estar presente — e ser aferido — na prática de todos os atos processuais: "O interesse não é requisito só da ação, mas de todos os direitos processuais: direito de contestar, isto é, de defender-se (...), direito de propor exceção em sentido estrito (...), direito de recorrer de uma sentença desfavorável etc." [19]

Bem por isso, ao tratar do interesse processual como pressuposto de admissibilidade recursal, Barbosa Moreira, com propriedade, adverte que ele não se configura com a simples constatação de que o recorrente foi sucumbente na decisão de que pretende recorrer.[20] Por um lado, a parte pode não ter sido propriamente sucumbente, mas poderia ter obtido um resultado ainda melhor, sob o prisma jurídico — e então lhe surge o interesse recursal (por exemplo, ao réu, melhor do que a extinção do processo sem julgamento de mérito teria sido o julgamento de improcedência da demanda — podendo ele recorrer para tal fim).[21] Por outro lado, não basta que a parte seja sucumbente. É fundamental verificar, à luz dos fundamentos que ela apresenta e daquilo que pede no recurso, se o hipotético provimento recursal trar-lhe-á alguma concreta e legítima vantagem jurídica. (E obviamente não se enquadra nesse âmbito a simples chicana nem a postergação propiciadas pela interposição recursal.)

---

[19] *Manual de direito processual civil.* Trad. e notas da 4. ed. Italiana de 1980 de C. Dinamarco. 2. ed. Rio de Janeiro: Forense, 1985. n. 74.a v. I,, p. 156.

[20] *Comentários ao* CPC. 14. ed. Rio de Janeiro: Forense, 2008. v. V, n. 166, p. 298-299.

[21] Ademais, na esfera recursal de devolução estrita (recursos especial e extraordinário), pode ser cabível recurso adesivo eventual por parte do vencedor, na hipótese em que nem todos os fundamentos por ele apresentados para a sua demanda ou defesa tenham sido acolhidos.

Por essas razões, Barbosa Moreira propõe a seguinte configuração do interesse recursal:

> A construção de um conceito unitário do interesse em recorrer, ao que nos parece, exige a adoção de uma óptica antes prospectiva que *retrospectiva*: a ênfase incidirá mais sobre o que é possível ao recorrente *esperar que se decida*, no novo julgamento, do que sobre o teor daquilo que se *decidiu*, no julgamento impugnado Daí preferirmos aludir à *utilidade*, como outros aludem, como fórmula afim, ao *proveito* ou ao *benefício* que a futura decisão seja capaz de proporcionar ao recorrente.[22]

No caso em exame, insista-se: *nenhum benefício, nenhum proveito*, teriam o Sr. W.A.J. e sua mulher ainda que o Tribunal acolhesse sua alegação de que algum outro confinante não fora citado. Isso apenas implicaria o reconhecimento da ineficácia da demarcação relativamente à área de propriedade do confinante preterido. Nada se alteraria na esfera jurídica do Sr. W.A.J. e esposa.

22.3 Situação igual a essa já foi enfrentada pelo Superior Tribunal de Justiça, no REsp nº 408.219. Naquele caso, depois de descartar que a falta da citação de um litisconsorte geraria a nulidade do processo, ressaltou-se ainda a falta de interesse processual do litisconsorte efetivamente citado em arguir tal pretenso defeito ("impertinência subjetiva da alegação"):

> Destarte, ainda que assim não fosse, permaneceria a impertinência subjetiva da alegação haja vista que o beneficiário somente poderia nulificar o processo se descumpridas garantias que lhe trouxessem prejuízo.
>
> Ora, o recorrente teve todas as oportunidades de defesa, sendo-lhe oferecido o mais amplo contraditório como consectário do devido processo legal.[23]

É o que se tem no caso em exame. Ao Sr. W.A.J. e sua esposa foi assegurado o perfeito exercício do contraditório e da ampla defesa, de modo que a hipotética falta de citação de outro litisconsorte jamais teria como, nem em tese, afetar-lhes o exercício de tais garantias.

V A perfeita formação da relação processual

23 Os Consulentes relatam que parte significativa das áreas confrontantes objeto do processo demarcatório atualmente não são de

---

[22] *Comentários, op. cit.*, n. 167, p. 299.
[23] REsp nº 408.219/SP, 1ª T., Rel. Min. Luiz Fux, j. 24.09.2002, *DJU*, 14 out. 2002.

propriedade das pessoas que integram a relação processual. Descreveram também que isso se deve ao fato de ter havido diversas alienações de tais imóveis no curso da ação. Os Consulentes reconstituíram a cadeia de transferências dominiais havidas, até a época do início da tramitação processual. Documentaram tal reconstituição.

O levantamento realizado conclui que, na época do início do processo, todos os imóveis confinantes que são objeto do processo demarcatório eram de propriedade ou do Sr. W.A.J. e sua mulher ou do Sr. V.V.M. e sua mulher ou do Sr. J.J.V. e sua mulher.

Como se vê a seguir, todos os três casais integraram regularmente a relação processual demarcatória — sendo citados ou ingressando espontaneamente no processo.

V.a A participação do Sr. J.J.V. e sua mulher na relação processual

24 O Sr. J.J.V. e sua mulher foram citados por mandado entregue por oficial de justiça, em 16 de maio de 1979 (fl. 18 dos autos da ação demarcatória).

Isso é o que basta para que tenham passado a integrar a relação processual. De todo modo, note-se também que ofereceram contestação (fl. 28 e seguintes dos autos da ação demarcatória) — o que inclusive serve para confirmar que a citação foi bem realizada.

V.b A participação do Sr. W.A.J. e sua mulher na relação processual

25 O Sr. W.A.J. e sua esposa, embora não tendo sido citados, compareceram espontaneamente ao processo, em 3 de setembro de 1979 — e passaram a integrar seu polo passivo, contestando a ação demarcatória (fl. 55 e seguintes dos autos da ação demarcatória). Foram admitidos no processo (v. decisão de saneamento — fl. 84 dos autos).

O comparecimento espontâneo supre a falta de citação (CPC, art. 214, §1º). Se, a despeito da falta ou nulidade do ato formal citatório, o réu comparecer no processo, ele estará dando-se espontaneamente por citado.

O Sr. W.A.J. e sua mulher, tornaram-se, assim, regularmente partes no processo.

V.c A participação do Sr. V.V.M. e sua mulher na relação processual

26 O Sr. V.V.M. e sua mulher, por sua vez, também não foram citados. No entanto, formularam oposição em face das partes originárias do processo demarcatório.

26.1 A oposição, quando formulada antes da audiência de instrução probatória do processo já em curso, constitui forma de *intervenção de terceiro* (art. 56 e seguintes do CPC).

Pela intervenção de terceiro, o interveniente torna-se *parte* do processo originário. Como notam Araújo Cintra, Ada Grinover e Cândido Dinamarco, o ponto em comum entre as diversas formas de intervenção de terceiros consiste na *"entrada* de terceiro no processo pendente entre duas pessoas".[24]

Na lição de Liebman:

> Em todos os casos [de intervenção de terceiros] a intervenção faz com que o terceiro adquira a qualidade de parte, com todas as consequências que dela derivam, pois ela importa em propositura de uma ação do terceiro contra uma ou ambas as partes, ou destas contra ele.[25]

26.2 Sob o nome de "oposição", o Código de Processo Civil trata de duas figuras com a mesma função: viabilizar que um terceiro formule demanda contra as partes que já litigam em juízo, para o fim de pretender o mesmo bem que constitui o objeto mediato do processo em curso. Mas essas duas figuras são estruturalmente distintas. A distinção estrutural subordina-se ao momento em que a oposição é formulada.

Se a oposição é proposta antes da audiência de instrução probatória do processo em curso, ela constitui modalidade de *intervenção de terceiro* no processo em curso. É o que se extrai não apenas da inserção da oposição no capítulo do Código de Processo Civil dedicado às formas de intervenção de terceiros, como ainda, e sobretudo, da previsão de que a oposição nessa hipótese "correrá simultaneamente com a ação, sendo ambas julgadas pela mesma sentença" (CPC, art. 59). É dizer: o terceiro ingressa nesse processo; sua demanda de oposição é ali processada. É a chamada *oposição interventiva*.

Já quando a oposição é ajuizada depois de iniciada a audiência de instrução probatória, ela dará ensejo a um processo autônomo,

---

[24] *Teoria geral do processo*. 9. ed. 2. tir. São Paulo: Malheiros, 1993. n. 189, p. 251-252 — orig. s/ destaque.
[25] *Manual, op. cit.*, n. 53, p. 110.

inconfundível com aquele já em curso — ainda que distribuída por dependência para o mesmo Juízo (CPC, art. 60: "seguirá... o procedimento ordinário, sendo julgada sem prejuízo da causa principal"). Fala-se então em *oposição autônoma*.

Enfim, como já afirmado, na oposição interventiva, o opoente assume a condição de parte no processo já em curso entre as partes contra as quais ele se opõe.

Como observa Cândido Dinamarco:

> Somente na oposição interventiva, que se dá quando deduzida antes de iniciada a audiência de instrução e julgamento (CPC, art. 60), é que o terceiro se torna parte do processo instaurado entre os opostos. Isso significa que essa oposição não dá origem a novo processo, mas a um incidente do processo já pendente. O Código de Processo Civil dá a impressão de tratar esse incidente como se fora processo novo e autônomo, ao determinar que a oposição interventiva se processe em apenso (e não nos próprios autos: v. art. 59), ao referir-se ao processo já instaurado entre os opostos como 'processo principal' (art. 57, par. ún.) e ao exigir a citação dos opostos (art. 57).[26]

Em obra didática escrita em coautoria, o ora signatário também já destacou esse aspecto da oposição formulada antes da audiência de instrução: "instituto por meio do qual terceiro (C) *ingressa* em processo alheio, exercendo direito de ação contra os primitivos litigantes".[27]

26.3 Foi o que se deu no caso em exame. A oposição foi ajuizada em 28 de maio de 1984 (fl. 7 dos autos da oposição) — muito antes do início da audiência de instrução e julgamento, que só veio a ocorrer em 22 de fevereiro de 1990 (fl. 222 dos autos da ação demarcatória). Bem por isso, ao designar a audiência, o juiz já punha em destaque o caráter interventivo da oposição, ao consignar que "a ação principal e a oposição serão decididos em uma única sentença" (fl. 209 dos autos da ação demarcatória). E da audiência de instrução participaram não apenas as partes da ação principal, mas também os opoentes (cf. termo de audiência, fl. 222 dos autos da ação demarcatória).

Desse modo, o Sr. V.V.M. e sua mulher — mais do que terem demonstrado inequívoca ciência desta ação demarcatória quando formularam a oposição — assumiram a condição de partes do processo (ficando suprida qualquer falta de citação — novamente, nos termos do art. 214, §1º, do CPC).

---

[26] *Intervenção de terceiros*. São Paulo: Malheiros, 1997. n. 50, p. 93-94.

[27] WAMBIER; ALMEIDA; TALAMINI. *Curso avançado de processo civil*. 10. ed. São Paulo: RT, 2008. v. 1, p. 292, n. 20.8.1. orig. s/ destaque.

V.d A perfeita formação da relação processual

27 Em suma, foram citados ou compareceram espontaneamente todos aqueles que, por ocasião do início do processo em exame, eram proprietários dos imóveis relevantes para as demarcações pleiteadas. Figuraram como parte no processo todos aqueles que, à época da propositura da ação, eram proprietários dos imóveis confinantes em face dos quais o Autor pretende a demarcação.

Como já decidiu o Tribunal de Justiça do Mato Grosso: "Os confinantes da linha demarcanda [que precisam ser citados no processo demarcatório] são aqueles contemporâneos à propositura da ação...".[28]

Isso era o que bastava para o aperfeiçoamento regular da relação processual.

VI A ineficácia das alienações subsequentes em face do processo demarcatório

28 Conforme relatado e documentado pelo Consulente, depois de estabelecida a litispendência, alguns dos imóveis confrontantes objeto do processo foram transferidos a terceiros — os quais não foram obviamente citados nem participaram espontaneamente da relação processual.

Cabe então investigar em que medida esses adquirentes dos imóveis ficam sujeitos aos efeitos dos provimentos emitidos no processo demarcatório.

VI.a A disciplina atinente à alienação de coisa litigiosa

29 O art. 41 do Código de Processo Civil estabelece que a sucessão de partes por ato voluntário ("substituição voluntária das partes" — sic) apenas é "permitida" nos casos expressos em lei. O dispositivo padece de uma imprecisão. Não se trata tanto de proibir a sucessão voluntária, de modo a tê-la por nula quando ocorre — mas, sim, de *condicionar sua eficácia* perante o processo à expressa autorização legal.

No processo de execução, há norma permissiva dessa ordem em favor do credor. A sucessão do exequente, por ato de cessão de crédito entre vivos, dispensa concordância do adversário (CPC, art. 567, II — conforme a interpretação que lhe deu o STF, RE nº 97.461, Pleno,

---

[28] TJMT, Apel.nº 10.547, 2ª Câm., v.u., rel. Des. Atahide Monteiro. *RT* 584/186.

rel. Min. Aldir Passarinho, v.u., *DJU*, 19 set.1986). Essa regra é também aplicável à fase de cumprimento de sentença (CPC, art. 475-R).

30 Já no processo de conhecimento (ou melhor, na fase cognitiva do nosso atual processo "sincrético"), é severo e restritivo o tratamento dado à sucessão por causa voluntária. Homenageia-se os princípios da estabilidade da demanda e da economia processual, além da proteção à boa-fé.

Nos termos do art. 42 do Código de Processo:

> Art. 42. A alienação da coisa ou do direito litigioso, a título particular, por ato entre vivos, não altera a legitimidade das partes.
>
> §1º O adquirente ou o cessionário não poderá ingressar em juízo, substituindo o alienante, ou o cedente, sem que o consinta a parte contrária.
>
> §2º O adquirente ou o cessionário poderá, no entanto, intervir no processo, assistindo o alienante ou o cedente.
>
> §3º A sentença, proferida entre as partes originárias, estende os seus efeitos ao adquirente ou ao cessionário.

30.1 O bem se torna litigioso, no que concerne ao autor, desde a propositura da demanda. Para o réu, a citação ou o comparecimento espontâneo são os marcos relevantes (CPC, art. 219 c/c art. 214, §1º).

30.2 Como dito, a litigiosidade do bem não obsta propriamente a possibilidade jurídica de sua alienação voluntária. Apenas torna tal ato, em princípio, juridicamente irrelevante em face do processo que lhe tem por objeto mediato. A alienação mantém-se produtora de efeitos entre a parte alienante e o terceiro adquirente — mas é ineficaz em face da relação processual em curso e dos atos nela produzidos.

Athos Gusmão Carneiro assim explica esse fenômeno:

> A citação válida torna litigioso o bem da vida objeto do pedido ('faz litigiosa a coisa', ut art. 219). Mas a litigiosidade no campo do direito processual não tem por consequência tornar-se, no campo do direito material, indisponível o bem. Pode, assim, perfeitamente ocorrer a *alienação da coisa litigiosa*, ou a transferência de sua posse, ou a cessão do direito litigioso, em contrato perfeitamente válido e perfeitamente eficaz *entre os contratantes*.[29]

Enfim, como já decidiu o Superior Tribunal de Justiça, "a alienação da coisa litigiosa (...) não se trata de ato ilegal, mas ineficaz no plano processual".[30]

---

[29] *Intervenção de terceiros*. 10. ed. São Paulo: Saraiva, 1998, n. 20, p. 40.
[30] REsp nº 3.410, 4ª T., v.u., rel. Min. Sálvio de Figueiredo, j. 13.11.1990, em *RSTJ* 19/429.

30.3 A primeira consequência evidente da ineficácia da alienação da coisa litigiosa em face do processo consiste no princípio da não alteração da legitimidade das partes (art. 42, *caput*).

O alienante, embora não mais titular do bem, permanecerá sendo a parte legítima para a causa, como se o bem ainda fosse dele. Em outros termos: "alienada a coisa litigiosa no curso do processo, ainda que aquele terceiro que a adquiriu fosse aquele que devesse figurar no polo passivo, remanesce réu aquele contra quem a ação foi originariamente proposta, que só tem, depois da alienação, legitimidade *ad processum*".[31] Ou, como diz Athos Gusmão Carneiro, "a alienação ou cessão do bem litigioso (...) não produz o efeito de alterar a legitimidade das partes".[32]

30.4 A sucessão processual do sujeito alienante (até então, parte no processo) pelo adquirente (até então terceiro) dependerá da concordância do adversário.

Em primeiro lugar, isso significa que, para que ao menos haja a chance de ocorrer tal sucessão, é indispensável que o alienante ou o terceiro efetivamente noticiem no processo a ocorrência da alienação. Ou então, é preciso que o adversário dela tome ciência espontaneamente e do mesmo modo a traga para o processo.

Em segundo lugar, é imprescindível que o terceiro adquirente, de modo espontâneo ou provocado, manifeste sua intenção de suceder processualmente o alienante. Ele é "o único legitimado para pedir a substituição".[33]

Se o ato alienatório nem tiver sido aduzido no processo, ou se, apesar disso, o adquirente não houver manifestado sua vontade de assumir a condição de parte — nem se porá a questão da anuência da contraparte (CPC, art. 42, §1º).

Pondo-se tal questão, surge um direito potestativo do adversário: caso ele manifeste sua vontade no sentido de aceitar a sucessão, essa estará constituída; caso contrário, nada se alterará no que tange aos elementos subjetivos da relação processual.

Na doutrina, há quem sustente que a recusa precisa ser fundamentada (p. ex., com indicação de que piorará a situação prática ou jurídica do recusante etc.).[34] Mas o Supremo Tribunal Federal já adotou

---

[31] WAMBIER; ALMEIDA; TALAMINI. *Curso, op. cit.*, n. 17.3, p. 264-265.
[32] *Intervenção de terceiros, op. cit.*, n. 21, p. 40.
[33] OLIVEIRA, Carlos Alberto Alvaro de. *Alienação da coisa litigiosa*. Rio de Janeiro: Forense, 1984. p. 174, n. 22.
[34] OLIVEIRA. *Alienação...*, *op. cit.*, p. 176, n. 22.

orientação oposta: "Não cabe ao julgador apreciar a razoabilidade dos argumentos da parte contrária, que não concorda com o pleito de substituição".[35]

Por outro lado, e como se tornará a ver adiante, também o próprio transmitente deve ser ouvido acerca do pleito de sucessão. Haverá hipóteses em que, ainda que parcialmente, ele conservará a legitimidade ordinária e o interesse processual aptos a justificar sua permanência como parte no processo.

30.5 Havendo o pleito do terceiro adquirente no sentido de substituir o alienante, põem-se duas alternativas:

a) havendo a aceitação: tem-se uma sucessão processual. Vale dizer, sai a parte originária e ingressa outro sujeito em seu lugar. O adquirente assume a condição de parte no lugar do alienante.

Nesse caso, o alienante, parte originária, poderá permanecer no processo como assistente simples (em vista do risco de futura pretensão regressiva por parte do adquirente).

Além disso, pode-se cogitar da alienação meramente parcial da coisa litigiosa ou de apenas uma parte dos vários bens litigiosos, de modo que a sucessão ocorra apenas em relação à fração alienada. Em tal hipótese, o alienante mantém-se ainda como parte, com legitimação ordinária, relativamente à parcela não alienada;

b) havendo recusa: o alienante mantém-se como parte, a despeito de não mais ser o titular do bem objeto do litígio. Atua como substituto processual do adquirente (CPC, art. 6º). Trata-se de uma substituição processual superveniente. Note-se que mesmo nesse caso, há uma repercussão da alienação sobre o processo, pois modifica-se a qualidade da legitimação da parte alienante: antes, ordinária; doravante extraordinária.

Ainda nessa hipótese, o adquirente pode participar do processo, na condição de assistente (CPC, art. 42, §2º). A modalidade de tal assistência é litisconsorcial, pois fundada na contraposição de interesse que há entre o assistente (adquirente do bem) e o adversário do assistido (CPC, art. 54). O assistente litisconsorcial fica investido de toda a gama de poderes atribuídas à parte, pois submete-se ao regime jurídico do litisconsórcio (o que se extrai igualmente do art. 54 do Código).

30.6 Por identidade de fundamentos, quando nem sequer houver a notícia da alienação ou nem há a manifestação de vontade do

---

[35] RE nº 270.794, 1ª T., v.u., rel. Min. Ellen Gracie, j. 17.04.2001, *DJU*, 18 maio 2001.

adquirente pela sucessão processual, o alienante manter-se-á como parte no processo, com suporte em legitimação extraordinária (substituto processual do adquirente).

30.7 A sentença proferida no processo, em qualquer caso, estenderá seus efeitos ao adquirente ou cessionário (CPC, art. 42, §3º).

Ou seja, "tenha ou não o adquirente participado da relação jurídico-processual, a sentença produzirá em relação a ele coisa julgada material, estendendo a sua eficácia".[36]

31 A incidência do regime acima resumido, contudo, pressupõe que o terceiro adquirente estivesse em condições de ter ciência da litispendência relativa ao bem adquirido. Se lhe faltar o conhecimento da existência do processo envolvendo o bem adquirido — ou melhor, *se lhe for escusável não ter esse conhecimento* — ele não terá condições de intervir no processo (pelo menos, como assistente), não se justificando impor-lhe a coisa julgada. Trata-se de considerar o princípio da boa-fé em seu aspecto objetivo.

O signatário já se pronunciou sobre o tema em sede teórica,[37] na esteira da doutrina de Egas Moniz de Aragão.[38] Similar diretriz vigora no direito alemão, tendo em vista as regras materiais de boa-fé.[39]

Mas a consideração da boa-fé não pode servir de pretexto para dizimar-se o sentido e alcance das regras do art. 42 do Código nem para aviltar os demais princípios subjacentes a tais normas. Para tanto, deverão ser considerados critérios cujo exame discriminado ultrapassa o objeto do presente parecer. De todo modo, algumas balizas — suficientes para o deslinde da questão ora em exame — podem ser aqui mencionadas.

31.1 Duas delas já foram expressamente consideradas pelo ora signatário, a título exemplificativo, em sede teórica:[40]

(i) se havia sido feito o registro, na matrícula do imóvel, da citação na "ação real" ou "pessoal reipersecutória relativa ao imóvel"

---

[36] OLIVEIRA. *Alienação...*, op. cit., p. 154, n. 20.
[37] *Coisa julgada*, op. cit., p. 112-113, n. 2.5.6.
[38] *Sentença e coisa julgada*. Rio de Janeiro: Aide, 1992. p. 297-299, n. 207.
[39] GOLDSCHMIDT. *Derecho procesal civil* (trad. Prieto Castro, da 2. ed. alemã; anot. N. Alcalá-Zamora y Castillo), Barcelona, Labor, 1939, n. 63, p. 394; SCHÖNKE, *Derecho procesal civil* (trad. L. Prieto Castro, da 1. ed. alemã, e V. Fairén Guillén, da 5.ed. Alemã), Barcelona, Bosch, 1950, n. 77, p. 278; JAUERNIG, *Direito processual civil* (25. ed., totalmente refundida, da obra criada por Friedrich Lent; trad. de F. Silveira Ramos, da ed. alemã de 1998), Coimbra: Almedina, 2002, n. 63.IV, p. 329-330; LEIBLE, *Proceso civil alemán*, Medelín, Bib. Jur. Diké / Konrad Adenauer Stiftung, 1999, cap. 4, E, n. 6, b, p. 357.
[40] *Coisa julgada*, op. cit., n. 2.5.6, p. 112-113.

(Lei nº 6.015/1973, art. 167, I, 21), há presunção absoluta de ciência; se houver faltado esse registro, é ônus do interessado provar que o sucessor tinha ciência da ação; *ou*

(ii) se a pendência da ação envolvendo o sucedido estava devidamente registrada no cartório distribuidor do foro do próprio domicílio dele ou no do foro em que o bem transferido está situado, era razoável que o sucessor houvesse tomado ciência do processo — de modo que, se não foi diligente, deve arcar com as consequências de sua negligência; já em outros casos (p. ex., a ação tramita em foro diverso ou não foi devidamente anotada sua distribuição), presume-se a ausência de ciência do sucessor — cabendo ao interessado provar o contrário. Apenas se reconhecida a boa-fé (objetiva) do sucessor, i.e., a ausência de ciência do processo, poderá ele ser tratado como terceiro, ficando alheio à autoridade da coisa julgada no processo em curso.

Como se vê a seguir, a consideração dessa segunda diretriz, no caso em exame, indica que era inescusável a ausência de ciência por parte dos terceiros adquirentes — uma vez que a ação, quando proposta, teve sua distribuição devidamente registrada no foro do local do imóvel.

31.2 Mas há ainda uma terceira hipótese, de não menor importância, que estabelece a presunção de ciência da litispendência por terceiros. Trata-se da publicação de editais acerca de pendência da ação. Os editais prestam-se a divulgar de modo amplo e geral a existência da demanda, inclusive de modo a prevenir terceiros acerca do caráter litigioso dos bens objeto do processo, de modo que fique obstado a tais terceiros posteriormente alegar boa-fé no caso de adquirirem tais bens.

Galeno Lacerda e Carlos Alberto Alvaro de Oliveira observam que os editais prestam-se a dar:

> conhecimento a terceiros dos fatos pretendidos divulgar pelo requerente (e.g., da existência de demanda determinada, já aforada ou ainda por aforar, para que estes terceiros não venham mais tarde a alegar boa-fé ou ignorância se adquirirem ou receberem em garantia qualquer bem do demandado).[41]

Paulo Afonso Garrido de Paula igualmente destaca tal função editalícia:

---

[41] *Comentários ao CPC*. 6. ed., Rio de Janeiro: Forense, 2002. n. 109, v. VIII, t. II, p. 337-338.

levar ao conhecimento de terceiros notícia de que o requerido, alienando bens, estará vendendo o que não lhe pertence ou defraudando garantias, sujeitando todos a acidentais prejuízos decorrentes de anulação das aquisições, afastando eventuais alegações de ignorância ou mesmo boa-fé.[42]

E o Superior Tribunal de Justiça já decidiu que "é lícito se presuma, de parte do adquirente, o conhecimento de que corria a demanda, 'pela publicação de editais decorrentes de protesto judicial'".[43]

Na hipótese, cogitava-se de medida específica de protesto publicado em editais. Mas evidentemente a mesma função tem como ser cumprida por editais publicados no bojo do próprio processo principal, desde que eles indiquem quais são os bens objeto do litígio. Em outros termos: a publicação de editais judiciais em jornal de ampla circulação, dando conta da litispendência e indicado quais são os bens litigiosos, é por si só suficiente para estabelecer a presunção de conhecimento geral. Para tal escopo, é irrelevante a sede processual formal a partir da qual se determinou a publicação dos editais.

Conforme também se vê a seguir, houve no caso publicação de editais — o que também torna inescusável a ausência de conhecimento por parte de terceiros.

VI.b A incidência das regras sobre alienação de coisa litigiosa no caso em exame

32 Pelo que se extrai do relato e documentação apresentados pelos Consulentes, as transferências de titularidade de imóveis confinantes objeto do processo, havidas durante a tramitação processual, submetem-se às regras do art. 42 do Código de Processo Civil.

Tais transferências ocorreram depois de que os Srs. J.J.V., W.A.J. e V.V.M. e suas esposas já haviam sido citados ou comparecido espontaneamente ao processo.

Nenhum dos terceiros adquirentes apresentou-se no processo para pleitear seu ingresso na relação processual. Permaneceram todos sendo substituídos processualmente pelas partes originárias. Os alienantes mantiveram-se como partes do processo. E a sentença proferida no processo estende seus efeitos ao adquirente ou cessionário.

---

[42] *Código de Processo Civil interpretado* (coord. A. C. Marcato). São Paulo: Atlas, 2004. n. 4 ao art. 870, p. 2324.
[43] REsp nº116.827, 3ª T., v.u., rel. Min. Nilson Naves, j. 20.05.1999, *DJU*, 15 maio 2000 — *in RSTJ* 139/225.

Assim, para o processo foram irrelevantes, despidas de qualquer eficácia, todas as transferências de imóveis havidas.

33 Note-se que os terceiros que adquiriram os imóveis dos Srs. J.J.V., W.A.J. , e V.V.M. e respectivas esposas não escapam à incidência das regras do art. 42 do Código de Processo Civil mediante alegação de falta de conhecimento da existência do processo.

33.1 Isso porque a ação foi devidamente proposta *no foro que detinha a competência territorial para as ações* que versam sobre demarcação de bens imóveis (na época, a Comarca de Cuiabá) — e lá seu registro e distribuição foram anotados. E como o signatário já teve a oportunidade de observar em sede teórica:

> se a pendência da ação envolvendo o sucedido estava devidamente registrada no cartório distribuidor do foro do próprio domicílio dele ou no do foro em que o bem transferido está situado, era razoável que o sucessor houvesse tomado ciência do processo — de modo que, se não foi diligente, deve arcar com as consequências de sua negligência.[44]

Então, no caso concreto, a ação estava devidamente registrada no cartório distribuidor do foro do local do imóvel.

Bastava a qualquer interessado obter uma certidão no distribuidor de ações cíveis daquela comarca, para assim constatar de modo direto a pendência da ação. Se posteriormente houve a instauração de novos ofícios de registro de imóveis em outras cidades, com as novas matrículas dos imóveis sendo enviadas aos novos ofícios, isso não altera as conclusões ora atingidas. O processo demarcatório também se submeteu a redistribuições, igualmente anotadas, para novas comarcas competentes. De resto, bastava ao interessado na aquisição do imóvel tomar em conta o histórico vintenário registral da área para constatar onde antes ela estava registrada.

33.2 Mas, além disso, houve no caso a publicação de editais dando conta da pendência da ação, nos quais eram identificados os imóveis objeto do litígio (fl. 20 e seguintes dos autos da ação demarcatória). Esses editais foram publicados no *Diário da Justiça* do Mato Grosso em jornal de grande circulação da capital daquele Estado, onde então tramitava o processo.

Assim, e não bastasse o registro da distribuição da demanda no foro do local do bem, houve ainda essa advertência geral acerca do caráter litigioso os imóveis, sob a forma editalícia.

---

[44] TALAMINI. *Coisa julgada, op. cit.*, p. 112, n. 2.5.6.

Como visto no tópico anterior, isso por si só já obsta a alegação de boa-fé por parte de qualquer terceiro adquirente.

34 No mais, o fato de, em determinados casos, o terceiro adquirente da área havê-la depois transferido a outro terceiro não constitui nenhuma peculiaridade apta a afastar a incidência do art. 42. Sendo ineficaz (em relação ao processo) a primeira alienação na cadeia de transferências, tal ineficácia contamina todas as transferências subsequentes.

A ineficácia não tem como ser convolada, transformada em eficácia, pela circunstância de a mesma operação jurídica, ineficaz na origem, tornar a ser praticada. Se alguém adquiriu coisa litigiosa, essa aquisição é em princípio ineficaz em face do processo. Para a relação processual não se toma em conta essa transferência e o eventual direito de propriedade daí advindo. Ora, uma nova transferência, agora praticada por aquele que já detém posição jurídica ineficaz em face do processo, também será ineficaz. Trata-se até de uma imposição lógica.

O Supremo Tribunal Federal já decidiu que "ninguém transfere a outrem direito que não tem".[45] Pode-se igualmente dizer que *ninguém transfere a outrem mais direito (ou direito de melhor qualidade) do que tem*. Se o direito era ineficaz perante o processo em curso, ele é transferido com a mesma mácula de ineficácia.

35 Em síntese, todos os proprietários originais ingressaram regularmente como partes no processo, em momento oportuno.

E isso, por si só, já é o suficiente para a regularidade da relação processual e a eficácia das decisões nela proferidas. Como já decidiu o Supremo Tribunal Federal: "Se a coisa se tornar litigiosa, não há necessidade de citar quem vier a adquiri-la posteriormente. Aplica-se, nesta hipótese o art. 42, §3º'".[46]

Os proprietários originais alienaram os bens *na pendência de ação que conheciam plenamente*. Desconsideram, assim, a autoridade da jurisdição — e alienaram áreas objeto do litígio a terceiros que, por sua vez, tinham plenas condições de saber da existência do processo. Bastava que esses tivessem tomado as providências de pesquisa básicas e mínimas que qualquer adquirente de imóvel minimamente previdente adotaria. Incidem plenamente as regras do art. 42 do Código de Processo

---

[45] RE nº 97.187, 2ª T., v.u., rel. Min. Cordeiro Guerra, j. 09.11.1982, em *RTJ* 104/856.

[46] NEGRÃO, THEOTONIO; GOUVÊA, J. R. F.; BONDIOLI, L. G. A. *CPC e legislação processual em vigor*. 41. ed. São Paulo: Saraiva, 2009. n. 2 ao art. 42 — referindo-se ao acima citado RE nº 97.187, 2ª T., v.u., rel. Min. Cordeiro Guerra, j. 09.11.1982, em *RTJ* 104/844.

Civil, em especial o seu §3º ("A sentença, proferida entre as partes originárias, estende os seus efeitos ao adquirente ou ao cessionário"). Como o signatário já consignou em sede doutrinária:

> (...) tratando-se de alienação a título particular por ato *inter vivos*, incide a regra do art. 42. O sucessor apenas ingressará no processo no lugar da parte que lhe transferiu o bem ou a relação, se o adversário concordar. Não havendo essa concordância, prosseguirá o alienante (ou cedente) figurando como parte no processo — então como *substituto processual* do sucessor (o qual poderá, então, figurar apenas como assistente do alienante ou cedente). Mas o fundamental é que, quer nessa hipótese, quer no caso em que o adversário concorda com o ingresso do adquirente (ou cessionário), este ficará sujeito à autoridade da coisa julgada: no primeiro caso, porque figurou, mesmo, como parte; no segundo, porque foi substituído pelo alienante (ou cedente), e esse é um dos casos em que o substituído fica vinculado à coisa julgada formada no processo de que participou o substituto.[47]

VII Irrelevância da manifestação emitida pelo terceiro que adquiriu parte da área dos Consulentes

36 A manifestação do Sr. J.L.S. é irrelevante para os fins do processo demarcatório, por duas ordens de razões, uma processual e outra material.

36.1 Do ponto de vista material, o Sr. J.L.S. não é proprietário da área em disputa na ação demarcatória. A compra e venda limitou-se a área alheia àquela que é objeto da demarcação. Quanto a essa, houve mera promessa de compra e venda.

O compromisso de compra e venda não implica a transferência da propriedade. No dizer de Orlando Gomes:

> Inadmissível assimilá-lo ao [direito] de propriedade, pois, para aceitá-la, preciso seria chegar ao absurdo de que, com o *registro* da promessa, o domínio se transfere ao compromissário. Se a transmissão da propriedade ocorresse nesse momento, seria uma superfetação a exigência legal do *título translativo*, seja a escritura definitiva, seja a sentença de adjudicação.[48]

Trata-se de um direito de crédito revestido de eficácia real.[49]

---

[47] *Coisa julgada, op. cit.*, n. 2.5.6, p. 113.
[48] *Direitos reais.* 10. ed. Rio de Janeiro: Forense, 1990. n. 239, p. 313.
[49] GOMES. *Direitos reais, op. cit.*, n. 239, p. 314-315.

Portanto, os Consulentes ainda são os proprietários da área objeto do litígio e detêm direitos sobre ela. Terão ganhos jurídicos e econômicos na hipótese de vitória na ação de demarcação. Então, é juridicamente impossível que o Sr. J.L.S., na condição de mero promitente comprador, disponha de algo que não lhe pertence — e cujos resultados jurídicos e econômicos estão, em grande medida, fora de sua esfera.

36.2 Mas ainda que se pudesse — ao arrepio das imposições do direito material — identificar o compromisso de compra e venda com um ato perfeito e acabado de translação de domínio, nem mesmo assim a declaração do Sr. J.L.S. assumiria qualquer relevância jurídica.

Cumpre mais uma vez tomar em conta o regime da alienação de coisa litigiosa (CPC, art. 42). A alienação do bem (caso se pudesse assim configurar o mero compromisso de compra e venda) em princípio não altera — e efetivamente não alterou, no caso em exame — as partes do processo. Isso dependeria da efetiva concordância das partes originárias. Portanto, os autores da ação permanecem sendo os Consulentes, e não o Sr. J.L.S.

Frise-se que a sucessão processual dependeria não apenas da concordância da contraparte do alienante, mas da própria parte alienante, conforme lecionam, entre outros, Carlos Alberto Alvaro de Oliveira[50] e Fredie Didier Jr.[51]

Nas palavras de Alvaro de Oliveira, o transmitente:

> pode recusar a substituição se a transferência do direito litigioso for parcial ou se, apesar dela, mantém alguma *legitimatio ad causam* concorrente com a do adquirente, porque aí o alienante ou cedente continua tendo legitimação ordinária, pelo menos quanto a parte da pretensão deduzida em juízo.[52]

De qualquer modo, no presente caso jamais sequer se pôs a intenção do Sr. J.L.S. de ingressar na relação processual — a qual, se tivesse sido externada, subordinar-se-ia ao crivo da concordância inclusive dos ora Consulentes, que poderiam sonegá-la precisamente pelas razões cogitadas nessa lição do ilustre processualista gaúcho, aplicáveis ao caso em exame.

36.3 Daí se extrai que:

---

[50] *Alienação, op. cit.*, n. 22, p. 174-176.
[51] *Curso, op. cit.*, v. I, cap. XII, p. 394.
[52] *Alienação, op. cit.*, n. 22, p. 176.

(i) os Consulentes continuam detendo legitimidade ativa seja em relação à área que já foi efetivamente alienada (que é alheia ao objeto do litígio), seja em relação à área que é objeto de mero compromisso de compra e venda;

(ii) declarações, atos de disposição, confissões, acordos ou qualquer outra providência que o Sr. J.L.S. adotasse seriam irrelevantes perante o processo.

Basta considerar que ele apenas poderia ter ingressado no processo como mero assistente dos ora Consulentes. E o assistente não tem o poder de praticar atos de disposição de vontade que vinculem o assistido. Bem o contrário, vigora a regra da subordinação do assistido ao assistente (CPC, art. 53). Ainda que se cogite de recusar o papel de mera coadjuvação ao assistente litisconsorcial,[53] uma coisa é certa: um maior protagonismo processual do assistente — que se fundaria, nessa ótica, no regime jurídico do litisconsórcio (CPC, art. 54, *caput*) — jamais iria ao ponto de permitir que atos por ele praticados pudessem afetar a esfera jurídica do assistido. É o que impõe a norma do art. 48 do Código de Processo Civil ("Salvo disposição em contrário, os litisconsortes serão considerados, em suas relações com a parte adversa, como litigantes distintos; os atos e omissões de um não prejudicarão nem beneficiarão os outros").

Então, ainda que o Sr. J.L.S. tivesse ingressado no processo — o que jamais se deu — nenhuma conduta sua seria vinculante para os ora Consulentes. Não tendo sequer havido seu ingresso, sua declaração é ainda menos relevante.

De resto, não é demais notar que — à parte todas as considerações de ordem processual e material que retiram valor jurídico da declaração emitida pelo Sr. J.L.S. para o processo ora em exame, a credibilidade intrínseca dela, de qualquer modo, é de pouca ou nenhuma monta, na medida em que frontalmente contrária ao que o perito judicial apurou em prova técnica.

VIII Conclusão

37 Em face das considerações acima realizadas, apresentam-se as seguintes respostas para os quesitos formulados:

---

[53] Sobre tal debate, veja-se BUENO. *Partes e terceiros, op. cit.*, cap. IV, n. 6, p. 151-152.

a) Qual a natureza do litisconsórcio estabelecido no caso concreto? Quais seriam as consequências da hipotética falta de citação do proprietário de um dos imóveis confinantes?

O litisconsórcio entre os proprietários dos diferentes imóveis confinantes é facultativo e simples (não unitário). A hipotética falta de citação (e de comparecimento espontâneo) de algum deles implicaria apenas a ineficácia do capítulo da sentença de demarcação relativo ao litisconsorte que não integrou a relação processual.

b) O Sr. W.A.J. e a esposa, que integraram regularmente a relação processual demarcatória, teriam interesse processual para arguir uma hipotética falta de citação de outro proprietário de área confinante?

Não. Eles carecem de interesse processual para tanto. O acolhimento de tal alegação não lhes será de nenhuma utilidade. A eventual constatação da falta de citação de algum litisconsorte teria consequências jurídicas e concretas apenas para tal litisconsorte preterido.

c) Os terceiros que adquiriram imóveis confinantes objeto do litígio depois de já estabilizada a relação processual precisavam também ter sido citados para que o resultado do processo demarcatório pudesse produzir efeitos e autoridade de coisa julgada perante eles?

Não. Uma vez tendo se tornado litigioso o bem, sua aquisição por terceiros é irrelevante em face do processo. Aplica-se-lhes o regime do art. 42 do Código de Processo Civil, inclusive o seu §3º ("A sentença, proferida entre as partes originárias, estende seus efeitos ao adquirente ou ao cessionário").

d) O registro da litispendência demarcatória na matrícula dos imóveis que são objeto do litígio é pressuposto para que a respectiva sentença vincule terceiros que venham a adquirir tais bens?

Não. É suficiente o fato de que a demanda estava devidamente registrada no cartório distribuidor do foro que detinha competência para ações demarcatórias do imóvel. Ademais, houve publicação de editais, dando conta da litispendência relativamente ao imóvel, em jornal de grande circulação regional.

e) A declaração prestada pelo Sr. J.L.S. tem alguma eficácia em face dos Consulentes, de modo a vinculá-los e (ou) a prejudicar a demanda demarcatória por eles conduzida?

Não. A declaração é juridicamente irrelevante primeiro porque a área objeto da demarcação foi objeto de mero compromisso de compra e venda, de modo que nem sequer pertence ao declarante. Depois, e ainda que tivesse havido efetiva transferência de domínio de tal área, os Consulentes permaneceriam como parte no processo (CPC, art. 42), não ficando vinculados por declarações emitidas por terceiro.

É o parecer.

Curitiba, 16 de março de 2009.

CAPÍTULO 5

A Classificação dos Vícios Processuais e das Modalidades de sua Neutralização – Pressupostos para a Configuração de Vício Processual "Transrescisório" – Regime Jurídico Aplicável à Incorporação de Pessoas Jurídicas – Limites do Efeito Devolutivo em Recurso Especial e da Atuação do STJ em Recurso não Conhecido – Exigência de Contraditório Prévio à Decisão de Embargos Declaratórios com Caráter Infringente – Possibilidade de Correção de Erros de Fato e de Erros Materiais em Embargos Declaratórios

Nota introdutória

Em 2005, publiquei obra destinada ao estudo da coisa julgada e os meios de sua revisão.[1] O núcleo essencial do livro dedicava-se à identificação da legitimidade e dos limites da desconstituição atípica da coisa julgada (i.e., sua "relativização") — tema, aliás, que é objeto do parecer apresentado no capítulo seguinte do presente volume.

---

[1] *Coisa julgada e sua revisão*. São Paulo: RT, 2005.

Naquela oportunidade, preocupei-me em apontar os riscos de uma possível "relativização" dos conceitos e categorias relacionados ao tema da coisa julgada — em lugar da própria "relativização" da coisa julgada. Referia-me a determinadas manifestações judiciais e doutrinárias que, sem enfrentar o tema da quebra atípica da coisa julgada (ou mesmo em tese recusando peremptoriamente essa possibilidade), chegam exatamente ao mesmo resultado mediante a subversão ou adaptação de categorias técnico-jurídicas estabelecidas no ordenamento. Eu indicava não parecer ser esse "um caminho mais seguro ou objetivo, especialmente do ponto de vista das garantias fundamentais do Estado de Direito. A adequada solução passa pela prévia e rigorosa consideração dos conceitos, categorias e critérios, precisamente como foram estabelecidos no ordenamento. Se essa consideração conduz à conclusão de que há coisa julgada, não há como ocultar ou distorcer esse dado. Se essa coisa julgada está ou não sacrificando outro valor fundamental, é outra questão — que haverá de ser resolvida às claras. (...) se for possível essa quebra [atípica da coisa julgada], haverá de ser concreta e diretamente justificada — e a autoridade jurisdicional estará assumindo-a expressa e abertamente. Não se ignoram os riscos dessa quebra — *e são mais do que justificados os temores* (...) *quanto a abusos e distorções*. Todavia, a 'relativização' da coisa julgada (pois também *não deixa de ser uma relativização*) mediante a subversão dos conceitos, categorias e critérios técnico-jurídicos tende a ser ainda muito mais perigosa porque é silenciosa, invisível, sub-reptícia".[2]

No caso examinado neste parecer, verificou-se o emprego de tal expediente, de "relativização" velada da coisa julgada, mediante a deturpação de conceitos e categorias. O acórdão aqui analisado, primeiro, partiu de premissa fática errada, à luz dos fatos incontroversos nos autos (razão por que o último tópico do parecer dedica-se ao exame da possibilidade de se corrigir erro de fato mediante embargos declaratórios). Depois, e não bastasse o incorreto pressuposto de fato adotado, o acórdão ignorou por completo os princípios vetores das invalidades processuais, que desautorizam a pronúncia de uma nulidade, seja ela relativa ou absoluta, quando sua ocorrência houver sido de todo irrelevante para a posição jurídica das partes e o resultado do processo. Ademais, hipertrofiou-se a noção de vício "transrescisório" (i.e., defeito cuja arguição pode ocorrer a despeito do trânsito em julgado e do decurso do prazo rescisório). Por fim, adotou-se solução bastante heterodoxa também no que tange à sede de pronúncia desse suposto

---

[2] *Coisa julgada...*, n. 6.7, p. 401-402.

defeito: acórdão de embargos declaratórios, em recurso especial, que confirmou a negativa de conhecimento de tal recurso (cujo objeto era, precisamente, aquele próprio pretenso defeito...).

No parecer propus-me a examinar criticamente todos esses aspectos. Para tanto, não apenas retomei e dei aplicações concretas a considerações que já havia antes formulado em sede teórica, como ainda aprofundei algumas noções que antes havia apenas esboçado. Por exemplo, sistematizei mais detalhadamente as modalidades de neutralização de defeitos no processo (convalidação, suprimento, correção e irrelevância, por um lado, e a sanatória geral advinda da coisa julgada, por outro) — tema de que havia tratado apenas tangencialmente em ensaio dedicado à teoria das nulidades processuais.[3]

As regras do Código de Processo Civil consideradas neste parecer não são objeto de nenhuma alteração substancial no projeto de novo código, ora em trâmite no Congresso Nacional. Apenas a imposição de que o juiz submeta previamente a debate junto às partes as matérias que ele venha a conhecer de ofício, extraível da garantia constitucional do contraditório — do que se trata no item XIV deste parecer —, é explicitada no referido projeto, conforme já destacado na nota introdutória ao Capítulo 1.

Sumário: **I** Os fatos e quesitos – **II** Ressalva prévia – **III** Os planos da existência, eficácia e validade dos atos jurídicos (inclusive processuais) – **IV** A invalidade dos atos processuais – **V** As diferentes formas intraprocessuais de correção do ato inválido: convalidação, repetição, suprimento e irrelevância – **VI** A convalidação transprocessual: a "sanatória geral" decorrente da coisa julgada – **VII** Inexistência jurídica: o único vício "transrescisório" concebível – **VIII** Apenas a inexistência jurídica da sentença constitui defeito "transrescisório" – **IX** Eventual falta de intimação no curso do processo não implica sentença inexistente nem vício "transrescisório" – **X** Ausência de vício "transrescisório" no caso em exame – **XI** Ausência de nulidade ou defeito de qualquer espécie – **XII** Morte de pessoa natural e incorporação de pessoa jurídica: diferenças entre os regimes jurídicos processuais – **XIII** Limites do efeito devolutivo e da competência do órgão *ad quem* quando o recurso não é conhecido (ou é parcialmente conhecido) – **XIV** A garantia do contraditório como dever de debate do órgão jurisdicional com as partes: vedação à surpresa – **XV** A configuração do erro de fato – **XVI** O cabimento de embargos declaratórios para a correção de erro de fato – Seus efeitos – **XVII** Conclusão

---

[3] Notas sobre a teoria das nulidades no processo civil. *Revista Dialética de Direito Processual*, n. 29, 2005.

Parecer

P.A.S.A e **T.C.S.A**, por meio de seu i. procurador, Prof. ***, solicita-me parecer sobre aspectos relacionados à validade de processo de liquidação de sentença, os limites do efeito devolutivo em recurso especial e o regime jurídico aplicável a embargos declaratórios com efeitos infringentes.

Os fatos pertinentes e os quesitos estão a seguir expostos. A formulação da consulta fez-se acompanhar de cópia integral dos autos do processo de liquidação de sentença e do agravo de instrumento e recurso especial dele originados.

I Os fatos e quesitos

1 P.A.S.A., na condição de cessionária de direitos e créditos de A. C.I.C.I.E.S.A, promoveu processo de liquidação de sentença em face da Companhia Brasileira de Infra Estrutura Fazendária (INFAZ) — que, por sua vez, era sucessora da COBEC (Entrepostos e Armazéns Gerais S/A). A liquidação tinha por objeto condenação em perdas e danos derivados de inadimplemento contratual da COBEC/INFAZ.[4] A ação condenatória tramitou, em primeiro grau, perante a 000ª Vara Cível de São Paulo – SP. A sentença condenatória foi confirmada e transitou em julgado no E. TJSP, ainda em 1988.

Em seguida, teve início a liquidação (fls. 334-335 dos autos), com a regular citação da INFAZ. Foi nomeado perito (fl. 336) e as partes, inclusive a INFAZ (fl. 337, dezembro/1991), indicaram assistentes técnicos e formularam quesitos.

Foi apresentado aquele que viria a ser o primeiro laudo pericial (fls. 356-458).

A INFAZ manifestou-se, indicando que aguardaria o laudo de seu assistente técnico (fl. 466) e tornou depois a manifestar-se no mesmo sentido (fl. 500). Finalmente, ela apresentou o "laudo crítico" elaborado por seu assistente técnico (fl. 519)

Posteriormente, foi aberto prazo para a apresentação de alegações finais — o qual foi observado inclusive pela INFAZ (cujas alegações finais estão às fls 599 e seguintes).

---

[4] A condenação ao pagamento da própria obrigação contratual inadimplida foi objeto de outra condenação, liquidação e execução, alheias ao processo objeto do presente parecer.

Nesse momento, o juiz, atendendo a um pleito da INFAZ, houve por bem determinar a realização de uma nova perícia (fl. 1214-1215). Diante da determinação de nova prova técnica pericial, as partes apresentaram novos quesitos. Os novos quesitos da INFAZ constam das fls. 1242 a 1267 dos autos.

Na fl. 1328 dos autos, tem-se petição do procurador da INFAZ, noticiando que essa pessoa jurídica estava sendo extinta e seria incorporada pela União Federal.

Como a petição veio desacompanhada de qualquer comprovação, o juiz determinou que a INFAZ, por meio de seu procurador, apresentasse documento regular e eficaz acerca da suposta extinção e incorporação.

No entanto, o procurador da INFAZ limitou-se a pedir que seu nome e os dos demais patronos fossem excluídos das intimações no processo. (fl. 1336).

Diante da inércia da INFAZ e de seus procuradores, a própria P.A.S.A. diligenciou para localizar documento comprobatório da extinção e incorporação. Constatou que nenhum documento havia sido, até então, registrado perante a Junta Comercial. Noticiou esse fato nos autos (fl. 1346 e seguintes).

Nessa mesma época, intimado pelo Juiz, o Ministério Público indicou não haver fundamento para seu ingresso no feito (fl. 1354).

Por um longo período, o processo não teve nenhum andamento efetivo — em grande parte por conta de um impasse quanto à responsabilidade pelo pagamento das despesas relativas à nova perícia. A INFAZ, que havia requerido a nova perícia, não se dispunha a fazer tal recolhimento. A P.A.S.A. reputava não ser incumbência sua arcar com os novos honorários periciais.

Houve, por fim, a determinação de que a P.A.S.A. arcasse com as despesas da nova perícia (fl. 1380) — o que de fato ocorreu. Em seguida, a P.A.S.A. indicou também assistente técnico para a nova perícia (fl. 1444).

Coube então ao novo perito judicial elaborar o novo laudo. Nesse momento, tal como ocorrera por ocasião da definição da responsabilidade pelo pagamento dos novos honorários periciais, enfrentaram-se significativas delongas. O perito descumpriu todos os prazos que lhe foram dados para a apresentação do laudo. Diante da grande demora do perito, chegou-se a determinar a busca e apreensão dos autos, que se encontravam em seu poder.

Finalmente, o segundo laudo pericial foi apresentado (fl. 1510).

As partes foram intimadas para falar sobre tal laudo. A INFAZ não se manifestou. A P.A.S.A. impugnou o laudo e apresentou quesitos de esclarecimento, que foram posteriormente respondidos pelo perito (fl. 1966).

A P.A.S.A. apresentou ainda, por meio de seu assistente técnico, um laudo crítico divergente (fl. 2010 e seguintes).

Diante do silêncio da INFAZ, a P.A.S.A. mais uma vez diligenciou perante a Junta Comercial (fls. 2101 e 2102) — e novamente constatou que permanecia inexistindo qualquer registro de ato societário extinguindo a INFAZ e a incorporando à União.

Em face disso, mais uma vez o Juízo determinava a intimação da INFAZ (fl. 2113), que novamente silencia.

Quando finalmente foi levada a registro na Junta Comercial a ata de extinção da INFAZ e de sua incorporação pela União — momento em que finalmente tais atos assumiram eficácia perante terceiros — a própria P.A.S.A. localizou o ato registrado perante o registro de comércio e o noticiou em juízo. Requereu, então, que o processo fosse encaminhado à Justiça Federal, tendo em vista a necessidade de a União Federal suceder a INFAZ na relação processual (fl. 2120-2121).

Os autos foram então remetidos à 000ª Vara da Justiça Federal em Porto Alegre. Já perante o Juízo federal, a P.A.S.A. fez um histórico da causa, e pediu a intimação da União Federal, na condição de sucessora da INFAZ (fls. 2145-2148).

Intimada, a Advocacia-Geral da União pediu prazo maior para examinar o processo (fl. 2157) — no que foi atendida.

Posteriormente, a AGU tornou a pedir ainda mais prazo para elaborar sua manifestação (fl. 2168) — no que foi novamente atendida.

Às fls. 2301 a 2305, depois de já ter tido 120 dias para se manifestar sobre o processo (especialmente sobre a segunda perícia), a União Federal, por meio de AGU, requereu mais uma extensão de prazo por um período de mais um ano. O Juízo indeferiu a extensão por tal prazo, mas concedeu à União mais 120 dias de prazo.

Finalmente, a União veio a manifestar-se sobre o segundo laudo pericial. Nessa oportunidade, apresentou inclusive um laudo pericial divergente (fl. 2325-2354). Pediu ainda a nulidade de todos os atos do processo ocorridos desde o momento em que o procurador da INFAZ noticiou a extinção dessa até o momento em que os autos vieram para a Justiça Federal e ela, União, passou a ser intimada. Pediu também a nulidade do processo pela falta de intervenção do Ministério Público antes de o processo ir para a Justiça Federal.

O pedido de decretação de nulidade formulado pela União foi indeferido pelo Juízo de primeiro grau (fl. 2355). Dessa decisão originaram-se agravo de instrumento e posterior recurso especial cujos desdobramentos são adiante descritos.

Em dezembro de 2001 (treze anos depois do início do processo liquidatório), foi proferida sentença (fl. 2870 e seguintes). A sentença adotou essencialmente o primeiro dos dois laudos periciais realizados, com algumas ressalvas e reparos. Descartou o emprego do segundo laudo, por considerá-lo inadequado e incompatível com os parâmetros fixados na sentença condenatória liquidanda, já revestida pela coisa julgada. Condenou a União por litigância de má-fé, por reputar que, após as sucessivas extensões de prazo para se manifestar sobre o laudo, essa não trouxe nenhum subsídio útil para o processo.

A sentença de liquidação, em seu capítulo principal, foi confirmada, por unanimidade, pelo Tribunal Regional Federal da 4ª Região. O TRF reformou-a apenas no ponto em que condenava a União por litigância de má-fé (fl. 3047 e seguintes).

Do acórdão do TRF somente a P.A.S.A. interpôs recurso especial — do qual posteriormente desistiu. Com isso, transitou em julgado o referido acórdão.

2 Antes disso, contra a decisão interlocutória de fl. 2355, que havia indeferido o pedido de decretação de nulidade dos atos do processo relativos ao período entre a última manifestação da INFAZ e o ingresso da União, esta interpôs agravo de instrumento. O recurso foi desprovido por unanimidade pelo TRF da 4ª Região.

Contra tal acórdão do TRF, a União interpôs recurso especial. A 2ª Turma do Superior Tribunal de Justiça, por unanimidade, conheceu do recurso, mas o desproveu, na parte relativa à necessidade de intervenção do Ministério Público, e nem o conheceu no ponto atinente à nulidade dos atos do processo. Constatou-se ausência de prequestionamento dos dispositivos cuja suposta violação se alegava.

A União interpôs embargos declaratórios em face do acórdão do STJ, insistindo na existência de prequestionamento "implícito".

Ao decidir tais embargos declaratórios, a 2ª Turma do STJ reafirmou a ausência do prequestionamento — mantendo o juízo negativo de conhecimento do recurso especial, na parte relativa à nulidade dos atos. No entanto, reputou que a ausência de imediata intimação da União para a sua intervenção no feito, assim que o procurador da INFAZ noticiou que essa estava extinguindo-se e sendo incorporada por aquela, implicaria um vício "transrescisório", que, como tal, poderia ser conhecido de ofício mesmo no recurso especial inadmitido. Assim, e a despeito de negar conhecimento ao recurso especial, na parte relativa à nulidade dos atos, determinou a anulação do processo liquidatório desde o ponto acima referido.

Contra tal acórdão, a P.A.S.A. e outros interessados interpuseram novos embargos declaratórios.

3 Diante desse panorama, foram formulados os seguintes quesitos:

a) Há alguma nulidade no caso em exame? Sendo positiva a resposta, tal nulidade constitui um vício "transrescisório"?

b) A extinção de pessoa jurídica mediante a incorporação de seu patrimônio a outra pessoa jurídica (União) é identificável, para fins processuais, com a morte de pessoa natural?

c) Em recurso especial não conhecido, o Superior Tribunal de Justiça detém competência para declarar a invalidade de atos do processo e determinar o seu refazimento? O conhecimento de uma parte do recurso especial autoriza o STJ a examinar questão alheia à matéria que é objeto do juízo de admissibilidade positivo?

d) É compatível com as garantias do devido processo legal e do contraditório a decisão que, em embargos declaratórios, invalidou parte do processo por fundamentos alheios ao objeto do recurso não conhecido?

e) Sendo negativas as respostas aos quesitos anteriores, cabem novos embargos declaratórios para o fim de se restabelecer o panorama processual vigente antes do julgamento dos primeiros embargos declaratórios?

Passo a responder.

II Ressalva prévia

4 O signatário destaca que desenvolverá argumentação teórica relativamente ampla, para procurar responder de modo fundamentado a todos os quesitos que o i. patrono da consulente zelosamente, em atenção ao princípio da eventualidade, formulou. Todavia, tem o dever profissional e intelectual de ressaltar que a simples consideração dos eventos processuais retratados nos autos, por si só, já evidencia a ausência de qualquer vício no processo. Por isso, inclusive, o signatário fez questão de apresentar um relato detalhado do processo, com a indicação das folhas dos autos em que cada um dos eventos está documentado.

Pelo que se constata, e com a devida *venia*, houve mero erro de fato no v. acórdão que julgou os embargos declaratórios da União — o qual merece ser corrigido também em sede de embargos declaratórios, conforme a jurisprudência assente do Supremo Tribunal Federal e do próprio Superior Tribunal de Justiça. Esses aspectos da questão serão melhor examinados adiante.

III Os planos da existência, eficácia e validade dos atos jurídicos (inclusive processuais)

5 No âmbito dos atos jurídicos propriamente ditos (i.e., condutas humanas voluntárias e preordenadas à produção de efeitos jurídicos — o que abrange atos jurídicos em sentido estrito e negócios jurídicos), põem-se três planos diferentes: existência, validade e eficácia.

Quando o ato se reveste de um mínimo de elementos que permitem enquadrá-lo na hipótese de incidência normativa (i.e., existe como *"fattispecie"*), mas está privado de (ou lhe estão viciados) determinados requisitos, ele é *inválido*. Já quando o que se tem é apenas a "vazia aparência" do ato, sem que sequer estejam de fato presentes os elementos nucleares para a sua configuração, se está diante da *inexistência jurídica*.[5]

Trata-se de considerar como níveis distintos o plano da existência e o plano da validade.[6] Um primeiro passo reside em definir se o ato concreto contém os elementos mínimos essenciais para corresponder à moldura da sua descrição normativa. Em caso positivo, ele juridicamente existe; pertence ao sistema. O passo seguinte consiste em verificar se estão presentes e perfeitos todos os seus demais traços (requisitos) descritos normativamente. Se estiverem, o ato é válido.

Se o juiz tem de proferir uma sentença e simplesmente desenha uma árvore com uma casinha no papel timbrado do Judiciário e o entrega para o escrivão — como que se estivesse tornando pública uma sentença — nem se dirá que isso é uma sentença inválida. Considerar-se-á, simplesmente, que não existe sentença. Tal ato não reúne os elementos mínimos para poder se enquadrar no conceito de sentença. Do

---

[5] Cf., por todos, BETTI. *Teoria generale del negozio giuridico.* 2. ed. reimp. corrigida. Nápoles: Edizioni Scientifiche Italiane, 1994. n. 58, p. 461.

[6] AZEVEDO, Antonio Junqueira de. *Negócio jurídico*: existência, validade e eficácia. 3. ed. São Paulo: Saraiva, 2000. cap. 2, p. 23 e seguintes; PONTES DE MIRANDA. *Tratado de direito privado.* 4. ed. IV. São Paulo: RT, 1983. n. 357-360, p. 6-26.

mesmo modo, se alguém que não é juiz redige e subscreve um texto com a aparência formal de uma sentença (com relatório, fundamentação, dispositivo...) também nem sequer existirá juridicamente sentença, mas quando muito um simulacro, uma aparência deste ato. Já se o juiz realmente redige um documento com a estrutura mínima e essencial de uma sentença, dir-se-á existir sentença. O passo seguinte será definir se a sentença é válida ou não.

O terceiro plano relevante é o da eficácia. Ele assume importância própria — melhor dizendo, o "ato ineficaz" põe-se como conceito autônomo — naqueles casos em que, embora o ato seja válido, mesmo assim não está apto a produzir efeitos. Nem toda ausência de efeitos jurídicos deriva da falta de consonância com os elementos previstos na hipótese de incidência normativa. Há casos em que, embora válido, o ato não produz efeitos por força de uma circunstância que lhe é extrínseca.[7] Alude-se à ineficácia do ato válido para indicar, *v.g.*, os limites subjetivos ou o condicionamento temporal da sua aptidão de produzir efeitos. Nesse sentido, o ato pode ser ineficaz porque "ainda não produz efeitos; já não produz efeitos; ou não produz efeitos em relação a esta ou aquela pessoa".[8] Por exemplo, os atos praticados por quem não tem mandato, ou o tem sem poderes suficientes, "são ineficazes em relação àquele em cujo nome foram praticados, salvo se este os ratificar" (C. Civ. de 2002, art. 662). Aqui também se incluem os atos sujeitos a termo inicial ou a condição suspensiva (C. Civ., arts. 125 e 131).

6 A seguir, cabe examinar essencialmente o plano da validade dos atos processuais. Depois, volta-se a tratar do problema da inexistência.

IV A invalidade dos atos processuais

7 É impossível simplesmente transportar a teoria das nulidades dos atos disciplinados pelo direito privado, para os atos processuais — os quais, afinal, são praticados dentro de uma relação *pública* submetida a princípios em larga medida distintos daqueles vigentes no direito privado.

Além disso, não há como supor que as nulidades no direito processual recebam um tratamento integralmente distinto daquele que vigora nos demais ramos do direito. Em grande medida, o tema

---

[7] BETTI. *Teoria generale...* n. 57, p. 456-457.
[8] A expressão é de Tesheiner, referindo-se à sentença ineficaz (*Pressupostos processuais e nulidades no processo civil*. São Paulo: Saraiva, 2000. cap. I, n. 4.1, p. 20).

concerne à teoria geral do direito — que é aplicável tanto ao direito público quanto ao privado, tanto ao direito material quanto ao direito processual.

8 É nesse contexto que se há de proceder à classificação das nulidades processuais. O tema é objeto de controvérsias doutrinárias. Mas, pelas razões que serão expostas adiante, todos os debates existentes são alheios ao cerne da questão que é objeto no presente parecer. Por isso, cabe aqui apenas brevíssimo panorama exemplificativo

Galeno Lacerda, seguido por Egas Moniz de Aragão, alude a: "nulidades absolutas" (violadoras de normas cogentes que tutelam o interesse público; insanáveis e conhecíveis de ofício); "nulidades relativas" (violadoras de normas cogentes que tutelam o interesse da parte; conhecíveis de ofício, mas sanáveis); "anulabilidades" (violadoras de normas disponíveis que tutelam interesse da parte; sanáveis e dependentes de arguição pelo interessado).[9]

Teresa Wambier distingue apenas as "nulidades absolutas" (são as nulidades de forma previstas na lei como tais e as "nulidades de fundo", i.e., atinentes a pressupostos processuais, condições da ação etc.; são conhecíveis de ofício) das "relativas" ou "anulabilidades" (são as demais nulidades de forma; são arguíveis apenas pelas partes e podem ficar acobertadas pela preclusão).[10]

Cintra, Dinamarco e Grinover, por sua vez, aderem substancialmente à lição de Liebman, segundo a qual as "nulidades relativas" derivam da inobservância de requisitos postos no interesse de uma parte e as "nulidades absolutas" decorrem do descumprimento de requisito indispensável ao adequado funcionamento da jurisdição. As primeiras só podem ser declaradas a pedido da parte interessada e são essencialmente sanáveis. As segundas devem ser declaradas de ofício e são "normalmente" insanáveis.[11]

---

[9] GALENO LACERDA. *Despacho saneador*. 3. ed. (*fac-símile* da 1. ed., de 1953). Porto Alegre: Fabris, 1990. cap. IV, n. 6, p. 68 e seguintes; ARAGÃO, Egas Moniz de. *Comentários ao CPC*. 7. ed. II. Rio de Janeiro: Forense, 1992. n. 340 e seguintes, p. 357 e seguintes. Ainda: DALL'AGNOL, A. J. *Invalidades processuais*. Porto Alegre: Lejur, 1989. n. 6, p. 44-55.

[10] *Nulidades da sentença e do processo*. 4. ed. São Paulo: RT, 1997. n. 2.2.3, p. 159, e n. 2.2.6, p. 184 e 192.

[11] LIEBMAN. *Manual de direito processual civil* (trad. C. Dinamarco da 4. ed. ital. do *Manual di diritto processuale civile*, de 1940). 2. ed., I. Rio de Janeiro: Forense, 1985, n. 119, p. 260-261; CINTRA; DINAMARCO; GRINOVER. *Teoria geral do Processo*. 11. ed. São Paulo: Malheiros, 1995. n. 222, p. 345-346. Em linhas gerais, a distinção entre essa concepção e a de Galeno Lacerda reside em que a "nulidade absoluta" na acepção de Liebman engloba a "absoluta" e a "relativa" de Lacerda e a "relativa" de Liebman corresponde à "anulabilidade" de Lacerda. Eis por que a "nulidade absoluta" de Liebman ora é sanável, ora é insanável.

Já Calmon de Passos prefere apenas diferenciar "nulidade sanável" de "nulidade insanável", no sentido de que a primeira é a que pode ter seus efeitos eliminados pela repetição do ato nulo e a segunda é a que ocorre quando o ato não pode ser repetido, implicando extinção do processo. Para o ilustre mestre, só cabe falar em nulidade depois de decretado o defeito — decretação essa que sempre pode ser feita de ofício e apenas quando o defeito prejudicar a finalidade do ato. Toda e qualquer imperfeição que não resulte em prejuízo aos fins preordenados do ato consiste em simples irregularidade.[12]

9 O signatário, conforme já teve a oportunidade de manifestar-se anteriormente em sede doutrinária,[13] propõe a seguinte classificação das nulidades:

a) a mera irregularidade: é o defeito que nem mesmo em tese tem como gerar prejuízo às partes ou terceiros nem à Jurisdição (ex.: o advogado realiza sustentação oral sem utilizar as vestes talares, regimentalmente exigidas; o escrivão certifica haver procedido à juntada de uma "sentença", referindo-se, em verdade, a uma decisão interlocutória etc.);

b) a nulidade relativa: deriva da ofensa a uma norma dispositiva — vale dizer, uma norma que tutela um interesse disponível da parte. Não pode ser declarada de ofício. Depende de arguição da parte interessada, no prazo legalmente previsto (quando não houver regra específica, no prazo geral de cinco dias — CPC, art. 185). Além disso, a lei pode estabelecer forma específica para sua arguição (ex.: a arguição de incompetência relativa deve fazer-se por exceção instrumental – CPC, art. 304 e seguintes). Não havendo a arguição pelo legitimado no prazo e forma previstos, o ato eivado do defeito é convalidado. Ou seja, a lei atribui-lhe retroativamente valor integral. É a essa classe de invalidade que se aplica a regra do art. 245, *caput*, do Código do Processo Civil ("A nulidade dos atos deve ser alegada na primeira oportunidade em que couber à parte falar nos autos, sob pena de preclusão"). É inconcebível a total eliminação das normas processuais civis de caráter dispositivo. Mas é fácil notar a tendência de restrição das normas dispositivas pela qual passou o processo civil no século XX. Foi reflexo da acentuação do caráter público do processo

---

[12] *Comentários ao CPC*. 6. ed. III. Rio de Janeiro: Forense, 1991. n. 273, p. 473-480; *Esboço de uma teoria das nulidades aplicada às nulidades processuais*. Rio de Janeiro: Forense, 2002. n. 109-112, p. 137-146
[13] Notas sobre a teoria das nulidades no processo civil. *Revista Dialética de Direito Processual*, n. 29, 2005 — de onde se extraiu parte do exposto nos parágrafos anteriores.

e do reforço dos poderes do juiz. Um claro exemplo disso tem-se com as regras sobre contraditório: não tutelam apenas o interesse das partes, mas o próprio interesse público na busca da solução jurisdicional adequada — de modo que sua violação implica nulidade absoluta. Além da incompetência territorial, podem ser citados como exemplos de nulidade relativa a suspeição (art. 304) e a desconsideração, por uma das partes, de convenção de arbitragem (CPC, art. 302, §4º).

c) a nulidade absoluta: decorre da violação de norma cogente, que tutela interesse indisponível da parte ou do próprio Estado-Jurisdição. Pode e deve ser declarada de ofício e a todo tempo, observados os limites de competência funcional e de devolução recursal (ver adiante item XIII). Bem por isso, no curso ordinário do processo, elas não são passíveis de pura e simples convalidação. Para elas, vale a regra do parágrafo único do art. 245 do Código (segundo a qual não se aplica o *caput* do art. 245 — citado acima — "às nulidades que o juiz deva decretar de ofício").

Como se verá a seguir, a nulidade absoluta poderá recair tanto sobre atos que podem ser repetidos ou supridos quanto sobre atos cuja repetição ou suprimento não são permitidos no curso do processo. Exemplos da primeira hipótese: nulidade absoluta da citação (que pode ser suprida por nova citação ou até pelo comparecimento espontâneo do réu), nulidade absoluta da sentença (cassa-se a existente e profere-se outra) etc. Exemplos da segunda hipótese: ilegitimidade ativa, ofensa à coisa julgada etc. Mas, mesmo nos casos em que for possível o suprimento, não caberá falar em "saneamento" da nulidade, no sentido de convalidação. Se o ato tem de ser repetido (ou substituído por outro), significa que a nulidade absoluta não tem como ser convalidada, tanto que *outro ato tem de ser praticado*. Nessa acepção (e apenas nessa), as nulidades absolutas são sempre insanáveis.

Por outro lado, nada impede de designar de "anulabilidade" a aqui chamada "nulidade relativa", reservando-se o termo "nulidade" para a outra classe, aqui denominada "nulidade absoluta".

V As diferentes formas intraprocessuais de correção do ato inválido: convalidação, repetição, suprimento e irrelevância

10 Sob o nome de "saneamento" frequentemente se incluem figuras distintas, que merecem ser aqui identificadas.

10.1 Por um lado, há a *convalidação* propriamente dita do ato viciado. É fenômeno com efeitos retroativos, derivado da não arguição do defeito por aquele que estava legitimado a fazê-lo. É algo restrito aos vícios derivados da ofensa a regras dispositivas que só pode ser arguida pela parte interessada (a "anulabilidade" na dicção de Galeno Lacerda; "nulidade relativa", no dizer de Liebman; Teresa Wambier emprega as duas expressões; na classificação acima proposta, empregou-se "nulidade relativa", reconhecendo-se também a possibilidade do emprego do termo anulabilidade).

10.2 Por outro lado, há o *suprimento* do defeito por força de um evento superveniente. Nesse caso, não há a convalidação retroativa do ato inválido. A nulidade *do ato anterior* permanece existindo. Apenas o resto do processo (ou a parte subsequente do processo, que a princípio dependeria daquele anterior ato) é salvo(a) da nulidade porque outro ato foi depois praticado. Mas, repita-se, isso não é diferente do que se passa quando, ainda no curso do processo, a nulidade é averiguada e o ato é repetido por determinação judicial.

Essa segunda hipótese é compatível com as invalidades derivadas de ofensa a normas cogentes, declaráveis de ofício. Aliás, é precisamente em relação a elas que se põe essa hipótese. No caso de vício por violação de regra disponível, ou bem haverá a convalidação derivada da falta de arguição tempestiva pelo legitimado ou, feita a arguição, serão diretamente adotadas pelo juiz as providências destinadas à correção do defeito, quando isso couber.

Assim, "saneamento", no sentido de convalidação retroativa do ato, apenas ocorre nas invalidades geradas por violação de norma disponível. Já o "saneamento" entendido como suprimento do defeito por evento superveniente, com efeitos *ex nunc*, poderá ocorrer, sempre em relação a invalidades advindas da ofensa a normas cogentes, a depender do tipo de ato que esteja eivado do vício e do momento processual: se se trata de ato que poderia ser repetido no processo, inclusive naquele momento em que o processo se encontra, poderá ocorrer evento apto a produzir os mesmos efeitos do ato.

Considerem-se dois dos exemplos comumente apresentados: (a) a invalidade da citação retrata ofensa a normas atinentes ao contraditório — portanto, de ordem pública — e deve ser declarada mesmo de ofício. No entanto, a invalidade da citação (e até mesmo sua absoluta ausência) é passível de suprimento, na medida em que o réu compareça espontaneamente ao processo (CPC, art. 214, §1º); (b) a não concessão do prazo de cinco dias para uma das partes se manifestar, quando a outra junta aos autos novo documento (CPC, art. 398), também ofende norma cogente assecuratória do contraditório. Também nesse caso o defeito deve ser constatado *ex officio*. Contudo, também aqui pode haver um "saneamento", na medida em que, antes de o juiz decidir tomando por base aquele documento, a parte (adversária da que o juntou) tenha por alguma outra razão vista dos autos, o que lhe permitirá manifestar-se inclusive sobre tal prova.

Mas o que se nota nesses casos não é a mera convalidação retroativa do ato viciado. O que se tem é o suprimento do defeito por força de um evento superveniente. O ato defeituoso é substituído por outro que produz, *dali para a frente*, os efeitos que aquele primeiro ato deveria ter produzido. Ou seja, o comparecimento espontâneo do réu não convalida a citação que havia sido nula. Tanto que não se vai contar o prazo para contestar a partir do anterior ato viciado — que permanece nulo — mas a partir do comparecimento (observada, ainda, a especial regra do §2º do art. 214). O mesmo se diga da invalidade por desrespeito à norma do art. 398 do Código de Processo Civil. Se, depois, a parte tem acesso aos autos, terá, a partir daí, cinco dias para se manifestar sobre o documento. Qual é, então, a diferença entre essa hipótese e aquela em que o juiz de ofício constata a falta da intimação da parte e, para corrigir o defeito, lhe dá vista dos autos? Ora, neste último caso, não se diz que a anterior nulidade ficou "sanada", mas, bem o contrário, que o juiz a averiguou e praticou o ato que faltava.

Comparem-se os dois exemplos dados com o da incompetência relativa. A parte tem o direito (e o ônus) de arguir esse defeito, no prazo e pela forma previstos em lei. Se não o faz, prorroga-se a competência — de modo que todos os atos do juiz, desde o início do processo, passam a ser atos de juiz *competente*. Esse, sim, é verdadeiro caso de *convalidação* retroativa de ato inválido.

10.3 O suprimento, portanto, consiste na correção indireta do ato processual. Vale dizer: é a correção do ato mediante a prática de outro que não é idêntico a ele, mas tem exatamente o mesmo valor e cumpre a mesma função (citação x comparecimento espontâneo; intimação para vista dos documentos novos x acesso espontâneo aos autos com vista dos mesmos documentos etc.).

Alem disso, há a correção direta do ato defeituoso, mediante o refazimento integral do ato antes incorreto ou faltante ou mediante o complemento daquele que estava incompleto (que aqui pode ser chamada apenas de *correção* ou de *repetição*, reservando-se à correção indireta o termo "suprimento"). Pense-se na hipótese em que se constata a incompetência absoluta ou relativa (essa, desde que oportunamente alegada): remetem-se os autos ao juízo competente. O defeito é assim diretamente corrigido — e não por uma via indireta, uma providência funcionalmente equivalente.

10.4 Ademais, a convalidação, o suprimento e a correção não podem ser confundidos com a simples *irrelevância* do ato nulo no curso do processo.

Por vezes, o ato é inválido mas, no contexto processual, essa invalidade não gera qualquer repercussão sobre os demais atos do procedimento, não afetando o resultado final do processo, nem gera autonomamente consequências negativas para as partes ou para o interesse geral. Mas isso não significa que o defeito foi "sanado". O ato em questão não terá sido convalidado nem substituído por outro. Permanece inválido. E tampouco se trata de uma mera irregularidade (como pretende Calmon de Passos – v. acima). A regra do art. 249, §1º, por exemplo, tem em mira, precisamente, hipótese de *irrelevância* do ato inválido: "O ato não se repetirá nem se lhe suprirá a falta quando não prejudicar a parte". O mesmo se diga da regra do §2º do mesmo artigo: "Quando puder decidir do mérito a favor da parte a quem aproveite a declaração da nulidade, o juiz não a pronunciará nem mandará repetir o ato, ou suprir-lhe a falta".

Um exemplo confirma essas constatações. Depois do saneamento do processo, o autor pretendeu acrescentar outro pedido em relação de cumulação sucessiva eventual com o pedido original (i.e., um segundo pedido para ser também apreciado caso o primeiro fosse acolhido). Essa formulação tardia de pedido é inválida. Mas suponha-se que, na sentença, o próprio pedido original foi rejeitado — de modo que o segundo pedido nem mesmo chegou a ser examinado (sequer para ser considerado inadmissível). Nesse caso, a nulidade, embora existente, foi irrelevante. Mas não houve seu "saneamento" e nem se tratou de mera irregularidade. Tanto é assim que, se o autor apelar, e o tribunal julgar procedente o pedido original, deverá, em tal momento, ser considerada a invalidade do segundo pedido. Se o tribunal apreciar e acolher o segundo pedido, essa parte do acórdão será inválida.

Perceba-se que mesmo a nulidade absoluta pode vir a ser irrelevante no contexto do processo. Além do exemplo que se vem de apresentar, que concerne a uma nulidade absoluta, pode-se citar o caso da falta de intimação e participação do Ministério Público em processo em que está envolvido interesse de incapaz (CPC, art. 82, I), quando a sentença final é favorável ao incapaz. A exigência de intervenção do Ministério Público está fixada em norma cogente, de ordem pública: há interesse público na especial proteção da esfera jurídica do incapaz.

Cabe ao juiz, mesmo de ofício e a qualquer tempo, fazer com que se cumpra tal regra. Seu descumprimento implica nulidade absoluta (CPC, arts. 84 e 246). Mas, faltando a intimação do Ministério Público e sendo a sentença integralmente favorável ao incapaz, não se invalidará o processo. A proteção do incapaz era o que justificava a intervenção do Ministério Público. Se o menor foi integralmente vencedor, significa que não houve prejuízo nenhum em vista dos fins para os quais a norma foi ditada. Assim, concorda-se com o quanto exposto por Bedaque a respeito do tema, inclusive a precisa constatação de que o princípio da instrumentalidade aplica-se mesmo às nulidades absolutas.[14] Diverge-se do i. professor paulista apenas na terminologia. Parece preferível não falar em "convalidação" da nulidade, mas apenas em sua *irrelevância* dentro de determinado panorama processual. E essa distinção terminológica pode ter importância prática. Imagine-se que, em grau de recurso de apelação, o tribunal reputa que o menor não produziu provas suficientes para amparar sua pretensão, pretendendo por isso inverter a sucumbência. Não poderá fazê-lo: nesse momento, a nulidade derivada da falta de participação do Ministério Público em primeiro grau, que no contexto anterior era irrelevante, torna-se *relevante* (se estivesse participando do processo no primeiro grau de jurisdição, o órgão ministerial poderia e deveria ter pleiteado a produção de todas as provas necessárias). Então, caberá ao tribunal, até de ofício, declarar a nulidade absoluta da sentença — a qual, portanto, não havia sido "convalidada".

11 Mas além dessas quatro modalidades até aqui apresentadas, cabe considerar a existência de um mecanismo global de saneamento de toda e qualquer invalidade — que advém com o fim do processo e cujo alcance vai além desse. O tema é objeto do tópico seguinte.

VI A convalidação transprocessual: a "sanatória geral" decorrente da coisa julgada

12 A classificação das invalidades (propriamente ditas), de enorme relevância para outras questões, perde parte de seu interesse quando se considera que mesmo a mais grave invalidade fica acobertada pela coisa julgada e se torna irrelevante, máxime depois de exaurida a possibilidade de ação rescisória. E isso é reconhecido por todos os

---

[14] Nulidade processual e instrumentalidade do processo. In: *RePro*, 60, 1990. n. 7.2, p. 37-38. Nas notas 48 a 54, Bedaque apresenta amplas referências doutrinárias sobre o tema.

que se propõem a classificar as nulidades processuais e distingui-las de figuras correlatas.[15]

Com o trânsito em julgado da sentença e o advento da coisa julgada, mesmo a nulidade absoluta deixa de ser arguível no processo que então se extingue. Havendo coisa julgada material, apenas a ação rescisória, em certos casos, permitirá o combate ao defeito. É a ideia de coisa julgada como "sanatória geral".[16] É apenas nessa perspectiva que cabe falar em "saneamento" das nulidades absolutas, advindo da coisa julgada e, especialmente, do esgotamento da possibilidade de emprego da ação rescisória. Daí a especial relevância, no direito processual, de distinguir a nulidade absoluta da inexistência jurídica (v. adiante).

Note-se ainda que não há total identidade entre as hipóteses de nulidade absoluta e as hipóteses de rescindibilidade da sentença revestida da coisa julgada material. Nem toda nulidade absoluta dá ensejo ao desfazimento da sentença mediante a ação rescisória. Algumas hipóteses de nulidade da sentença estão expressamente arroladas como fundamento da ação rescisória — e permitem até mesmo instrução probatória para a sua demonstração (CPC, arts. 485, I, II, IV etc.). Porém, quando a nulidade não se enquadrar nessas hipóteses expressas, a rescisão só será viável se o defeito puder ser constatado de plano, independentemente de produção probatória, de modo que se possa aplicar o art. 485, V (violação de literal disposição de lei). Por outro lado, nem todas as hipóteses de cabimento da ação rescisória concernem a nulidades (*v.g.*, art. 485, VII).

VII Inexistência jurídica: o único vício "transrescisório" concebível

13 A distinção entre os regimes da "nulidade" e da "inexistência", no processo civil, é um dos principais resultados da sua evolução histórica. A transformação do sentido de sentença "nula" — de inexistente para inválida — não impediu que se reconhecesse a ocorrência de situações em que, propriamente, a sentença juridicamente não existe.[17]

---

[15] A título de exemplo, confiram-se os mesmos autores antes citados: GALENO LACERDA. *Despacho saneador*. Cap. IV, n. 6, p. 72, nota 19; ARAGÃO, Egas Moniz de. *Comentários...* II. n. 346, p. 365; WAMBIER, Teresa. *Nulidades*. Conclusões n. 31, 32 e 33; PASSOS, Calmon de. *Esboço*. n. 83, p. 100; CINTRA; DINAMARCO; GRINOVER. *Teoria geral*. n. 224, p. 347; LIEBMAN. *Manual...*, n. 123, p. 266.
[16] LIEBMAN. *Manual...*, op. cit. n. 123, p. 266.
[17] Vede, por todos, CALAMANDREI. Sopravvivenza della querela di nullità nel processo civile vigente. *Studi sul processo civile*. 6ª ed. Pádua: Cedam, 1957. n. 1-2, p. 72-74.

No curso do processo, tanto a nulidade absoluta quanto a inexistência jurídica recebem um mesmo tratamento: são conhecíveis de ofício e insanáveis (embora eventualmente supríveis). Mas a distinção relevante põe-se depois do trânsito em julgado.

Reitere-se: as invalidades processuais, por mais graves que sejam, não impedem a formação da coisa julgada e se tornam mesmo irrelevantes depois de exaurida a possibilidade de emprego do remédio típico para a desconstituição da sentença transitada em julgado. Já a sentença juridicamente inexistente, na condição de "não-ato", não comporta saneamento ou convalidação. Não é apta à formação da coisa julgada e, portanto, não fica acobertada por tal autoridade, podendo ser combatida independentemente da ação rescisória.

Portanto, é estritamente em relação às sentenças juridicamente inexistentes que se pode falar em vício "transrescisório".[18] Ou bem o problema detectado implica inexistência da sentença — e daí então pode ser atacado independentemente do trânsito em julgado (que, em verdade, inexistirá) — ou, caso contrário, ainda que o problema constitua um defeito, terá ficado superado com a coisa julgada.

14 A distinção entre as duas categorias — invalidade e inexistência jurídica — tem sido majoritariamente aceita pelos processualistas. Mas há quem questione sua relevância. A alguns parece que aquilo que se apresenta sob o nome da inexistência jurídica não é mais do que um grau máximo de invalidade. Sob essa ótica, não se justificaria falar em "ato juridicamente inexistente" — o que seria uma contradição nos termos, pois se o ato não existe, ele *não é um ato*. Por isso, há quem empregue "nulidade absoluta" e "nulidade relativa" em vez de "inexistência jurídica" e "nulidade", respectivamente.[19]

---

[18] O signatário não costuma empregar o termo vício "transrescisório", embora não o considere incorreto. O seu grande inconveniente é o de sugerir, com o vocábulo "vício", que o problema constituiria uma mera invalidade, quando, a rigor, para ser transrescisório, o defeito há de estar em outro patamar, o da inexistência jurídica. Na sua obra *Coisa julgada e sua revisão* (São Paulo: RT, 2005), em que os temas da inexistência e da rescindibilidade das sentenças são examinados ao lado de tantos outros correlatos, o signatário não empregou nenhuma vez a expressão vício "transrescisório", salvo engano. No presente parecer, o termo será utilizado inclusive para simplificar o discurso e harmonizá-lo com a terminologia empregada no v. acórdão do STJ que aqui é objeto de análise.

[19] Vede, por exemplo, Carnelutti (*Teoria geral do direito*, §164, p. 489), ou, ainda, Denti, que emprega o termo "inexistência jurídica", mas deixando claro que vê no fenômeno um "tipo de nulidade absoluta", com "peculiar disciplina", mais grave (Inesistenza degli atti processuali civili. In: *Novissimo digesto italiano*. 3. ed. VIII. Turim: Utet, 1957. n. 1, p. 636). Para amplas referências da doutrina majoritária que abraça a distinção entre nulidade e inexistência, v. Talamini (*Coisa julgada e sua revisão*. São Paulo: RT, 2005. cap. 5, esp. nota de rodapé 2).

No presente texto, opta-se pela nomenclatura mais comumente adotada — "inexistência jurídica" —, reservando-se os termos "nulidade absoluta" e "relativa" para designar as duas diferentes espécies de invalidade — ambas tendo relevância apenas nos limites da possibilidade de impugnação da coisa julgada. Ademais, o uso do termo "inexistência" presta-se a enfatizar diferentes níveis de relevância jurídica — de que se tratou acima.

15 Como já afirmado em tópico anterior, quando o ato se reveste de um mínimo de elementos que permitem enquadrá-lo na hipótese de incidência normativa, mas está privado de (ou lhe estão viciados) determinados requisitos, ele é *inválido*. Já quando o que se tem é apenas a "vazia aparência" do ato, sem que nem estejam de fato presentes os elementos nucleares para a sua configuração, se está diante da *inexistência jurídica*.

Assim, os elementos de existência jurídica da sentença são aqueles indispensáveis para que se possa enquadrar o ato em exame no conceito de sentença, tal como delineado no ordenamento — delineamento esse indissociável da própria configuração constitucional da atividade jurisdicional.

Tomando-se em conta o até aqui exposto, a expressão "sentença inexistente" é adequada para designar:

    i) o "ato" (com aparência de sentença) que não se reveste do núcleo essencial do conceito de sentença ou, ainda,

    ii) o "ato" praticado em "procedimento" aos quais faltam os atributos mínimos para que possa ser conceituado como relação jurídica processual.

Vale dizer, o fenômeno da inexistência de sentença pode ocorrer tanto dentro de um processo existente, com o advento de um arremedo de sentença ao qual falte o elemento mínimo para que seja conceituado como tal, quanto pode derivar da própria falta de um pressuposto de existência do processo.

15.1 Enquadra-se na primeira hipótese a "sentença" do juiz absolutamente desprovida de *decisum* (dispositivo). Ela não existe juridicamente como sentença. De tal aparente sentença nada se extrai.

15.2 Por outro lado, se a própria relação processual for juridicamente inexistente, havendo apenas a aparência de processo, o pretenso pronunciamento final daí derivado também será mero simulacro de sentença, sentença inexistente.

Por isso, é necessário identificar quais são os pressupostos de existência do processo — ou, em outros termos, os elementos mínimos para que se configure a relação processual. Várias são as formulações doutrinárias a respeito do tema. Há, por exemplo, quem aluda a "existência de órgão com jurisdição, capacidade de ser parte dos sujeitos e postulação".[20] Outros referem-se a demanda, jurisdição e partes,[21] ou demanda, jurisdição e citação,[22] ou, ainda, investidura do juiz e partes capazes.[23]

Há estrita vinculação entre os pressupostos de existência do processo e a presença dos seus protagonistas, com vistas ao específico objeto do processo. Os três pressupostos de existência do processo tradicionalmente afirmados — pedido do interessado, órgão julgador investido de jurisdição e citação do réu — não são simples requisitos formais. Tampouco são apenas elementos lógicos indispensáveis para que exista processo como "relação jurídica trilateral". Mais do que isso, os pressupostos de existência vinculam-se ao binômio *presença do juiz/presença das partes*, como aspecto essencial das garantias constitucionais do processo. As partes não têm só o direito ao contraditório, à ampla defesa e ao devido processo: possuem o direito de exercer essas garantias perante o órgão jurisdicional. Ou seja, há sempre um valor fundamental legitimando a imposição de cada um desses três pressupostos de existência — valor esse que há de ser considerado na determinação dos exatos limites de tais pressupostos.

15.2.1 Então, são juridicamente inexistentes as "sentenças" emitidas por quem não está investido de jurisdição. Há na jurisprudência relato de caso em que a "sentença" foi proferida por pessoa que se havia aposentado do cargo de juiz alguns dias antes (*RT* 478/125). Portanto, não era mais juiz — e o ato que praticou constituía mero simulacro de uma sentença.

15.2.2 Muito mais controvertido quanto à sua qualificação jurídica é o caso da sentença proferida em processo não integrado por um daqueles sujeitos que nominalmente consta como sendo parte (falta de citação do réu; falta de demanda daquele que figura formalmente como autor).

---

[20] PASSOS, Calmon de. *Esboço.* n. 72, p. 87-88.
[21] TORNAGHI. *A relação processual penal.* 2. ed. São Paulo: Saraiva, 1987. cap. IV, p. 73, e *Comentários ao CPC.* 2. ed., II. São Paulo: RT, 1978. nota ao art. 267, p. 335.
[22] Nessa linha: ALVIM, Arruda (acrescentando ainda, em certas condições, a capacidade postulatória – v. adiante n. 5.8.2.5). *Manual de direito processual civil.* 8. ed. São Paulo: RT, 2003. n. 154, v. 1, p. 548-551.
[23] COUTURE. *Fundamentos del derecho procesal civil.* 3. ed. reimp. Buenos Aires: Depalma, 1990. n. 67, p. 103.

Há consenso acerca da possibilidade de arguição da falta ou nulidade da citação mesmo depois do "trânsito em julgado" e do decurso do prazo para ação rescisória, na hipótese em que o réu tenha permanecido revel durante todo o processo. Nesse sentido, existem inclusive as regras expressas dos arts. 475-L, I, e 741, I, do Código de Processo Civil. Todavia, o consenso logo desaparece quando se trata de identificar a natureza de tal defeito. Fala-se ora em ineficácia, ora em inexistência, ora em nulidade.

Parece mais adequado qualificar o pronunciamento como sendo *inexistente*, desde que se deixe claro o que se quer fazer significar com essa afirmação.[24] A sentença provém de processo de que o réu não participa; deriva de relação processual por ele não integrada. Não se trata tanto de dizer que não existe sentença em relação ao réu (embora essa forma de expressão possa até ser usada). A melhor formulação é: *não existe sentença em processo de que o "réu" (i.e., aquele que deveria ter sido regularmente citado como tal) faça parte.*

No caso de sentença contrária ao autor em processo não aperfeiçoado em face do réu (que não foi citado, ou cuja citação foi nula, e permaneceu revel), não se trata de considerar "sanado" o defeito. Não haverá "convalidação" da inexistência. Apenas se estará reconhecendo que a relação bilateral estabelecida, entre jurisdição e autor, já é suficiente para que se emitam pronunciamentos válidos contra este último (aliás, basta considerar as regras dos arts. 285-A e 295, CPC).

E não há nada de estranhável ou peculiar na circunstância de o réu que não foi validamente citado e não participou do processo poder aproveitar da sentença ali dada *contra o autor*. É exatamente o mesmo fenômeno que se tem quando terceiros valem-se da eficácia da sentença emitida no processo de que não tomaram parte (por exemplo, o sócio que aproveita da sentença anulatória de deliberação societária proferida no processo que teve como autor outro sócio).

Diante desse fenômeno, há quem repute que a nulidade ou falta de citação implicaria a ineficácia da sentença contra o réu revel, e não propriamente uma inexistência.[25]

---

[24] Entre outros, afirmam tratar-se de inexistência: LIEBMAN. *Processo de execução*. 4. ed. atual. por J. Munhoz de Mello. São Paulo: Saraiva, 1980. n. 90, p. 218; CASTRO, Amílcar de. *Comentários ao Código de Processo Civil*. 3. ed. VIII. São Paulo: RT, 1983. n. 536, p. 393; ARAGÃO, Moniz de. *Comentário*. III. n. 344, p. 363; WAMBIER, Teresa. *Nulidades*. n. 3.1.4, p. 357 e seguintes; KOMATSU, Roque. *Da invalidade no processo civil*. São Paulo: RT, 1991. cap. 8. n. 2.3, p. 162-163.

[25] TESHEINER. *Pressupostos*. cap. I, n. 4.1, p. 22 e seguintes; ASSIS, Araken de. Eficácia da coisa julgada inconstitucional. *Revista Jurídica*. 301, 2002. n. 2, p. 20.

Outros ainda chamam a sentença em exame de "nula" e não inexistente.[26] Mas essa orientação não é adequada do ponto de vista classificatório. Cria uma dificuldade grave no âmbito terminológico. Afinal, o termo "nulidade" é tradicionalmente utilizado para designar defeitos que ficam superados com a coisa julgada e (ou) o subsequente decurso de prazo rescisório. Mesmo "nulidade absoluta" já é expressão que pacificamente se emprega para identificar os defeitos gravíssimos, não convalidáveis no curso do processo, mas que se tornam irrelevantes depois do trânsito em julgado e (ou) do exaurimento da possibilidade de ação rescisória. Portanto, apenas qualificar a hipótese em exame de "nulidade absoluta" — como faz a doutrina ora criticada — não contribui para a clareza dos conceitos. Haveria de se falar, então, de uma "nulidade mais que absoluta" — o que evidentemente a doutrina ora criticada não faz.

Por essas razões, é preferível falar em inexistência jurídica — mas sempre atentando para as ressalvas antes feitas.

15.2.3 E esse conjunto de considerações é também aplicável ao caso em que aquele que deveria ser o autor não integra a relação processual (por exemplo, porque alguém usou uma falsa procuração em seu nome). Juridicamente não existirá processo de que tal sujeito tenha participado — e a sentença que eventualmente contra ele se profira submeter-se-á ao regime jurídico da inexistência, nos moldes acima expostos.

16 As disputas acima mencionadas, de todo modo, são eminentemente terminológicas. Há consenso que as hipóteses de defeitos "transrescisórios" são estritamente as seguintes:

a) "sentença" desprovida de *decisum*;
b) "sentença" dada por pessoa ou órgão desprovido de jurisdição;
c) sentença dada contra alguém que deveria ter sido réu, mas não foi citado e não pôde absolutamente participar da relação processual;
d) sentença dada contra alguém que figurou formalmente como "autor" da ação, mas jamais integrou verdadeiramente o processo (ex.: falsa procuração).

---

[26] É a orientação, entre outros, de MIRANDA, Pontes de. *Tratado da ação rescisória da sentença e de outras decisões*. 5. ed. Rio de Janeiro: Forense, 1976. n. 8, p. 67, e n. 18, p. 199; MOREIRA, Barbosa. *Comentários...*, V. n. 68, p. 107-108; VIDIGAL, Bueno. *Comentários ao CPC*. 2. ed. VI. São Paulo: RT, 1976, introd., n. 29, p. 39; FABRÍCIO, Adroaldo. Réu revel não citado, 'querela nullitatis' e ação rescisória. *RePro*, 48, n. 5, p. 33, 1987.

VIII Apenas a inexistência jurídica da sentença constitui defeito "transrescisório"

17 Acresça-se ao até aqui exposto mais uma observação fundamental. No direito processual, a inexistência jurídica é fenômeno que assume relevância própria estritamente no que diz respeito à sentença, e não aos demais atos, internos ao processo.

Vittorio Denti chega a afirmar que a inexistência jurídica, no processo civil, seria um "fenômeno próprio" das sentenças aptas a estabelecer a coisa julgada. Segundo ele, nos demais casos não haveria sentido em diferenciar a "nulidade absoluta" da inexistência.[27] A afirmação padece de algum exagero, pois, a rigor, uma "decisão interlocutória" pode ser juridicamente inexistente tanto quanto a sentença (por exemplo, quando proferida por alguém que não é juiz). Porém, a assertiva de Denti é correta em seu ponto nuclear: internamente ao processo não há maior importância em diferenciar a "nulidade absoluta" da inexistência porque ambas se submetem ao mesmo regime de averiguação *ex officio* e de impugnação recursal. É em relação ao pronunciamento final que a questão assume relevo, depois do trânsito em julgado.

18 Some-se a isso outro fator: a inexistência dos atos internos ao processo não implica necessariamente a inexistência do ato final (*v.g.*, a *inexistência* de intervenção do Ministério Público nas causas em que sua presença era obrigatória gera apenas nulidade, *ex vi* dos arts. 84 e 246; a inexistência da contestação firmada por advogado sem procuração, na hipótese do art. 37, parágrafo único, implica apenas a revelia).[28] Quando, a despeito da inexistência (jurídica ou material) de ato interno ao processo, a sentença juridicamente existir, *não* terá incidência o regime que permite a alegação da matéria mesmo depois do trânsito em julgado e do decurso de prazo da ação rescisória.

Portanto, a inexistência jurídica ou material de atos internos ao processo, para a configuração de defeito "transrescisório", só é relevante quando acarretar a própria inexistência do pronunciamento final.

---

[27] Inesistenza..., n. 3, p. 637.
[28] Por outro lado, e como já se viu, há casos em que uma *nulidade* interna ao processo, somada a outros fatores, implica a inexistência da sentença final (ex. citação nula, quando houver revelia).

IX Eventual falta de intimação no curso do processo não implica sentença inexistente nem vício "transrescisório"

19 Pelas razões até aqui expostas, especialmente as contidas no tópico imediatamente anterior, já fica evidente que:

i) defeitos de intimação no curso do processo não implicam, por si sós, inexistência jurídica configuradora de vício "transrescisório";

ii) a parcial e temporária ausência de integração de uma parte na relação processual tampouco implica inexistência jurídica da sentença nem qualquer vício transrescisório, se essa parte veio posteriormente, mas antes do fim do processo, a integrar a relação processual.

20 O signatário pronunciou-se especificamente sobre esse aspecto da questão, em sede teórica.[29] Suas ponderações servem com perfeição para o caso concreto aqui objeto de exame. Por isso, pede-se licença para transcrever literalmente o que se consignou naquela oportunidade:

5.8.2.8. Outras hipóteses de violação ao contraditório e à ampla defesa, que não impeçam o aperfeiçoamento da relação processual: sentença existente

Poder-se-ia questionar se outras formas de afronta ao contraditório e à ampla defesa havidas no curso do processo também não acarretariam a inexistência do pronunciamento final. A resposta é negativa.

Há uma diferença fundamental entre estar integralmente alheado do processo e dele participar ainda que sofrendo indevidas restrições no exercício das garantias processuais. Como pondera Chiara Besso, quando o destinatário dos efeitos da decisão está presente em juízo, mas não se lhe dão condições de exercer efetivamente o direito de defesa, a possibilidade de atacar os vícios mediante os meios recursais apresenta-se como tutela suficiente do princípio constitucional. Já quando o destinatário da sentença não estiver presente em juízo porque não foi citado ou foi citado invalidamente, a sua falta de conhecimento da instauração de um processo que lhe diz respeito não lhe permite utilizar-se dos meios recursais.[30]

Assim, cerceamento à produção probatória acarretará apenas a nulidade da sentença. Do mesmo modo, falhas de intimação no curso do processo poderão acarretar nulidade, a ser argüida na primeira ocasião que a

---

[29] *Coisa julgada e sua revisão*. São Paulo: RT, 2005. n. 5.8.2.8, p. 360-361.
[30] *La sentenza civile inesistente*. Turim: G. Giappichelli, 1997. cap. 4, n. 13.

parte tenha para se manifestar.[31] Porém, não implicarão inexistência da decisão final.[32] Há apenas uma hipótese que deve ficar ressalvada: se o sucumbente (*rectius*: seu advogado) não for devidamente intimado do pronunciamento final, não correrão os prazos recursais contra ele e, por conseguinte, não advirá o trânsito em julgado em face dele. Mas o caso não será de inexistência da sentença e, sim, de ausência de trânsito em julgado — sem o qual não haverá, ainda, coisa julgada. Permanecerá íntegro o direito de recorrer, correndo o prazo apenas quando houver ciência espontânea da sentença ou a regular intimação.

A prova maior de que a mera não participação parcial do réu no processo (i.e., não participação durante apenas um período, com ingresso superveniente) não implica sentença inexistente nem vício "transrescisório" reside na circunstância de que, para autorizar a alegação da falta ou nulidade de citação depois do trânsito em julgado, a lei exige que o réu supostamente não citado ou mal citado tenha permanecido "revel" (i.e., não tenha em momento algum integrado a relação processual): CPC, arts. 475-L, I, e 741, I.

X Ausência de vício "transrescisório" no caso em exame

21 Daí já se vê não haver nenhum vício "transrescisório" no caso objeto do presente parecer. A rigor, não há defeito nenhum (seja ou não "transrescisório") no processo em análise — conforme se destaca no próximo tópico. De qualquer modo, e ainda que defeito houvesse (o que só se põe para argumentar), jamais ele teria implicado qualquer vício que transcendesse o advento do trânsito em julgado.

A sentença proferida no processo liquidatório contém parte dispositiva e foi proferida por órgão investido de jurisdição. Por sua vez, *as partes integraram a relação processual — e a sentença foi proferida na presença de ambas as partes*.

O suposto vício "transrescisório", segundo o v. acórdão do E. STJ, residiria no fato de que teria transcorrido um lapso relativamente longo de tempo entre o momento em que o procurador do INFAZ anunciou no processo que tal sociedade estava sendo incorporada pela União e

---

[31] Sob pena de preclusão: STJ, Resp nº 65.906, 4. T., v.u., rel. Min. Sálvio Teixeira, j. 25.11.1997. *JSTJ e TRF* 107/119.

[32] Escreve Calmon de Passos: "A rigor, a única diferença entre o tratamento dado à intimação e à citação é a maior repercussão, no processo, que a falta ou defeito desta última determina" (*Esboço*...n. 119, p. 156). Mas cabe complementar: a diferença de repercussão não é meramente quantitativa, mas *qualitativa*.

o momento em que a União veio a ser intimada para tomar parte da relação processual. No item seguinte — repita-se — confirmar-se-á que não houve defeito nenhum nesse conjunto de eventos. Seja como for, é inequívoco que *a União veio a ser efetivamente intimada, integrou a relação processual e passou a participar ativamente do processo, muito antes de nele ser proferida a sentença.*

Esse singelo aspecto já bastaria para afastar qualquer defeito que torne o pronunciamento final do juiz de primeiro grau, confirmado pelo TRF, um mero simulacro, uma aparência de sentença. Tanto a sentença de primeiro grau quanto o acórdão do TRF consistem em provimentos emitidos na efetiva presença das partes, com a relação processual integralmente aperfeiçoada. Não há como dizer que inexista sentença em processo de que a União tenha tomado parte — pois a União já o integrava como parte quando proferida a sentença. Não há como sustentar que a sentença seria alheia à União, pois foi dada em relação jurídica processual de que a União indiscutivelmente já participava.

Portanto, todo e qualquer defeito que supostamente tivesse havido (e não houve, conforme se busca demonstrar a seguir), no que tange a intimações da União, seria apenas uma invalidade com decorrências estritamente intraprocessuais — de modo que, com o trânsito em julgado, teria ficado superada.

Mas a questão é que, a olhos vistos (*data maxima venia*), nem sequer há nenhuma invalidade. É do que se trata no item seguinte.

XI Ausência de nulidade ou defeito de qualquer espécie

22 O mero exame da sucessão de eventos e atos no processo, sumariada ao início, conjugado com a consideração das normas vetoras da validade no direito processual evidencia não haver vício de nenhuma espécie no caso em análise.

22.1 Em primeiro lugar, frise-se que não houve nenhum atraso ou demora na sucessão da parte ré no processo. O procurador do INFAZ, à fl. 1328, noticiou que supostamente já teria havido a incorporação daquela sociedade pela União. Não apresentou, naquele momento, nenhum documento comprobatório de tal evento — a despeito da determinação judicial de que o fizesse.

E não apresentou nenhum documento porque de fato não existia nenhum documento hábil que pudesse apresentar naquele momento. A ata da assembleia de incorporação ainda não havia sido levada a registro perante a Junta Comercial. Portanto, juridicamente não havia ainda incorporação eficaz em face de terceiros.

Esse aspecto da questão é de direito material — e não comporta maiores dúvidas. Os atos de constituição e transformação das pessoas jurídicas só assumem validade e eficácia perante terceiros na medida em que registrados perante o órgão registral competente (no caso, a Junta Comercial). É o que impõem, entre outros, o art. 18 do Código Civil de 1916 (vigente à época dos fatos da causa), o art. 32, II, "a", da Lei nº 8.934/1994, os arts. 97, 135, §2º, e 227, §3º, da Lei nº 6.404/1976, entre outros.

Aliás, o Superior Tribunal de Justiça inclusive já teve a oportunidade de decidir que a produção de efeitos da incorporação perante o processo, com a sucessão da incorporada pela incorporadora, ocorre "*a partir do posterior registro do contrato de incorporação*".[33]

No caso em exame, quando a incorporação foi finalmente aperfeiçoada e levada ao registro do comércio, a própria P.A.S.A. localizou o ato registrado e o comunicou em juízo (fls. 2120-2121) — o que, aliás, era dever do réu fazer. Após isso, prontamente o processo foi encaminhado para a Justiça Federal e a União intimada, passando a participar do feito (fl. 2124 e seguintes).

Então, assim que eficaz a incorporação da INFAZ pela União, foram adotados os atos processuais relativos à sucessão de partes. Antes disso, era incabível tal sucessão. Competia à INFAZ permanecer participando do processo, enquanto não aperfeiçoada sua incorporação. Se em termos fáticos já possuía estrutura para tanto, esse era um problema seu — incapaz de gerar consequências em face de terceiros. Se era esse efetivamente o caso (o que se ignora), cabia-lhe — eventualmente até com o auxílio da União — haver tomado providências para que o processo permanecesse sendo acompanhado.

22.2 Por outro lado, ainda que se pudesse dizer que, desde que o procurador da INFAZ noticiou nos autos a incorporação (então, ainda não aperfeiçoada), já se impunha a intimação da União para que assumisse o polo passivo do processo, nem mesmo assim existiria no caso alguma nulidade apta a afetar qualquer ato subsequente do processo e muito menos a sentença.

A primeira perícia ainda foi integralmente realizada com a direta e efetiva participação da INFAZ no processo.

A segunda perícia foi requerida ainda pela própria INFAZ, que a viu ser deferida e apresentou novos e específicos quesitos para tal perícia. Ou seja, por ocasião do início da segunda perícia, a INFAZ ainda participava ativamente do processo.

---

[33] REsp nº 14.180, 4. T., v.u., rel. Min. Sálvio Teixeira, j. 25.05.1993, *DJU* 28.06.1993.

No período que vai do momento em que a INFAZ deixou de participar efetivamente do processo até o ingresso da União (ou seja, desde que o procurador da INFAZ noticiou a incorporação pela União, até o momento em que tal incorporação foi efetivamente levada a registro na Junta e repercutiu no processo judicial), praticamente não houve nenhum evento relevante no procedimento. Nenhum ato decisório foi praticado durante tal período. Perdeu-se um longo lapso de tempo primeiro em um impasse quanto ao recolhimento dos novos honorários periciais; depois, o perito demorou muito mais do que o prazo concedido pelo juiz para entregar o novo laudo e devolver os autos (houve prorrogações do prazo — e chegou a ser necessária a busca e apreensão dos autos).

É bem verdade que, depois de entregue o laudo da segunda perícia, houve uma primeira intimação da INFAZ para que se pronunciasse sobre a nova prova técnica — e tal intimação não foi atendida. Contudo, logo em seguida houve o registro da incorporação na Junta, com a União sendo intimada para tomar o lugar da INFAZ. *Nesse momento, repetiu-se o ato de intimação. Ou seja, devolveu-se à União o direito de se pronunciar sobre o segundo laudo pericial.*

Mais do que isso, a União teve um prazo amplíssimo (240 dias) para se manifestar sobre o segundo laudo. E efetivamente apresentou tal manifestação, juntando inclusive um laudo divergente (fls. 2325-2354).

Em suma, o réu (INFAZ/União):

a) participou integralmente da primeira perícia, formulando quesitos, indicando assistente técnico, manifestando-se sobre o laudo etc.;

b) formulou requerimento de nova perícia;

c) apresentou normalmente quesitos para a segunda perícia;

d) teve prazo amplíssimo para se manifestar sobre a segunda perícia;

e) manifestou-se efetivamente sobre a segunda perícia, apresentando laudo crítico divergente;

A sentença só veio a ser proferida depois do exercício integral de toda essa gama de faculdades pelo réu — e quando o processo já estava na Justiça Federal. E de tal sentença a União foi também intimada, interpondo-lhe inclusive recurso de apelação.

Não há nulidade alguma, portanto. Ainda que houvesse sido retardada a intimação da União para ingressar no feito (e não o foi), aplicar-se-iam as regras dos arts. 249, §1º, e 250, *caput* e parágrafo único do Código de Processo Civil.

22.3 De resto, há ainda outra circunstância que definitivamente afasta qualquer suposição de nulidade. Ao fim e ao cabo, o juiz, ao sentenciar, acolheu o primeiro laudo, e não o segundo (v. fl. 2877, p. 8 da sentença: "Para tanto, o laudo do perito Ardel Vesco foi o que mais se ateve ao determinado na sentença, pois obteve a taxa a partir do estudo do balanço de 1977 da AC, exercício em que ocorreu o ato ilícito").

Ou seja, a sentença embasou-se na prova produzida integralmente no período anterior à própria notícia inicial da incorporação — no período em que a INFAZ ainda participava ativamente do processo.

Então, e não bastasse todo o resto, se nulidade houvesse (não há), incidiria o art. 248, parte final, do Código de Processo Civil. A sentença seria independente da pretensa nulidade.

XII Morte de pessoa natural e incorporação de pessoa jurídica: diferenças entre os regimes jurídicos processuais

23 A noção de que o regime jurídico processual previsto para a morte da parte pessoa física (CPC, art. 43 c/c 265, I) seria aplicável igualmente às hipóteses de extinção de pessoa jurídica deve ser recebida com significativas ressalvas e reparos.

Pretender uma absoluta identificação entre as duas hipóteses significaria incidir no grave erro da "antropoformização" da pessoa jurídica: atribuir a algo que não é mais do que um instituto jurídico características que são inerentes e exclusivas de um ser humano.

23.1 Há pelo menos duas diferenças essenciais entre as duas hipóteses em questão, que implicam necessariamente significativa diversidade de regimes:

1ª. a morte é um fato jurídico em sentido estrito — vale dizer, é um evento natural ao qual o ordenamento atribui decorrências jurídicas. Já a extinção de pessoa jurídica deriva normalmente de ato jurídico em sentido estrito ou de negócio jurídico — ou seja, um comportamento humano voluntário especificamente preordenado para a produção de determinados fins jurídicos. A diferença não é meramente classificatória. Tem imediata relevância prática. Dela se extrai que o próprio ato extintivo da pessoa jurídica é apto a por si só definir o destino que se pretende dar ao patrimônio dela, ao arcabouço de relações jurídicas por ela integradas;

2º. a sucessão *causa mortis*, embora juridicamente ocorra desde o momento do falecimento do *de cujus*, depende, para ser especificada e formalizada, de um procedimento estatal específico (normalmente judicial: arrolamento ou inventário; excepcionalmente administrativo). A transferência de patrimônio por ocasião da extinção da pessoa jurídica independe de qualquer procedimento similar. Aperfeiçoa-se por si só, tão logo seja eficaz o ato extintivo.

23.2 Essas duas distinções, por si sós, explicam por que não é identificável o regime processual em um caso e outro.

O traço principal do regime jurídico aplicável à morte da parte consiste na suspensão do processo, com a proibição de que atos processuais sejam praticados no período em que o feito deveria estar suspenso (CPC, art. 265, I, e 266). Isso se explica pela necessidade de se formalizar a sucessão *causa mortis* mediante o procedimento estatal acima referido.

Na hipótese de extinção de pessoa jurídica não se põe idêntica necessidade. A sucessão patrimonial é desde logo eficaz, tão logo seja eficaz a própria extinção da pessoa jurídica. Logo, é injustificável — mais do que isso, inútil — pretender aplicar o regime de suspensão de processo.

23.3 A inadequação do integral transplante de regimes é ainda mais evidente na hipótese de extinção de pessoa jurídica mediante sua incorporação a outra — como é o caso em exame neste parecer. Nessa hipótese, o ato jurídico de extinção e incorporação (contrato, ata de assembleia etc.) por si só já contém o regramento da sucessão patrimonial — independendo não apenas de qualquer procedimento estatal sucessório (como sempre independe nas pessoas jurídicas), mas também de qualquer pesquisa adicional.

Daí que a sucessão processual proveniente da incorporação é automática e imediata, tão logo registrado o ato de incorporação.

Em mais de uma oportunidade, esse aspecto já foi enfrentado pelo Superior Tribunal de Justiça, em seu duplo enfoque (i.e., posição jurídico-processual da incorporadora e da incorporada):

> Ajuizada a causa pela incorporada, opera-se automática e naturalmente, a partir do posterior registro do contrato de incorporação, sua sucessão pela incorporadora, independentemente da anuência da parte contrária.[34]

---

[34] REsp nº 14.180, 4. T., v.u., rel. Min. Sálvio Teixeira, j. 25.05.1993, *DJU* 28.06.1993.

A incorporação de uma empresa por outra extingue a incorporada, nos termos do art. 227, §3º, da LSA, tornando irregular a representação processual.[35]

24 Assim, a aplicação do regime previsto para a morte de pessoa física ao caso de extinção de pessoa jurídica há de ser subsidiária, limitada, pontual. Especialmente na hipótese de incorporação, como é o caso, fica descartada a aplicação subsidiária da disciplina atinente à suspensão obrigatória do processo. Quando muito, a aplicação subsidiária servirá para confirmar que a sucessão de partes derivada da extinção de pessoa jurídica independe de concordância do adversário, tal como na hipótese do art. 43 — ficando afastada a regra do art. 42, que exige tal consentimento.

XIII Limites do efeito devolutivo e da competência do órgão *ad quem* quando o recurso não é conhecido (ou é parcialmente conhecido)

25 Tendo sido negado conhecimento ao recurso especial, por força da ausência de um de seus requisitos específicos de admissibilidade (prequestionamento), era juridicamente inviável que ali se pronunciasse, de ofício, o pretenso vício de atos do processo.

Tal inviabilidade põe-se nas diversas perspectivas e a partir das diferentes premissas (inclusive as meramente hipotéticas) que poderiam ser cogitadas.

26 Em primeiro lugar, a decretação da invalidade no bojo do recurso especial era incabível pela razão de absolutamente não haver vício nenhum no processo — conforme se procurou antes demonstrar.

27 Mas mesmo que houvesse alguma invalidade, e ela pudesse ser reputada de ordem pública (o que se põe apenas para argumentar), ela tampouco poderia ser decretada no bojo do procedimento recursal especial em análise.

27.1 Afinal, já se havia reconhecido a falta de prequestionamento e a consequente inadmissibilidade do recurso, no que tange *especificamente* às pretensas nulidades (inadmissibilidade essa, aliás, *reafirmada* no julgamento dos próprios embargos declaratórios). A negativa de conhecimento do recurso pelo órgão *ad quem* torna-o funcionalmente incompetente para emitir qualquer outro juízo acerca da causa. Na

---

[35] REsp nº 394.379, 4. T., v.m., rel. Min. Sálvio Teixeira, j. 18.09.2003, *DJU* 19.12.2003.

dicção de Barbosa Moreira, sendo negativo o juízo de admissibilidade recursal fica "trancada a via" perante o órgão *ad quem*.[36] Ainda segundo o grande mestre carioca, quando o órgão *ad quem* nega conhecimento ao recurso, "*não lhe é lícito pronunciar-se*" sobre qualquer outro aspecto da causa.[37]

Aliás, mesmo tendo sido anteriormente admitido o recurso quanto a outro fundamento, não era dado ao STJ examinar questões alheias à extensão recursal que fora objeto do anterior juízo positivo de admissibilidade. Trata-se, na espécie, de recurso de devolução restrita. Como escreve Gleydson de Oliveira:

> Verifica-se que a cognição a ser exercida pelo Superior Tribunal de Justiça, após o juízo positivo de admissibilidade do recurso especial, limita-se à matéria decidida — prequestionamento — concernente à legislação federal apontada como violada pelo recorrente. (...) Declarada a admissibilidade do recurso especial, a cognição do Superior Tribunal de Justiça tem como objeto apenas a violação a legislação federal suscitada pelo recorrente.[38]

O enunciado da Súmula nº 528 do STF não autoriza solução diversa: ele apenas dispensa a parte recorrente de agravar contra a decisão de não conhecimento de algum ou alguns dos fundamentos de seu recurso quando outro ou outros dos fundamentos foram conhecidos e o processo subirá ao órgão *ad quem*. Nessa hipótese, o Tribunal Superior terá automaticamente a competência para rever o juízo de admissibilidade atinente aos fundamentos antes não conhecidos. Mas apenas poderá efetivamente emitir juízo positivo de admissibilidade em relação aos fundamentos que preencham todos os pressupostos para tanto.

Como anotam com maestria Theotonio Negrão, J. R. Gouvêa e L. G. Bondioli:

> A intenção da Súmula 528 é simplesmente, em determinadas circunstâncias, dispensar o recorrente de agravar contra decisão com conteúdo denegatório. Porém, isso não significa que seu recurso terá o mérito integralmente apreciado quando chegar às instâncias superiores. Para o exame integral do mérito é preciso que se façam presentes os requisitos de admissibilidade para cada um dos capítulos do acórdão impugnados.[39]

---

[36] *Comentários ao CPC*. 14. ed. Rio de Janeiro: Forense, 2008. n. 147, v. V., p. 265.
[37] *Comentários...*, n. 147, p. 266.
[38] *Recurso especial*. São Paulo: RT, 2002. n. 3.1, p. 314.
[39] *Código de Processo Civil e legislação extravagante*. 41. ed. São Paulo: Saraiva, 2009. n. 6a ao art. 542, p. 764.

27.2 Ainda que o hipotético defeito consistisse em questão de ordem pública, nem mesmo assim ela poderia subtrair-se à exigência do prequestionamento e aos limites estritos do efeito devolutivo do recurso especial.

A doutrina e jurisprudência do STJ são assentes no sentido de que mesmo as questões de ordem pública submetem-se: (i) aos limites estritos do efeito devolutivo do recurso especial e (ii) à exigência de prequestionamento como pressuposto de admissibilidade desse recurso. Confira-se a lição de Athos Gusmão Carneiro:

> Impende sublinhar que o STJ tem exigido o prequestionamento mesmo em se tratando de alegação de ofensa a 'preceitos de ordem pública', tais como os alusivos a incompetência absoluta — Recurso Especial n. 19.845, Ac. de 28.10.1992, rel. Min. Américo Luz (RSTJ, 43/382), orientação concorde com a do STF para o antigo recurso extraordinário em matéria infraconstitucional.[40]

A seguir, o Min. Athos cita dezenas de julgados do STJ nesse mesmo sentido, inclusive o do AI-AgRg nº 85.988, no qual está consignado que "mesmo as *nulidades absolutas* não prescindem de prequestionamento"; e ainda o EREsp-AgRg nº 85.558, em que se afirma que "a premissa de que 'as questões de ordem pública podem ser alegadas em qualquer tempo e juízo não se aplica às instâncias especial e extraordinária, que delas apreciam se conhecidos os recursos derradeiros, mas somente às instâncias ordinárias".[41]

Em síntese, como escreve Araken de Assis, "o prequestionamento alude, por sem dúvida, ao cabimento do recurso, mas também limita o efeito devolutivo na mesma dimensão".[42]

28 A conclusão tampouco se alteraria caso se estivesse diante de um verdadeiro vício "transrescisório" (o que se põe apenas para argumentar). Nem mesmo nessa hipótese seria possível que o STJ pronunciasse tal defeito por ocasião do julgamento de um recurso que não reuniu condições de admissibilidade.

Insista-se no ponto: recurso não conhecido implica *ausência de competência funcional (por grau de jurisdição) do órgão ad quem*. Isso significa que o processo permanece estranho ao Tribunal.

---

[40] *Recurso especial, agravos e agravo interno*. 4. ed. Rio de Janeiro: Forense, 2005. n. 15, p. 44.

[41] *Op. cit.*, n. 15, p. 45. Os acórdãos citados foram relatados pelos Ministros Sálvio Teixeira e Eliana Calmon, respectivamente.

[42] *Manual dos recursos*. 2. ed. São Paulo: RT, 2008. n. 93.1, p. 795.

O fato de o vício "transrescisório" poder ser declarado a qualquer tempo não afeta essa constatação. Afinal, a questão de ordem pública, no curso do processo, também pode ser examinada a qualquer tempo e em qualquer juízo — e, no entanto, como visto acima, não se admite o seu conhecimento pelo STJ se ela não for o próprio objeto da impugnação recursal que tenha recebido juízo positivo de admissibilidade.

Ora, a hipótese em nada se diferencia daquela em que o recurso especial é inadmissível porque intempestivo. Seria viável pronunciar o vício "transrescisório" no bojo de um recurso intempestivo? Ainda, não haveria tampouco diferença em relação ao caso em que fosse manifestamente incabível o recurso especial (porque não é decisão última de tribunal; porque não há matéria de lei federal envolvida etc.). Também aí seria admissível, a despeito da gritante inadmissibilidade recursal, a pronúncia do vício "transrescisório"? A resposta é negativa em todas essas hipóteses, tanto quanto no caso em exame — e sempre por um mesmo fundamento: o STJ não está investido de competência alguma quando não é conhecido o recurso (assim como, quando o recurso é admitido, a competência limita-se à matéria que foi objeto da admissão).

Mesmo a averiguação de uma inexistência jurídica de sentença (vício "transrescisório") submete-se à observância das regras de competência originária. Ressalvada a hipótese em que a matéria assuma o caráter de questão preliminar ou prejudicial em outro processo, quando então poderá ser arguida como defesa, a alegação de inexistência jurídica deve ser formulada perante o juiz que deteria a competência originária para o conhecimento da própria causa. É dele a competência para a declaração de ocorrência de um vício transrescisório.[43]

Enfim, excetuada a hipótese em que a arguição de inexistência jurídica da sentença seja o próprio objeto do recurso especial que tenha recebido juízo positivo de admissibilidade (e o tenha recebido precisamente em relação a tal matéria), não cabe ao STJ diretamente enfrentar a questão, como que se competente fosse para uma *querela nullitatis*. A matéria será de competência do juiz de primeiro grau (*rectius*, o juiz com competência originária para a causa objeto do processo em que há a suposta sentença inexistente). Ao STJ caberá apenas, quando se deparar com uma efetiva inexistência jurídica de sentença, reputar prejudicado o recurso especial, abstendo-se de qualquer outro pronunciamento em tal sede, dada sua inutilidade.

---

[43] Sobre o tema, v. TALAMINI, Eduardo. *Coisa julgada*. n. 5.11.4.1, p. 368, e 5.11.4.3, p. 371.

XIV A garantia do contraditório como dever de debate do órgão jurisdicional com as partes: vedação à surpresa

29 A tutela ao contraditório e à ampla defesa (CF, art. 5º, LV) destina-se a permitir aos interessados efetiva influência na formação da vontade estatal. A manifestação prévia à emissão do ato decisório constitui-se em uma espécie de colaboração com a autoridade pública. O interessado apresenta à autoridade estatal suas ponderações e contribui para a eliminação das controvérsias acerca do Direito e dos fatos. Nesse setor, a decisão adotada pela autoridade judicial produz-se com um cunho de consequência (lógica, mesmo) da atividade conjugada de todos os potenciais interessados. Assegura-se, desse modo, a efetividade da ampla defesa.

Por tudo isso, a oportunidade de manifestação do interessado tem de ser anterior à formalização da decisão.

30 Tradicionalmente, enfatiza-se a natureza eminentemente dialética de que se reveste o processo: permite-se que uma parte pratique um ato (eis a tese), que a outra pratique outro ato em resposta (e aí está a antítese) e que, com base nisso, o juiz decida (estabelecendo-se a síntese — a qual funciona como uma nova tese, reiniciando-se o processo dialético).

Não há dúvidas de que isso representa aplicação do princípio do contraditório. E em um primeiro momento o que transparece é esse fundamento *lógico* do contraditório. Ou seja: ele é decorrência lógica da própria direção contrária dos interesses dos litigantes. É decorrência lógica da própria "bilateralidade da ação e do processo".[44]

Mas não é esse o único fundamento do contraditório — *e o contraditório tampouco pode ser reduzido apenas a esse embate ou diálogo realizado meramente entre as partes.*

A limitação da ideia de contraditório ao debate *entre as partes* — a ser apenas assistido pelo juiz — remonta a um processo civil eminentemente dispositivo, em que todo o material argumentativo e probatório seria necessariamente aportado ao processo pelos litigantes. Na medida em que se atribuiu ao juiz um papel ativo, com o dever de conhecer de determinadas questões e produzir provas mesmo de ofício, aquela noção está superada.

A garantia do contraditório funda-se em aspectos mais relevantes.

---

[44] GRINOVER, Ada. *Os princípios constitucionais e o CPC*. São Paulo: Bushatsky, 1975, p. 90.

30.1 Primeiro, há também um embasamento que poderia ser designado *utilitário, técnico* ou *pragmático*: é a plena participação dos litigantes que garantirá que o processo tenha o resultado mais próximo da "verdade". Um dos chamados princípios formativos do processo consiste em selecionar ao máximo meios para atingir a verdade e eliminar o erro. O uso do contraditório no processo é um desses meios.[45]

30.2 Indo avante, o contraditório tem também um fundamento *ético*: não basta que a sentença seja justa; é preciso que seja justa *através de um processo justo*. Ou seja, dentro do moderno Estado democrático de direito reprova-se a máxima maquiavélica de que os fins justificariam os meios. A via escolhida, o meio eleito, afeta de modo inexorável o fim que se quer atingir. A *dignidade humana* — cerne de fundamentação axiológica do Direito, como tal hoje reconhecida inclusive em textos de direito positivo (Preâmbulo da Carta da ONU; Declaração Universal dos Direitos do Homem, Preâmbulo e art. I; Constituição brasileira, art. 1º, III) — impõe que cada pessoa possa participar, influir na formação dos atos que lhe afetarão.

30.3 Por fim, há um fundamento sociopolítico a justificar o contraditório: a participação dos interessados no processo de criação do ato que os atingirá é um importante (ainda que não único) fator de "legitimação subjetiva". Em outras palavras, é uma forma de se garantir que os cidadãos se "disponham a obedecer" os comandos estatais.[46]

31 Essa insistência em se destacar tantos aspectos do contraditório não é aleatória. Tamanha é sua importância no direito processual moderno que há quem chegue a considerá-lo o núcleo, a essência do processo. É o que faz, por exemplo, Elio Fazzalari, para quem o processo consiste em um procedimento do qual participam em contraditório os interessados no ato final.[47]

32 O contraditório traz consigo a noção de audiência bilateral. Esta consiste na plena *informação* dos atos do processo às partes e na *possibilidade de reação* a esses atos. Os institutos que por excelência exemplificam a audiência bilateral são a *citação* (ou seja, informação

---

[45] "A luta entre interesses contrapostos das partes é considerada e aproveitada pelo Estado como o instrumento mais apropriado para satisfazer ao final o interesse público da justiça". CALAMANDREI. El processo como juego. *Derecho procesal civil*. trad. Santiago Sentís Melendo. III. Buenos Aires: E.J.E.A. 1973, p. 263.

[46] V. entre outros DINAMARCO, C. *A instrumentalidade do processo*. 3. ed. São Paulo: Malheiros, 1993. Esp. itens 16 e 17.

[47] *Istituzioni di diritto processual*, 6. ed., Padova, Cedam, 1992., p. 82 e ss..

ao réu de que existe uma demanda proposta contra si) e a *abertura de possibilidade de contestação*.

Mas obviamente o princípio da audiência bilateral não se resume a isso; se estende por todo o procedimento. Se uma parte traz aos autos um documento, há de se noticiar esse ato à parte contrária, permitindo-lhe manifestar-se sobre ele (CPC, art. 398); antes de exercer eventual juízo de retratação no recurso de agravo retido, o juiz há de ouvir o agravado (CPC, art. 523, §2º) — e assim por diante.

Ademais, o contraditório e a bilateralidade da audiência — como garantias constitucionais — não se restringem ao definido na legislação infraconstitucional. Terão de ser observados sempre que ocorra um ato relevante dentro do processo — ainda que não exista expressa previsão legal.

Como leciona Luigi Paolo Comoglio, por um lado, jamais o sistema constitucional de garantias do processo pode ser lido, interpretado, meramente a partir daquilo que está previsto na legislação infraconstitucional, mas sim o contrário: esta é que há de ser reinterpretada, "reconstruída", "à imagem e semelhança" daquele. Por outro, lembra ainda o renomado processualista italiano, há uma exigência de que se promovam "le condizioni migliori per una 'concretizzazione' sempre piu adeguata di quelle stesse garanzie".[48]

33 Precisamente por essas razões, o contraditório não consiste apenas na garantia de embate, de ação e reação, *entre as partes*. Mais do que isso, *atinge também o juiz, que tem o dever de estabelecer um diálogo efetivo com as partes*.

Desde que também o juiz está investido de poderes para trazer, *ex officio*, elementos instrutórios (jurídicos ou fáticos) para dentro do processo, essa atividade também fica sujeita ao crivo do contraditório.

A principal decorrência da dimensão do contraditório, ora destacada, reside na vedação a que o juiz surpreenda as partes com decisões sobre questões que, conquanto versem sobre matéria cognoscível de ofício, não tenham sido debatidas no curso do processo.

O tema tem merecido especial atenção da doutrina nacional e estrangeira.

Como escreve Carlos Alberto Alvaro de Oliveira, ao enfatizar a *colaboração* entre os sujeitos principais do processo como o cerne do contraditório:

---

[48] Giurisdizione e processo nel quadro delle garanzie costituzionale. *Riv. Trim. Di Dir. e Proced. Civile*, 4, 1994p. 1064-1065.

Ora, essa colaboração só se ostenta possível, do ângulo visual das partes, quando sabem elas ou podem saber de que depende, no caso concreto, o ponto de vista do órgão judicial. De modo nenhum pode-se admitir sejam as partes surpreendidas por decisão que se apoie, em ponto decisivo, numa visão jurídica de que não se tenham apercebido, ou considerada sem maior significado: o Tribunal deve dar conhecimento de qual direção o direito subjetivo corre perigo. Permitir-se-á apenas o aproveitamento, na sentença, dos fatos sobre os quais as partes tenham tomado posição.

Dentro da mesma orientação, a liberdade concedida ao julgador de escolher a norma a aplicar, independentemente de sua invocação pela parte interessada, consubstanciada no brocardo *iura novit curia*, não dispensa a prévia ouvida das partes sobre os novos rumos a serem imprimidos à solução do litígio, em homenagem ao princípio do contraditório. (...)

(...) Mesmo a matéria que o Juiz deva conhecer de ofício impõe-se pronunciada apenas com a prévia manifestação das partes, pena de infringência da garantia. Por sinal, é bem possível recolha o órgão judicial, dessa audiência, elementos que o convençam da desnecessidade, inadequação ou improcedência da decisão que iria tomar. Ainda aqui o diálogo pode ser proveitoso, porque o Juiz ou o Tribunal, mesmo por hipótese imparcial, muita vez não se apercebe ou não dispõe de informações ou elementos capazes de serem fornecidos apenas pelos participantes do contraditório.[49]

Na mesma linha, Cândido Dinamarco leciona:

Tem-se como certo que seria arbitrário o poder exercido sem a participação dos próprios interessados diretos no resultado do processo. Essa participação constitui postulado inafastável da democracia e o processo é em si mesmo democrático e portanto participativo, sob pena de não ser legítimo. E falar em participação significa, no direito processual moderno, falar também no ativismo judiciário, que é a expressão da postura participativa do juiz — seja através da iniciativa probatória, seja do diálogo a que o juiz tradicional se recusa etc.[50]

Ainda no mesmo sentido, convém citar valiosa doutrina de Giuseppe Tarzia:

Ocorre, em resumo, um uso racional, e porém também efetivo, dos poderes do juiz. A rapidez, tão freqüente e inutilmente esperada, deve ser em função da decisão e não do sufocamento do debate. O

---

[49] O juiz e o princípio do contraditório. *Revista de Processo*, v. 71, p. 34 e 35, 1993.
[50] *A instrumentalidade*, p. 131-132.

papel 'ativo' do juiz deve ser, antes de tudo, aquele de um partícipe do diálogo processual. A sua mediação é esperada não para limitar os poderes das partes, mas para assinalar os temas do debate releváveis de ofício (como já previa uma disposição, até agora não aplicada, do nosso código de processo civil [i.e., o Código italiano]) e para evitar decisões surpresas.

Existe, em uma palavra, a exigência de recolocar o juiz ao centro do fenômeno processual: não para um exercício solitário de autoridade, mas nem para uma aplicação burocrática de esquemas processuais pré-fabricados. Ele deve, ao invés, conduzir o processo, no diálogo e no contraditório com as partes. Esta obrigação do juiz ao contraditório, expressa pelas legislações mais modernas, continua infelizmente a encontrar resistências na normativa e ainda mais na praxe do processo civil italiano.[51]

34 No processo judicial ora em exame, foi desrespeitada essa específica dimensão do contraditório.

Conforme indicado no próprio acórdão que decidiu os embargos declaratórios, o fundamento adotado para a determinação de invalidação do processo liquidatório não se confunde com aquele que havia sido veiculado no recurso especial da União. Tratou-se de fundamento novo e distinto — adotado de ofício pelo STJ.

Uma vez que a União em sua impugnação recursal jamais formulou a tese adotada no v. acórdão — portanto, uma vez que tal tese *foi adotada de ofício pelo Tribunal —*, havia o dever de ela previamente ser submetida ao crivo do contraditório.

Cabia ao STJ — que suscitou inovadoramente a questão da (suposta) inexistência jurídica — observar o dever de diálogo com as partes (especialmente a P.A.S.A., que seria a prejudicada pela adoção da tese). Era imprescindível, antes de decidir, abrir às partes a oportunidade de se manifestar sobre a questão.

Mesmo porque — como visto acima — há uma série de elementos que se contrapõem à tese encampada no v. acórdão dos embargos, os quais poderiam ter sido previamente apresentados em juízo pela P.A.S.A. (e ou seus assistentes), caso se lhe tivesse sido dada essa oportunidade.

Ao desrespeitar a garantia do contraditório e surpreender a parte com a adoção *ex officio* de uma pretensa inexistência, o v. acórdão incidiu no vício da nulidade absoluta.

---

[51] *O novo processo civil de cognição na Itália*, conferência pronunciada, em 23/06/95, nas Jornadas de Direito Processual Civil, realizadas em Curitiba (reprodução escrita, autorizada pelo autor e fornecida pelos organizadores), p. 6.

XV A configuração do erro de fato

35 A configuração processual do erro de fato é delineada no art. 485, inc. IX e §§1º e 2º, do Código de Processo Civil.[52] Por um lado, tais disposições estão redigidas de modo imperfeito. Mas de há muito doutrina e jurisprudência superaram essas imperfeições redacionais — identificando o exato alcance do conceito. Por outro lado, tais regras estão inseridas na disciplina do cabimento da ação rescisória. Mas isso obviamente não significa a impossibilidade de correção do erro de fato por outras vias.

36 O art. 485, IX, alude ao "erro de fato, resultante de atos ou de documentos da causa". O legislador inspirou-se em regra do Código de Processo Civil italiano, procurando reproduzi-la em português (art. 395, 4: "errore di fatto risultante dagli atti o documenti della causa"). No entanto, a tradução adotada no diploma brasileiro é objeto de críticas.[53] "Risultante", no original italiano, não tem o sentido de "resultante", "decorrente". Essa é apenas uma das várias acepções da palavra. A tradução mais adequada seria "que transparece", "que ressalta", "que se evidencia".[54] Por sua vez, "atti" está a significar no dispositivo da lei italiana "autos", e não "atos". Assim, o erro de fato — merecedor de regime processual impugnativo específico — é aquele *diretamente verificável, manifesto, evidente,* a partir do mero exame dos autos do processo ou dos documentos neles contidos. O parâmetro para a aferição desse erro é sempre um elemento interno aos autos.

Os dois parágrafos do art. 485 procuram precisar o sentido da regra do inciso IX. Também não são perfeitos naquilo que pretendem dizer. Mas pela consideração das diretrizes neles lançadas confirma-se a intelecção extraível da tradução adequada do original italiano.

O primeiro parágrafo indica haver erro de fato na admissão de fato inexistente ou na consideração de inexistência de fato ocorrido. Por exemplo, supõe-se na sentença que um dado documento comprova o fato "A", mas o documento retrata claramente o fato "B", que é distinto de "A" — ou vice-versa.

---

[52] As noções expostas neste tópico já foram anteriormente desenvolvidas pelo signatário em sede doutrinária (*Coisa julgada e sua revisão*, n. 3.4.10, p. 188-190).

[53] GRINOVER, Ada. *Direito processual civil*. 2. ed. São Paulo: Bushatsky, 1975. cap. VII, n. 4, b, p. 170; e MOREIRA, Barbosa. *Comentários*..., n. 85, p. 147-148, em lição repetida pela maioria dos autores que se propuseram a tratar do tema depois deles.

[54] O dicionário *Zingarelli* de língua italiana inclui entre as três acepções de "risultare": "2. *Scaturire come conclusione definitiva* da indagini, ricerche e simili" (original sem destaque).

O segundo parágrafo estabelece dois vetores que devem ser considerados cumulativamente. É indispensável que não tenha havido controvérsia entre as partes *nem* específico pronunciamento judicial sobre o fato em questão. Não se trata de simples requisito formal para a caracterização do erro de fato, mas do modo de identificação de um dado que lhe é essencial. Se as partes debateram amplamente sobre a existência de um dado fato, isso já não permite dizer que o juiz incidiu em mero erro de fato ao considerá-lo existente ou inexistente. Não se tratou então de algo manifesto, evidente, cristalino — tanto que ensejou disputas. Retomando o exemplo dado: se as partes controvertem seriamente sobre o próprio sentido da representação contida no documento — se é "A" ou "B" —, não se pode dizer que o juiz, quando adotou um dos dois caminhos, incidiu no mero erro de fato, em seu sentido processual.

É nesse mesmo sentido que se põe o requisito de que não tenha havido pronunciamento do juiz sobre o fato. Se o juiz enfrentou diretamente a questão, deixando claro haver deliberadamente assumido uma posição acerca da existência ou inexistência do fato, também não se poderá falar em erro de fato. Nessa hipótese, não importa se a conclusão a que chegou o juiz é correta ou não. Tampouco tem relevância a procedência dos argumentos por ele eventualmente utilizados para amparar o seu pronunciamento. Sendo errada sua conclusão, sendo infundados os seus argumentos, o magistrado terá desenvolvido um juízo de fato incorreto; terá apreciado mal as provas — e a decisão será injusta. Porém, o juiz não terá incidido no erro de fato de que trata inciso IX do art. 485.

37 O caso em exame enquadra-se na hipótese de erro de fato.

Há no processo documentação clara e inequívoca da perfeita participação da INFAZ e depois de União em toda a fase instrutório do processo. Isso é extraível dos autos independentemente de qualquer investigação adicional ou externa.

No entanto, o acórdão pretendeu resolver a questão com o pressuposto fático de que teria havido o cerceamento de defesa da União — como se ela tivesse ficado privada do direito de produzir provas, manifestar-se criticamente sobre o laudo, formular quesitos etc.

Trata-se de fatos essencialmente diversos — que conduzem a consequências bastante distintas. Toda a jurisprudência invocada toma em conta a hipótese de a parte ter sido integralmente privada do contraditório.

A confirmar a configuração do erro de fato, note-se não ter havido absolutamente nenhum tipo de disputa entre as partes a respeito dos fatos subjacentes. Não se discutiu em momento algum o fato de que a União ingressou no processo a tempo de participar plenamente, na integralidade do exercício do contraditório, da segunda prova pericial. Ademais, tampouco houve qualquer enfrentamento expresso da questão pelo órgão julgador. O acórdão alude genericamente à falta de intimação da União, desconsiderando os detalhes fáticos que foram sumariados no início do presente parecer. Estão preenchidos os requisitos do art. 485, §2º.

Enfim, a documentação incontroversa nos autos retrata determinado fato, incontroverso: a União sucedeu no processo a INFAZ e teve condições de participar de todas as etapas da segunda prova pericial (que tinha sido requerida ainda pela própria INFAZ). O acórdão, no entanto, adotou como premissa para decidir outro fato, distinto e excludente daquele que está documentado nos autos: a União teria sido totalmente alijada do contraditório. Com a devida *vênia*, tem-se aí um *erro de fato*.

XVI O cabimento de embargos declaratórios para a correção de erro de fato – Seus efeitos

38 Embora a disciplina sobre o erro de fato esteja veiculada nas disposições atinentes à ação rescisória, essa não é a única via de ataque e correção de tal defeito. Se se trata de um vício grave, que enseja até a desconstituição da coisa julgada já estabelecida, com ainda maior razão pode e deve ser atacado pelos meios impugnativos utilizáveis antes do trânsito em julgado.

Aliás, trata-se de matéria de ordem pública. Verificado o erro de fato no curso do processo, cabe ao julgador corrigi-lo inclusive de ofício. Assim, em qualquer fase e via recursal, na medida em que tal matéria esteja devolvida ao âmbito de conhecimento do órgão judiciário, impõe-se a eliminação do erro.

39 A correção do erro de fato deve dar-se inclusive em embargos declaratórios — ainda que esses tenham por função típica a eliminação de omissões, obscuridades e contradições.

Admite-se a utilização dos embargos declaratórios em casos extremos, em que uma decisão padece de defeito gravíssimo que não se caracteriza, todavia, como omissão, contradição ou obscuridade.[55]

---

[55] V., entre outros: MOREIRA, Barbosa. *Comentários...* n. 304, p. 563; ARAGÃO, Egas Moniz de. Embargos de declaração. *RT*, v. 633, n. 2.3, p. 12-13, 1988; DINAMARCO, Cândido. *Nova era do processo civil.* 2. ed. São Paulo: Malheiros, 2007. cap. VIII, esp. n. 99, p. 190-192; FERREIRA FILHO, Manoel Caetano. *Comentários ao CPC.* v. 7. São Paulo: RT, 2001, n. 6 ao art. 305,

Como escreve Barbosa Moreira, amparando-se em vastas referências jurisprudenciais:

> Na prática judiciária, manifesta-se tendência a ampliar semelhante possibilidade [efeito modificativo], para ensejar a correção de 'equívocos manifestos' por meio dos embargos de declaração. É o que ocorre, por exemplo, quando o órgão julgador, por erro na contagem de prazo, deixara de conhecer recurso que na verdade era tempestivo.[56]

O repertório jurisprudencial de Theotonio Negrão, igualmente, traz à colação diversos precedentes do STJ e do STF nesse sentido:

> Cabem embargos de declaração com efeitos modificativos, para *correção de erro* relativo:
>
> (...)
>
> - a uma *premissa equivocada* de que haja partido a decisão embargada, atribuindo-se-lhes efeito modificativo quando tal premissa seja influente no resultado do julgamento (STF – 1ª Turma, RE 207.928-SP-EDcl, rel. Min. Sepúlveda Pertence, j. 14.4.98, receberam os embs., v.u., DJU 15.5.98, seç. 1e, p. 54); no mesmo sentido: RSTJ 39/289 e STJ-RJ 185/554, maioria; RSTJ 47/275; STJ – 3ª T., AI 632.184-AgRg-EDcl-EDcl-EDcl, rel. Min. Nancy Andrighi, j. 19.9.06, acolheram os embs. V.u., DJU 2.10.06, p. 264; STJ – 1ª T., resp 796.160-EDcl, rel. Min. Luiz Fux, j. 10.10.06, acolheram os embs., v.u., DJU 13.11.06, p. 234;
>
> (...)
>
> - à 'decisão que, incorrendo em *erro de fato*, julgou o recurso como se a matéria fosse outra' (STF – 2ª Turma, RE 173.691-1-RJ-EDcl, rel. Min. Carlos Velloso, j. 23.2.96, recebidos, por ter ocorrido erro de fato, v.u., DJU 3.5.96, p. 13.911).[57]

Nessas hipóteses, os embargos assumem efeitos *infringentes* atípicos. Não se trata então de meramente esclarecer ou completar o

---

p. 310-313; KOZIKOSKI, Sandro. *Embargos de declaração*: teoria geral e efeitos infringentes. São Paulo: RT, 2004, n. 3.1, esp. p. 215-216; ALVES, Francisco Glauber Pessoa. Dos efeitos infringentes nos embargos declaratórios e algumas atualidades em assuntos afins. *In*: NERY JR., N.; WAMBIER, Teresa A. A. (Org.) *Aspectos polêmicos e atuais dos recursos cíveis*. v. 4. São Paulo: RT, 2001. n. 13-15, p. 435-450; TALAMINI, Eduardo. Embargos de declaração: efeitos. *In*: MEDINA J. M. *et al*. (Org.). *Os poderes do juiz e o controle das decisões judiciais*: estudos em homenagem à Profa. Teresa Arruda Alvim Wambier. n. 3.5, p. 660. Em vários desses textos há fartas referências jurisprudenciais, inclusive do STF.

[56] *Comentários...* n. 304, p. 563.

[57] NEGRÃO, T.; GOUVÊA, J. R.; BONDIOLI, L. G. *Código de processo civil e legislação processual em vigor*. 41. ed. São Paulo: Saraiva, 2009. n. 7 ao art. 535, p. 742-744 – com destaques no original.

modo como se expressou o julgador, mas, sim, verdadeiramente revisar o julgado. Os embargos despem-se de sua função típica, assumindo papel equivalente àquele atribuído aos recursos em geral. Tanto é assim, que mesmo autores que negam aos embargos declaratórios a natureza recursal reconhecem que, em tal hipótese, eles teriam natureza de recurso.[58]

A admissão de que os embargos declaratórios assumam função atípica, diretamente infringente do julgado, a fim de extirpar-lhe equívocos de premissa, erros de fato, nada mais é do que aplicação do princípio da razoabilidade. A previsão do devido processo legal (CF, art. 5º, LIV) é a garantia de um processo *razoável*, um processo que não consagre em sua estrutura e funcionamento soluções absurdas, caprichosas, divorciadas dos parâmetros médios do senso comum. Estaria incidindo nesse defeito um modelo processual em que não se permitisse desde logo a eliminação de "equívocos manifestos" (que são — reitere-se — ofensas à ordem pública, corrigíveis de ofício) em embargos declaratórios sob o argumento formal de que outra é a função típica de tais embargos.

XVII Conclusão

40 Em face das considerações acima realizadas, apresentam-se as seguintes respostas para os quesitos formulados:

a) *Há alguma nulidade no caso em exame? Sendo positiva a resposta, tal nulidade constitui um vício "transrescisório"?*

Não há nenhuma nulidade no caso em exame. A União foi intimada assim que se tornou eficaz a incorporação da INFAZ perante terceiros. De resto, a INFAZ e depois a União puderam participar de todo o procedimento instrutório e exercer todas as faculdades e garantias inerentes ao contraditório.

b) *A extinção de pessoa jurídica mediante a incorporação de seu patrimônio a outra pessoa jurídica (União) é identificável, para fins processuais, com a morte de pessoa natural?*

Não. A aplicação do regime previsto para a morte de pessoa física ao caso de extinção de pessoa jurídica há de ser subsidiária, limitada, pontual. Especialmente na hipótese de incorporação, como é o caso, fica descartada a aplicação subsidiária

---

[58] Assim, ARAGÃO, Egas Moniz de. Embargos de declaração. n. 2.3, p. 12; DINAMARCO, CÂNDIDO. *Nova era...*, n. 100, p. 192-194.

da disciplina atinente à suspensão obrigatória do processo. Quando muito, a aplicação subsidiária servirá para confirmar que a sucessão de partes derivada da extinção de pessoa jurídica independe de concordância do adversário, tal como na hipótese do art. 43 — ficando afastada a regra do art. 42, que exige tal consentimento

c) *Em recurso especial não conhecido, o Superior Tribunal de Justiça detém competência para declarar a invalidade de atos do processo e determinar o seu refazimento? O conhecimento de uma parte do recurso especial autoriza o STJ a examinar questão alheia à matéria que é objeto do juízo de admissibilidade positivo?*

Ambas as indagações merecem resposta negativa. O STJ não está investido de competência alguma quando não é conhecido o recurso, assim como, quando o recurso é admitido, a competência limita-se à matéria que foi objeto da admissão. Mesmo a averiguação de uma inexistência jurídica de sentença (vício "transrescisório") submete-se à observância das regras de competência originária. A competência para a declaração de ocorrência de um vício transrescisório recai sobre o juiz que deteria a competência originária para o conhecimento da própria causa.

d) *É compatível com as garantias do devido processo legal e do contraditório a decisão que, em embargos declaratórios, invalidou parte do processo por fundamentos alheios ao objeto do recurso não conhecido?*

Não. Ao amparar-se em uma questão nova, que não havia sido alegada nem discutida no processo, o v. acórdão ofendeu a garantia constitucional do contraditório, que impõe inclusive ao juiz o dever de debate com as partes.

e) *Sendo negativas as respostas aos quesitos anteriores, cabem novos embargos declaratórios para o fim de se restabelecer o panorama processual vigente antes do julgamento dos primeiros embargos declaratórios?*

Sim. Impõe-se a admissão e provimento de embargos declaratórios para o fim de corrigir "premissa equivocada" que foi "influente no resultado do julgamento" (STF, RE nº 207.928).

É o parecer.

Curitiba, 12 de abril de 2009.

Capítulo 6

Violação (sob o Título de "Relativização") da Coisa Julgada que Acoberta Capítulo Sentencial Atinente à Condenação em Honorários de Sucumbência – Cabimento de Recurso Especial e Recurso Extraordinário Adesivos para Combater tal Ofensa

Nota preliminar

Este parecer examina caso em que acórdão de agravo contra a decisão da fase de liquidação alterou a sentença liquidanda, invocando para tanto, expressamente, a ideia de "relativização" da coisa julgada. Como indicado na nota introdutória do capítulo anterior, dediquei-me teoricamente ao exame da legitimidade constitucional e dos limites da "relativização" da coisa julgada em meu livro *Coisa julgada e sua revisão* (São Paulo: Revista dos Tribunais, 2005). Neste parecer, pude inclusive submeter a uma aplicação concreta os "testes" que naquele livro propus para a definição do cabimento da "relativização" em determinado caso.

Depois de constatada a inviabilidade da "relativização" no caso concreto, uma etapa seguinte consiste em identificar a violação de disposições legais federais e constitucionais, necessário ao cabimento dos recursos especial e extraordinário.

O parecer trata ainda de um aspecto acessório, mas nem por isso menos interessante: a admissibilidade de recurso especial e recurso extraordinário adesivos, inclusive sob a forma "cruzada" (recurso extraordinário adesivo a recurso especial).

As regras do Código de Processo Civil consideradas neste parecer não são objeto de nenhuma alteração substancial no projeto de novo Código, ora em trâmite no Congresso Nacional.

Sumário: I Os fatos – **II** A incidência da coisa julgada sobre o capítulo referente a honorários de sucumbência: a Súmula nº 453 do STJ – **III** O valor constitucional da coisa julgada – **IV** "Relativização" da coisa julgada: limites de legitimidade – **V** Violação a normas constitucionais: cabimento de recurso extraordinário – **VI** Ausência de erro material – **VII** Leis federais violadas: cabimento de recurso especial – **VII.a** Art. 463, CPC – **VII.b** Artigos 467, 468 e 471, CPC; e art. 6º, LICC – **VII.c** Art. 474, CPC – **VII.d** Art. 475-G, CPC – **VII.e** Art. 485, CPC – **VIII** Configuração do prequestionamento – **IX** O cabimento dos recursos adesivos – **X** Os acórdãos no AI nº 1*****-2 e no AI nº 3*****-4 – **XI** Conclusão

Parecer

A ASSOCIAÇÃO ***, por meio de sua i. advogada, Dra. ***, solicita-me parecer sobre o cabimento de recursos especial e extraordinário adesivos contra acórdão que, em sede liquidação da condenação em honorários de sucumbência fixados em sentença de mérito transitada em julgado, revisou tal condenação, reduzindo-a.

Os fatos pertinentes e os quesitos estão abaixo expostos. A consulta fez-se acompanhar das principais peças do processo.

I Os fatos

1 A consulente promoveu, em face de instituição bancária, ação civil pública para a tutela de direitos individuais homogêneos, atinentes ao ressarcimento de diferenças de correção monetária de aplicações em caderneta de poupança subtraídas dos aplicadores por ocasião de planos econômicos.

1.1 A ação foi julgada procedente. A parte dispositiva da sentença incluiu condenação do réu ao pagamento de despesas processuais e honorários, que foram fixados "em 20% sobre o valor da condenação, nos termos do artigo 20, §3º, CPC" (cf. sentença nos autos nº 00000/1998, da 000ª Vara da Fazenda Pública de Curitiba).

Tal sentença foi integralmente confirmada pelo Tribunal de Justiça do Paraná, que em acórdão unânime desproveu recurso de apelação do Banco (Apel. Cível nº 9*****-0, rel. Des. Lauro Laertes de Oliveira).

Contra o acórdão da apelação, o Banco interpôs recurso especial, cujo seguimento foi negado. O agravo de instrumento interposto contra tal decisão denegatória foi também inadmitido pelo STJ.

Assim, transitou em julgado a sentença de procedência da ação civil pública, com a condenação em honorários nos termos acima referidos.

1.2 Em face de tal sentença, o Banco ajuizou ação rescisória perante o E. TJPR, que foi rejeitada sem julgamento de mérito (autos nº 1******-6). O recurso especial e o recurso extraordinário interpostos contra o acórdão que extinguiu o processo rescisório nem sequer foram admitidos. O agravo de instrumento contra a denegação do recurso especial foi desprovido pelo STJ. O Banco desistiu do agravo de instrumento contra a denegação do recurso extraordinário.

2 Posteriormente, a consulente, visando à determinação do valor da condenação em honorários, pediu em Juízo que o Banco fosse instado a apresentar os dados atinentes à totalidade das aplicações em caderneta de poupança abrangidas pelo pedido e o *decisum* da ação civil pública. A consulente buscava assim apurar o valor total da condenação principal obtida no processo coletivo para, com base nela, definir o montante da verba honorária.

O Banco opôs-se a tal orientação — e, em sede de agravo de instrumento definiu-se que o percentual dos honorários sucumbenciais incidiria sobre os valores efetivamente executados pelos titulares dos direitos individuais homogêneos, e não sobre o valor global da condenação (TJPR, AI nº 1*****-2, rel. Juiz Salvatore Astuti).

Ainda em outro agravo de instrumento, reputou-se que a definição do *quantum* da condenação em honorários haveria de ser apurado mediante liquidação de sentença, e não por simples cálculo aritmético (TJPR, AI nº 3*****-4, rel. Des. Marcos Fanchin).

3 Diante disso, a consulente promoveu uma primeira liquidação parcial de sentença — tendo-se em conta as primeiras execuções individuais da sentença coletiva que haviam sido promovidas. Ressalvou que subsequentemente promoveria novas liquidações, na medida em que novas execuções individuais ocorressem.

3.1 O Banco opôs-se a tal liquidação. Entre outros argumentos, sustentou que teria havido erro material na fixação dos honorários sucumbenciais em percentual sobre o valor da condenação — de modo que aquele comando condenatório não estaria protegido pela coisa julgada. Pediu, assim, a desconsideração da condenação em honorários, já transitada em julgado, e sua substituição por outra, a ser arbitrada em valor fixo.

3.2 Tais pretensões do Banco foram rejeitadas pelo Juízo de primeiro grau, que julgou procedente o pedido de liquidação parcial nos termos formulados pela consulente. Na sentença liquidatória, apontou-se inclusive a existência de coisa julgada, com a consequente impossibilidade de revisão da condenação liquidanda.

No entanto, novo agravo de instrumento ajuizado pelo Banco veio a ser parcialmente provido. No acórdão desse recurso, reconheceu-se, de modo explícito, não haver erro material no comando condenatório dos honorários. A despeito disso, reputou-se que era o caso de "relativizar a coisa julgada e corrigir os rumos da malfadada execução". Assim, desconsiderou-se a condenação já transitada em julgado, substituindo-se ela por outra, em valor fixo (AI nº 5******-5, rel. Des. Leonel Cunha).

Ambas as partes opuseram embargos declaratórios. Os embargos da consulente destinavam-se a obter o pronunciamento do órgão julgador a respeito das regras consagradoras da coisa julgada (já por ela invocadas em suas contrarrazões ao agravo do Banco). Em resposta, o Tribunal asseverou que, uma vez que ele "decidiu pela relativização da coisa julgada", seria "desnecessária" a consideração das disposições legais invocadas pela ora consulente (ED nº 5******-5/01).

4 O Banco interpôs recurso especial contra o acórdão do AI nº 5******-5, por pretender que a condenação em verba honorária haveria de ser fixada em valor ainda menor do que o estabelecido.

Intimada para responder a tal recurso, a consulente pretende interpor recursos adesivos.

5 Diante desse panorama, formulam-se os seguintes quesitos:

a) *A condenação em honorários veiculada na sentença da ação civil pública está acobertada por coisa julgada material?*

b) *Sendo positiva a primeira resposta, era cabível, no caso concreto, a "relativização" da coisa julgada?*

c) *Houve erro material na condenação em honorários veiculada na sentença da ação civil pública?*

d) *O acórdão que alterou os honorários fixados na sentença transitada em julgado violou normas constitucionais?*

e) *O acórdão que alterou os honorários fixados na sentença transitada em julgado violou normas legislativas federais?*

f) *Contra tal acórdão cabem recurso especial e recurso extraordinário?*

g) *Sendo positivas as respostas "d" e "e", está configurado o prequestionamento da questão constitucional e da questão normativa federal?*

h) Cabem recurso especial e recurso extraordinário adesivos no caso posto para exame?
Passo a responder.

II A incidência da coisa julgada sobre o capítulo referente a honorários de sucumbência: a Súmula nº 453 do STJ

6 O capítulo que, na sentença de procedência da ação civil pública, veiculou a condenação ao pagamento de honorários faz, tal como o capítulo principal, coisa julgada.

Esse é aspecto que não comporta nenhuma controvérsia. A condenação em honorários é um dos efeitos "secundários" ou "acessórios" da sentença. Vale dizer, é um efeito que, embora independa de pedido da parte para que seja produzido, precisa estar contemplado na sentença para que se produza — tal como ocorre com o efeito principal (relativo ao acolhimento ou rejeição da demanda).

Por óbvio, a fixação dos honorários — com a determinação de sua base de cálculo — integrou o dispositivo sentencial. Não é possível reputar (como sugere a ementa do acórdão do AI nº 5******-5, ao citar julgado do STJ que tratava de caso totalmente diverso) que a fixação da base de cálculo seria matéria circunscrita à motivação de sentença. O *decisum* na sentença da ação civil pública foi inequívoco: "Condeno o réu ao pagamento das despesas processuais e honorários advocatícios que fixo em 20% sobre o valor da condenação, nos termos do art. 20, §3º, CPC".

Uma vez veiculada na parte dispositiva da sentença, a condenação em honorários reveste-se dos mesmos atributos do comando sentencial principal ali também contido. Faz, portanto, coisa julgada material (art. 467, CPC).

Aliás, o signatário já teve a oportunidade de sustentar em sede doutrinária, com amparo nas lições de Liebman e Fazzalari, que mesmo a condenação em honorários veiculada em sentença que extingue o processo sem julgamento de mérito também faz coisa julgada material.[1] Esses dois processualistas italianos, em épocas distintas, destacaram que o fenômeno da coisa julgada é sempre um mesmo, consistente na imutabilidade do dispositivo sentencial. O atributo de "formal" ou "material" não é propriamente uma qualidade da imutabilidade em

---

[1] TALAMINI, Eduardo. *Coisa julgada e sua revisão*. São Paulo: Revista dos Tribunais, 2005. p. 131, n. 2.7; e p. 140, n. 3.3.

si, mas do objeto sobre o qual ela recai. O comando, *decisum*, é que pode ser formal (apenas extingue um processo) ou material (dispõe sobre relações jurídico-materiais). Daí que coisa julgada "formal" é imutabilidade que recai sobre comando formal, e "material", a que incide sobre comando material.² O *decisum* que determina o pagamento de honorários de sucumbência de uma parte à outra — esteja ele numa sentença que resolva ou não o mérito da causa — é sempre *material*, pois dispõe acerca de uma obrigação substancial. Logo, gera coisa julgada material.

Mas essa consideração é até mesmo irrelevante para o caso em análise — no qual a sentença em que foi vinculada a condenação na verba honorária foi inequivocamente resolutiva do mérito (julgou procedente o pedido). Em hipóteses assim, ninguém tem dificuldade em reconhecer a autoridade de coisa julgada material dos capítulos sentenciais, sejam eles principais ou acessórios.

7 A confirmar tal orientação tem-se a recentíssima Súmula nº 453 do Superior Tribunal de Justiça, segundo a qual, se a sentença omitiu-se de veicular condenação em honorários de sucumbência e transitou em julgado, não é possível depois, em outra ação, estipularem-se aqueles honorários.

O enunciado de tal Súmula, em si, até é discutível. Parece inviável cogitar-se de coisa julgada acerca dos honorários se, precisamente, não houve *nenhum* comando versando sobre honorários.³

De todo modo, para o presente caso não importa tanto a Súmula em si, mas os julgados que levaram à sua edição. Nos vários precedentes do STJ acerca do tema, consignou-se que a disciplina estipulada pela sentença acerca dos honorários sucumbenciais *fica acobertada pela coisa julgada*.⁴ Se é discutível a conclusão estampada no enunciado sumular,

---

² LIEBMAN, Enrico Tullio. *Eficácia e autoridade da sentença*: e outros escritos sobre a coisa julgada. Tradução de Alfredo Buzaid e Benvindo Aires. Tradução dos textos posteriores à ed. de 1945 e notas relativas ao direito brasileiro vigente de Ada Pellegrini Grinover. 3. ed. Rio de Janeiro: Forense, 1984. p. 60-61, n. 19; e FAZZALARI, Elio. *Instituzioni di diritto processuale civile*. Padova: CEDAM, 1992. Parte 2, Capítulo X, p. 455, n. 3. Na mesma linha, ainda, é a lição de GUASP, Jaime. *Derecho procesal civil*. 4. ed. rev. e atual. por Pedro Aragoneses. Madrid: Civitas, 1998. v. 1, p. 512, n. 40.

³ Nesse mesmo sentido, cf. DIDIER JR., Fredie. Editorial n. 106. Disponível em: <http://www.frediedidier.com.br>. Acesso em: 24 ago. 2010. O próprio Min. Fux, relator do recurso-amostra (REsp nº 886.178), no procedimento de julgamento de recursos repetitivos, ressalvou sua posição pessoal nesse sentido crítico à orientação prevalecente no STJ.

⁴ Ver, entre outros: REsp. nº 886.178/RS, Corte Especial, Rel. Min. Luiz Fux, julg. 2.12.2009, julgamento pelo procedimento dos recursos especiais repetitivos; EREsp nº 462.742/SC, Corte Especial, Rel. Min. Barros Monteiro, Rel. p/ ac. Min. Humberto Gomes de Barros, julg. 15.8.2007, *DJe* 24 mar. 2008; REsp nº 710.789/RS, 1ª T., Rel. Min. Luiz Fux, julg. 9.9.2008, *DJe* 8 out. 2008.

no sentido de que a coisa julgada atinge até mesmo a omissão de pronunciamento sobre honorários, não há dúvidas da incidência da coisa julgada sobre o capítulo decisório que *efetivamente estipulou honorários* — não podendo esses ser aumentados nem diminuídos depois do trânsito em julgado.

Adiante serão apresentados diversos desses precedentes jurisprudenciais do STJ.

8 Portanto, é inequívoca a presença da coisa julgada na condenação em verba honorária que o TJPR pretendeu revisar. Aliás, o próprio acórdão do AI nº 5******-5, tal como o dos posteriores embargos declaratórios, reconheceu expressamente que a condenação em honorários estava investida de força de coisa julgada. A despeito disso, desconsiderou-se tal autoridade.

III O valor constitucional da coisa julgada

9 A coisa julgada é instituto vinculado ao princípio geral da segurança jurídica. Mereceu expressa menção no texto constitucional, no rol de direitos e garantias fundamentais: "a lei não prejudicará o direito adquirido, o ato perfeito e a coisa julgada" (CF, art. 5º, XXXVI).

Em seus termos literais, o enfoque principal desse dispositivo parece residir na garantia da irretroatividade das leis, e não tanto nos institutos nele mencionados. No entanto, a norma em discurso confere relevo constitucional para a coisa julgada não apenas nos limites em que o instituto funciona como mecanismo de preservação da irretroatividade das leis. Mais do que isso, confere ao próprio instituto da coisa julgada, *in totum*, o valor de garantia constitucional. As razões para tal conclusão são várias:[5]

9.1 *Não há como deixar de conferir relevância constitucional à coisa julgada*, estando ela referida em dispositivo constitucional. É impossível dar ao inciso XXXVI do art. 5º estrito significado de mecanismo meramente instrumental à garantia de irretroatividade das leis. Mesmo se fosse possível dizer que o teor literal do dispositivo se restringe a isso (e não se restringe — como se vê adiante), haveria de se aplicar a máxima de hermenêutica pela qual as normas sobre direitos e garantias fundamentais merecem interpretação extensiva.

---

[5] E podem ser melhor aprofundadas na já referida obra do signatário, *Coisa julgada e sua revisão*, p. 46 *et seq.*, n. 2.2.

Além disso, basta comparar a disposição com outras contidas no próprio art. 5º da Constituição: o inciso XXXV prevê apenas que a "lei não excluirá" o acesso à justiça — e no entanto ninguém duvida que a garantia ali consagrada vai muito além disso, impondo a qualquer aplicador do direito o respeito a todas as derivações extraíveis da inafastabilidade da tutela jurisdicional; o *caput* do art. 5º refere-se apenas à igualdade "perante a lei", mas reconhece-se facilmente a incidência do princípio da isonomia em todo e qualquer momento de aplicação do direito. Tal como nesses casos, a coisa julgada não é mencionada como simples limite, baliza, da atividade legislativa. A referência no texto da Constituição implica outras consequências.

9.2 Não se ignora que a precisa definição do regime da coisa julgada é tarefa do legislador infraconstitucional.[6] A atribuição da autoridade da coisa julgada é em grande medida um dado político, um tema de política legislativa.[7] Cabe à lei disciplinar o campo de incidência, as condições para formação, os limites objetivos e subjetivos, os meios de revisão e os demais aspectos do instituto. Portanto, é sempre possível a sua (re)modelação infraconstitucional — desde que limitada sua aplicação a pronunciamentos que ainda não tenham transitado em julgado. Esse é o primeiro e mais óbvio limite à atuação do legislador, extraível da própria cláusula do inciso XXXVI. As alterações no regime da coisa julgada não podem servir para desfazer nem facilitar o desfazimento daqueles comandos jurisdicionais já acobertados *in concreto* por tal autoridade. Mas não se trata do único limite que a Constituição impõe.

9.3 Tampouco parece razoável supor que o legislador infraconstitucional possa vir a abolir integralmente a coisa julgada, consagrando a possibilidade permanente de revisão de todo e qualquer pronunciamento da jurisdição. Nem mesmo se essa abolição tivesse eficácia *ex nunc*, de modo a preservar as coisas julgadas anteriormente estabelecidas, ela seria admissível. Muito embora do ponto de vista lógico-jurídico seja

---

[6] Ver, por exemplo, *RTJ*, n. 159, p. 682, rel. Min. Sepúlveda Pertence; e RE nº 226.887/PE, rel. Min. Carlos Velloso – ambos citados no RE nº 220.517-2, Rel. Min. Celso de Mello. *Revista dos Tribunais*, n. 794, p. 196. Mas em todas essas decisões, reconhece-se a essência constitucional da coisa julgada (cf. nota 23, adiante).

[7] A título meramente exemplificativo, cf. CHIOVENDA, Giuseppe. *Instituições de direito processual civil*. Tradução de J. Guimarães Menegale. 2. ed. São Paulo: Saraiva, 1965. v. 1, p. 370, n. 115; LIEBMAN. *Eficácia e autoridade da sentença, op. cit.*, p. 38-39, n. 8; COUTURE, Eduardo J. *Fundamentos del Derecho Procesal Civil*. 3. ed. reimp. Buenos Aires: Depalma, 1990. p. 406-407, n. 263; e MONIZ DE ARAGÃO, Egas Dirceu. *Sentença e coisa julgada*. Rio de Janeiro: Aide, 1992. p. 189, n. 138.

perfeitamente concebível um modelo processual jurisdicional despido da coisa julgada, o direito constitucional positivo brasileiro afasta essa possibilidade.

A *Constituição impõe a premissa de que o modelo processual jurisdicional contemplará a coisa julgada* — ainda que remetendo ao legislador infraconstitucional, dentro de certas condições, a liberdade de definição dos provimentos que serão revestidos dessa estabilidade.[8] Esse é mais um dos significados extraíveis do inciso XXXVI do art. 5º.

9.4 Além disso, outras normas constitucionais também condicionam a atividade do legislador infraconstitucional na formulação da disciplina da coisa julgada. Do próprio inciso XXXVI extraem-se os *limites à supressão da coisa julgada* acima mencionados: proibição de a lei retroagir e prejudicar as coisas julgadas anteriores; proibição de a lei abolir integralmente a coisa julgada, ainda que com eficácia *ex nunc*. Mas existem também *limites constitucionais à própria previsão da coisa julgada*: o respeito às garantias do contraditório e à ampla defesa, a observância do devido processo legal...[9]

9.5 Por fim — e aqui se chega ao cerne da questão —, a afirmação de que não é dado à lei suprimir a coisa julgada que já se tenha formado implica também o princípio geral de que o aplicador da lei não pode, ele mesmo, desrespeitar a coisa julgada. O Supremo Tribunal Federal já se pronunciou a esse respeito.[10]

Não faria sentido limitar a atividade do legislador para o fim de proteger a coisa julgada e, ao mesmo tempo, deixar o aplicador da lei livre para agir como bem entendesse. Trata-se de conjugar o art. 5º, XXXVI, com o princípio constitucional da legalidade (art. 5º, II).

Aplica-se ao caso uma diretriz geral muito bem expressa na doutrina e jurisprudência constitucional alemãs: "nenhum tribunal pode tomar por base para a sua decisão uma regra que 'nem sequer o legislador poderia ordenar'".[11]

---

[8] Como nota Elival da Silva Ramos, à lei infraconstitucional é dado regular os aspectos processuais do instituto; não, porém, interferir sobre a diretriz contida no inciso XXXVI do art. 5º (*A proteção aos direitos adquiridos no direito constitucional brasileiro*. São Paulo: Saraiva, 2003. p. 143, n. 24).

[9] Sobre o tema, remete-se aos n. 2.2.3 e n. 2.2.4 da citada obra *Coisa julgada e sua revisão*, do ora signatário.

[10] RE nº 92.823, *RTJ*, n. 99, p. 794; RE nº 112.405, *RTJ*, n. 121, p. 373. Na doutrina, cf. MONIZ DE ARAGÃO, Egas Dirceu. Mandado de segurança contra ato judicial. *Revista dos Tribunais*, v. 24, n. 682, p. 20, 1992; e MARQUES, José Frederico. *Manual de direito processual civil*. São Paulo: Saraiva, 1975. v. 3, p. 235, n. 685.

[11] Cf. ALEXY, Robert. Direito constitucional e direito ordinário: jurisdição constitucional e jurisdição especializada. *Revista dos Tribunais*, v. 92, n. 809, p. 57, n. 1.3, mar. 2003, reportando-se a uma fórmula cunhada por Schumann.

10 Assim, fica definitivamente afastada a ideia de que o inciso XXXVI do art. 5º estaria tratando unicamente de irretroatividade das leis. Ainda que não mediante fórmula explícita, *o dispositivo consagra como garantia constitucional o próprio instituto da coisa julgada*. E, revestindo-se de tal condição, a coisa julgada não pode ser suprimida da Constituição nem sequer mediante emenda constitucional (CF, art. 60, §4º, IV).

10.1 Por um lado, a coisa julgada constitui uma garantia individual: na perspectiva do jurisdicionado, ela se presta a conferir estabilidade à tutela jurisdicional obtida.

Como observa Cândido Dinamarco, a coisa julgada não consiste, em si mesma, na tutela jurisdicional em prol da parte, mas "vale como uma tutela aos efeitos produzidos".[12] Vale dizer, é a *tutela da tutela* um *reforço* da tutela. Bem por isso, de há muito, Frederico Marques já afirmava que a garantia da coisa julgada, à parte ser objeto de expressa referência constitucional, é também extraível da garantia da tutela jurisdicional, ora consagrada no art. 5º, XXXV, CF.[13]

Nesse sentido, podem ser citados ordenamentos como o espanhol, em que, embora não exista regra explícita na Constituição consagrando a coisa julgada, essa é tida como garantia constitucional extraível da norma que assegura o direito à tutela jurisdicional efetiva. O Tribunal Constitucional da Espanha reconhece o valor constitucional da coisa julgada como manifestação da "seguridad jurídica integrante del derecho a la tutela judicial efectiva".[14]

10.2 Por outro lado, a coisa julgada tem também o caráter de garantia institucional, objetiva: prestigia-se a eficiência e a racionalidade da atuação estatal, que desaconselham, em regra, a reiteração de atividade sobre um mesmo objeto.

11 Em suma, a coisa julgada é uma garantia constitucional. Violar a coisa julgada significa violar, também, a Constituição.

---

[12] DINAMARCO, Cândido Rangel. Tutela jurisdicional. *Revista de Processo*, v. 21, n. 81, p. 64, n. 5, jan./mar. 1996.

[13] MARQUES. *Manual de direito processual civil*, op. cit., v. 3, p. 235-236, n. 685.

[14] GARBERÍ LLOBREGAT, José. *El derecho a la tutela judicial efectiva en la jurisprudencia del Tribunal Constitucional*. Barcelona: Bosch, 2008. p. 233-245, n. 3; LOURIDO RICO, Ana M. *La cosa juzgada*: su tratamiento procesal en la L.E.C. Coruña: Tórculo, 2001. p. 54-57, n. II.3; CARRERAS DEL RINCÓN, J. *Comentarios a la doctrina procesal civil del Tribunal Constitucional y del Tribunal Supremo*: el artículo 24 de la Constitución Española: los derechos fundamentales del justiciable. Madrid: Marcial Pons, 2002. Cap. VII, p. 411, n. I.4; p. 424, n. II.5; e p. 480 *et seq*., n. III.5; e MONTERO AROCA, Juan. El nuevo proceso civil: Ley 1/2000. *In*: MONTERO AROCA, Juan; GÓMEZ COLOMER, Juan-Luis; BARONA VILAR, Silvia; MOTÓN REDONDO, Alberto. *Derecho jurisdiccional*. 9. ed. Valencia: Tirant lo Blanch, 2000. p. 537, cap. 24.

IV "Relativização" da coisa julgada: limites de legitimidade

12 Alude-se a "relativização" da coisa julgada para indicar hipóteses em que essa autoridade da sentença (e garantia da parte) é desconsiderada, infringida, sem o emprego de um dos instrumentos rescisórios típicos (ação rescisória; impugnação *ex* art. 475-L, §1º; embargos *ex* art. 741, parágrafo único).

Foi o que fez o acórdão do AI nº 5******-5, no caso em exame. Independentemente de ação rescisória (os outros dois mecanismos acima aludidos nem em tese seriam aplicados à situação em análise), o Tribunal quebrou a coisa julgada material já estabelecida para alterar completamente o conteúdo do comando condenatório. Nos acórdãos do agravo de instrumento e dos subsequentes embargos declaratórios, o órgão julgador indicou textualmente que estava a "relativizar" a coisa julgada.

13 O tema é objeto de intensa controvérsia no direito brasileiro – e nem sequer é cogitado em muitos outros países, que absolutamente não concebem qualquer abertura para a desconsideração atípica da coisa julgada.[15] Entre nós, autorizados doutrinadores descartam por completo a possibilidade de quebra da coisa julgada fora das hipóteses tipificadas. Entre outros, pode-se aludir a manifestações de Barbosa Moreira, Ovídio Baptista da Silva, Araken de Assis e Nelson Nery Júnior.[16]

13.1 O signatário pronunciou-se em sede doutrinária a respeito do tema.[17] Não lhe parece que seja possível a pura e simples recusa a alguma possibilidade de "relativização" da coisa julgada. A potencialidade de quebra atípica da coisa julgada é ínsita à coexistência de valores

---

[15] Edoardo Ricci, em resenha à obra *Coisa julgada e sua revisão*, que muito honrou o ora signatário, destaca precisamente a ausência dessa discussão na doutrina e jurisprudência italianas. Cf. *Rivista de Diritto Processuale*, v. 1, 2007.

[16] MOREIRA, José Carlos Barbosa. Considerações sobre a chamada relativização da coisa julgada material. *Revista Dialética de Direito Processual*, n. 22, p. 91-111, jan. 2005; SILVA, Ovídio Araujo Baptista da. Coisa julgada relativa?. *Revista Dialética de Direito Processual*, n. 13, p. 102-112, abr. 2004; ASSIS, Araken de. Eficácia da coisa julgada inconstitucional. *Revista Jurídica*, v. 50, n. 301, p. 12-13, n. 2, e p. 27, n. 4, nov. 2002; NERY JÚNIOR, Nelson; NERY, Rosa Maria de Andrade. Código de Processo Civil comentado e legislação extravagante: atualizado até 7 de julho de 2003. 7. ed. rev. e ampl. São Paulo: Revista dos Tribunais, 2003. p. 791-794, n. 22-31 ao art. 467. Também nesse sentido: PORTO, Sérgio Gilberto. Cidadania processual e relativização da coisa julgada. *Revista Síntese de Direito Civil e Processual Civil*, v. 4, n. 22, p. 5-13, mar./abr. 2003; e MARINONI, Luiz Guilherme. O princípio da segurança dos atos jurisdicionais: a questão da relativização da coisa julgada material. *Revista Jurídica*, v. 52, n. 317, p. 14-33, mar. 2004.

[17] Cf. TALAMINI. *Coisa julgada e sua revisão, op. cit.*, especialmente o Capítulo 13.

jurídicos fundamentais igualmente relevantes na ordem jurídica e não necessariamente harmônicos. A perspectiva de conflito entre princípios constitucionais proíbe qualquer resposta hipotética e absoluta, seja no sentido da pura e simples aceitação, seja no sentido da rejeição total à relativização da coisa julgada. Ou seja, em tese, não é impossível que valores fundamentais colidam frontalmente – e um desses valores pode precisamente ser a segurança jurídica, resguardada pela coisa julgada, e ele pode estar em conflito direto com outro valor constitucional fundamental, violado pela decisão transitada em julgado.

13.2 Mas isso não faz da "relativização" da coisa julgada um instrumento de que o julgador possa lançar mão a seu bel-prazer, toda vez que se depare com uma decisão transitada em julgado que não lhe agrade, que lhe pareça que poderia ter sido proferida em outros termos.

O mesmo fundamento que desautoriza uma recusa absoluta e indiscriminada à "relativização" da coisa julgada também impõe limites bastante severos à sua admissibilidade.

É necessário que exista um efetivo conflito entre dois ou mais valores constitucionais igualmente relevantes. Derrubar a "sentença inconstitucional" atenta contra o princípio constitucional da segurança jurídica, retratado na garantia da coisa julgada, e que é um dos pilares do Estado de Direito. Afeta também a garantia fundamental da tutela jurisdicional.

Para se poder ao menos cogitar da "relativização" (questão outra é saber se ela concretamente deverá ocorrer), há de se estar diante de uma sentença que viole de modo frontal e inequívoco normas constitucionais fundamentais. Quando um impasse dessa ordem verdadeiramente se apresentar, a solução não se dará na base do "ou tudo ou nada". Não se pode dizer que serão sempre mantidas ou que serão sempre desfeitas as "coisas julgadas inconstitucionais" contra as quais não caiba um instrumento rescisório típico. Qualquer uma das duas soluções absolutas seria insatisfatória em face dos valores constitucionais fundamentais.

Terá de ser aplicado o critério da proporcionalidade — que é o mecanismo fundamental para a solução de conflito entre princípios. Diante de situação para a qual se ponham dois ou mais princípios igualmente relevantes — como é o caso —, caberá balancear os fatores concretamente envolvidos: aquele princípio que prevalecer sacrificará o outro princípio apenas na medida estritamente necessária para a consecução das suas finalidades.

13.3 Essa constatação de que o problema da "relativização" da "coisa julgada inconstitucional" tem de ser resolvido por um juízo de proporcionalidade tem sido por vezes aventada pela doutrina. Mas é preciso tomar cuidado para que isso não se torne um mero argumento retórico; que, no fundo, passe simplesmente a disfarçar arbitrariedades ou soluções meramente intuitivas ou caprichosas.

Na introdução de sua obra dedicada à coisa julgada, antes referida, o ora signatário assim se manifestou a respeito da experiência prática de "relativização" da coisa julgada:

> Até agora — é bem verdade — tudo foi feito sob o manto da excepcionalidade. Mas não há uma sistematização norteando essas soluções excepcionais. O risco é o de que se caia no arbítrio, no capricho ou no uso meramente retórico e até oportunista da idéia da relatividade da coisa julgada. Portanto, estudar o tema e pretender sistematizá-lo não significa desprezo pela coisa julgada. Bem o contrário. Ignorar o conflito de valores existentes ou apenas afirmar que a "relativização" é algo excepcionalíssimo, recusando-lhe qualquer sistematização, apenas contribuiria para a insegurança.
>
> Por isso, é preciso identificar os limites ou, mais propriamente, as balizas que sirvam para a definição, em concreto, dos limites da "relativização" — sob pena de sua banalização e o conseqüente descrédito de sérias formulações até agora desenvolvidas pela doutrina e os tribunais. Com percuciência, Cândido Dinamarco diagnosticou "indisfarçável casuísmo" nas situações em que se aceitou ou preconizou alguma mitigação dos rigores da coisa julgada, e enfatizou a necessidade de critérios que norteiem legitimamente essa "relativização".[18]

14 Enfim, cumpre estipular parâmetros objetivos para a aplicação da proporcionalidade no campo da quebra da coisa julgada. O signatário, em sede teórica, propôs os seguintes passos (ou testes):[19]

14.1 Primeiro cabe verificar se a sentença está eivada de um defeito processual ou de mérito absolutamente evidente e que implique frontal ofensa à Constituição. Tem de haver a constatação inequívoca, direta e objetiva de que a sentença é incompatível com normas constitucionais. Se de plano já não se tem essa constatação, nem mesmo é concebível levar-se adiante qualquer cogitação de infringência atípica da coisa julgada.

---

[18] TALAMINI. *Coisa julgada e sua revisão, op. cit.*, p. 24, n. 1.1. A observação de Cândido Rangel Dinamarco está em Relativizar a coisa julgada material. *Revista de Processo*, v. 28, n. 109, p. 25, n. 14, jan./mar. 2003.

[19] A respeito das etapas e critérios a seguir expostos, cf. amplamente em TALAMINI. *Coisa julgada e sua revisão, op. cit.*, Capítulo 13.

14.2 Mas não basta haver uma violação constitucional na sentença. O segundo passo consiste em identificar os valores constitucionais envolvidos, de cada lado. De um lado, estará sempre a segurança jurídica representada pela coisa julgada. Mas pode haver outros valores constitucionais que serão protegidos pela manutenção dessa sentença. Cabe ainda identificar esses outros valores, assim como aqueles que estarão sendo afrontados pela sentença inconstitucional. Mais do que isso, deve-se verificar qual é o efetivo peso desses valores no caso concreto. Não basta a afirmação meramente retórica de que tais valores estão envolvidos.

14.3 O terceiro passo, que na verdade é um aspecto desse segundo passo, consiste em verificar a boa-fé de cada uma das partes. Há de se averiguar: (a) a boa ou má-fé com que se pautaram as partes antes da formação da coisa julgada, durante o litígio e no curso do processo; (b) a boa ou má-fé da parte vencedora no exercício da posição que lhe foi assegurada pela sentença; e (c) a boa ou má-fé do vencido na sua conduta posterior à formação da coisa julgada.

14.4 Identificados os valores concretamente envolvidos e definida a sua correspondente importância no caso, o último passo é o da comparação entre os efeitos negativos e benéficos, para cada um desses valores, na hipótese de manutenção ou "quebra" da coisa julgada.

Nessa avaliação dos efeitos positivos e negativos, a consideração do tempo que já decorreu desde a formação da coisa julgada é um fator relevante. O decurso do tempo tende a consolidar situações, eventualmente atingindo inclusive terceiros: isso irá desaconselhar a quebra da coisa julgada.

15 Consideradas essas etapas e parâmetros, vê-se que nem mesmo em tese seria cabível cogitar de uma legítima "relativização" da coisa julgada no caso em exame.

15.1 De plano, a pretensão de "relativizar" contida no acórdão em análise já não passa pelo crivo do primeiro dos testes acima indicados.

Na condenação em honorários contida na sentença da ação civil pública, não se identifica nenhuma violação direta, objetiva e inequívoca à Constituição. Nem em tese se cogitou de uma afronta a normas constitucionais.0

No que tange a uma possível violação a normas, o acórdão limitou-se a afirmar que a fixação dos honorários deveria ter-se pautado pelo §4º do art. 20 do CPC — e não pelo §3º do mesmo artigo.

Ora, em primeiro lugar, a afirmação em si mesma não parece correta (*data venia*). O §4º alude a uma fixação mediante "apreciação equitativa" — o que não exclui o emprego de um percentual sobre o valor da condenação principal. Não há o que justifique tal exclusão. Como escreve Bruno Vasconcelos Carrilho Lopes, em monografia específica sobre o tema:

> No entanto, há muito a doutrina vem propondo uma interpretação mais acurada do disposto nos §§3º e 4º do art. 20. A natureza da sentença está relacionada à crise de direito material trazida ao processo, e não faz sentido utilizá-la como critério para a identificação da base de cálculo do valor dos honorários, pois ela não influirá no trabalho e nas responsabilidades do advogado. Não só nas sentenças condenatórias, mas sempre que for possível apurar o *benefício econômico proporcionado pela atuação do advogado*, é sobre o valor desse benefício que os honorários devem ser calculados, não importando a natureza da sentença. Essa é a interpretação extraída de uma análise conjunta do art. 20, §§3º e 4º, do Código de Processo Civil com lei ulterior, o art. 22, §2º, do Estatuto da Advocacia, de acordo com o qual, em qualquer situação, os honorários advocatícios devem ser compatíveis "com o trabalho realizado e o *valor econômico* da questão".[20]

Ademais, o art. 16, §2º, da Lei da Ação Civil Pública também contém regra que determina a vinculação dos honorários sucumbenciais ao ganho econômico proporcionado para os integrantes da categoria, classe ou grupo tutelado pela ação coletiva: "No cálculo dos honorários, o juiz levará em consideração *a vantagem para o grupo, categoria ou classe*, a quantidade e qualidade do trabalho desenvolvido pelo advogado e a complexidade da causa".

Portanto, nem mesmo ofensa a simples norma infraconstitucional pode-se dizer que houve.

De todo modo, e ainda que houvesse, isso seria irrelevante e insuficiente para fins de "relativização" da coisa julgada. Como indicado, é imprescindível um conflito frontal e manifesto de normas constitucionais. Uma eventual má aplicação da lei *infraconstitucional* (inexistente *in concreto*, de resto) jamais justificaria a desconsideração, a usurpação, a infringência a uma garantia *constitucional*, como é a coisa julgada.

Nem se diga que a eventual ofensa à lei infraconstitucional implicaria violação à norma constitucional que consagra o princípio da legalidade. Esse argumento é desproposital, pois transformaria toda e qualquer questão de lei federal em questão constitucional. Bastaria alegar-se afronta à lei federal para, automaticamente, estar-se alegando também ofensa à Constituição. O equívoco dessa formulação — que é

---

[20] LOPES, Bruno Vasconcelos Carrilho. *Honorários advocatícios no processo civil*. São Paulo: Saraiva, 2008. p. 143-144.

manifesto — é confirmado pela circunstância de existirem dois diferentes recursos excepcionais (recurso especial e recurso extraordinário) e dois diferentes tribunais competentes (STJ e STF) para tratar das questões de lei federal e das questões constitucionais. A Súmula nº 636 do STF, enfim, joga a "pá de cal" sobre o argumento ora criticado: "não cabe recurso extraordinário por contrariedade ao princípio constitucional da legalidade, quando a sua verificação pressuponha rever a interpretação dada a normas infraconstitucionais pela decisão recorrida".

O tema relativo a critérios de fixação de honorários de sucumbência em processos judiciais é de todo alheio ao texto constitucional. É matéria regrada, na íntegra, pela lei infraconstitucional. Daí que, ainda que houvesse alguma contrariedade a tal regramento (e — repita-se — não parecer haver) ela jamais constituiria uma violação *constitucional*. E a presença de violação constitucional é *aspecto imprescindível para que ao menos se possa começar a cogitar de "relativização" da coisa julgada*.

15.2 O insucesso da pretensão de "relativização" em face do primeiro crivo, a rigor, inclusive inviabiliza submetê-la aos crivos seguintes. De todo modo, e estritamente para fins argumentativos, vai-se adiante em tal exame.

O fracasso da pretensão de "relativização" em face do segundo teste é também evidente. Não há conflito algum entre valores constitucionais. Tem-se, de um lado, a segurança jurídica retratada pela coisa julgada. Do outro lado, não há valor constitucional nenhum a justificar a quebra da segurança jurídica. Tem apenas a pretensão privada do Banco de reduzir a condenação que sofreu (e que já teve a oportunidade de combater, mediante recursos e ação rescisória – todos malsucedidos). O bem jurídico envolvido é meramente patrimonial e privado.

15.3 Insista-se: nem caberia prosseguir nos testes. Mas aqui se prossegue por simples amor ao debate.

Pois bem, ainda que, em tese, a pretensão "relativizadora" houvesse tido sucesso nos dois primeiros crivos, não passaria pelo terceiro — atinente à boa-fé das partes.

O Banco, reitere-se, nem sequer impugnou a condenação em honorários em seus recursos na ação civil pública. Tampouco o fez na ação rescisória que, também sem sucesso, promoveu. Mais ainda: uma vez iniciados os procedimentos preparatórios da execução, o Banco, em duas ocasiões distintas, em que se pôs a discutir a questão da quantificação dos honorários sucumbenciais, em momento algum apontou qualquer problema na condenação em honorários contida na sentença da ação civil pública. Limitou-se a discutir outros aspectos: necessidade de procedimento liquidatório e a interpretação do comando da condenação em honorários.

Em nenhuma oportunidade apresentou qualquer insurgência contra a condenação em si. Postergou tal ataque para um terceiro momento. Não se está aqui a afirmar que tenha havido propósito protelatório em tal conduta. O resultado atingido, de qualquer modo, foi esse: protelação. Portanto, pode-se dizer que a boa-fé, objetivamente considerada, não ampara a posição do Banco (não bastassem todos os demais fatores atinentes aos testes anteriores).

15.4 No caso em exame, o resultado do quarto teste nada mais é do que uma decorrência dos anteriores.

A quebra da coisa julgada trará apenas sacrifícios graves à garantia constitucional da coisa julgada, viabilizadora da segurança jurídica. Não gerará nenhum específico benefício a valores constitucionais. A manutenção da coisa julgada, por sua vez, não prejudica nenhum valor constitucional. Pelo contrário, preserva a segurança jurídica e a efetividade da tutela jurisdicional.

16 De resto, ainda que se pudesse cogitar de "relativização" da coisa julgada, ela jamais poderia ser feita incidentalmente, no bojo de um processo de liquidação de sentença — como se deu no caso ora em análise. Exigiria sempre uma ação própria, análoga à ação rescisória.[21]

17 Por todas essas razões, constata-se que era incabível a "relativização" coisa julgada. A quebra da coisa julgada perpetrada pelo acórdão do AI nº 5******-5 constituiu uma *ilegítima* violação a tal garantia. Não havia respaldo para tanto — seja na ordem legal infraconstitucional (que não contempla essa hipótese de desconstituição da coisa julgada), seja na ordem constitucional (que não autorizava, por não haver conflito entre princípios constitucionais, a infringência da coisa julgada amparada no critério da proporcionalidade).

V Violação a normas constitucionais: cabimento de recurso extraordinário

18 Reitere-se que o caráter constitucional da garantia da coisa julgada já foi afirmado inclusive pelo Supremo Tribunal Federal, conforme os precedentes citados na nota 9, acima.

---

[21] TESHEINER, José Maria. Relativização da coisa julgada. Originalmente disponível em: <http://www.tex.pro.br/wwwrootde020302/relativizacaodacoisajulgada.htm>. Acesso em: 25 set. 2002. Cf. também TALAMINI. *Coisa julgada e sua revisão, op. cit.*, n. 14.3 *et seq.*

O Supremo Tribunal apenas reputa não haver questão constitucional atinente à coisa julgada quando a discussão se restringe às normas infraconstitucionais que regulamentam o instituto. Mas a circunstância de a legislação infraconstitucional regulamentar ou especificar as decorrências de uma norma estabelecida na Constituição não pode servir de motivo para que o instituto nela previsto seja "depreciado", deixando de ter a magnitude constitucional. Vale aqui advertência feita por Luigi Paolo Comoglio ao tratar das garantias fundamentais do processo, mas aplicável às demais normas constitucionais: deve-se compreender a legislação infraconstitucional à luz dos princípios e garantias previstos na Constituição e não o contrário.[22] Sustentar que apenas haveria violação constitucional quando é ofendida uma norma da Constituição não regulamentada infraconstitucionalmente, conduziria ao absurdo resultado de que, precisamente na hipótese em que maiores foram os cuidados do ordenamento (que se ocupou em explicitar, na lei infraconstitucional, a garantia constitucional), menor seria a tutela oferecida. Vale dizer, a especial preocupação do legislador infraconstitucional com a hipótese implicaria o "rebaixamento" dela de "constitucional" para meramente "legal".

É precisamente por estar atento a considerações dessa ordem que o STF consolidou o entendimento de que, se estiver ocorrendo *"erro conspícuo* quanto ao conteúdo e à autoridade, em tese, da coisa julgada", então há também ofensa à própria Constituição — e, consequentemente, caberá o recurso extraordinário para combater tal violação.[23]

No presente caso, é o que ocorre. Sem prejuízo da configuração de ofensa às normas infraconstitucionais relativas à coisa julgada, houve também a frontal desconsideração do próprio instituto, que é constitucionalmente garantido. Esse é o significado da "relativização" da coisa julgada sustentada pelo acórdão ora em exame. Houve o direto afastamento da garantia da coisa julgada. Não por outra razão, o TJPR, quando confrontado em embargos de declaração com as regras

---

[22] Aliás, vêm a calhar duas observações distintas de Comoglio: (a) jamais o sistema constitucional de garantias do processo pode ser lido, interpretado meramente a partir daquilo que está previsto na legislação infraconstitucional, mas sim o contrário: essa é que há de ser reinterpretada, "reconstruída" "à imagem e semelhança" daquele; (b) há uma exigência de que se promovam "le condizioni migliori per una 'concretizzazione' sempre più adeguata di quelle stesse garanzie" (Giurisdizione e processo nel quadro delle garanzie costituzionale. *Rivista Trimestrale di Diritto e Procedura Civile*, v. 4, n. 1, p. 1064-1065, 1994).
[23] *RTJ*, n. 159, p. 682, Rel. Min. Sepúlveda Pertence; RE nº 226.887/PE, Rel. Min. Carlos Velloso — ambos citados no RE nº 220.517-2, Rel. Min. Celso de Mello. *Revista dos Tribunais*, n. 794, p. 196, que adota o mesmo entendimento.

infraconstitucionais sobre a coisa julgada, respondeu que nem caberia examiná-las, já que havia optado por "relativizar" tal garantia. É dizer: desconsiderou-se o próprio instituto, no seu cerne.

Há, assim, ofensa ao art. 5º, XXXVI, da Constituição — e cabe o recurso extraordinário para repará-la.[24]

VI Ausência de erro material

19 Constitui erro material aquele que pode ser verificado e corrigido a partir de critérios *objetivos*.[25] Trata-se de defeito "manifesto", "evidente", "reconhecível à primeira vista", "patente", "notório".[26] O erro material reside na *expressão* do julgamento, e não no julgamento em si ou em suas premissas.[27] Trata-se de uma inconsistência que pode ser clara e diretamente apurada e que não tem como ser atribuída ao *conteúdo do julgamento* — podendo apenas ser imputada à forma (incorreta) como ele foi exteriorizado.

Esse caráter objetivo e inequívoco do erro material é facilmente ressaltado na hipótese de erro de cálculo: há até mesmo a "segurança" matemática de que existe a falha. Por isso, separa-se claramente o erro de cálculo das *escolhas* que o julgador faz acerca de critérios jurídicos ou econômicos que sejam relevantes para nortear a conta, mesmo quando estas sejam indevidas, estejam erradas. É a já tradicional

---

[24] E está preenchido o requisito da repercussão geral, pois: a) está envolvida a discussão de uma garantia fundamental do Estado de Direito; b) a hipótese é relevante para diversas outras causas, em que também se tem posto em pauta o tema da "relativização" da coisa julgada; c) a dimensão econômica da disputa é bastante grande; d) a questão envolve uma ação coletiva — por si só, configuradora de uma relevância transcendental.

[25] WAMBIER, Teresa Arruda Alvim. Conta de atualização: erro de cálculo: despacho que aprova: ação anulatória. *Revista de Processo*, v. 15, n. 59, p. 222, n. II, jul./set. 1990; e WAMBIER, Teresa Arruda Alvim. Liquidação de sentença em que se fixam alimentos: necessidade do contraditório. *Revista de Processo*, v. 20, n. 78, p. 158, n. 4, abr./jun. 1995.

[26] São todas expressões empregadas pela doutrina. Cf. ALBERTO DOS REIS, José. *Código de processo civil anotado*. reimpr. Coimbra: Coimbra Ed., 1984. v. 4, p. 131, n. 1 ao art. 557; MONIZ DE ARAGÃO. *Sentença e coisa julgada, op. cit.*, p. 144, n. 106; SANTOS, Moacyr Amaral. *Comentários ao Código de Processo Civil*: lei n. 5.869, de 11 de janeiro de 1973. 4. ed. atual. Rio de Janeiro: Forense, 1986. p. 419, n. 334; ARAÚJO CINTRA, Antônio Carlos. *Comentários ao Código de Processo Civil*. Rio de Janeiro: Forense, 2000. v. 4, p. 289, n. 256; e PORTO, Sérgio Gilberto. *Comentários ao Código de Processo Civil*. São Paulo: Revista dos Tribunais, 2000. v. 6, p. 132, n. 3 ao art. 463.

[27] Isso é o que distingue o erro material do erro de fato (hipótese de ação rescisória, art. 485, IX). No erro de fato, o defeito está nas premissas em que se baseou o julgamento, e não na sua mera expressão. O que aproxima ambas as categorias é a circunstância de não poder ter havido direto enfrentamento da questão pelo juiz — com o que deixa de ser simples erro ("material", num caso; "de fato", no outro), para se tornar, se estiver errado, um *juízo incorreto em seu próprio conteúdo*.

distinção entre erro de cálculo e "critérios de cálculo". Assim, quando há erro na soma ou na multiplicação, quando há a múltipla inclusão de uma mesma parcela, quando se faz incidir correção monetária sobre principal já atualizado etc. tem-se erro de cálculo — conforme reiteradas manifestações jurisprudenciais e doutrinárias.[28] Já a adoção de um índice de correção monetária, em vez de outro que se repute mais adequado para a hipótese, ou que esteja legal ou jurisprudencialmente definido como o exato, constituirá, se for o caso, um defeito no próprio conteúdo do julgamento, pois é um "critério de cálculo".

A mesma aptidão de ser constatável e corrigível objetivamente também peculiariza as demais hipóteses de erro material: escreve-se "procedente" no lugar de "improcedente", depois de todo uma inequívoca fundamentação pela improcedência; julga-se integralmente procedente a ação e condena-se o "autor" em verbas de sucumbência, sem que nenhuma fundamentação (ainda que errada) seja trazida na sentença para isso — o que, *racionalmente*, significa que era para ali estar grafado "réu" etc.

Em todas as hipóteses de erro material, desconsidera-se a coisa julgada. Ela se torna verdadeiramente "transparente", porque se constata de modo seguro, objetivo e inequívoco que a sentença não constitui adequada expressão da função jurisdicional.

Daí a autorização — excepcional — do art. 463, I, do CPC para que se modifique a sentença já proferida, para o fim de corrigir-se o erro material.

20 Mas o erro material é categoria que tem de ser necessariamente limitada aos casos antes indicados — em que há a claro lapso do prolator da decisão. Vale dizer, os casos em que é objetivamente detectável

---

[28] Cf., entre outros, MONIZ DE ARAGÃO. *Sentença e coisa julgada, op. cit.*, p. 146, n. 108; WAMBIER, Luiz Rodrigues. *Liquidação de sentença*. São Paulo: Revista dos Tribunais, 1997. p. 123-126, n. 3.4.2.6; WAMBIER. Conta de atualização: erro de cálculo: despacho que aprova: ação anulatória. *Revista de Processo, op. cit.*, p. 221-223, n. II; WAMBIER, Teresa Arruda Alvim. Liquidação de sentença em que se fixam alimentos: necessidade do contraditório. *Revista de Processo, op. cit.*, p. 156-161, n. 4; H. THEODORO JÚNIOR, Humberto. Coisa julgada: sentença condenatória: fixação da data de início da correção monteria: erro material: argüição em embargos a execução. *Revista de Processo*, v. 23, n. 92, p. 156, n. 4, out./dez. 1998; Rodrigues, Marcelo Abelha. Elementos de direito processual civil. 2. ed. rev. atual. e ampl. São Paulo: Revista dos Tribunais, 2003. v. 2, p. 436, n. 22.9, nota 27. Cf., ainda, STF. *RTJ*, n. 73, p. 946; STF. *RTJ*, n. 89, p. 599; STJ. EDRESsp nº 332.661/MA, 1ª T., Rel. Min. José Delgado, *DJU* 18 fev. 2002, *RJ*, n. 294, p. 121; STJ. MS nº 2.008/DF, 3ª S., v.u., Rel. Min. Assis Toledo, julg. 14.2.1996, *DJU* 18 mar. 1996; STJ. REsp 54.463-7, 3ª T., Rel. Min. W. Zveiter, *DJU* 29 maio 1995; STJ. REsp nº 21.288-5, 3ª T., Rel. Min. W. Zveiter, *DJU* 8 mar. 1992; STJ. *RSTJ* n. 34, p. 378; TRF-5R. Apel. nº 98.05.05822-0/RN, 1ª T., v.u., Rel. Desa. M. Cantarelli, julg. 7.6.2001, *DJU* 27 ago. 2001.

que o julgador disse na decisão algo que não queria ter dito. E essa verificação objetiva fundar-se-á ou no descompasso entre diferentes passagens da decisão (exemplo: resolve o mérito, inequivocamente, na fundamentação e conclui a decisão afirmando que extinguiu "sem julgamento de mérito") ou no descompasso entre a assertiva posta na decisão e um dado identificado por todos de modo inequívoco em sentido diverso ("2 e 2 são cinco").

No mais, escolhas conscientemente feitas pelo julgador ao decidir, por mais equivocadas que pareçam, por mais desautorizadas que sejam pela doutrina e a jurisprudência, *não são erros materiais*. E não podem ser submetidas ao regime jurídico amplíssimo e flexível de revisão do erro material, sob pena de ofensa à garantia constitucional da coisa julgada (CF, art. 5º, XXXVI) e à regra que proíbe a alteração da sentença depois de sua prolação (CPC, art. 463).

21 No caso aqui examinado, nem em tese pode-se cogitar de que tenha havido erro material. O juiz prolator da sentença (depois confirmada em sede recursal) claramente optou por fixar honorários em 20% do valor da condenação. Tal fixação de honorários não é desmentida nem desautorizada por nenhuma outra passagem da sentença. Por outro lado, em termos objetivos, nada há que permita dizer-se que inequivocamente outra havia de ser a fixação de honorários. Pelo contrário, como já indicado em tópico anterior, há sólida doutrina sustentando que, em qualquer caso, o juiz deve fixar honorários pautados na dimensão econômica da lide.

22 O próprio acórdão do AI nº 5******-5 reconheceu, textualmente, não haver erro material. Consignou-se "não se caracterizar", no caso, "erro material nos termos conceitualmente aceitos".

23 Portanto, era incabível a aplicação do regime excepcional atribuído à correção do erro material.

VII Leis federais violadas: cabimento de recurso especial

24 Pelas razões acima expostas, o acórdão do AI nº 5******-5 violou diversas disposições normativas federais.

VII.a Art. 463, CPC

25 Ao pretender alterar uma sentença já transitada em julgado que não continha, reconhecidamente, nenhum erro material, o acórdão violou o art. 463 do CPC.

Tal norma consagra a imodificabilidade da sentença já proferida. Destina-se a permitir a correção de decisão em princípio já acobertada pela preclusão ou mesmo pela coisa julgada, quando ela contiver erro diretamente verificável e que objetiva e inequivocamente não tem como corresponder à finalidade da atuação do órgão jurisdicional — nos termos antes vistos (seção VI, acima). A correção do erro material permanece possível mesmo depois do trânsito em julgado, e inclusive quando se formar coisa julgada material.

A função da norma do art. 463 é, portanto, a de *explicitar uma exceção ao veto de reexame de questão já decidida*. "Publicada a sentença, o juiz *só* poderá alterá-la..." — diz o *caput* desse artigo. Há aí a consagração da regra geral proibitiva da mudança da sentença já publicada.

Se o caso não se enquadra na exceção, ou seja, *não é* de erro material — conforme expressamente reconheceu o acórdão em questão — cabia observar a regra geral da *impossibilidade de se rever o que já foi decidido*. Ao não se respeitar a norma geral, violou-se o art. 463.

Como escreve Luiz Fux, "uma vez tornada pública a sentença pela sua inserção nos autos, o juiz não pode mais modificá-la". E mais adiante acrescenta: "descumprida a regra de imutabilidade, a decisão posterior é nula" — e como tal deverá "ser desconstituída através de recurso ou, após o trânsito em julgado, dentro do prazo do art. 485 do CPC, por ação rescisória".[29]

VII.b Artigos 467, 468 e 471, CPC; e art. 6º, LICC

26 Foram violadas também as disposições de lei federal que conceituam a coisa julgada e afirmam sua autoridade.

26.1 Em primeiro lugar, afrontou-se o art. 467 do Código de Processo Civil: "Denomina-se coisa julgada material a eficácia, que torna imutável e indiscutível a sentença, não mais sujeita a recurso ordinário ou extraordinário".

A sentença da ação civil pública já havia transitado em julgado. Mais do que isso, já havia até mesmo ficado superada a possibilidade de ação rescisória contra ela. Portanto, cumpria reconhecer-lhe os atributos da *imutabilidade* e da *indiscutibilidade*, respeitando-os. Ao não o fazer, o acórdão do AI nº 5******-5 negou vigência ao art. 467.

---

[29] FUX, Luiz. *Curso de direito processual civil*: processo de conhecimento, processo de execução, processo cautelar. 2. ed. Rio de Janeiro: Forense, 2004. p. 801.

26.2 Violou-se também o art. 468 do Código de Processo Civil, conforme o qual "a sentença, que julgar total ou parcialmente a lide, tem força de lei nos limites da lide e das questões decididas". Comentando tal disposição — e a escoimando de suas impropriedades redacionais —, Pontes de Miranda tece as seguintes considerações:

> O que se decidiu e chegou a ser coisa julgada impõe-se ao futuro, pela firmeza, estabilidade (necessária à ordem extrínseca), que se fazem indispensáveis para se por termo à vacilação, à dúvida, ou ao distúrbio, oriundos da instabilidade quanto à verdade intrínseca (...). O que ficou sacrificado pela apreciação errada dos fatos, ou pela má aplicação da lei, permanece, com o único corretivo, excepcionalíssimo, da ação rescisória, tendente a dar válvula ao amontoado de aplicações de leis que não incidiram ou de não-aplicações de leis que incidiram, ou de casos graves quanto ao órgão do Estado, que entregou a prestação jurisdicional, ou de ofensas exatamente à coisa julgada. O que é preciso é que se acabem as controvérsias, a insegurança, o pisar e repisar das questões; a isso serve a *coisa julgada material*.[30]

O acórdão indigitado desrespeitou essa imposição.

26.3 Foi também ofendido o art. 471 do Código de Processo Civil, que estabelece que "nenhum juiz decidirá novamente as questões já decididas, relativas à mesma lide".

Essa regra diz respeito tanto ao instituto da coisa julgada quanto ao da preclusão.[31]

A questão relativa aos honorários advocatícios já havia sido decidida, em sentença transitada em julgado. Não era dado ao acórdão do AI nº 5******-5 redecidi-la. Como visto, o caso em exame não se enquadra em nenhuma das exceções ao comando geral do art. 471.

26.4 De resto, contrariou-se também o art. 6º da Lei de Introdução ao Código Civil (Dec.-lei nº 4.657/1942). Tal disposição afirma, em nível infraconstitucional, a proibição de que a lei desrespeite a coisa julgada. Como destacado, se à lei não se permite a desconsideração da coisa julgada, ao juiz, que é aplicador da lei, tampouco se defere tal prerrogativa (v., acima, item III).

---

[30] MIRANDA, Francisco Cavalcanti Pontes de. *Comentários ao Código de Processo Civil*. Rio de Janeiro: Forense, 1974. v. 5, p. 152, n. 3 ao art. 468.
[31] Cf. MONIZ DE ARAGÃO. *Sentença e coisa julgada*, op. cit., p. 264; e WAMBIER, Teresa. *Agravo de instrumento*. São Paulo: Revista dos Tribunais, 1993. p. 214 *et seq.* (esp. p. 220).

VII.c Art. 474, CPC

27 Ofendeu-se igualmente a regra do art. 474 do Código de Processo Civil.

Como observa Calmon de Passos, a adoção do princípio da eventualidade, consagrado no art. 300 do Código, no que diz respeito ao réu:

> (...) de certo modo se completa com o disposto no art. 474, dispondo que, uma vez passada em julgado a sentença de mérito, reputar-se-ão deduzidas e repelidas todas as alegações e defesas que a parte poderia ter oposto tanto para o acolhimento quanto para a rejeição do pedido.[32]

E o princípio da eventualidade não se aplica apenas ao réu no momento de contestar. Vigora "em toda sua plenitude, tanto para o autor quanto para o réu",[33] em todas as fases do processo. Incide não apenas por ocasião da petição inicial e da contestação, mas também sobre o exercício das demais posições subjetivas processuais decisivas para o resultado do processo — inclusive e notadamente os recursos.

Bem por isso, Cândido Dinamarco leciona que o princípio da eventualidade:

> (...) repercute depois nos limites da eficácia preclusiva da coisa julgada, pela qual a sentença passada em julgado fica imune a qualquer alegação que pudesse pôr em dúvida estabilidade de seus efeitos. Ao impedir o conhecimento de qualquer questão referente a processo já extinto, quer as que foram ali suscitadas e discutidas, quer as que não o foram embora pudessem sê-lo (o deduzido e o dedutível), o art. 474 do Código de Processo Civil transmuda em autêntico ônus do réu o exercício de faculdades inerentes à eventualidade da defesa — porque, ou ele alega todas as defesas que tiver, ou não poderá alegá-las mais, depois que o mérito for julgado e a sentença coberta pela coisa julgada.[34]

Ainda nessa mesma direção, Egas Moniz de Aragão assevera que a regra do art. 474 constitui "reflexo do princípio da eventualidade, que entronca no da preclusão".[35]

---

[32] CALMON DE PASSOS, José Joaquim. *Comentários ao Código de Processo Civil*: Lei nº 5.869, de 11 de janeiro de 1973. 6. ed. rev. e atual. Rio de Janeiro: Forense, 1989. v. 3, p. 297, n. 188.1.

[33] FERREIRA FILHO, Manoel Caetano. *A preclusão no direito processual civil*. Curitiba: Juruá, 1991. p. 80, n. V.3.

[34] DINAMARCO, Cândido Rangel. *Instituições de direito processual civil*. São Paulo: Malheiros, 2001. v. 3, p. 469, n. 1070.

[35] MONIZ DE ARAGÃO. *Sentença e coisa julgada, op. cit.*, p. 325, n. 225.

28 O art. 474 do Código de Processo Civil *não* pretende estabelecer que haja o "julgamento implícito" das alegações que poderiam haver sido mas não foram realizadas.[36] Tal expressão é inadequada para se referir à regra em exame, como há muito já se notou.[37] A ideia de um "julgamento implícito" é incompatível com a garantia da inafastabilidade da tutela jurisdicional (CF, art. 5º, XXXV): o jurisdicionado estaria sendo impedido de levar a juízo uma pretensão que jamais formulara antes. É também inconciliável com o dever constitucional de fundamentação das decisões (art. 93, IX): se é absolutamente nula a decisão que não traz suas razões, o que dizer da rejeição de uma alegação ou defesa sem qualquer apreciação?

Pelas mesmas razões, o art. 474 tampouco se presta a significar que há propriamente coisa julgada acerca das alegações e defesas que poderiam ter sido suscitadas e não o foram. Mesmo porque nem sequer quando uma alegação ou defesa é efetivamente apresentada a coisa julgada estabelece-se em relação a ela: seu exame é feito na motivação da sentença e, por isso, fica alheio à coisa julgada (art. 469).

A regra em exame tem em vista exclusivamente resguardar a coisa julgada entre as partes e nos exatos limites objetivos acima postos. Fica vedado à parte valer-se das alegações e defesas que poderia ter feito e não fez, a fim de tentar obter outro pronunciamento jurisdicional que afete o objeto processual já definitivamente julgado e em face do mesmo adversário. Se a parte possuía uma alegação que era relevante à defesa de sua posição, ela tinha o ônus de apresentá-la no momento adequado no curso do processo (em prazo específico, se se tratava de uma exceção; a todo tempo, durante o processo, se constituía uma objeção). Ao não o fazer, sofreu a preclusão. Uma vez encerrado o processo, e sobrevindo a coisa julgada material, não é dado à parte obter, *para o mesmo objeto processual*, comando jurisdicional diverso daquele ali formado, sob o argumento de que a alegação que deixou de fazer antes e ora formulada altera substancialmente o veredicto da causa. Toda e qualquer alegação, *desde que interna aos limites da causa de pedir e do pedido*, torna-se irrelevante depois de formada a coisa julgada — tenha ou não sido formulada, tenha ou não sido examinada pelo julgador.

Por isso, fala-se em *eficácia preclusiva da coisa julgada*: todas as questões — deduzidas e dedutíveis — que constituíam premissas necessárias da conclusão tornam-se *irrelevantes*, inócuas, em caso de tentativa de elisão da coisa julgada.

---

[36] O exposto no presente parágrafo e nos seguintes foi anteriormente desenvolvido pelo signatário em *Coisa julgada e sua revisão, cit.*, p. 85-86, n. 2.3.3.

[37] Cf., por todos, CHIOVENDA. *Instituições de direito processual civil, op. cit.*, v. 1, p. 382, n. 118.

A expressão foi primeiramente adotada entre nós por Luiz Machado Guimarães, que observava que "todas as questões — as deduzidas e as deduzíveis — (...) considerar-se-ão decididas, não no sentido de revestidas da autoridade de coisa julgada, mas no sentido de se tornarem irrelevantes, se vierem a ser ressuscitadas com a finalidade de elidir a *res iudicata*".[38]

Como escreve Barbosa Moreira, "o expediente usado pela lei tem mera função instrumental: a preclusão das questões logicamente subordinantes não é um fim em si mesma, senão simples meio de preservar a imutabilidade do julgado".[39]

Na mesma linha, Cândido Dinamarco afirma que "*eficácia preclusiva* é a aptidão, que a própria autoridade da coisa julgada material tem, de excluir a renovação de questões suscetíveis de neutralizar os efeitos da sentença cobertos por ela". É assim um mecanismo de "autodefesa da coisa julgada".[40]

Trata-se de uma imposição necessária, uma decorrência lógica, da vigência da coisa julgada. Idêntica diretriz por-se-ia ainda que a regra do art. 474 não existisse. Não faria sentido consagrar a coisa julgada e, ao mesmo tempo, abrir o flanco a ataques fundados em questões que já podiam e deviam ter sido discutidas antes e, portanto, estão vencidas.

28.1 Na jurisprudência, há também sólida orientação no sentido de respeitar essa inafastável diretriz, ínsita à coisa julgada. Há reiteradas decisões do E. STJ dando aplicação à referida regra:

> Processual Civil e Processo Judicial Tributário Antiexacional. Recurso Especial. Ação declaratória ajuizada após o trânsito em julgado da sentença que julgou os embargos à execução fiscal. Mesmas partes e causa de pedir. Eficácia preclusiva da coisa julgada. Inobservância. 1. A coisa julgada é tutelada pelo ordenamento jurídico não só pelo impedimento à repropositura de ação idêntica após o trânsito em julgado da decisão, mas também por força da denominada eficácia preclusiva do julgado (...).[41]

---

[38] GUIMARÃES, Luiz Machado. Preclusão, coisa julgada, efeito preclusivo. In: GUIMARÃES, Luiz Machado. *Estudos de direito processual civil*. Rio de Janeiro: Ed. Jurídica e Universitária, 1969. p. 22, n. XVI.

[39] MOREIRA, José Carlos Barbosa. A eficácia preclusiva da coisa julgada material no sistema do processo civil brasileiro. In: MOREIRA, José Carlos Barbosa. *Temas de direito processual*. São Paulo: Saraiva, 1977. p. 101, n. 4.

[40] DINAMARCO. *Instituições de direito processual civil*, op. cit., v. 3, p. 323, n. 966.

[41] STJ. REsp nº 746.685, 1ª T., v.u., Rel. Min. Luiz Fux, julg. 17.10.2006, *DJU* 7 nov. 2006. Ver também STJ. REsp nº 763.231, 1ª T., v.u., Rel. Min. Luis Fux, julg. 15.2.2007, *DJU* 12 mar. 2007.

Processual Civil. Embargos de declaração. Omissão. Inexistência. Efeitos infringentes. Impossibilidade (Mandado de Segurança. Tributário. Imposto de renda. Imunidade prevista no art. 184, §5º, da CF/88. Títulos da Dívida Agrária – TDA's em poder de terceiros. Eficácia preclusiva da coisa julgada. Prevalência de decisão anterior proferida em mandado de segurança preventivo julgado por esta Corte). (...) 2. A coisa julgada atinge o pedido e a sua causa de pedir. Destarte, a eficácia preclusiva da coisa julgada (art. 474, do CPC) impede que se infirme o resultado a que se chegou em processo anterior com decisão trânsita, ainda que a ação repetida seja outra, mas que por via oblíqua desrespeita o julgado anterior. 3. Decidido em mandado de segurança preventivo a imunidade tributária dos TDA's em poder de terceiros, mencionando-se, inclusive, operações financeiras com os títulos, mercê de o writ ter sido manejado por uma corretora de valores, cujo repasse tenha se efetivado com ágio ou deságio, torna-se incompatível a autuação da Fazenda, em consideração ao decidido, em ofensa à coisa julgada que se tornou imutável e indiscutível nos limites da lide e da questão decidida (art. 468, do CPC) (...).[42]

28.2 O E. Tribunal de Justiça do Estado do Paraná igualmente tem observado com rigor a eficácia preclusiva da coisa julgada:

Apelação Cível – Ação anulatória de ato jurídico – Eficácia preclusiva da coisa julgada – Impossibilidade de rediscussão de questões que foram ou poderiam ter sido suscitadas em anterior demanda – Inteligência do art. 474, CPC – Recurso desprovido.[43]

Apelação Cível. Ação de prestação de contas. Segunda fase. Contrato de abertura de crédito em conta corrente. Preliminar de ofensa à coisa julgada. Caracterização. Inteligência dos arts. 467 e 474 do CPC. Sentença anulada. 1 - A segunda fase da ação de prestação de contas se presta a verificar se as contas prestadas estão boas a satisfazer o direito do autor, sendo que as alegações de mérito quanto ao dever ou obrigação de prestá-las deveriam ser decididas pelo juiz na primeira fase da ação. 2 - "Alegações repelidas. Eficácia preclusiva da coisa julgada. Transitada em julgado a sentença de mérito, as partes ficam impossibilitadas de alegar qualquer outra questão relacionada com a lide sobre a qual pesa a autoridade da coisa julgada. A norma reputa repelida todas as alegações que as partes poderiam ter feito na petição inicial e contestação a respeito da lide e não fizeram (alegações deduzidas e dedutíveis – cf. Barbosa Moreira, Temas, p. 100). (...) Ocorre ofensa à coisa julgada quando proferida nova decisão sobre mesma matéria já apreciada em sentença

---

[42] STJ. EDcl no REsp nº 712.164, 1ª T., v.u., Rel. Min. Luiz Fux, julg. 5.9.2006, *DJU* 21 set. 2006.
[43] TJPR. AC nº 0314268-7, 18ª C.Cível, v.u., rel. Des. Cláudio de Andrade, julg. 31.10.2007.

transitada em julgado" (TAPR-extinto, 2ª Câmara Cível, Acórdão nº 19180, Apelação Cível nº 0251695-2, Rel. Luiz Mateus de Lima, DJ 19.3.2004). Apelação conhecida e provida.[44]

29 No caso em exame, o Banco perdeu a oportunidade de impugnar a condenação em honorários em sede recursal, na ação civil pública. Jamais poderia, depois disso, pretender rediscutir tal condenação no procedimento de liquidação daquele comando condenatório.

A alegação por ele formulada no procedimento liquidatório caracterizou precisamente a conduta que é vedada pelo art. 474 do Código de Processo Civil. E o que é pior: ao ser acolhida essa sua alegação, violou-se tal regra.

VII.d Art. 475-G, CPC

30 O art. 475-G do Código de Processo Civil preceitua que "é defeso, na liquidação, discutir de novo a lide ou modificar a sentença que a julgou".

O objetivo exclusivo da liquidação de sentença é propiciar ao título judicial a liquidez necessária e imprescindível para que ele reúna condições de exequibilidade. Essa limitação funcional do procedimento liquidatório implica também um limite estrutural. Faz com que a matéria cognoscível pelo juiz e o objeto processual fiquem condicionados pelos estritos termos da condenação.

Na liquidação, o mérito está limitado pelo pedido de mensuração da extensão ou do valor dessa obrigação, que já foi reconhecida como existente pela sentença que está sendo liquidada.

Em suma, o objetivo da liquidação é chegar-se ao *quantum* da condenação, não se prestando à "rediscussão" da existência da obrigação nem ao acréscimo de outras obrigações no objeto da condenação.

31 Esse aspecto essencial do procedimento liquidatório é unanimemente enfatizado pela doutrina e a jurisprudência.

31.1 Confiram-se algumas autorizadas manifestações doutrinárias:

> (...) estabelecido o *an debeatur*, em nenhuma hipótese a liquidação poderá infirmar, de modo oblíquo, o que se tornou incontrovertível: o obrigado deve, e investiga-se apenas o quanto deve ao credor.[45]

---

[44] TJPR. AC nº 0377307-9, 16ª C.Cível, v.u., Rel. Des. Shiroshi Yendo, julg. 31.1.2007.
[45] ASSIS, Araken de. *Manual da execução*. 12. ed. rev. atual. e ampl. São Paulo: Revista dos Tribunais, 2009. p. 308.

A decisão de liquidação é um simples complemento da sentença de condenação. O procedimento preparatório da liquidação não pode ser utilizado como meio de ataque à sentença liquidanda, que há de permanecer intacta. Sua função é apenas a de gerar uma decisão declaratória do *quantum debeatur* que, na espécie, já se contém na sentença genérica, e que é proferida em complemento desta.[46]

Na liquidação, assim, a cognição judicial é parcial, isto é, limitada apenas à discussão do *quantum debeatur* relativo à responsabilidade determinada na sentença liquidanda. (...) Assim, uma vez determinados os termos da obrigação a ser cumprida, não se pode, na liquidação, modificar os critérios estabelecidos na sentença liquidanda.[47]

Na verdade, ainda quando se trata de liquidação por artigos, em que se desenvolve razoável atividade probatória, o respeito àquilo que foi objeto da sentença liquidanda é absolutamente inarredável, sob pena de desrespeito à coisa julgada já ocorrida no processo cuja sentença se vai liquidar, ou até mesmo à própria sentença liquidanda, se ainda não tiver ocorrido o trânsito em julgado. Na hipótese de sentença condenatória que já tenha transitado em julgado, nova discussão sobre o pedido seria, no entender de Alcides de Mendonça Lima, dar á liquidação caráter rescisório, que ela efetivamente não tem. É relevante ressaltar, portanto que pouco importa se já tenha ocorrido, ou não, o fenômeno da coisa julgada referentemente à sentença do processo condenatório antecedente ao de liquidação, pois, de qualquer maneira, o pedido de liquidação está limitado pelo conteúdo da sentença liquidanda. No dizer do autor há pouco referido, a sentença liquidanda "é o que é, e não o que devia ter sido, mais que o não foi. Liquida-se e executa-se o que o juiz deu e não aquilo que não deu, embora pudesse ter dado, se pedido ou não".[48]

Independentemente da natureza jurídica da liquidanda — se "processo", se "ação", se "lide", se "procedimento", se "incidente", ou, como prefere este Curso, mera "fase" —, é vedado ao juiz redecidir o que já foi decidido. Neste sentido, a regra que hoje ocupa o art. 475-G (e que antes da Lei 11.232/2005 ocupava o art. 610, expressamente revogado pelo art. 9º daquele diploma legislativo) é inequívoca. A regra afina-se bem ao comando do art. 463, *caput* – "princípio da invariabilidade da sentença".[49]

---

[46] THEODORO JÚNIOR, Humberto. *Curso de direito processual civil*. 44. ed. Rio de Janeiro: Forense, 2009. v. 2, p. 93.

[47] MEDINA, José Miguel Garcia. *Execução*. São Paulo: Revista dos Tribunais, 2008. p. 239.

[48] WAMBIER, Luiz Rodrigues. *Sentença civil: liquidação e cumprimento*. 3. ed. rev. atual. e ampl. São Paulo: Revista dos Tribunais, 2006. p. 175-176.

[49] BUENO, Cassio Scarpinella. *Curso sistematizado de direito processual civil*. 2. ed. rev. atual. e ampl. São Paulo: Saraiva, 2009. v. 3, p. 117-118.

A cognição, ressalte-se, aqui é limitada. Seu objeto consiste apenas na fixação do *quantum* devido. Expressamente o dito art. 475-G (introduzido também pela Lei nº 11.232), *verbis*: "É defeso, na liquidação, discutir de novo a lide ou modificar a sentença que a julgou". Não há cogitar do acréscimo de parcela nova, nem da subtração de parcela contemplada na sentença. Trata-se exclusivamente de revelar a expressão quantitativa do débito, nada mais.[50]

31.2 Idêntica é a orientação adotada pelo Superior Tribunal de Justiça e os demais tribunais. Pede-se licença para transcrever as ementas de diversos julgados sobre o tema, que retratam orientação pacífica. Note-se que muitos deles versavam precisamente sobre a impossibilidade de rever os critérios da condenação em honorários veiculados na sentença liquidanda ou exequenda:

> Processual Civil. Ação de desapropriação direta. Liquidação. Modificação do critério fixado a título de honorários advocatícios. Súmula 131 do STJ. Violação à coisa julgada. Ocorrência. Ofensa ao art. 535 do CPC. Inexistência. Negativa de vigência a dispositivo da CF/88. Impropriedade da via eleita. A modificação, em liquidação de sentença, da base de cálculo dos honorários advocatícios determinada no processo de conhecimento revela inequívoca violação ao instituto da coisa julgada. Precedente: REsp nº 460.198/RS, Rel. Min. Luiz Fux, *DJ* 2.5.2005. Considerando que a liquidação visa apenas especificar o quantum debeatur à luz do an debeatur acertado na sentença, forçoso concluir que a modificação da base de cálculo dos honorários na fase de liquidação viola a coisa julgada. Fixada a base de cálculo dos honorários advocatícios na forma da Súmula 617 do STF, a sua modificação em sede de liquidação de sentença, para fazer incluir as parcelas relativas aos juros moratórios e compensatórios (Súmula 131 do STJ) configura ofensa à coisa julgada. Deveras, a Corte entendeu haver afronta à coisa julgada a modificação do revisão do critério fixado a título de honorários na sentença trânsita. Precedentes: REsp nº 85.261/SP, 1ª T., Rel. Min. Milton Luiz Pereira, *DJ* 26.8.1996; REsp nº 354.162/RN, 5ª T., Rel. Min. Gilson Dipp, *DJ* 3.6.2002. Os embargos de declaração que enfrentam explicitamente a questão embargada não ensejam recurso especial pela violação do artigo 535, II, do CPC. Ademais, o magistrado não está obrigado a rebater, um a um, os argumentos trazidos pela parte, desde que os fundamentos utilizados tenham sido suficientes para embasar a decisão. Recurso especial provido.[51]

---

[50] MOREIRA, José Carlos Barbosa. *O novo processo civil brasileiro*: exposição sistemática do procedimento. 27. ed. rev. e atual. Rio de Janeiro: Forense, 2008. p. 190.
[51] STJ. REsp 987.695/MT, 1ª T., Rel. Ministro LUIZ FUX, julg. 17.3.2009, *DJe* 30 mar. 2009.

Processual civil. Liquidação de título judicial. Base de cálculo dos honorários advocatícios arbitrada no processo de conhecimento. Modificação em sede de embargos à execução. Impossibilidade. Ofensa à coisa julgada. Divergência pretoriana. Decisões monocráticas apontadas como paradigmas. Impossibilidade. Não configuração do dissídio. 1. O trânsito em julgado da sentença do processo de conhecimento a atinge integralmente, inclusive no que diz respeito à base de cálculo utilizada para o arbitramento dos honorários advocatícios, tornando descabida sua modificação em sede de execução de título judicial, por tal matéria estar protegida pelo manto da coisa julgada. 2. A indicação de decisão unipessoal como paradigma com fito de demonstrar a existência de divergência jurisprudencial a embasar o recurso especial pela alínea c é inviável, uma vez que, nos moldes previstos na lei processual e no Regimento desta Corte, somente a decisão colegiada se presta para tal mister. Precedente. 3. Recurso especial desprovido.[52]

Processual civil. Ação de desapropriação direta. Liquidação. Modificação do critério fixado a título de honorários advocatícios. Súmula 131 do STJ. Violação à coisa julgada. Ocorrência. Ofensa ao art. 535 do CPC. Inexistência. Negativa de vigência a dispositivo da CF/88. Impropriedade da via eleita. 1. Considerando que a liquidação visa apenas especificar o quantum debeatur à luz do an debeatur acertado na sentença, forçoso concluir que a modificação, em liquidação de sentença, da base de cálculo dos honorários advocatícios determinada no processo de conhecimento revela inequívoca violação ao instituto da coisa julgada. 2. Fixada a base de cálculo dos honorários advocatícios na forma da Súmula 617 do STF, a sua modificação em sede de liquidação de sentença, para fazer incluir as parcelas relativas aos juros moratórios e compensatórios (Súmula 131 do STJ) configura ofensa à coisa julgada. 3. Deveras, a Corte entendeu haver afronta à coisa julgada a modificação do revisão do critério fixado a título de honorários na sentença trânsita. Precedentes: REsp 85.261/SP, 1ª T., Rel. Min.Milton Luiz Pereira, DJ 26/08/1996; REsp 354.162/RN, 5ª T., Rel.Min. Gilson Dipp, DJ 03/06/2002. 4. Inexiste ofensa ao art. 535 do CPC, quando o Tribunal de origem, embora sucintamente, pronuncia-se de forma clara e suficiente sobre a questão posta nos autos. Ademais, o magistrado não está obrigado a rebater, um a um, os argumentos trazidos pela parte, desde que os fundamentos utilizados tenham sido suficientes para embasar a decisão. 5. O recurso especial não é servil à análise de violação a dispositivo da Constituição Federal. 6. Recurso especial parcialmente conhecido e, nessa parte, provido para excluir da base de cálculo dos honorários advocatícios as parcelas relativas aos juros moratórios e compensatórios.[53]

---

[52] STJ. REsp nº 1.017.273/SC, 5ª T., Rel. Min. Laurita Vaz, julg. 28.10.2008, *DJe* 17 nov. 2008.
[53] STJ. REsp nº 460.198/RS, 1ª T., Rel. Min. Luiz Fux, julg. 5.4.2005, *DJ* 2 maio 2005.

Processual Civil – Embargos à execução – Mandado de Segurança – Delegados de Polícia Federal inativos – Abate-teto constitucional – Base de cálculo – Excesso nas memórias do cálculo apresentado – Inclusão de vantagens percebidas com a aposentação (art. 184, incisos I, II e III, da LEI nº 1.711/52) – Exclusão de vantagens pessoais percebidas na ativa (art. 61 da Lei nº 8.112/90) – Decisão do colendo STF – Cumprimento em seus estritos termos – Limites da coisa julgada – Impossibilidade de modificação – Embargos acolhidos. 1 - Na esteira do decidido pelo Colendo Supremo Tribunal Federal nestes autos, em grau de Recurso Ordinário Constitucional, para o cálculo do abate-teto nos vencimentos dos ora embargados, deve-se excluir somente as vantagens que estes obtiveram quando de suas aposentadorias (art. 184, I, II e III, da Lei nº 1.711/52), devendo ser incluídas no referido teto as demais vantagens pessoais constantes do art. 61, da Lei nº 8.112/90. 2 - Embora a jurisprudência tenha se consolidado no sentido de que as vantagens correspondentes à situação pessoal do servidor não estão sujeitas a qualquer redução e não compõem o somatório de vencimentos do teto limite da remuneração do funcionalismo público (STF - ADIN nº 14, RE nºs 160.860/PR e 185.842/PE, entre outros e STJ - REsp nºs 144.308/CE e 143.490/SE, entre outros), não se pode alterar a liquidez e certeza da decisão exeqüenda, porquanto a mesma assim não decidiu. 3 - Outrossim, na execução do título executivo judicial, a prestação deve ser feita em estrita consonância com o decidido na fase cognitiva, sob pena de se extrapolar os limites da coisa julgada, já que abarcada pelo manto da inalterabilidade. 4 - Embargos à execução conhecidos e acolhidos, para determinar que esta seja realizada de acordo com os cálculos apresentados pela Embargada (União Federal) e corroborado pela Contadoria Judicial desta Corte. 5 - Custas ex lege. Sem honorários advocatícios, já que se trata de execução em Mandado de Segurança (Súmulas 105/STJ e 512/STF).[54]

Processual civil e administrativo. Embargos à execução. Pagamento do percentual de 28,86%. Honorários fixados no título executivo. Modificação na execução. Impossibilidade. Coisa julgada. Incidência do reajuste sobre DAS, FC e incorporações. 1. Nos termos do art. 610 do CPC, é defeso, na liquidação, discutir de novo a lide, ou modificar a sentença, que a julgou, devendo, pois a execução ser fiel ao título executivo. Assim, o percentual fixado na sentença transitada em julgada a título de honorários advocatícios deve ser mantido, pena de ofensa à coisa julgada. 2. "Reconhecido no título judicial exeqüendo o direito ao reajuste de 28,86% sobre os vencimentos, o índice deve incidir sobre a vantagem paga pelo exercício de cargo em comissão e de função gratificada incorporada a título de quintos ou décimos, de natureza

---

[54] STJ. PMS nº 199.300.059.084, 3ª S., Rel. Jorge Scartezzini, 13 out. 2003.

permanente, pena de violação da coisa julgada" (EmbExeMS nº 2.923/
DF, Relator o Ministro Hamilton Carvalhido, DJU de 11/3/2008). 3.
Apelação provida.[55]

Processo civil. Apelação cível. FGTS. Liquidação de sentença proferida
em ação civil pública. Rediscussão de índices. Impossibilidade. Juros
de mora. Possibilidade. Forma de cumprimento da obrigação. I -
Trata-se de recurso de apelação em que o autor impugna a sentença
proferida na liquidação individual de sentença coletiva, pretendendo
sua modificação na parte em que afastou a condenação em honorários
advocatícios. II - A própria sentença exeqüenda já continha a previsão
de incidência de honorários advocatícios na base de 5% (cinco por
cento) sobre o principal, tendo se operado a coisa julgada que impede
a rediscussão desta questão. III - Os honorários advocatícios foram
fixados sobre o valor da condenação, e não sobre o valor da causa, o
que faz presumir que tenham sido arbitrados em favor do titular do
direito e não do Ministério Público Federal, que atuou na ação civil
pública, em decorrência da legitimação extraordinária que lhe confere
a lei. IV - Os procedimentos de liquidação e execução do julgado não
são a sede adequada para se rediscutir os limites traçados na sentença
condenatória. V - Apelação provida.[56]

Constitucional e processual civil. Desapropriação. Imissão na posse.
Perícia. Desistência. Juros compensatórios. Indenização pela perda
da posse do bem. Honorários advocatícios. Forma de cálculo. Decisão
transitada em julgado. Coisa julgada. Litigância de má-fé. Temeridade não
verificada. - Pleito quanto à forma de cálculo dos juros compensatórios
e dos honorários advocatícios, representa interpretação extensiva de
molde a modificar o julgado. - Impossibilidade de modificação. Forma
de cálculo fixada em decisão já transitada em julgado. - Manutenção
da sentença homologatória do cálculo de liquidação devendo, no
entanto, na execução, ocorrer a dedução dos valores já levantados
pelos expropriados. - Apelação com mínimo de plausibilidade na
pretensão deduzida não pode ser qualificada de temerária, não cabendo
condenação nas penas do art. 18 do Código de Processo Civil. - Apelação
a que se nega provimento.[57]

Processo civil – Apelação cível – Desapropriação – Apossamento
administrativo – Indenização – Liquidação – IPCS – Agravo retido
– Coisa julgada – Correção monetária – Provimento nº 24 /97 da CGJF.
1- Não cabimento da majoração da base de cálculo dos honorários

---

[55] TRF1. AC nº 199.934.000.149.871, 1ª T., Des. Fed. Carlos Olavo, 24 mar. 2010.
[56] TRF2. AC nº 200.250.010.094.810, 5ª T. Esp., Des. Fed. Antonio Cruz Netto, 21 nov. 2007.
[57] TRF3. AC nº 94030937831, 5ª T., Juíza Suzana Camargo, 26 jun. 2007.

advocatícios, eis que a decisão impugnada apenas fez cumprir a coisa julgada, pois a sentença não foi modificada em segundo grau. Agravo retido desprovido. 2- Não há possibilidade de se ter por interposta a remessa oficial como determinada, uma vez que a decisão que daria ensejo à remessa seria a de condenação, e não a que julga os embargos à execução ou a sentença que homologa cálculos, as quais tratam apenas de modificar ou excluir valores oriundos desta condenação. 3- Somente quando sucumbente a Autarquia em execução de dívida ativa, é que a sentença estará sujeita ao duplo grau de jurisdição, aplicando-se neste caso o previsto no art. 475, III, da legislação processual em vigor. 4- Ainda que se considere aplicável ao DNER a Medida Provisória nº 1561-5, convertida na lei 9462/97, a qual dispõe sobre o art. 475, "caput" e inciso II do Código de Processo Civil (aplicando-o às autarquias e fundações públicas), não se pode ter por interposta remessa ex officio em fase de liquidação. Precedentes jurisprudenciais. 5- Execução convertida em definitiva, procedendo-se para tal fim à adequação da conta elaborada nos autos dos Embargos à Execução nº 199.03.00.105606-4, nos termos do presente voto. 6- Parcial provimento do recurso, no que tange à inclusão dos índices de correção monetária referentes aos IPC's expurgados. Pacificou-se a jurisprudência no entendimento de que a correção monetária nada mais é do que o instrumento legal de recomposição do poder aquisitivo da moeda, aviltado pela inflação, devendo ser a mais completa possível. Precedentes do Superior Tribunal de Justiça, e aplicação do Provimento 24, da Corregedoria - Geral da Justiça Federal da 3ª Região de 29.04.97.[58]

Constitucional e Processual Civil. Apelação Cível. Honorários advocatícios. Arbitramento sobre o valor da causa, e não sobre o da condenação. Legitimidade. Situação que não restou vergastada, oportuna e recursalmente, pela parte interessada. Advento da coisa julgada. Impossibilidade de modificação. Apelo improvido. 1. Trata-se de Apelação Cível, interposta contra a sentença de fls. 20-22, que manteve a condenação do INSS em honorários de sucumbência no percentual de 5% (cinco por cento) sobre o valor da causa. 2. A pretensão da Apelante de modificar o critério de fixação dos honorários de sucumbência, transmudando sua base de cálculo do valor da causa para o valor da condenação, encontra óbice intransponível no antigo art. 610, atual art. 475-G do CPC, que reza que "É defeso, na liquidação, discutir de novo a lide ou modificar a sentença que a julgou". O critério adotado assim o foi devido à inércia dos causídicos interessados, e não mais pode ser mudado por óbvios impositivos legais e constitucionais. 3. Apelação Cível conhecida mas improvida.[59]

---

[58] TRF3. AC nº 95.030.670.942, 2ª T., Juíza Sylvia Steiner, 25 set. 2002.
[59] TRF5. AC nº 200.281.000.095.581, 1ª T., Des. Fed. Ubaldo Ataíde Cavalcante, 6 jul. 2007.

Embargos à execução. Processual civil. Método de liquidação do título executivo judicial fixado na sentença. Inviolabilidade da coisa julgada. 1. Título executivo judicial referente aos honorários advocatícios de sucumbência que foi liquidado nos moldes indicados pela sentença proferida no processo principal, utilizando-se a Unidade Padrão de Financiamento (UPF) como fator de correção monetária e o valor da causa como base de cálculo. 2. Não é possível, por meio dos Embargos à Execução, pretender a modificação do método de cálculo da condenação fixada na sentença, sob pena de se violar o que restou decidido sob o manto da coisa julgada. 3. As razões de impugnação do julgado deveriam ter sido feitas em sede de Apelação, e não em Embargos à Execução, cuja rediscussão de matéria já decidida importaria em afronta à coisa julgada material. Sentença mantida. Apelação improvida.[60]

32 O acórdão do AI nº 5******-5 desconsiderou esse limite cogente da atividade cognitiva no procedimento liquidatório. Negou vigência, portanto, ao art. 466-G.

VII.e Art. 485, CPC

33 Ademais, violou-se o art. 485 do Código de Processo Civil. Tal regra, mais do que regular o cabimento da ação rescisória, afirma a excepcionalidade da revisão da sentença de mérito transitada em julgado. Ao se indicar o cabimento da ação rescisória nas hipóteses ali exaustivamente previstas,[61] quer-se também afirmar o cabimento da rescisória *apenas* em tais hipóteses.

---

[60] TRF5. AC 200.184.000.057.016, 3ª T., Des. Fed. Manoel Erhardt, 13 mar. 2007.
[61] Não há dúvidas acerca do caráter exaustivo do rol do art. 485. Cf., entre outros, MOREIRA, José Carlos Barbosa. *Comentários ao Código de Processo Civil: Lei nº 5.869, de 11 de janeiro de 1973*. 11. ed., rev e atual. Rio de Janeiro: Forense, 2003. v. 5, p. 154, n. 89; TUCCI, Rogério Lauria. *Curso de direito processual civil*. São Paulo: Saraiva, 1989. v. 3, cap. XII, p. 214, n. 15, §2º; TEIXEIRA, Sálvio de Figueiredo. *Código de Processo Civil anotado*. 4. ed. aum., rev. e atual. São Paulo: Saraiva, 1992. p. 280, nota ao art. 485; GRECO FILHO, Vicente. *Direito processual civil brasileiro*. 11. ed. São Paulo: Saraiva, 1996. v. 2, p. 423, n. 85.3; PORTO. *Comentários ao Código de Processo Civil*, cit., v. 6, n. 1 ao art. 485, *caput*. A mesma constatação é feita na doutrina estrangeira acerca de instrumentos de revisão da coisa julgada equivalentes à ação rescisória. Cf., p. ex., CHIOVENDA. *Instituições de direito processual civil*, cit., v. 3, p. 276, n. 404; MONTESANO, Luigi; ARIETA, Giovanni. *Diritto processuale civile*. Torino: G. Giappichelli, 1997. v. 2, p. 355-356, n. 164, nota 1; ASENCIO MELLADO, José María. *Derecho procesal civil*: parte primera. 2. ed. Valencia: Tirant lo Blanch, 2000. p. 344, n. IX, lección 26; MONTERO AROCA. El nuevo proceso civil: Ley 1/2000. In: MONTERO AROCA; GÓMEZ COLOMER, BARONA VILAR, MOTÓN REDONDO. *Derecho jurisdiccional*, cit., p. 555, cap. 25; ROSENBERG, Leo. *Tratado de derecho procesal civil*. Traducción de Ángela Romera Vera. Buenos Aires: Ed. Jurídicas Europa-América, 1955. v. 2, p. 497, n. 154; e JAUERNIG, Othmar. *Direito processual civil*. 25. ed. total. refund. da obra criada por Friedrich Lent. Tradução de F. Silveira Ramos. Coimbra: Almedina, 2002. p. 393, n. 76.

Daí a tradicional qualificação da ação rescisória como o meio único e excepcional de desconstituição da coisa julgada. Como dizia Pontes de Miranda, em passagem já antes citada, a coisa julgada, ainda quando acobertando uma sentença injusta, tem "o único corretivo, excepcionalíssimo, da ação rescisória".[62] Na mesma linha, já decidiu o STF que "o reconhecimento de direito coberto pelo manto da *res iudicata* somente pode ser desconstituído pela via da ação rescisória".[63]

Tal assertiva pode até ser mitigada pela consideração de que há atualmente outros instrumentos, também excepcionais, tipificados no ordenamento e que se prestam à revisão da coisa julgada (CPC, artigos 475-L, §1º, e 741, parágrafo único — ambos evidentemente inaplicáveis à hipótese em exame). Mas, em seu núcleo, permanece válida: a coisa julgada apenas pode ser desfeita por meio de um instrumento próprio e específico para tanto.

Daí que, toda vez que derruba a coisa julgada sem o manejo do instrumento típico, nas condições para ele previstas, ofende-se a regra que estabelece tais condições. Foi o que ocorreu no caso em análise.

VIII Configuração do prequestionamento

34 Exige-se que a questão lei federal que fundamenta o recurso especial tenha sido decidida no acórdão recorrido. Tratando-se de um recurso destinado a harmonizar a aplicação da lei federal, é preciso que esteja verdadeiramente nele enfrentada a questão em relação à qual se pretende tal escopo harmonizador.

Mas, por outro lado, basta que a decisão recorrida tenha efetivamente tratado da questão federal. Não precisa haver expressa menção ao dispositivo de lei. Não é preciso o prequestionamento "explícito" ou "numerário". Vale dizer: o prequestionamento "implícito" basta. Como já decidiu o STJ: "a ausência de prequestionamento explícito (ou numerário) não prejudica o exame do recurso especial quando a Corte de origem houver emitido, ainda que implicitamente, juízo de valor acerca da matéria *sub judice*" (REsp nº 946.015).

Por outro lado, se a despeito de a questão federal haver sido oportunamente suscitada pela parte, houver omissão por parte do

---

[62] PONTES DE MIRANDA. *Comentários ao Código de Processo Civil, op. cit.,* v. 5, p. 152, n. 3 ao art. 468.
[63] MS nº 23.665, Pleno, rel. Min. Maurício Corrêa, julg. 5.6.2002, *DJU* 20 set. 2002. Há vários outros julgados do STF nesse sentido. Cf., p. ex., MS nº 25.009 e AI nº 730.851.

tribunal local no seu enfrentamento, caberá a interposição de embargos declaratórios, para que seja apreciada a questão. E os embargos de declaração utilizados para tal fim jamais poderão ser considerados meramente "protelatórios" (Súmula nº 98 do STJ).

Se ainda assim o órgão *a quo* insistir em não examinar a questão, a parte interessada na interposição do recurso especial não poderá ser prejudicada. No STF, sempre prevaleceu o entendimento de que, em tal hipótese, considera-se prequestionada a matéria — cabendo recurso extraordinário a respeito dela.[64] No STJ, firmou-se orientação diversa. Em tal hipótese, caberá recurso especial por ofensa ao art. 535 do Código de Processo Civil, que determina o acolhimento de embargos declaratórios para a supressão de omissões.[65]

35 No caso em exame, está prequestionada a própria matéria de fundo (i.e., as normas constitucionais e de lei federal acerca da coisa julgada e meios de sua rescisão, dos limites do procedimento liquidatório etc.).

A consulente, no momento oportuno, invocou tais normas. Quando o Banco formulou sua pretensão de desconsiderar a coisa julgada incidente sobre a condenação em honorários, a consulente, em resposta, destacou que tal intento esbarraria nas disposições legais e constitucionais antes referidas. Nas contrarrazões ao recurso de agravo de instrumento, apresentadas pela consulente, tais normas foram suscitadas.

O acórdão do AI nº 5******-5 não se referiu explicitamente a tais disposições legais e constitucionais. Sob esse aspecto, não houve o prequestionamento dito "numerário". Mas inequivocamente o acórdão enfrentou o tema da coisa julgada, da preclusão e dos meios de desfazimento dessa autoridade. Igualmente abordou a questão da (não) configuração de erro material. O acórdão reputou que poderia pura e simplesmente infringir a coisa julgada — a despeito de, segundo o próprio acórdão, não haver erro material. Enfim, tais questões são o cerne do acórdão. Não se pode dizer que não tenham sido ali abordadas.

De todo modo, por cautela, a consulente opôs embargos declaratórios, pedindo que o Tribunal explicitamente tratasse dos dispositivos constitucionais e legais antes referidos. O Tribunal, no acórdão dos

---

[64] Acerca do tema, cf. MONIZ DE ARAGÃO, Egas Dirceu. Pré-questionamento. *Revista do Instituto dos Advogados do Paraná*, n. 22, p. 35-36, 1993.

[65] Sobre essa diversidade de orientações, cf. MEDINA, José Miguel Garcia. *O prequestionamento nos recursos extraordinário e especial*: e outras questões relativas a sua admissibilidade e ao seu processamento. 3. ed. rev. atual. e ampl. São Paulo: Revista dos Tribunais, 2002. p. 381 *et seq*.

embargos de declaração, respondeu que seria "desnecessária a menção expressa aos artigos indicados pela Associação Embargante". Consignou ainda que, em face da "linha adotada pela decisão", aqueles dispositivos foram todos irrelevantes.

Obviamente, a irrelevância ("não influência", nos termos do acórdão dos embargos) aí não está a significar que aquelas disposições normativas eram impertinentes ao caso. Significa apenas que, como a "linha" do acórdão foi a da "relativização" (i.e., desconsideração) da coisa julgada, a aplicação daquelas disposições — sempre na ótica do acórdão — foi *afastada*. Vale dizer, a passagem do acórdão dos embargos declaratórios ora comentada não apenas confirma o prequestionamento como vai mais longe: praticamente *declara que negou vigência às disposições normativas ora em pauta*.

IX O cabimento dos recursos adesivos

36 No que tange ao cabimento do recurso especial adesivo, no presente caso, não há maiores dificuldades em reconhecê-lo — tendo em vista existir recurso especial interposto pelo Banco. Basta a consideração literal da regra do art. 500, II, do Código de Processo Civil.

Mais complexa é a questão da admissibilidade de recurso extraordinário adesivo — considerando-se que o Banco não interpôs essa espécie de recurso, mas apenas o recurso especial. Trata-se de saber se é cabível o recurso adesivo "cruzado". Eis a expressão que a doutrina tem empregado para designar o recurso especial interposto adesivamente a um recurso extraordinário — ou vice-versa.

Ainda que possa parecer estranho em face da literalidade da regra do art. 500, o recurso adesivo "cruzado" deve ser plenamente aceito. Considere-se que o recurso especial e o extraordinário são interponíveis em um mesmo momento — para tratar de aspectos enfoques distintos da mesma decisão. Mais ainda, tome-se em conta que, até a Constituição de 1988, ambos estavam enfeixados em um mesmo e único recurso. Há até hipóteses em que a interposição tanto do recurso especial quanto do extraordinário é imprescindível (Súmula nº 126 do STJ). Em outras situações, a parte foi vitoriosa por um fundamento de lei federal, a despeito de rejeitado outro fundamento, para a mesma pretensão, com caráter constitucional — ou vice-versa. Em tais casos, abre-se para essa parte a possibilidade de recurso adesivo eventual (pois ela nem pode — tendo sido vitoriosa na pretensão, ainda que derrotada em um de seus fundamentos — interpor o recurso excepcional na modalidade principal e autônoma) — e essa recurso, no exemplo cogitado, só poderá ser "cruzado".

Nesse contexto, a interpretação teleológica da regra que autoriza o recurso adesivo impõe sua admissão na modalidade "cruzada". Se ele é cabível nas duas hipóteses acima cogitadas (duplicidade de fundamentos para a decisão; recurso adesivo eventual), não há porque rejeitá-lo em outras situações alheias a essas, como é o caso.

Pedro Miranda de Oliveira, que dedicou ensaio ao tema, formula conclusão irretocável:

> Como se constata, o recurso excepcional *adesivo cruzado* é, atualmente, imprescindível para a harmonização do sistema recursal que se implementou no Brasil, sob pena de descaracterizar o alcance e a utilidade prática do referido instituto, bem como vedar o acesso às instâncias extraordinárias.[66]

X Os acórdãos no AI nº 1*****-2 e no AI nº 3*****-4

37 Propositadamente, o exame do caso foi centrado na ofensa ao comando sentencial formado na ação civil pública. Afinal, esse é o defeito nuclear do acórdão no AI nº 5******-5 — defeito esse que, em termos lógicos, antecede e torna irrelevante qualquer outro.

Mas os acórdãos proferidos nos AI nº 1*****-2 e AI nº 3******-4 também têm relevância, ainda que acessória, para a avaliação do caso – sob mais de um aspecto.

37.1 Em primeiro lugar, constata-se que o AI nº 5******-5, não bastasse ofender a coisa julgada, desconsiderou a preclusão estabelecida por aqueles dois outros acórdãos, que, ainda que em caráter interlocutório, reafirmaram a existência da condenação em honorários de sucumbência fixada em 20% da condenação principal gerada na ação civil pública.

A ofensa à preclusão (violadora dos artigos 183, 471, 473 e 503 do CPC), de todo modo, tem relevo secundário, tendo-se em vista a existência de violação à própria coisa julgada.

37.2 Mas os acórdãos do AI nº 1*****-2 e do AI nº 3******-4 merecem ainda atenção sob outro aspecto. Em ambos, tratava-se de examinar o

---

[66] OLIVEIRA, Pedro Miranda de. Recurso excepcional adesivo cruzado. *In*: NERY JÚNIOR, Nelson; WAMBIER, Teresa Arruda Alvim (Coord.). *Aspectos polêmicos e atuais dos recursos cíveis*: e de outros meios de impugnação às decisões judiciais. São Paulo: Revista dos Tribunais, 2005. p. 633.

modo e os critérios da liquidação da condenação em honorários. Em nenhuma das dessas ocasiões – seja nos acórdãos, seja nas decisões de primeiro grau que deram origem aos respectivos recursos, seja ainda nas subsequentes decisões nos tribunais superiores – apontou-se qualquer defeito ou dúvida quanto à idoneidade do capítulo de condenação em honorários contido na sentença da ação coletiva. Se houvesse de fato um erro material (o que o próprio acórdão no AI nº 5******-5 acaba por reconhecer que não houve) ou qualquer outra absurdidade no comando de condenação em honorários, por certo isso já teria sido apontado em tais oportunidades anteriores.

Ou seja, o fato de ser *tardia* a "descoberta" de que a condenação em honorários supostamente padeceria de algum defeito grave é mais um indicativo da falta de consistência da pretensão de se relativizar a coisa julgada no caso em exame.

XI Conclusão

38 Em face das considerações acima realizadas, apresentam-se as seguintes respostas para os quesitos formulados:

a) *A condenação em honorários veiculada na sentença da ação civil pública está acobertada por coisa julgada material?*
Sim. Trata-se de comando contido na parte dispositiva de sentença definitiva transitada em julgado e, portanto, faz coisa julgada material (art. 467, CPC).

b) *Sendo positiva a primeira resposta, era cabível, no caso concreto, a "relativização" da coisa julgada?*
Não. A pretensão de "relativização" veiculada no acórdão aqui analisado não passa pelo crivo de nenhum dos critérios de aplicação da proporcionalidade.

c) *Houve erro material na condenação em honorários veiculada na sentença da ação civil pública?*
Não. Inexistiu erro material — o próprio acórdão analisado reconheceu isso textualmente.

d) *O acórdão que alterou os honorários fixados na sentença transitada em julgado violou normas constitucionais?*
Sim. Houve ofensa ao próprio núcleo do instituto da coisa julgada – afrontando-se, assim, o art. 5º, XXXVI, da Constituição.

e) *O acórdão que alterou os honorários fixados na sentença transitada em julgado violou normas legislativas federais?*
Sim. Quando menos, violou as normas relativas: à imutabilidade da sentença (art. 463, CPC), ao regime da coisa julgada (CPC, arts. 467, 468 e 471, e LICC, art. 6º), à eficácia preclusiva da coisa julgada (CPC, art. 474), aos limites da cognição judicial no procedimento liquidatório (CPC, art. 475-G) e ao cabimento de rescisão da coisa julgada (CPC, art. 485).

f) *Contra tal acórdão cabem recurso especial e recurso extraordinário?*
Sim, pelos fundamentos antes expostos.

g) *Sendo positivas as respostas "d" e "e", está configurado o prequestionamento da questão constitucional e da questão normativa federal?*
Sim. As questões constitucionais e de lei federal foram postas oportunamente pela consulente e estão subjacentes à toda fundamentação veiculada no acórdão. Se o órgão prolator do acórdão, tendo em vista a circunstância de haver desconsiderado ("relativizado") a coisa julgada, tem por "não influentes" os dispositivos normativos invocados pela consulente, isso não significa ausência de prequestionamento, mas uma quase textual confissão de que negou vigência àquelas disposições.

h) *Cabem recurso especial e recurso extraordinário adesivos no caso posto para exame?*
Sim, pelos motivos antes expostos.

É o parecer.

Curitiba, 3 de setembro de 2010.

Capítulo 7

Ação de Prestação de Contas: seu Caráter Dúplice. Cabimento de Ação Rescisória por Violação à Eficácia Preclusiva e à Função Positiva da Coisa Julgada

Nota introdutória

O instituto da ação dúplice tem sido alvo de significativa incompreensão, sob dois diferentes aspectos.

Por um lado, é comum atribuir-se tal qualidade a ações que não são propriamente dúplices. Uma ação é dúplice quando pode propiciar ao réu, independentemente de qualquer pedido dele, uma tutela que vá além do simples rechaço da pretensão do autor. Se para que essa proteção adicional ocorra é necessária a formulação de um pleito pelo réu, ainda que dentro do próprio processo já em curso e independentemente do procedimento reconvencional típico, não se está diante de ação verdadeiramente dúplice. O que se tem, então, é a autorização de uma forma reconvencional simplificada. Vale dizer: permite-se que o réu formule uma nova ação no processo em curso sem ter de observar o rito tipificado para a reconvenção. Mas haverão *duas* ações, e *não* apenas *uma* dúplice. Assim, a possibilidade de o réu formular pedido contraposto não permite qualificar como dúplice a ação processada pelo rito sumário (CPC, art. 278, §1º). Mesmo nas ações possessórias, frequentemente classificadas como dúplices, não está presente essa natureza: para que seja propiciada tutela jurisdicional adicional ao réu, cumpre-lhe "demandar a proteção possessória e a indenização pelos prejuízos..." (CPC, art. 922). Pelas mesmas razões, quando o projeto de novo Código de Processo Civil propõe a extinção do instrumento formal da reconvenção, substituindo-o pela possibilidade de o réu formular pedido contraposto (art. 337), não se tem com isso a generalização do instituto das ações dúplices, mas mera simplificação procedimental. A rigor, em todos esses exemplos tem-se modalidades *reconvencionais* procedimentalmente simplificadas.[1]

O segundo equívoco em que comumente se incorre guarda relação com esse primeiro. Nas hipóteses de "falsas" ações dúplices, acima cogitadas, o réu pode escolher se formulará sua demanda no bojo do processo em curso ou se o fará depois, em processo autônomo. A ausência de exercício do pedido contraposto não gera, por si só, nenhuma preclusão externa ao processo em curso. O objeto do processo que virá a ser ali resolvido e relativamente ao qual se poderá formar coisa julgada *não* abrangerá a demanda que o réu poderia ter formulado mas não formulou. Vale dizer: não terá havido a ampliação do objeto do processo, mediante o pedido contraposto. Já nas ações verdadeiramente dúplices, o objeto do processo desde o início abrange a pretensão de tutela (adicional) em favor do réu. Afinal, se há a potencialidade de ali lhe ser outorgada tal proteção, ainda que ele nada peça, isso significa que o mérito desse processo abrange o exame da possibilidade da concessão dessa tutela ao réu, *independentemente de um pedido dele*. Isso significa que a pendência da ação dúplice exclui não apenas a formulação de reconvenção (inclusive, pedido contraposto), como também a propositura de uma ação autônoma pelo réu que tenha por objeto aquela mesma tutela que a ação dúplice está apta a lhe dar. E a coisa julgada na ação dúplice abrangerá a totalidade do seu objeto, proibindo que o réu pretenda depois em ação autônoma aquilo que lhe poderia haver sido outorgado no próprio processo da ação dúplice.

A consignação em pagamento e a prestação de contas são exemplos de ações dúplices propriamente ditas (CPC, art. 899, §2º, e 918, respectivamente) — e é dessa segunda que trata este parecer.

O projeto de novo Código, embora extinguindo a ação de dar contas, mantém o caráter dúplice na ação de exigir contas (art. 519) — assim como mantém o caráter dúplice da ação de consignação em pagamento (art. 511, §2º). No mais, as regras do atual Código consideradas neste parecer não sofrem alterações substanciais no referido projeto.

Sumário: **I** Os fatos e quesitos – **II** Questões relevantes – **III** Função e objeto da ação de prestação de contas – **III-a** Objeto abrangente da totalidade dos créditos e débitos existentes na relação entre as partes – **III-b** Caráter dúplice da ação – **III-c** O objeto da ação de prestação de contas no caso em exame –

---

[1] Como bem demonstra L. G. Bondioli, em sua monografia dedicada ao tema (*Reconvenção no processo civil*. São Paulo: Saraiva, 2009. p. 47 *et seq.*).

IV Princípio da eventualidade: descumprimento de ônus pela ré – **V** Eficácia preclusiva da coisa julgada – **VI** Nova ação, relação de continência e coisa julgada – **VII** Violação da coisa julgada – **VIII** Cabimento e procedência da ação rescisória – **IX** Conclusão

Parecer

E.C.O. LTDA., por meio de seus ii. procuradores, Drs. ***, solicita-me parecer acerca do cabimento e procedência de ação rescisória em trâmite no e. Tribunal de Justiça do Paraná (autos de nº 000000).

Os fatos pertinentes e os quesitos estão abaixo expostos. A formulação da consulta fez-se acompanhar de cópia integral dos autos do processo.

I Os fatos e quesitos

1 A consulente foi contratada por J.C.E.C.R. Ltda. (adiante referida apenas como J.C.) para a construção de dois complexos agroindustriais no Estado de Goiás, nas cidades de Ceres e Cristalina, para armazenamento de grãos, com capacidade de 50.000 toneladas cada um.

Os dois complexos foram construídos pela consulente.

No entanto, no curso do relacionamento entre as partes, houve atrasos e inadimplementos por parte da J.C. Entre muitos, o evento mais grave consistiu no fato de que as parcelas de um financiamento contraído pela J.C. para custear a realização da obra — que, por expressas disposições legais e contratuais, deveriam ser diretamente pagas pelo Banco à ora consulente — foram desviadas e entregues à J.C., por meio de fraude e conluio entre esta e o Banco.[2]

Mesmo depois de concluída a obra, permaneceu o inadimplemento por parte da J.C. — que passou também a imputar descumprimentos contratuais à ora consulente.

2 Diante disso, a consulente promoveu ação de prestação de contas (i.e., ação de "dar contas" — autos 000/89 — 00ª Vara Cível de Curitiba) em face da J.C., a fim de que fosse reconhecido o integral cumprimento de suas obrigações atinente às referidas obras, bem com o seu crédito perante a J.C.

---

[2] A existência de tal grave conduta foi inclusive reconhecida judicialmente (ação de indenização 00/2005, 0ª Vara Cível de Curitiba).

A ação de prestação de contas foi julgada de modo integralmente favorável à ora consulente, mediante sentença depois confirmada em sede de apelação. Tal provimento judicial averiguou que a consulente cumpriu suas obrigações e fazia jus ao pagamento de valores pactuados.

Essa sentença e o acórdão que a confirmou inclusive declararam que a relação contratual entre as partes estava consubstanciada em uma multiplicidade de instrumentos contratuais e tinha caráter "misto, com feições de locação de serviços, compra e venda e empreitada".[3]

A sentença foi confirmada em segundo grau, em acórdão que desproveu a apelação. Tal acórdão foi objeto de recurso especial, não conhecido. Contra a negativa de subida do especial foi interposto agravo de instrumento, também malsucedido.

Assim, na ação de prestação de contas transitou em julgado sentença de mérito favorável à consulente, declarando que ela havia cumprido todas as suas obrigações contratuais e reconhecendo que J.C. ainda lhe devia determinada quantia.

3 Posteriormente à ação de prestação de contas, J.C. ajuizou ação contra a consulente, alegando que esta teria cometido inadimplemento contratual relativamente à instalação da parte elétrica das obras (ação de cobrança — autos 000/90, 00ª Vara Cível de Curitiba).

Tal demanda foi rejeitada em primeiro grau. No entanto, a sentença foi reformada em apelação. No acórdão de tal recurso, afirmou-se que a consulente teria descumprido obrigações atinentes à instalação elétrica nas obras — e se condenou a consulente por conta disso. Com a posterior inadmissão de recurso especial contra tal acórdão, houve o trânsito em julgado.

4 Assim, passou a haver dois pronunciamentos transitados em julgado com comandos antagônicos entre si, do ponto de vista prático. Em um deles — na ação de prestação de contas — declara-se o integral cumprimento de todas as obrigações por parte da consulente e condena-se a J.C. ao pagamento de valores à consulente. No outro — na ação de cobrança proposta pela J.C. — afirma-se que a consulente teria descumprido obrigações relativas à mesma obra e se condena ela por conta disso.

A coisa julgada formada na ação de prestação de contas é anterior à coisa julgada formada na ação de cobrança.

A consulente, então, promoveu a ação rescisória referida inicialmente, dirigida contra a sentença proferida na ação de cobrança.

---

[3] A citação é extraída do acórdão que negou provimento à apelação da J.C. (ac. 0000, 6ª Câm. Cív. do extinto TAPR).

5 Diante desse panorama, foram formulados os seguintes quesitos:

a) A questão atinente à responsabilidade contratual pela instalação elétrica estava abrangida no objeto da ação de prestação de contas (000/89 – 20ª VC)?

b) O réu da ação de prestação de contas relativas à realização das obras tinha o ônus de apresentar, como defesa naquela ação, sua alegação de que a autora (ora consulente) supostamente não havia cumprido com pretensas obrigações relativas à instalação elétrica?

c) Caso seja positiva a resposta ao quesito anterior, qual a consequência jurídica do descumprimento daquele ônus?

d) A sentença proferida na ação de cobrança (000/90 – 00ª VC) violou a coisa julgada produzida na ação de prestação de contas (000/89 – 20ª VC)?

e) É cabível, contra a sentença da ação de cobrança (000/90 – 20ª VC), ação rescisória fundada no art. 485, IV, do Código de Processo Civil?

Passo a responder.

II Questões relevantes

6 A resposta aos quesitos passa pelas seguintes questões:

(i) Qual é a abrangência e finalidade de uma ação de prestação de contas?

(ii) Qual era a abrangência e finalidade de tal ação no caso concreto?

(iii) O que significa a ação de prestação de contas ser qualificada como "dúplice"?

(iv) Extrai-se da natureza "dúplice" da ação de prestação de contas mera faculdade *de o réu apresentar os créditos que reputa ter no âmbito relação jurídico-material discutida? Ou se trata de verdadeiro e próprio ônus?*

(v) O óbice da coisa julgada incide, em um processo subsequente, apenas quando há a total e absoluta identidade do pedido e da causa de pedir (além da identidade de partes)? Ou também opera a coisa julgada quando a nova ação está contida na ação anterior já resolvida por sentença transitada em julgado?

(vi) Qual o significado de a coisa julgada ter a natureza, em nosso sistema, de pressuposto de validade processual?

(vii) Para o cabimento e procedência da ação rescisória fundada em violação à coisa julgada, é relevante que tal questão tenha, ou não, sido ventilada no processo rescindendo?

Serão examinados todos esses aspectos nos tópicos seguintes.

III Função e objeto da ação de prestação de contas

7 A ação de prestação de contas é o instrumento processual especialmente tipificado para a apuração fático-jurídica e aritmética de todos os créditos e débitos envolvidos, de parte a parte, numa dada relação jurídica (negocial ou não — com uma complexidade de prestações recíprocas) e para as consequentes declaração do saldo credor existente[4] e condenação da parte devedora ao pagamento de tal saldo.

Há duas modalidades de ação de prestação de contas.

Na primeira delas, o autor pretende que o réu apresente as contas, sob o fundamento de que caberia a esse tal obrigação de prestar contas (CPC, art. 915). É a chamada "ação de exigir prestação de contas" (ou "ação de contas exigidas"). Em tal modalidade de ação há uma primeira fase em que se discute se o réu tem ou não o dever de prestar as contas e uma segunda fase em que se discutem as contas prestadas, cabendo ao juiz dar a última palavra acerca do acerto dessas e do saldo devedor.

Na outra espécie de ação de prestação, o próprio autor desde logo, na inicial, presta espontaneamente as contas, por reputar que é dever seu fazê-lo — e parte-se diretamente para a discussão acerca da correção das contas prestadas (CPC, art. 916 — é a chamada "ação de dar contas" ou "ação de prestação espontânea de contas" ou ainda "ação de contas oferecidas"). Ou seja, tal modalidade de ação tem uma única fase, que basicamente coincide com aquela segunda fase da "ação de contas exigidas". A ação de prestação de contas que a consulente havia proposto no caso ora em exame é dessa segunda espécie.

Em qualquer dos dois casos, as partes debaterão o acerto das contas — aduzindo e comprovando todos os créditos que reputam existir em seu favor — e o juiz ao final decidirá, declarando o saldo credor existente. Não sendo caso de "saldo zero", o juiz condenará a parte devedora ao pagamento do saldo apurado. É esse o sentido pacífico do art. 918 do Código de Processo Civil: "O saldo credor declarado na sentença poderá ser cobrado em execução forçada".

Desse breve perfil funcional e estrutural da ação de prestação de contas, cabe destacar os seus dois traços essenciais, que estão intimamente ligados:

1. a ação de prestação de contas tem por objeto a totalidade dos créditos e débitos existentes, de parte a parte, na relação jurídico-material a que se refere;

---

[4] Ou reconhecimento de que não há saldo (i.e., "saldo zero").

2. em consequência, a condenação emitida ao final tanto pode ser em favor do autor quanto do réu da ação de prestação de contas (e seja ela "ação de contas exigidas" ou "ação de contas ofertadas"). Trata-se, assim, de ação de natureza "dúplice", no que tange à averiguação das contas e condenação ao pagamento do saldo.

III-a Objeto abrangente da totalidade dos créditos e débitos existentes na relação entre as partes

8 O primeiro dos dois aspectos essenciais ora destacados — objeto da ação de prestação de contas abarcante de todos os créditos e débitos, de parte a parte, atinentes à relação controvertida — é uma imposição óbvia e inafastável da própria função de *apurar contas*. Se a ação se presta a definir se alguém deve algo a outrem, quem deve a quem e quanto deve — necessariamente terão de ser considerados todos os possíveis haveres existentes em favor de cada uma das duas partes.

Esse aspecto é magistralmente apontado por Humberto Theodoro Junior, em lição que merece ser transcrita:

> Consiste a prestação de contas no relacionamento e na documentação comprobatória de *todas as receitas e de todas as despesas* referente a uma administração de bens, valores ou interesses de outrem, realizada por força de relação jurídica emergente da lei ou do contrato.
>
> *Seu objetivo é liquidar dito relacionamento jurídico existente entre as partes no seu aspecto econômico de tal modo que, afinal, se determine, com exatidão, a existência ou não de um saldo,* fixando, no caso positivo, o seu montante, com efeito de condenação judicial contra a parte que se qualifica como devedora.
>
> Não se trata, assim, de um simples acertamento aritmético de débito e crédito, já que na formação do balanço econômico *discute-se e soluciona-se* tudo o que possa determinar a existência do dever de prestar contas como tudo o que possa influir na formação das diversas parcelas e conseqüentemente, no saldo final.
>
> O montante fixado no saldo será conteúdo de título executivo judicial: "o saldo credor declarado na sentença — dispõe o art. 918 do CPC — poderá ser cobrado em execução forçada".
>
> Diante desse singular aspecto da ação, Rocco considera como seu principal objetivo o de obter a condenação do pagamento da soma que resultar a débito de qualquer das partes no acerto das contas. Procede-se, destarte, à discussão incidental das contas em suas diversas parcelas,

mas a ação principal é mesmo de *acertamento e condenação quanto ao resultado final do relacionamento jurídico existente entre as partes*.⁵

Como enfatiza o i. processualista mineiro, a finalidade da ação de prestação de contas é de uma apuração total de receitas e despesas entre as partes. É aquilo que ele chama de "liquidar o relacionamento jurídico em seu aspecto econômico". Portanto, se a função da via processual em exame é a de *acertar as contas* (e "acertamento" tem aqui a acepção processual trazida do italiano *accertamento* — i.e., declaração, averiguação revestida de certeza jurídica), se o escopo típico da ação de prestação de contas — para usar uma expressão coloquial — é o de "passar a régua" na relação jurídica em causa, necessariamente terão de ser considerados todos os créditos e débitos titularizados por ambas as partes.

Mesmo porque, se não houver uma pluralidade de haveres, de parte a parte, se a relação jurídica não for complexa quanto às prestações nela inseridas, nem mesmo caberá a ação de prestação de contas. Essa é medida que cabe precisamente quando há uma multiplicidade de posições creditícias contrapostas, conforme também aponta Humberto Theodoro Junior: "Qualquer contrato, enfim, que gere múltiplas e complexas operações de débito e crédito entre as partes reclama prestação de contas se não há constante e expresso reconhecimento dos lançamentos que um contratante faz à conta do outro".⁶

Assim sendo, todas essas "múltiplas e complexas operações de débito e crédito" estão abrangidas na apuração a desenvolver-se na ação de prestação de contas. Como escreve Adroaldo Furtado Fabrício:

> Prestar contas significa fazer alguém a outrem, *pormenorizadamente, parcela por parcela, a exposição dos componentes de débito e crédito resultantes de determinada relação jurídica*, concluindo pela apuração aritmética de determinado saldo credor ou devedor, ou de sua inexistência.⁷

III-b Caráter dúplice da ação

9 O segundo traço essencial, como já indicado, é uma decorrência do primeiro. Na medida em que todos os créditos e débitos atinentes

---

⁵ *Curso de direito processual civil*. 31. ed. Rio de Janeiro: Forense, 2003. n. 1267, v. III, p. 85 (sem destaques no original).

⁶ *Curso, op. cit.*, n. 1270, p. 88.

⁷ *Comentários ao Código de Processo Civil*. 8. ed. Rio de Janeiro: Forense, 2001. n. 260, v. VIII, t. III, p. 323, sem destaques no original.

ao relacionamento jurídico entre as partes devem ser levados à conta independentemente da posição processual ocupada por seu titular — e na medida em que se constituirá título executivo em favor daquele que o cálculo final apurado apontar como credor —, tem-se a possibilidade de o réu ser o beneficiário dessa sentença condenatória. Isso ocorrerá sempre que o saldo credor apurado lhe for favorável.

Daí se aludir a ação de natureza *dúplice*. Isso é, uma ação que pode produzir sentença final favorável ao réu de modo a lhe propiciar mais do que a mera "absolvição" (i.e., mais do que a simples declaração de que o autor não tem razão) — independentemente da formulação de reconvenção ou de pedido contraposto.

É vasta — e uníssona — a doutrina a respeito do tema. Convém passar em revista algumas das principais formulações teóricas sobre o assunto — pois de todas elas extrai-se uma constatação cuja base principiológica é de grande relevância para o caso em exame.

Assim, Antonio Carlos Marcato leciona que "tanto o autor quanto o próprio réu poderão ser credores do saldo, dado o caráter dúplice da ação, conforme já salientado."[8]

Igualmente, Nelton dos Santos, Desembargador Federal do e. TRF da 3ª Região, pondera que:

> Ao estabelecer que o saldo credor declarado na sentença poderá ser cobrado em execução forçada, o dispositivo legal em análise evidencia o caráter dúplice da demanda de prestação de contas.
>
> (...)
>
> A ação de prestação de contas é exemplo clássico de demanda dúplice, uma vez que, apurado saldo em favor de qualquer das partes, a outra será condenada ao respectivo pagamento. Forma-se, assim, título executivo em prol do titular do crédito, mesmo que não tenha sido ele o promovente da demanda.[9]

Outra não é a lição de Ovídio Baptista da Silva:

> A ação de prestação de contas entra na classe das ações denominadas dúplices, nas quais a sentença tanto poderá reconhecer a procedência da pretensão do autor quanto, julgando-a improcedente, conter o julgamento da pretensão contrária contida, implicitamente, na contestação. Nessa espécie de demanda tanto o autor que fora vitorioso,

---

[8] *Procedimentos especiais*. 9. ed. São Paulo: Malheiros, 2001. n. 55.2, p. 107.
[9] *Código de Processo Civil anotado* (org. A. Carlos Marcato). São Paulo: Atlas, 2004. n. 1 ao art. 518, p. 2397-2398.

quanto o demandado que apenas contestara a ação, insurgindo-se contra seu cabimento, ou manifestando sua inconformidade com o conteúdo das contas, estarão legitimados a promover a cobrança do "saldo" em processo de execução.[10]

Humberto Theodoro Junior, do mesmo modo, observa que "a sentença é condenatória quanto ao saldo fixado e, em virtude do caráter dúplice da ação, poderá voltar-se tanto contra o réu como contra o autor".[11]

E, em outra passagem, o mesmo Theodoro Junior põe em destaque uma decorrência fundamental do caráter dúplice da ação de prestação de contas no que tange à sua função condenatória:

> Para se contrapor ao conteúdo das contas não é preciso usar a via reconvencional, pois que a ação de prestação é dúplice e, assim, permite a qualquer das partes agir como autor durante toda a marcha processual, independentemente de reconvenção.[12]

O mesmo aspecto é ressaltado por Nelson Nery Junior e Rosa Maria de Andrade Nery:

> *Caráter dúplice da ação.* A ação dúplice se caracteriza quando as posições de autor e réu no processo e confundem, sendo que, por esta razão, não poderá o réu deduzir reconvenção. Isto porque, em sua contestação deduzida, poderá ele pedir a proteção de seu interesse.[13]

Adroaldo Furtado Fabrício vai na mesma linha:

> A ação em que se discutem as contas (ação de contas oferecidas ou segunda fase da ação de contas exigidas) é *actio duplex* e por isso mesmo a condenação ao fim resultante é — repita-se — "a uma de duas direções": o título executivo tanto pode ser formar a bem do autor com em favor do réu. A duplicidade intrínseca da ação é que faz desnecessária, para poder-se chegar a este último resultado, a reconvenção.[14]

---

[10] *Comentários ao Código de Processo Civil.* v. 13, São Paulo: RT, 2000. n. 1 ao art. 918, p. 195. A mesma passagem é encontrável no seu *Procedimentos especiais.* Rio de Janeiro: Aide, 1989. n. 90, p. 186.

[11] *Curso, op. cit.,* n. 1282, p. 98.

[12] *Curso, op. cit.,* n. 1280, p. 96.

[13] *Código de Processo Civil comentado e legislação extravagante.* 10. ed., São Paulo: RT, 2007, n. 1 ao art. 915, p. 1163.

[14] *Comentários, op. cit.,* n. 300, p. 367.

Note-se: não se trata meramente de não precisar o réu formular reconvenção. *Não cabe* a reconvenção. Ela "não poderá" ser utilizada — como bem escrevem Nelson Nery Junior e Rosa Maria Nery, na passagem acima transcrita. Não há facultatividade para o réu, quanto à propositura ou não de reconvenção. A "desnecessidade" de reconvenção é derivada do fato de o objeto do processo desde o início, independentemente de demanda do réu, já abranger a potencialidade de formação de um título em seu favor. Sob um ângulo, tal "desnecessidade" vincula-se a uma *litispendência*: a ação proposta e em andamento *já* abrange aquele que seria o conteúdo de uma pretensão do réu. Sob outro ângulo, tal "desnecessidade" implica falta de interesse processual para a reconvenção.[15]

Esse aspecto da questão é muito relevante porquanto — conforme se apontará adiante (v. item VI) — tais obstáculos põem-se não apenas para a demanda reconvencional, mas igualmente, e por óbvias razões, para uma demanda autônoma.

III-c O objeto da ação de prestação de contas no caso em exame

10 Aplicando-se tais balizas ao caso concreto, tem-se que a ação de prestação de contas proposta pela consulente (e julgada definitivamente em seu mérito) abarcava, em seu objeto, todos os débitos e créditos que qualquer das duas partes pudesse eventualmente deter no âmbito da relação jurídica entre elas estabelecida, atinente à construção dos dois complexos agroindustriais.

A inicial da ação de prestação de contas enumerou uma multiplicidade de instrumentos contratuais, apontando que eles constituíam o substrato de uma relação jurídica complexa. O acórdão do e. TAPR que confirmou a sentença de procedência da ação de prestação de contas confirmou tratar-se de "contrato (...) *misto*, com feições de locação de serviços, compra e venda e empreitada".[16]

---

[15] Está aqui a se aludir ao não cabimento de reconvenção para discutir o acerto material das contas e o consequente saldo credor apurado ao final. Nessa hipótese, toda a doutrina e jurisprudência reconhecem não caber reconvenção. Questão outra — essa sim objeto de alguma controvérsia (cf. Adroaldo Furtado Fabrício. *Comentários, op. cit.*, n. 273, p. 340) — concerne ao cabimento de reconvenção na primeira fase da "ação de exigir contas". Mas esse é um tema completamente alheio ao aqui versado.
[16] Ac. 0000 da 6ª Câmara do extinto TAPR.

Consequentemente, todos os possíveis itens da obra e as obrigações a ele relativas estavam inseridos no âmbito da ação de prestação de contas. As instalações elétricas relativas aos dois complexos — se acaso constituíssem mesmo uma obrigação da consulente —[17] também estariam inseridas no objeto da ação de prestação de contas.

Não seria possível supor que o relacionamento jurídico-material objeto da ação de prestação de contas diria respeito a todos os demais aspectos relativos à implantação dos dois complexos agroindustriais, excluindo-se apenas as instalações elétricas. Uma tal interpretação não contaria com nenhum respaldo normativo. Mais do que isso: seria caprichosa, absurda, despropositada.

Assim, todas as obrigações relacionadas com os possíveis componentes dos complexos agroindustriais, cuja implementação constituía o objeto da relação negocial complexa entre as partes, estavam inseridas no objeto da ação de prestação de contas. Essa ação tinha por causa de pedir toda a gama de direitos e obrigações, de parte a parte, relativos à realização das duas obras.

A própria sentença de procedência da ação de prestação de contas deixa isso claro. Primeiro, nela se reconhece haver um "ajuste de construção por administração" dos dois complexos agroindustriais. Depois, no *decisum*, declara-se que estão *"efetivamente prestadas"* todas as contas pela ora consulente, "exonerando-a em decorrência de qualquer obrigação anterior a essa data".

Tudo isso significa que J.C., réu da ação de prestação de contas, *poderia*[18] haver apresentado como defesa em seu favor o pretenso crédito por conta do suposto inadimplemento pela consulente de obrigações relativas às instalações elétricas. Caso fosse procedente essa alegação da J.C. — o que haveria de ser apurado na instrução do processo de prestação de contas —, o respectivo crédito seria computado em seu favor nas contas então definidas.

---

[17] O presente parecer — tal como a ação rescisória nele analisada — não versa sobre o mérito da ação de cobrança que J.C. propôs em face da consulente. Tendo em vista a coisa julgada estabelecida (como se vê adiante), é irrelevante definir a quem incumbia a obrigação atinente às instalações elétricas. Seja como for, não deixa de ser curioso que J.C. não tenha alegado a existência dessa suposta obrigação da consulente como defesa na ação de prestação de contas. Não é comum que se "esqueça" de um crédito tão significativo como seria esse...

[18] A seguir, ver-se-á se se tratava de mera *faculdade* ou verdadeiro *ônus*.

IV Princípio da eventualidade: descumprimento de ônus pela ré

11 No tópico anterior, viu-se que se inseria no objeto da ação de prestação de contas a alegação de pretenso crédito da J.C. em face da consulente derivado de suposto inadimplemento de obrigação de providenciar instalações elétricas no complexo agroindustrial. Por consequência, constatou-se que J.C. tinha o *direito* de formular essa alegação no bojo do processo de prestação de contas.

Mas era *apenas* um direito da J.C. formular essa alegação já na ação de prestação de contas — ou se tratava de um verdadeiro *ônus* que sobre ela recaía?

11.1 No parecer que emitiu na ação rescisória, o i. órgão do Ministério Público reconheceu de modo explícito e cabal que a questão atinente ao fornecimento das instalações elétricas poderia perfeitamente ser suscitada pela J.C. "no bojo da própria prestação de contas". No entanto, ainda segundo o i. *parquet*, a J.C. teria "preferido" formular tal alegação em ação autônoma — de modo que, no seu entender, por tal razão, essa matéria não teria ficado abrangida pela coisa julgada formada na ação de prestação de contas.[19]

Em suma, segundo o d. Ministério Público:

1. seria mera faculdade do réu apresentar ou não uma defesa pertinente à ação posta. De acordo com esse raciocínio, a não apresentação de tal defesa não geraria nenhuma consequência negativa para o réu e lhe deixaria ainda aberta a porta para formular a mesma alegação em ação autônoma (como fez J.C., mediante sua "ação de cobrança");

2. o objeto do processo — e consequentemente os limites objetivos da coisa julgada — seria definido pelo réu, na medida em que ele formulasse ou não uma defesa.

11.2 *Data maxima venia*, nenhum desses dois entendimentos guarda consonância com as normas vigentes no direito processual civil brasileiro — conforme se procura demonstrar a seguir.

12 Os limites objetivos da coisa julgada são definidos pela *demanda do autor*. São o pedido e a causa de pedir, tal como postos pelo autor, que definem o objeto do processo e, por consequência, a limitação objetiva da coisa julgada. É o que estabelece textualmente o art. 300, §2º, do Código de Processo Civil, ao prescrever que são a causa de pedir e o pedido que conferem identidade a uma ação.

---

[19] Autos da ação rescisória, fl. 6718.

Essa é a regra geral: o autor fixa o objeto do processo, com seu pedido e causa de pedir. As coisas apenas se passam de modo diverso quando o ordenamento excepcionalmente prevê o cabimento da formulação de outras demandas (ações) supervenientes e incidentais ao curso do processo, tais como reconvenção, pedido contraposto, denunciação da lide, oposição etc. Nesses casos, essas outras ações também contribuem para o delineamento do objeto do processual, ampliando-o.

Essa é uma noção assente em sede doutrinária. Como escreve Cândido Dinamarco:

> Por *objeto do processo* entende-se a soma de todos os pedidos trazidos pelo autor originário e por outros eventuais demandantes, como o próprio autor ao *denunciar a lide a terceiro*, o réu em *reconvenção* ou também ao *denunciar a lide* ou *chamar terceiro ao processo*, ou terceiro ao deduzir *intervenção litisconsorcial voluntária* ou *oposição interventiva*.[20]

Conforme visto acima, nas ações *dúplices*, como é o caso da ação de prestação de contas, o objeto originário do processo *já abrange inclusive o possível resultado favorável ao réu* — independentemente de reconvenção. Essa é inclusive proibida nas ações dúplices porque não tem serventia nenhuma: a reconvenção só é admissível quando se presta a alargar o objeto do processo. O fato de o réu alegar ou não como defesa um pretenso crédito em seu favor *não tem o condão de alterar o objeto processual da ação de prestação de contas*. Aliás, como destaca a doutrina antes citada, é até possível que o réu nem mesmo alegue no processo existir um crédito seu — e ainda assim, ao final, o juiz venha a apurar o saldo credor favorável ao réu.

Ou seja, desde o início o objeto processual já abrange todos os possíveis créditos e débitos a serem levados à conta. O fato de o réu alegar ou não um pretenso crédito seu atinente a suposta obrigação de fornecimento de instalações elétricas jamais seria apto a alterar o objeto do processo e os consequentes limites da coisa julgada. Desde o início, o objeto processual da ação de prestação de contas já abrangia tal eventual alegação.

13 Por outro lado, também não procede a ideia de que seria uma mera faculdade do réu alegar ou não, em sua defesa, o pretenso crédito em seu favor. Além do direito (faculdade) de formular tal alegação, põe-se para o réu também um *ônus* nesse sentido.

---

[20] *Instituições de direito processual civil*. São Paulo: Malheiros, 2001. n. 961. v. III, p. 314-315.

13.1 Como o signatário já teve a oportunidade de escrever, "o ônus consiste na prescrição de conduta no interesse do próprio onerado, para que ele obtenha uma vantagem ou impeça uma desvantagem."[21] O onerado, lecionava Carnelutti, está "obrigado consigo mesmo": cumpre uma dada conduta, caso queira obter uma vantagem ou afastar uma desvantagem.[22]

13.2 O réu tem o ônus de formular todas as defesas de que dispõe, sob pena de posteriormente lhe ficar precluso tal direito.

Vigora no direito processual civil brasileiro o princípio da eventualidade. Conforme tal princípio, o réu tem o ônus de deduzir todas as defesas que possui já na contestação — ainda que esteja convencido que uma delas bastará para seu sucesso no processo, ou mesmo que suas várias defesas sejam incompatíveis entre si.

É o que impõe o art. 300 do Código de Processo Civil: "Compete ao réu alegar, na contestação, *toda a matéria de defesa*, expondo as razões de fato e de direito...". E o art. 303 estabelece que, depois de contestação, apenas é lícito deduzir novas defesas se elas disserem a respeito a direito superveniente ou a matéria que o juiz possa conhecer de ofício ou que a lei permita alegação a todo tempo.

13.3 Não há dúvidas sobre o sentido e alcance dessas regras:

> O processo civil brasileiro "herdou do processo comum medieval" a influência do princípio da preclusão sob esse aspecto, seja no que concerne à divisão em fases (...), seja pela adoção da máxima da eventualidade, de que há diversos exemplos entre as normas que regem a elaboração da petição inicial e da contestação e suas conseqüências. Com efeito, o CPC contém regras que definem muito nitidamente a fase postulatória, na qual incumbe ao autor e ao réu a apresentação de suas alegações, o que se tornará vedado após o encerramento dessa etapa (EGAS MONIZ DE ARAGÃO).[23]

> Pelo princípio da concentração da defesa na contestação, esta tem caráter preclusivo, porque, uma vez ofertada a contestação, tem-se por consumado o direito de defesa, não podendo o réu deduzir novas alegações, exceto se relativas a direito superveniente. (...) Como a apresentação da contestação opera a preclusão consumativa, deve o réu

---

[21] TALAMINI, Eduardo. *Tutela relativa aos deveres de fazer e de não fazer.* 2. ed. São Paulo: RT, 2003. n. 4.1, p. 126.
[22] TALAMINI. *Tutela, op. cit.*, n. 12.3, p. 308. A observação de Carnelutti encontra-se em *Sistema di diritto processuale civile*, I, Pádua, Cedam, 1936, I, n. 21, p. 55, e *Teoria geral do direito* (trad. ital. A. Carlos Ferreira). São Paulo: Lejus, 1999. §92, p. 289.
[23] *Sentença e coisa julgada*. Rio de Janeiro: Aide, 1992. n. 160, p. 228.

deduzir alegações sucessivas, ainda que rigorosamente incompatíveis, para o caso de, em não acolhendo a antecedente, passar o juiz à análise da subseqüente. A isto a doutrina denominou *princípio da eventualidade* (WAMBIER; ALMEIDA e TALAMINI).[24]

O processo é um caminhar para a frente, em busca de providência jurisdicional que ponha fim à lide e torne efetivo o direito material legislado. Por força dessa finalidade, cumpre se impeça o retrocesso, ou seja, o retorno, no procedimento, a fases ou estágios já cumpridos. O expediente técnico imaginado para obstar esse vir para trás no procedimento é a preclusão. (...) O fato de termos conservado a exigência de uma ordem legal necessária das atividades processuais, como sucessão de estágios ou fases, aconselhou se somasse a isso a adoção do princípio da eventualidade, com os temperamentos do art. 309, consagrado neste art. 300 no que diz respeito ao réu... (CALMON DE PASSOS).[25]

13.4 O caráter de ônus atribuído à defesa e a incidência da preclusão em caso de falta de seu exercício são também reconhecidos reiteradamente pelos Tribunais.

A título de mero exemplo, pode-se citar, entre muitos, julgado do e. Superior Tribunal de Justiça que tratava de caso muito semelhante ao aqui examinado:

> Processual civil. Ação de prestação de contas. Caráter dúplice. Execução de decisão concessiva de segurança nos autos da ação de prestação de contas. Impossibilidade. Contestação. Interpretação restritiva. Pedido. Preclusão.
>
> 1. Inviável execução de decisão concessiva de segurança nos autos da ação de prestação de contas.
>
> 2. Não obstante possua a ação de prestação de contas caráter dúplice, possibilitando ao réu, na contestação, formular pedidos em seu favor, não exigindo reconvenção, resta caracterizada a preclusão quando não houver requerimento nesse sentido.
>
> 3. Nos termos do artigo 293 do Código de Processo Civil, o pedido deve ser interpretado restritivamente, sendo necessária a invocação expressa da pretensão pelo autor e, na espécie, também pelo réu.
>
> 4. Recurso especial improvido.[26]

---

[24] *Curso avançado de processo civil.* 10. ed. São Paulo: RT, 2008, n. 25.3.1. v. I, p. 347.

[25] *Comentários ao Código de Processo Civil.* 6. ed. Rio de Janeiro: Forense, 1991. n. 188.1. v. II, p. 296-297.

[26] STJ, REsp nº 476.783, 2ª T., v.u., rel. Min. João Otávio de Noronha, j. 18.10.2007, *DJU* 13.11.2007.

14 Em suma:
(i) o objeto do processo na ação de prestação de contas é definido pela demanda formulada pelo autor;
(ii) o fato de o réu deixar de alegar um pretenso crédito que reputa deter, e que poderia ser lançado na conta prestada, não implica um objeto processual menor do que o que se teria se essa alegação houvesse sido feita;
(iii) em qualquer caso, o objeto do processo abrange a possibilidade de alegação de tal crédito;
(iv) é ônus — e não mera faculdade — do réu formular tal alegação no processo de prestação de contas, sob pena de, não o fazendo, ficar-lhe preclusa a possibilidade de posterior arguição dessa defesa.

Assim, o objeto do processo de prestação de contas instaurado pela demanda da consulente já abrangia todo e qualquer possível crédito pretendido pelo réu (J.C.) que tivesse por base componentes das obras de implementação dos dois complexos agroindustriais. E era ônus do réu invocar em sua defesa nesse processo o seu pretenso crédito. Ao não o fazer, operou-se a preclusão.

V Eficácia preclusiva da coisa julgada

15 Mas as consequências da falta de oportuna alegação do pretenso crédito por parte do réu, no processo de prestação de contas, vão além. Não se restringem ao fenômeno endoprocessual da preclusão (i.e., perda de uma faculdade ou poder processual *dentro* de um processo).

Incide igualmente a regra do art. 474 do Código de Processo Civil.

Como observa Calmon de Passos, a adoção do princípio da eventualidade, consagrado no art. 300 do Código, no que diz respeito ao réu, "de certo modo se completa com o disposto no art. 474, dispondo que, uma vez passada em julgado a sentença de mérito, reputar-se-ão deduzidas e repelidas todas as alegações e defesas que a parte poderia ter oposto tanto para o acolhimento quanto para a rejeição do pedido".[27]

Na mesma linha, Cândido Dinamarco leciona que o princípio da eventualidade

---

[27] *Comentários, op. cit.*, n. 188.1, p. 297.

repercute depois nos limites da *eficácia preclusiva da coisa julgada*, pela qual a sentença passada em julgado fica imune a qualquer alegação que pudesse pôr em dúvida estabilidade de seus efeitos. Ao impedir o conhecimento de qualquer questão referente a processo já extinto, quer as que foram ali suscitadas e discutidas, quer as que não o foram embora pudessem sê-lo (*o deduzido e o dedutível*), o art. 474 do Código de Processo Civil transmuda em autêntico *ônus do réu* o exercício de faculdades inerentes à *eventualidade da defesa* — porque, ou ele alega todas as defesas que tiver, ou não poderá alegá-las mais, depois que o mérito for julgado e a sentença coberta pela coisa julgada.[28]

Ainda nessa mesma direção, Egas Moniz de Aragão assevera que a regra do art. 474 constitui "reflexo do princípio da eventualidade, que entronca no da preclusão".[29]

16 O art. 474 do Código de Processo Civil *não* pretende estabelecer que haja o "julgamento implícito" das alegações que poderiam haver sido mas não foram realizadas.[30] Tal expressão é inadequada para se referir à regra em exame, como há muito já se notou.[31] A ideia de um "julgamento implícito" é incompatível com a garantia da inafastabilidade da tutela jurisdicional (CF, art. 5º, XXXV): o jurisdicionado estaria sendo impedido de levar a juízo uma pretensão que jamais formulara antes. É também inconciliável com o dever constitucional de fundamentação das decisões (art. 93, IX): se é absolutamente nula a decisão que não traz suas razões, o que dizer da rejeição de uma alegação ou defesa sem qualquer apreciação?

Pelas mesmas razões, o art. 474 tampouco se presta a significar que há propriamente coisa julgada acerca das alegações e defesas que poderiam ter sido suscitadas e não o foram. Mesmo porque nem sequer quando uma alegação ou defesa é efetivamente apresentada a coisa julgada estabelece-se em relação a ela: seu exame é feito na motivação da sentença e, por isso, fica alheio à coisa julgada (art. 469).

A regra em exame tem em vista exclusivamente resguardar a coisa julgada entre as partes e nos exatos limites objetivos acima postos. Fica vedado à parte valer-se das alegações e defesas que poderia ter feito e não fez, a fim de tentar obter outro pronunciamento jurisdicional

---

[28] *Instituições, op. cit.*, n. 1070, p. 469.
[29] *Sentença e coisa julgada, op. cit.*, n. 225, p. 325.
[30] O exposto no presente parágrafo e nos seguintes foi anteriormente desenvolvido pelo signatário em *Coisa julgada e sua revisão*, São Paulo, RT, 2005, n. 2.3.3, p. 85-86.
[31] V., por todos, CHIOVENDA. *Instituições de direito processual civil*. Trad. de G. Menegale, da 2. ed. ital. 2. ed. São Paulo: Saraiva, 1965. I, n. 118, v. I,, p. 382.

que afete o objeto processual já definitivamente julgado e em face do mesmo adversário. Se a parte possuía uma alegação que era relevante à defesa de sua posição, ela tinha o ônus de apresentá-la no momento adequado no curso do processo (em prazo específico, se tratava de uma exceção; a todo tempo, durante o processo, se constituía uma objeção). Ao não o fazer, sofreu a preclusão. Uma vez encerrado o processo, e sobrevindo a coisa julgada material, não é dado à parte obter, *para o mesmo objeto processual*, comando jurisdicional diverso daquele ali formado, sob o argumento de que a alegação que deixou de fazer antes e ora formula altera substancialmente o veredicto da causa. Toda e qualquer alegação, *desde que interna aos limites da causa de pedir e do pedido*, torna-se irrelevante depois de formada a coisa julgada — tenha ou não sido formulada; tenha ou não sido examinada pelo julgador.

Por isso, fala-se em *eficácia preclusiva da coisa julgada*: todas as questões — deduzidas e dedutíveis — que constituíam premissas necessárias da conclusão tornam-se *irrelevantes*, inócuas, em caso de tentativa de elisão da coisa julgada.

A expressão foi primeiramente adotada entre nós por Luiz Machado Guimarães, que observava que "todas as questões — as deduzidas e as deduzíveis — (...) *considerar-se-ão decididas,* não no sentido de revestidas da autoridade de coisa julgada, mas no sentido de se tornarem irrelevantes, se vierem a ser ressuscitadas com a finalidade de elidir a *res iudicata*".[32]

Como escreve Barbosa Moreira, "o expediente usado pela lei tem mera função instrumental: a preclusão das questões logicamente subordinantes não é um fim em si mesma, senão simples meio de preservar a imutabilidade do julgado".[33]

Na mesma linha, Cândido Dinamarco afirma que "*eficácia preclusiva* é a aptidão, que a própria autoridade da coisa julgada material tem, de excluir a renovação de questões suscetíveis de neutralizar os efeitos da sentença cobertos por ela". É assim um mecanismo de "autodefesa da coisa julgada".[34]

Trata-se de uma imposição necessária, uma decorrência lógica, da vigência da coisa julgada. Idêntica diretriz por-se-ia ainda que a regra do art. 474 não existisse. Não faria sentido consagrar a coisa julgada

---

[32] "Preclusão, coisa julgada, efeito preclusivo", em *Estudos de direito processual*. Rio de Janeiro; São Paulo: Jurídica e Universitária, 1969. n. XVI, p. 22.

[33] "A eficácia preclusiva da coisa julgada no sistema do processo civil brasileiro", em *Temas de direito processual civil*: Primeira Série. São Paulo: Saraiva, 1977. n. 4, p. 101.

[34] *Instituições, op. cit.,* n. 966, p. 323.

e, ao mesmo tempo, abrir o flanco a ataques fundados em questões vencidas.

16.1 Na jurispurdência, há também sólida orientação no sentido de respeitar essa inafastável diretriz, ínstia à coisa julgada. Há reiteradas decisões do e. STJ dando aplicação à referida regra:

> PROCESSUAL CIVIL E PROCESSO JUDICIAL TRIBUTÁRIO ANTIEXACIONAL. RECURSO ESPECIAL. AÇÃO DECLARATÓRIA AJUIZADA APÓS O TRÂNSITO EM JULGADO DA SENTENÇA QUE JULGOU OS EMBARGOS À EXECUÇÃO FISCAL. MESMAS PARTES E CAUSA DE PEDIR. EFICÁCIA PRECLUSIVA DA COISA JULGADA. INOBSERVÂNCIA. 1. A coisa julgada é tutelada pelo ordenamento jurídico não só pelo impedimento à repropositura de ação idêntica após o trânsito em julgado da decisão, mas também por força da denominada eficácia preclusiva do julgado. 2. No primeiro caso, acerca do artigo 468, do CPC ("a coisa julgada tem força de lei nos limites da lide e das questões decididas"), assenta-se em clássica sede doutrinária que: Já o problema dos limites objetivos da res iudicata foi enfrentado alhures, em termos peremptórios enfáticos e até redundantes, talvez inspirados na preocupação de preexcluir quaisquer mal-entendidos. Assim, é que o art. 468, reproduz, sem as deformações do art. 287, caput, a fórmula carneluttiana: "A sentença, que julgar total ou parcialmente a lide, tem força de lei nos limites da lide e das questões decididas". (José Barbosa Moreira, in Limites Objetivos da Coisa Julgada no Novo Código de Processo Civil, Temas de Direito Processual, Saraiva, 1977, p. 91). 3. Quanto ao segundo aspecto, a coisa julgada atinge o pedido e a sua causa de pedir. Destarte, a eficácia preclusiva da coisa julgada (artigo 474, do CPC) impede que se infirme o resultado a que se chegou em processo anterior com decisão trânsita, ainda que a ação repetida seja outra, mas que, por via oblíqua, desrespeita o julgado anterior (Precedentes desta relatoria: REsp 714792/RS, Primeira Turma, DJ de 01.06.2006; EDcl no AgRg no MS 8483/DF, Primeira Seção, DJ de 01.08.2005; REsp 671182/RJ, Primeira Turma, DJ de 02.05.2005; e REsp 579724/MG, Primeira Turma, DJ de 28.02.2005). 4. In casu, assinalou o acórdão regional inexistir "dúvida que a ação declaratória tem as mesmas partes (Frigorífico Extremo Sul S/A e Estado do Rio Grande do Sul) e a mesma causa de pedir (a cobrança de ICMS por parte do Estado sobre os produtos — carnes — exportados pelo Frigorífico) observados nos embargos à execução nº 22150045643 (fls. 269/273)" , mercê de, com fundamentos outros, o recorrente pretender anular a eficácia jurídica da coisa julgada. 5. Consectariamente, decidiu com acerto o Tribunal a quo ao concluir: "TRIBUTÁRIO E PROCESSUAL CIVIL. AÇÃO DECLARATÓRIA, ANULATÓRIA E EMBARGOS À EXECUÇÃO. COISA JULGADA. A ação declaratória de indébito tributário pressupõe um crédito fiscal ainda não constituído definitivamente, ou seja, a inexistência de um lançamento fiscal ou que este ainda não esteja dotado

de eficácia preclusiva. Depois de lançado o tributo e antes da execução, a ação cabível é a anulatória que, no máximo, poderá ser exercitada, simultaneamente, com os embargos à execução, dentro do prazo destes. Opostos embargos e decididos, definitivamente, não é mais possível o ajuizamento de ação anulatória do débito, porquanto, nos embargos, incide o princípio da eventualidade, com concentração da defesa do devedor e alegação de toda a matéria cabível. Se duas ações, uma já trânsita em julgado, além de possuírem idênticas partes e causa de pedir, também apresentarem igual pedido mediato, restará consubstanciada a coisa julgada, mesmo se diverso for o pedido imediato." 6. Recurso especial desprovido.[35]

PROCESSUAL CIVIL. EMBARGOS DE DECLARAÇÃO. OMISSÃO. INEXISTÊNCIA. EFEITOS INFRINGENTES. IMPOSSIBILIDADE (MANDADO DE SEGURANÇA. TRIBUTÁRIO. IMPOSTO DE RENDA. IMUNIDADE PREVISTA NO ART. 184, §5º, DA CF/88. TÍTULOS DA DÍVIDA AGRÁRIA (TDA's) EM PODER DE TERCEIROS. EFICÁCIA PRECLUSIVA DA COISA JULGADA. PREVALÊNCIA DE DECISÃO ANTERIOR PROFERIDA EM MANDADO DE SEGURANÇA PREVENTIVO JULGADO POR ESTA CORTE.) 1. O E. STJ, através de sua 1ª Seção, no Mandado de Segurança Preventivo nº 3.191/DF, impetrado contra ato de Ministro de Estado da Economia, Fazenda e Planejamento, em cujo pedido pleiteou-se, textualmente, o reconhecimento da imunidade dos impostos previstos no art. 184, §2º, da Constituição Federal, alcançando os TDA's em poder de terceiros, decidiu que: "Com relação à isenção dos impostos, há dissenso: alguns Ministros sustentam que a isenção só alcança os títulos em poder do proprietário expropriado e não daqueles transmitidos a terceiros (MS nº 856-DF, Relator Min. Hélio Mosiman). De minha parte tenho concedido a correção monetária no percentual aludido, e, também, reconhecido a isenção de impostos afigurando-me indiferente o fato de se encontrarem, ou não, os títulos em poder de terceiros. Isto porque, entendimento diverso quanto à isenção irá desvalorizar os títulos e, portanto, prejudicar ainda mais o proprietário que, embora por força de preceito constitucional, tenha direito à justa indenização da sua propriedade, só a recebe em títulos da dívida agrária, com prazo para resgate de até 20 anos (Constituição, art. 184 e seu parágrafo 5º)". 2. A coisa julgada atinge o pedido e a sua causa de pedir. Destarte, a eficácia preclusiva da coisa julgada (art. 474, do CPC) impede que se infirme o resultado a que se chegou em processo anterior com decisão trânsita, ainda que a ação repetida seja outra, mas que por via oblíqua desrespeita o julgado anterior. 3. Decidido em mandado de segurança preventivo a imunidade tributária dos TDA's

---

[35] STJ, REsp nº 746.685, 1ª T., v.u., rel. Min. Luiz Fux, j. 17.10.2006, *DJU* 07.11.2006. Ver também STJ, REsp nº 763.231, 1ª T., v.u., rel. Min. Luis Fux, j. 15.02.2007, *DJU* 12.03.2007.

em poder de terceiros, mencionando-se, inclusive, operações financeiras com os títulos, mercê de o writ ter sido manejado por uma corretora de valores, cujo repasse tenha se efetivado com ágio ou deságio, torna-se incompatível a autuação da Fazenda, em consideração ao decidido, em ofensa à coisa julgada que se tornou imutável e indiscutível nos limites da lide e da questão decidida (art. 468, do CPC). (...)[36]

16.2 O e. Tribunal de Justiça do Estado do Paraná igualmente tem observado com rigor a eficácia preclusiva da coisa julgada:

APELAÇÃO CÍVEL – AÇÃO ANULATÓRIA DE ATO JURÍDICO – EFICÁCIA PRECLUSIVA DA COISA JULGADA – IMPOSSIBILIDADE DE REDISCUSSÃO DE QUESTÕES QUE FORAM OU PODERIAM TER SIDO SUSCITADAS EM ANTERIOR DEMANDA – INTELIGÊNCIA DO ART. 474, CPC – RECURSO DESPROVIDO.[37]

Aliás, há precedente do e. TJPR em que se aplicou a regra do art. 474 especificamente à ação de prestação de contas:

APELAÇÃO CÍVEL. AÇÃO DE PRESTAÇÃO DE CONTAS. SEGUNDA FASE. CONTRATO DE ABERTURA DE CRÉDITO EM CONTA CORRENTE. PRELIMINAR DE OFENSA À COISA JULGADA. CARACTERIZAÇÃO. INTELIGÊNCIA DOS ARTS. 467 E 474 DO CPC. SENTENÇA ANULADA. 1 – A segunda fase da ação de prestação de contas se presta a verificar se as contas prestadas estão boas a satisfazer o direito do autor, sendo que as alegações de mérito quanto ao dever ou obrigação de prestá-las deveriam ser decididas pelo juiz na primeira fase da ação. 2 – "Alegações repelidas. Eficácia preclusiva da coisa julgada. Transitada em julgado a sentença de mérito, as partes ficam impossibilitadas de alegar qualquer outra questão relacionada com a lide sobre a qual pesa a autoridade da coisa julgada. A norma reputa repelida todas as alegações que as partes poderiam ter feito na petição inicial e contestação a respeito da lide e não fizeram (alegações deduzidas e dedutíveis — cf. Barbosa Moreira, Temas, p. 100). (...) 1 3 – Ocorre ofensa à coisa julgada quando proferida nova decisão sobre mesma matéria já apreciada em sentença transitada em julgado." (TAPR-extinto, 2ª Câmara Cível, Acórdão nº 19180, Apelação Cível nº 0251695-2, Rel. Luiz Mateus de Lima, DJ 19.03.2004). APELAÇÃO CONHECIDA E PROVIDA.[38]

17 No caso em exame, o réu perdeu a oportunidade de formular a alegação do pretenso crédito em seu favor, na ação de prestação de

---

[36] STJ, EDcl no REsp nº 712.164, 1ª T., v.u., Rel. Min. Luiz Fux, j. 05.09.2006, DJU 21.09.2006.
[37] TJPR, AC nº 0314268-7, 18ª C.Cível, v.u., rel. Des. Cláudio de Andrade, j. 31.10.2007.
[38] TJPR, AC nº 0377307-9, 16ª C.Cível, v.u., Rel. Des. Shiroshi Yendo, j. 31.01.2007.

contas. Jamais poderia, depois disso, propor uma outra ação a fim de obter o reconhecimento desse mesmo crédito.

A nova ação por ele proposta caracterizou precisamente a conduta que é vedada pelo art. 474 do Código de Processo Civil. E o que é pior: ao ser julgada procedente essa nova ação, violou-se a coisa julgada do processo anterior.

VI Nova ação, relação de continência e coisa julgada

18 Nem se diga que não se poria o óbice da coisa julgada contra a ação de cobrança formulada por J.C. pelo fato de ela não ter uma causa de pedir e um pedido rigorosamente idênticos ao da anterior ação de prestação de contas.

Nesse ponto, o signatário reporta-se a anterior manifestação doutrinária sua.[39]

Não é apenas nos limites da pura e simples identidade de pedidos que se põe objetivamente a coisa julgada. Mais do que a identidade de pedidos, estão abrangidos nos limites objetivos da coisa julgada:[40]

(i) o novo pedido que, embora não idêntico ao anterior já julgado, nele esteja contido. Julgado integralmente improcedente o pedido de condenação a 1000, é inviável depois pretender pedir apenas 200 com base no mesmo fundamento. Rejeitado o pedido de condenação ao pagamento da quantia, não é possível posteriormente pedir a declaração do mesmo crédito — e assim por diante;

(ii) o pedido de um resultado que seja prática e objetivamente incompatível com o resultado estabelecido no *decisum* anterior.[41] Julgada procedente a ação condenatória, se o condenado propuser ação pedindo a declaração de inexistência do crédito, invocando fundamentos anteriores à sentença condenatória,

---

[39] As ponderações que seguem foram veiculadas no já citado *Coisa julgada e sua revisão*, n. 2.3.1, p. 70-71.

[40] Obviamente, pressupondo a identidade ou continência de causas de pedir (de que se trata em "b", a seguir) – como fica claro nos próprios exemplos dados.

[41] Precisa a esse respeito é a doutrina alemã: LEIBLE, Stefan. *Proceso civil alemán*. Medelim: Bib. Jur. Diké; Konrad Adenauer Stiftung, 1999. cap. 4, E, II, 6, aa, p. 350 ("Si bien la fuerza de cosa juzgada de la decisión alcanza solamente a la pretensión [objeto de la controversia], también alcanza lo contrario en tanto entra en contradicción inconciliable com la decisión"); JAUERNIG. *Direito processual civil*. Trad. de F. Silveira Ramos, da ed. alemã de 1998. 25. ed. totalmente refundida da obra criada por Friedrich Lent. Coimbra: Almedina, 2002. n. 63.II, p. 323-324 ("Com a determinação dum efeito jurídico, é simultaneamente negado exactamente o seu inverso ['contraditório'], inconciliável com ele...").

esbarrará na coisa julgada: a declaração de inexistência do crédito fica diretamente excluída pela anterior declaração de existência e condenação ao seu pagamento. Igualmente, se foi acolhido o pedido de anulação do contrato, fica o réu impedido de propor ação pedindo a declaração de validade do mesmo contrato. Nesses casos, há "contradição inconciliável" entre o pedido e a decisão anterior;
(iii) o pedido que esteja prejudicado pelo *decisum* do processo anterior. Se depois de haver sido declarado que x não é filho de y, em sentença que fez coisa julgada material, x vier a pedir alimentos fundando-se na pretensa relação de filiação já negada pela sentença anterior, o juiz do novo processo está vinculado a essa negativa, tendo de julgar *improcedente* o pedido. É o que também ocorre se foi julgada improcedente a ação declaratória de existência do crédito, e o mesmo autor propõe em face do mesmo réu ação condenatória relativa ao mesmo pretenso crédito. Os pedidos não são integralmente idênticos, pois o pedido imediato (condenação) é mais amplo do que o anterior (mera declaração), mas há relação de prejudicialidade: o *decisum* já proferido terá de ser obrigatoriamente tomado em conta na sentença do novo processo. É a função "positiva da coisa julgada". Os fundamentos de uma sentença não fazem coisa julgada, e poderão ser decididos de modo diferente por ocasião do julgamento de outra demanda. No entanto, o *decisum* acobertado pela coisa julgada terá de ser necessariamente observado, numa sentença seguinte entre as mesmas partes, se a questão nele decidida for prejudicial à questão principal do novo processo.

19 O caso sob exame é enquadrável tanto na hipótese *i* quanto na hipótese *ii* acima expostas.

Por um lado, havia nítida relação de continência entre a ação de prestação de contas da consulente e a posterior ação de cobrança proposta por J.C. Essa estava integralmente contida naquela. A ação de prestação de contas tinha por objeto a totalidade dos créditos e débitos decorrentes da relação jurídica complexa, de prestações múltiplas, existente entre as partes. A ação de cobrança versava sobre um suposto crédito que, se existisse, seria ínsito àquela relação jurídica.

Por outro lado, a sentença na ação de cobrança da J.C. implica uma contradição prática e objetiva insuperável com a sentença antes proferida (e transitada em julgado) na ação de prestação de contas. Nessa, declara-se peremptoriamente na parte dispositiva que a consulente estava *exonerada* de "qualquer obrigação" constituída até a data da sentença e relativa às obras dos dois complexos agroindustriais. Mas a sentença na ação de cobrança impõe uma condenação por uma suposta obrigação referente às mesmas obras e que teria sido inequivocamente constituída antes da data da sentença na prestação de contas. Ou seja, é o exemplo clássico, didático, de contradição prática entre julgados: um afirma que o sujeito *nada deve* com base em tal relação jurídica; outro *condena* o mesmo sujeito ao pagamento de x pelo descumprimento de uma obrigação que estaria necessariamente inserida naquela mesma relação jurídica.

VII Violação da coisa julgada

20 Por todas essas razões, é clara a violação à coisa julgada da ação de prestação de contas, perpetrada pela sentença da ação de cobrança proposta por J.C.

Quando a ação de cobrança foi ajuizada por J.C., a ação de prestação de contas ainda não era objeto de sentença transitada em julgado. Mas mesmo assim já se punha defeito grave, de ordem pública, que implicava falta de pressuposto processual: havia litispendência (ou seja, a ação mais recente estava integralmente contida na ação mais antiga). Posteriormente, quando transitou em julgado a sentença de mérito na ação de prestação de contas, passou a existir ofensa à coisa julgada.

Não é demais notar que as mesmas razões que vetavam o emprego da reconvenção por J.C. na ação de prestação de contas proibiam igualmente a propositura de ação autônoma para a cobrança do pretenso crédito atinente ao fornecimento de instalações elétricas. O processo de prestação de contas já era a sede instaurada e suficiente para a averiguação da procedência de tal crédito (litispendência). Assim, não era necessária a reconvenção (falta de interesse processual). Os mesmos dois defeitos — litispendência e falta de interesse processual — punham-se para a ação autônoma. E a litispendência converteu-se em ofensa à coisa julgada quando transitou em julgado a sentença na prestação de contas.

21 Insista-se: a coisa julgada é violada não apenas quando se repete segunda ação absolutamente idêntica à primeira. A violação também se dá quando "a ação repetida seja outra, mas que, por via oblíqua, desrespeita o julgado anterior" — na dicção do STJ, já antes referida.[42]

---

[42] STJ, REsp nº 746.685, 1ª T., v.u., rel. Min. Luiz Fux, j. 17.10.2006, *DJU* 07.11.2006; STJ, EDcl no REsp nº 712.164, 1ª T., v.u., Rel. Min. Luiz Fux, j. 05.09.2006, *DJU* 21.09.2006. Ver também STJ, REsp nº 763.231, 1ª T., v.u., rel. Min. Luis Fux, j. 15.02.2007, *DJU* 12.03.2007. Ainda os

Tratando da ofensa à coisa julgada como fundamento para a ação rescisória, Barbosa Moreira tece as seguintes considerações relevantes para o caso ora em análise:

> A autoridade da coisa julgada, de que se tenha revestido uma decisão judicial, cria para o juiz um vínculo consistente na impossibilidade de emitir novo pronunciamento sobre a matéria já decidida. (...)
> Haverá ofensa à coisa julgada quer na hipótese de o novo pronunciamento ser conforme ao primeiro, quer na de ser *desconforme*: o vínculo não significa que o juiz esteja obrigado a rejulgar a matéria em igual sentido, mas sim que ele está impedido de rejulgá-la. Subsiste-se o vínculo, ademais, quando a lide submetida à apreciação judicial, não sendo idêntica à decidida em primeiro lugar, tenha solução *logicamente subordinada* à da outra: assim, por exemplo, declarada por sentença trânsita em julgado a existência da relação de filiação, que constituía no feito a questão principal, ofenderá a *res iudicata* a decisão que, em ação de alimentos, rejeite o pedido por entender inexistente a aludida relação.[43]

VIII Cabimento e procedência da ação rescisória

22 Consequentemente é cabível e deve ser acolhida no mérito a ação rescisória promovida pela consulente.

Apenas por extrema cautela pondere-se que o fato de não se haver alegado a ofensa à coisa julgada no próprio processo rescindendo é irrelevante. O respeito à coisa julgada constitui pressuposto de validade processual. Isso significa que ele pode e deve ser conhecido mesmo de ofício, a qualquer tempo e em qualquer grau de jurisdição (CPC, art. 267, §3º, e art. 301, §4º). Mais ainda: a falta de pressuposto processual é sempre um fundamento rescisório.[44] A circunstância tal ausência não ter sido previamente arguida não implica convalidação do defeito.

23 Essa é uma orientação assente no direito brasileiro.

Confira-se escólio de Pontes de Miranda:

> Mais ainda: se qualquer dos interessados que têm legitimação à oposição da exceção de coisa julgada não o exerceu, mesmo se da sentença anterior

---

seguintes precedentes são citados no julgado: REsp nº 714.792/RS, Primeira Turma, *DJ* de 01.06.2006; EDcl no AgRg no MS nº 8.483/DF, Primeira Seção, *DJ* de 01.08.2005; REsp nº 671.182/RJ, Primeira Turma, *DJ* de 02.05.2005; e REsp nº 579.724/MG, Primeira Turma, *DJ* de 28.02.2005.

[43] *Comentários ao Código de Processo Civil.* 14. ed. Rio de Janeiro, Forense, 2008. n. 77, v. V, p. 128.

[44] Nesse sentido, Teresa Arruda Alvim Wambier. *Recurso especial, recurso extraordinário e ação rescisória*. 2. ed. São Paulo: RT, 2008, p. 566. no. 17.5.

tinha conhecimento, pode propor a ação rescisória com o fundamento da ofensa à coisa julgada.⁴⁵

Idêntica é a doutrina de Sérgio Rizzi, em monografia sobre o tema:

> No direito pátrio é irrelevante, para fins de rescisória que haja sido rejeitada a objeção de coisa julgada.
>
> Esta orientação, dentre nós, não se restringe à objeção de coisa julgada. Quando for rejeitada a objeção de impedimento (o código fala em "exceção" o que não impede que este instituto seja um pressuposto processual), ou quando for repelida a alegação de incompetência absoluta, nenhuma repercussão terá no ajuizamento da rescisória.
>
> Logo, deve-se concluir que, a apreciação dos fundamentos da rescisória, no processo em que foi proferida a decisão rescindenda, não influi na admissibilidade da rescisória.⁴⁶

O ora signatário também já teve a oportunidade de tratar do tema, nessa mesma linha:

> É irrelevante que no curso do processo em que se proferiu a sentença rescindenda tenha havido alegação da parte interessada ou decisão do juiz sobre a existência da primeira coisa julgada. Caberá a rescisória ainda que o interessado tenha deixado de suscitar a objeção de coisa julgada durante o segundo processo. Por outro lado, a rescisão será admitida mesmo quando o juiz do segundo processo tenha expressamente decidido sobre o tema e rejeitado a objeção. Nesse aspecto, a regra autorizadora de rescisão para proteger uma primeira coisa julgada é mais ampla do que dispositivos semelhantes de outros ordenamentos. Na Itália, a *revocazione* só é admissível se o tema da ofensa à coisa julgada não tiver sido objeto de decisão no processo da sentença rescindenda (CPC ital., art. 395, 5). Na Alemanha, a ação de restituição cabe apenas se a parte tiver estado impossibilitada de demonstrar, no segundo processo, a primeira coisa julgada (ZPO, art. 580, 7, a, e 582). Semelhante limitação estava prevista no Código de Processo Civil português (de 1939) até a reforma de 1961. A redação do art. 485, IV, do Código brasileiro não deixa margem a dúvidas: nenhuma outra condição para o cabimento da rescisão se põe, exceto haver a ofensa à coisa julgada.⁴⁷

---

⁴⁵ *Tratado de Ação Rescisória*. 5. ed. Rio de Janeiro: Forense, 1976. n. 23, p. 247.
⁴⁶ RIZZI, Sérgio. *Ação Rescisória*. São Paulo: RT, 1979. p. 132, n. 79.
⁴⁷ *Coisa julgada, op. cit.*, n. 3.4.5, p. 152-153.

IX Conclusão

24 Em face das considerações acima realizadas, apresentam-se as seguintes respostas para os quesitos formulados:

a) A questão atinente à responsabilidade contratual pela instalação elétrica estava abrangida no objeto da ação de prestação de contas (000/89 – 20ª VC)?

Sim. O objeto da ação de prestação de contas abarcava todos os créditos e débitos, de cada uma das duas partes, decorrentes da relação negocial atinente à implementação dos dois complexos agroindustriais.

b) O réu da ação de prestação de contas relativas à realização das obras tinha o ônus de apresentar, como defesa naquela ação, sua alegação de que a autora (ora consulente) supostamente não havia cumprido com pretensas obrigações relativas à instalação elétrica?

Sim. Como apontado acima, era ônus seu a suscitar essa questão no processo de prestação de contas — a fim de que a procedência de sua alegação fosse ali averiguada e, se fosse o caso, considerada na apuração do saldo final.

c) Caso seja positiva a resposta ao quesito anterior, qual a consequência jurídica do descumprimento daquele ônus?

O descumprimento de tal ônus implicou preclusão, interna ao processo de prestação de contas, e a incidência da eficácia preclusiva da coisa julgada, nos termos acima expostos.

d) A sentença proferida na ação de cobrança (000/90 – 20ª VC) violou a coisa julgada produzida na ação de prestação de contas (000/89 – 20ª VC)?

Sim. A sentença na ação de cobrança veiculou comando que é frontalmente contraditório, em termos práticos e objetivos, com o comando sentencial da prestação de contas. Esse afirma que a consulente nada deve com base na relação jurídica atinente à construção dos dois complexos. Já a sentença na ação de cobrança — que é posterior à da prestação de contas — condena ao pagamento de determinada quantia pelo descumprimento de uma obrigação que estaria necessariamente inserida naquela mesma relação jurídica.

e) É cabível, contra a sentença da ação de cobrança (000/90 – 20ª VC), ação rescisória fundada no art. 485, IV, do Código de Processo Civil?

Sim. É cabível e deve ser acolhida em seu mérito a ação rescisória objeto do presente exame.

É o parecer.

Curitiba, 7 de agosto de 2008.

Capítulo 8

Validade de Intimação da Avaliação de Bem Penhorado em Execução Fiscal. Validade da Avaliação. Consequências de Hipotético Reconhecimento da Invalidade de tais Atos, em face de Leilão Público já Realizado

Nota introdutória

As leis de reforma da atividade executiva sucedem-se sem que se faça perceber qualquer grande avanço na eficiência da execução como instrumento de satisfação do crédito sem sacrifícios desnecessários ao devedor. Isso parece confirmar uma ponderação que de há muito tem sido feita pela doutrina, no sentido de que o problema é antes de falta de interpretação razoável e aplicação rigorosa das normas processuais executivas do que de má qualidade das leis que as veiculam.

Essa advertência é repetida na parte final deste parecer — que trata do regime de validade de atos do procedimento executivo.

As regras do atual Código de Processo Civil nele consideradas não são objeto de alteração substancial no projeto de novo Código.

Sumário: I Os fatos e quesitos – II A validade da intimação da avaliação – **II.a** Diretrizes gerais sobre intimação – **II.b** A disciplina da execução fiscal – A orientação jurisprudencial – **II.c** A atual disciplina da execução em geral (Lei nº 11.382/2006) – **II.d** As circunstâncias do caso concreto – **II.e** Arremate do tópico – III A validade da avaliação – **III.a** A validade formal da avaliação – **III.b** A correção do resultado da avaliação – **III.c** Arremate do tópico – IV Ausência de prejuízo – V A incidência da regra do não desfazimento da arrematação – VI Consideração final: devido processo legal, razoabilidade e proporcionalidade – VII Respostas aos quesitos

Parecer

M.I.P. LTDA., por meio de seus ii. procuradores, Drs. ***, solicita-me parecer acerca de aspectos processuais relativos à ação de execução fiscal de autos de nº 00000/1992, em trâmite na 4ª Vara da Fazenda Pública de Curitiba, proposta pelo Município de Curitiba em face da Federação Paranaense de Futebol (FPF). Nessa ação teve origem o agravo de instrumento de autos de nº 000000-4, interposto pela FPF e no qual a Consulente é interessada.

Os fatos pertinentes e os quesitos estão abaixo expostos. A formulação da consulta fez-se acompanhar de cópia integral dos autos do processo execução e do recurso de agravo.

I Os fatos e quesitos

1 O Município de Curitiba ajuizou, em 1992, ação de execução fiscal contra a FPF. Em tal processo, foi penhorado imóvel da executada, sobre o qual está edificado o Estádio do Pinheirão. Por ocasião da penhora, o imóvel foi também avaliado — e o representante legal da FPF intimado pessoalmente da penhora e da avaliação (fls. 45 e 46 dos autos da execução).

Houve embargos de executado, nos quais a FPF alegava a impenhorabilidade do referido imóvel. O E. TAJPR, reformando sentença que acolhia os embargos, rejeitou-os no mérito. Tal acórdão transitou em julgado.

A FPF fez ainda diversas outras tentativas de livrar o imóvel da penhora. Nenhuma delas foi bem-sucedida.

2 Superados todos esses entraves, e passados já quase quinze anos desde o início da execução, finalmente foi possível levar o bem à hasta pública.

2.1 Para tanto, e seguindo os ditames da Lei de Execuções Fiscais (Lei nº 6.830/80), o d. Juízo de primeiro grau designou leiloeiro público, investindo-o de poderes para reavaliar o bem, intimar o executado da hasta e promovê-la. Foram marcadas as datas de 06.09.2007 e 21.09.2007 para a primeira e a segunda hastas (e ainda, por eventualidade, as datas de 19.11.2007 e 07.12.2007, caso houvesse necessidade de designação de novas hastas)

O leiloeiro público reavaliou o bem (R$16.100.000,00). Na mesma data, 03.08.2007, intimou o representante legal da FPF (seu presidente) da avaliação e das datas da hasta pública (fls. 242 e 243).

Foram também publicados os editais legalmente exigidos.

Além disso, publicou-se no *Diário de Justiça* uma intimação das datas da hasta e do montante da nova avaliação do bem (fl. 273). Essa intimação constou no *Diário de Justiça* de 28.08.2007.

2.2 Então, em 05.09.2007, a FPF compareceu ao processo narrando que os autos haviam sido retirados em carga no dia 30.08.2007 e devolvidos naquela data. Pretendendo negar validade à intimação pessoal da avaliação feita já em 03.08.2007, a FPF sustentou que teria direito ainda de se manifestar sobre a dita avaliação. Mas, em vez de fazê-lo em tal oportunidade (ou, quando menos, nos cinco dias subsequentes), requereu que fosse renovada a sua intimação da avaliação (petição de fls. 295-296, pedido final *c*). Pediu também a restituição do prazo para agravar (fl. 296, pedido final *b*).

O d. Juízo de primeiro grau descartou a alegação da ausência de intimação da avaliação, tendo em vista "que a executada foi formalmente intimada da avaliação e das datas de praceamento (fls. 241-242), não havendo como se sustentar a aventada ausência de intimação da avaliação". Diante disso, o d. Juízo apenas reabriu para a executada o prazo para a interposição de recurso (fl. 310).

2.3 Paralelamente a tais fatos, no dia 06.09.2007, houve o primeiro leilão — infrutífero.

Em 21.09.2007, o bem foi arrematado pela ora Consulente, pelo valor de R$11.200.000,00 (cf. auto de arrematação, fl. 333).

2.4 Posteriormente, em 1º.10.2007, valendo-se da devolução de prazo para agravar, a executada interpôs agravo de instrumento. No recurso, alegou: (a) suposta invalidade da intimação da avaliação feita na pessoa de seu presidente; (b) suposto erro no valor da avaliação; (c) pretensa necessidade de reunião de execuções atinentes aos IPTUs de outros exercícios; (d) suposta necessidade de intimação "proprietários" de boxes, cadeiras e camarotes no Estádio; (e) pretensa impenhorabilidade do imóvel penhorado; (e) suposta prescrição intercorrente.

Liminarmente, foi atribuído efeito suspensivo a tal agravo.

3 Diante desse quadro, a Consulente formula os seguintes quesitos:

    a) Foi válida a intimação da avaliação efetivada na pessoa do presidente da FPF, que é seu representante legal? Ou era necessária uma nova intimação por Diário de Justiça?

    b) Do ponto de vista formal, foi válida a avaliação realizada?

    c) De acordo com os elementos reunidos no processo, pode-se imputar incorreção ao valor dado ao bem na avaliação?

    d) Cabe, no presente caso, a invalidação dos atos executivos praticados previamente à hasta pública?

e) Supondo-se que houvesse defeito na intimação da avaliação ou na própria avaliação, o reconhecimento do vício implicaria o desfazimento da hasta pública já aperfeiçoada?
Passo a responder.

II A validade da intimação da avaliação

4 A FPF não nega que seu presidente, que é seu representante legal, tenha recebido intimação pessoal, por mandado, da avaliação. A FPF não contesta que em tal ocasião, cerca de um mês antes da data marcada para o primeiro leilão (e mais de 45 dias antes da hasta em que o bem foi efetivamente arrematado), o seu presidente tenha tomado conhecimento formal e oficial das datas dos leilões e da avaliação — recebendo inclusive uma cópia do auto de avaliação.

Mas a tese defendida pela FPF é a de que toda e qualquer intimação há de fazer-se pelo Diário de Justiça — de modo que a intimação pessoal de seu presidente, revestida de todas as cautelas e formalidades, teria sido inócua, juridicamente irrelevante.

A seguir, examina-se a procedência dessa tese. O exame empreendido não se limitará ao plano teórico, abstrato (que aliás, por si só, já daria uma resposta satisfatória à questão). Tomar-se-ão em conta, ademais, as circunstâncias concretas — que, como se verá, convergem para fortalecer o acerto da conclusão atingida no plano hipotético.

II.a Diretrizes gerais sobre intimação

5 Em primeiro lugar, e por óbvio, não procede a ideia de que toda e qualquer intimação processual deva ser feita ao advogado da parte — e não à própria parte. Evidentemente, *não é esse o sentido* das regras do arts. 236[1] e 237[2] do CPC. Tais dispositivos apenas estabelecem que, se e quando a intimação for fazer-se na pessoa do advogado, ela preferencialmente se dará mediante publicação no órgão oficial de imprensa. Esse, e somente esse, é o significado de tais regras.

---

[1] Art. 236. No Distrito Federal e nas Capitais dos Estados e dos Territórios, consideram-se feitas as intimações pela só publicação dos atos no órgão oficial.§1º É indispensável, sob pena de nulidade, que da publicação constem os nomes das partes e de seus advogados, suficientes para sua identificação. §2º (...).

[2] Art. 237. Nas demais comarcas, aplicar-se-á o disposto no artigo antecedente, se houver órgão de publicação dos atos oficiais; não o havendo, competirá ao escrivão intimar, de todos os atos do processo, os advogados das partes: I – pessoalmente (...); II – por carta registrada, (...). Parágrafo único – (...).

Tanto é assim que há outras disposições gerais que aludem à hipótese de intimação da própria parte (*v.g.*: CPC, art. 238, *caput*, que inclui no rol de intimandos as "partes" e "seus representantes legais"; art. 238, parágrafo único [acrescido pela Lei nº 11.382/2006], que impõe o ônus de a parte manter seus endereços atualizados durante todo o curso do processo — sob pena de se presumir válida a intimação feita em endereço antigo). De resto, há uma vasta gama de regras específicas tratando de intimações na pessoa da parte, e não na de seu advogado.

Note-se, ademais, que intimação feita na pessoa do advogado, mediante publicação do Diário de Justiça, está bem longe de constituir a expressão de uma especial garantia em prol da parte destinatária de tal comunicação. Bem o contrário, a maior segurança reside, muitas vezes, na comunicação que lhe é feita de modo pessoal e direto. Nessas hipóteses, a realização da intimação ao advogado e por simples publicação na imprensa oficial é providência apenas destinada a dar maior celeridade ao andamento do processo — e não a propiciar maior segurança à parte a ser intimada. (Basta considerar, p. ex., o modo como foram recebidas as novas regras que, na execução, passaram a facultar que determinadas intimações, antes em caráter obrigatório feitas diretamente na pessoa do executado, sejam feitas apenas ao seu advogado mediante publicação no órgão oficial de imprensa. Unanimemente, viu-se nessas inovações uma providência destinada a dar mais celeridade ao processo — e não a propiciar uma especial garantia em prol do executado.)

A rigor, a seção do Código de Processo Civil intitulada "Das intimações" (arts. 234 a 242) não veicula nenhuma disposição expressa estabelecendo uma diretriz geral estabelecendo que as intimações devam ser feitas na pessoa da própria parte ou na de seu advogado. Tampouco há ali qualquer regra definidora de critérios acerca de quando se deva proceder de um modo ou de outro.

6 Assim, provém de construção doutrinária uma baliza geral a respeito de quando se deve intimar a parte e quando se deve intimar seu advogado. À luz do contraditório (compreendido como direito à informação e direito à reação), tem-se por razoável a seguinte diretriz, *se e quando não houver regra específica em outro sentido*: quando se destina a ensejar a prática de atos pessoais da parte, a intimação deve ser feita na pessoa da própria parte; quando se presta a abrir a oportunidade da prática de atos estritamente técnico-processuais, a intimação deve ser feita perante o advogado da parte.[3]

---

[3] Veja-se, por todos, ARAGÃO, Egas Moniz de. *Comentários ao CPC*, II. 7. ed. Rio de Janeiro: Forense, 1992, n. 315, p. 328.

Mas mesmo esse critério tende a ser de pouca serventia em grande quantidade dos casos.

Primeiro, porque há hipóteses que poderiam ser ditas "mistas" ou "ambíguas". Há casos em que uma mesma intimação tem por escopo simultaneamente oportunizar a prática de um ato pessoal e de outro técnico-processual. Tome-se por exemplo a intimação da concessão de uma medida de tutela urgente (cautelar, antecipada...) que imponha o cumprimento de uma conduta. Por um lado, tal intimação tem em mira a prática de um ato pessoal do réu, qual seja, cumprir a ordem judicial urgente. Mas, por outro, essa intimação também dá ensejo à faculdade (e ônus) de interposição de recurso contra a decisão concessiva da tutela urgente. E esse é um ato técnico-processual. Contudo, em princípio, não se cogita de haver duas intimações nessa hipótese — uma à parte e outra ao seu advogado.[4] Haverá apenas uma, na pessoa da parte. A partir dessa mesma e única intimação, terá o réu o dever de cumprir ordem urgente e a faculdade de, por intermédio de seu advogado, interpor recurso contra tal provimento.

Em segundo lugar, há uma vasta quantidade de explícitas exceções à diretriz geral acima exposta. A lei frequentemente prevê que a intimação para a prática de atos pessoais da parte se faça na pessoa do advogado — e vice-versa. Apenas para ficar em exemplos mais recentes: a intimação para o executado arrolar e indicar a localização de todos os seus bens penhoráveis concerne, evidentemente, a um ato pessoal da parte, mas pode ser feita na pessoa do seu advogado (CPC, art. 652, §3º c/c §4º — acrescidos pela Lei nº 11.382/2006); a intimação acerca do requerimento de liquidação de sentença é feita na pessoa do advogado da parte (CPC, art. 475-A, §1º, acrescido pela Lei nº 11.232/2006), e se presta a abrir a oportunidade para uma verdadeira contestação à ação de liquidação (tanto que, antes da Lei nº 11.232, tinha-se na hipótese uma verdadeira citação): a definição quanto a defender-se ou não de uma demanda é ato tipicamente pessoal.

---

[4] Tanto é assim que há a necessidade de regra explícita para estabelecer uma disciplina diversa em casos específicos. É o que ocorre, p. ex., no âmbito do mandado de segurança, em que, por expressa previsão legal — e apenas por isso —, passou a haver duas intimações da liminar: uma feita perante a autoridade coatora, para ela dar cumprimento à ordem; outra junto ao procurador jurídico do ente público (art. 3º, da Lei nº 4.348/64, na redação que lhe foi dada pelo art. 19 da Lei nº 10.910/2004).

II.b A disciplina da execução fiscal – A orientação jurisprudencial

7 Na hipótese, é despiciendo investigar se a intimação da avaliação relaciona-se a algum escopo de conduta pessoal da parte executada ou a uma providência estritamente técnico-processual.[5] É que, *no regime jurídico da execução fiscal, a avaliação sempre foi ato passível de intimação direta na pessoa da parte*.

A Lei nº 6.830/80 prevê que a avaliação deve ocorrer no momento imediatamente subsequente ao da penhora — sendo o executado intimado dos dois atos simultaneamente (art. 13, *caput*).[6] E tal intimação se faz — e sempre se fez na execução fiscal — pessoalmente ao executado e não ao seu advogado.

E nem se pretenda invocar o art. 12 da Lei nº 6.830/80 para se tentar dizer que a penhora e a avaliação, na execução fiscal, seriam objeto de intimação apenas ao advogado do executado, por meio de publicação no *Diário de Justiça*. Tal dispositivo, de fato, alude à intimação "mediante publicação, no órgão oficial". Mas, em primeiro lugar, ele não alude ao advogado do executado como destinatário da intimação, e sim ao próprio executado. Por meio de tal disposição, pretendeu-se criar um mecanismo extremamente sumário e favorável ao Fisco, de modo que a parte executada seria intimada por publicação no órgão oficial. Tal previsão foi alvo de severíssimas críticas — tendo em vista sua incompatibilidade, se literalmente aplicada, com a garantia constitucional do contraditório e da ampla defesa.[7] Afinal, a própria parte não pode ser obrigada a acompanhar publicações no *Diário de Justiça*.

---

[5] Se, por um lado, é cabível reconhecer o caráter "misto" ou "ambíguo" da situação, nos termos definidos no item anterior, por outro, é bastante evidente a forte carga pessoal da possível atividade subsequente à intimação em discurso. É direito da própria parte ter ciência do valor atribuído ao seu bem afetado pela penhora (mesmo porque a verificação do acerto ou não da avaliação é questão técnica não jurídica, para a qual o advogado não detém nenhuma especial qualificação; ao passo que o executado, como titular do bem, está em melhores condições de aferir o acerto do valor que lhe foi atribuído).

[6] "O termo ou auto de penhora conterá também a avaliação dos bens penhorados, efetuada por quem o lavrar."

[7] Veja-se, por todos, a censura de José da Silva Pacheco à disposição em pauta: "É fruto da elucubração de fiscalistas que partiram das premissas: a) de que seria mais importante a celeridade para o recebimento do crédito do que a garantia da livre defesa do executado, mormente na fase expropriatória, eminentemente executiva; b) de que o executado, uma vez citado, deve acompanhar o processo até o final. Acontece, todavia, que o executado não lê o *Diário da Justiça* (...)". (*Comentários à Lei de Execução Fiscal*, São Paulo: Saraiva, 1988, n. 211, p. 176).

Daí que ficou absolutamente pacificado na doutrina e na jurisprudência que a intimação da penhora ao executado há de fazer-se por oficial de justiça ou pelo correio — jamais por publicação no órgão oficial. Quando muito, tal publicação apenas seria viável na hipótese excepcional em que o executado já tivesse no limiar do processo constituído advogado nos autos, e esse tivesse expressamente pedido para ser intimado da penhora.[8] Ressalvado esse caso extraordinário, o que importa efetivamente é a intimação pessoal da penhora e da avaliação ao executado, pelo correio ou por oficial de justiça. E isso, insista-se, mesmo se o executado já tivesse advogado constituído nos autos. A doutrina e a jurisprudência sempre reputaram a intimação pessoal ao executado um meio mais seguro e eficiente, para propiciar a efetiva comunicação do ato, do que a mera intimação por publicação no *Diário de Justiça*.[9]

O tema chegou a ser sumulado no extinto Tribunal Federal de Recursos: "A intimação pessoal da penhora ao executado torna dispensável publicação de que trata o art. 12 da Lei de Execuções Fiscais". E esse mesmo entendimento continuou a ser uniformemente adotado pelo E. STJ — o qual definitivamente consolidou a orientação de que a intimação da penhora (e consequentemente a da avaliação) na execução fiscal deve ser feita na pessoa do próprio devedor:

> (...) Execução Fiscal. Auto de Penhora. Mandado de Intimação. Advertência Expressa do Devedor do Prazo para Oferecimento de Embargos. Precedentes. Pretensão de Rediscussão da Matéria. Impossibilidade.
>
> (...) 3. A jurisprudência do Superior Tribunal de Justiça pacificou o entendimento no sentido de que, no processo de execução fiscal, para que seja o devedor efetivamente intimado da penhora, é necessária a sua intimação pessoal, devendo constar, expressamente, no mandado, a advertência do prazo para o oferecimento dos embargos à execução.[10]

---

[8] *JTJ* 145/184.
[9] Quanto à jurisprudência, veja-se a seguir. Na doutrina, confiram-se, entre outros: ASSIS, Arakens de. *Manual da execução*. 11. ed. São Paulo: RT, 2007. n. 463, p. 1042-1043; MARTINS, Américo Luís da Silva. *A execução da dívida ativa da Fazenda Pública*. São Paulo: RT, 2001. cap. VII, n. 13, p. 443 e seguintes; FERNANDES, Odmir *et al. Lei de Execução Fiscal comentada e anotada*. 4. ed. São Paulo: RT, 2002. n. 12.1, p. 247; GARCIA VITTA, Heraldo. *Execução fiscal*: doutrina e jurisprudência. (coord. Vladimir Passos de Freitas). São Paulo: Saraiva, 1998. p. 281.
[10] STJ, REsp nº 606.958-EDcl, 1ª T., v.u., rel. Min. JOSÉ DELGADO, j. 01.06.2004, *DJU*, 02 ago. 2004. Vejam-se, ainda, entre outros julgados do STJ: REsp nº 54.487-4, 2ª T., v.u., rel. Min. PEÇANHA MARTINS, j. 22.03.1995, *DJU*, 19 jun. 1995; REsp nº 70.259, 1ª T., v.u., rel. Min. CESAR ROCHA, j. 13.12.1995, *DJU*, 11 mar. 1996; REsp nº 112.011, v.u., rel. Min. ELIANA CALMON, j. 17.08.2000, *DJU*, 02 out. 2000; REsp nº 372.519, 1ª T., v.u., rel. Min. GARCIA VIEIRA, j. 07.02.2002, *DJU*, 25 mar. 2002.

Em suma, o regime das execuções fiscais *sempre consagrou a possibilidade de intimação da avaliação na pessoa do executado.*

Por óbvio, essa possibilidade incide sobre todas as avaliações que venham a realizar-se no curso do processo. Não há o que justifique tratamento diverso no que tange às novas avaliações. A cada reavaliação a que o bem penhorado submeta-se é sempre cabível (e recomendável até) a intimação pessoal do executado, dispensando-se a intimação do advogado.[11] Seria um despropósito supor que aquilo que é reputado seguro e adequado relativamente à primeira avaliação empreendida no processo não o seria para outras avaliações que porventura tenham de ser feitas. O direito como um todo e sobretudo o direito processual, por sua função pragmática, repelem soluções caprichosas, distinções artificiais.

Então, e já por isso, evidencia-se a plena validade da intimação da avaliação promovida no caso em exame.

II.c A atual disciplina da execução em geral (Lei nº 11.382/2006)

8 A título de mera ilustração, note-se que o próprio regime da execução por quantia certa comum ora consagra a diretriz de que a avaliação pode ser objeto de intimação direta ao próprio executado. Atualmente, a execução comum segue o modelo originalmente concebido para a execução fiscal.

Passou-se a proceder à avaliação imediatamente após a penhora, com ambos os atos sendo simultaneamente objeto de uma mesma intimação ao executado — intimação essa que pode ser feita diretamente na sua pessoa ou na de seu representante legal. É o que prescreve o art. 652, §1º, do CPC: "Não efetuado o pagamento, munido da segunda via do mandado, o oficial de justiça procederá de imediato à penhora de bens e a sua avaliação, lavrando-se o respectivo auto e de tais atos intimando, na mesma oportunidade, o executado."

---

[11] Como já decidiu expressamente o E. TRF da 4ª Região: "O fato de a agravante ter sido intimada da reavaliação do bem e da designação do leilão na pessoa do sua representante, e não através de seus procuradores, não tem o condão de tornar nulos os atos processuais, porquanto não exige a referida Lei que a intimação deva ser feita na pessoa do advogado, tampouco que deva constar, no mandado de intimação, a existência do prazo de cinco dias para a impugnação da reavaliação" (AI nº 2005.04.01.041716-1/PR, 1ª T., v.u., rel. Des. VILSON DARÓS, j. 13.12.2006, *D.E.*, 19 jan. 2007).

Portanto, tem-se um princípio geral no sentido de que a avaliação é ato passível de intimação na própria pessoa do executado ou de seu representante legal — dispensando-se a intermediação de advogado em tal comunicação.

II.d As circunstâncias do caso concreto

9 De resto, e não bastasse evidenciar-se a validez da intimação da avaliação sob o ponto de vista abstrato, as circunstâncias do caso concreto evidenciam também a efetiva adequação do ato.

9.1 Em primeiro lugar, considere-se que a intimação da avaliação foi cumprida na pessoa do próprio presidente da FPF — que assumiu no lugar do presidente anterior, justamente com a incumbência de sanear aquela entidade. Trata-se de pessoa com formação sociocultural mais do que suficiente para captar o significado da comunicação que estava recebendo.

Ou seja, não se trata de uma intimação que tenha sido entregue a uma pessoa simplória ou ao porteiro de uma empresa. O ato foi devidamente cumprido perante a autoridade máxima da entidade.

9.2 Some-se a isso o fato de que, além da intimação da avaliação, procedeu-se na mesma oportunidade à intimação da hasta pública — a qual, ninguém discute, deve também ser feita na pessoa da própria parte (STJ, Súmula 121: "Na execução fiscal, o devedor será intimado pessoalmente do dia e hora da realização do leilão").

Nesse ponto, note-se um dado bastante curioso e que pode ser até mesmo indicativo da má-fé da executada. Quanto à intimação da hasta na pessoa de seu presidente, a FPF não nega a sua plena validade. Reconhece que o ato atingiu integralmente seu escopo. Como, então, negar que a intimação da avaliação, feita exatamente no mesmo momento, no mesmo ato intimatório, não teria atingido idêntico êxito concreto? É de uma obviedade escancarada que, tendo recebido a simultânea comunicação dos dois atos — avaliação e datas da hasta —, o presidente da FPF prontamente retransmitiu a informação inclusive aos advogados da entidade. Se eventualmente não o fez (hipótese nada plausível), isso seria um problema interno da entidade, alheio ao processo de execução.

9.3 Agregue-se ainda aqui outro fato fundamental. O advogado da FPF no processo de execução era também integrante da própria diretoria da entidade (cf. fl. 416 dos autos do AI nº 000000-4). Diante disso, como sustentar que não tomou inequívoco ciência da intimação da reavaliação feita conjuntamente com a intimação das datas dos leilões?

9.4 Não bastasse tudo isso, note-se que o próprio advogado da FPF admitiu, claramente, que já tinha plena ciência da reavaliação do bem penhorado. Mais do que isso: o patrono do executado reconheceu expressamente que já conhecia o teor, o resultado, da reavaliação do bem.

Isso é verificável pelo exame da sequência de peças no processo. Recapitulem-se os fatos:

Em 28.08.2007, publicou-se no *DJPR* a intimação das datas dos leilões (fl. 273 dos autos da execução fiscal).

Posteriormente, em 06 de setembro, a FPF, por meio de seu advogado, peticionou reclamando do fato que, após tal publicação, os autos tinham sido retirados em carga pelo procurador do Município. Nessa peça, entre outras providências, a FPF pleiteava devolução de prazo para se manifestar e para recorrer e pedia a "intimação da avaliação procedida" (fls. 295-296 dos autos da execução fiscal).

Contudo, nessa mesma peça — insista-se: da lavra do advogado da FPF — já se consignava não apenas a ciência da existência de uma nova avaliação, como também já se evidenciava saber-se qual era o valor atribuído ao bem nessa reavaliação. Tanto que o advogado da FPF já impugnava tal reavaliação sob o argumento de "que o valor não corresponde ao valor correto da área, que já foi avaliada em processo junto à Justiça Federal por R$22.000.000,00, com uma larga diferença da que consta dos autos" (cf. final da fl. 295 e início da fl. 296 dos autos da execução fiscal).

Ou seja, o advogado da FPF já sabia perfeitamente qual era a nova avaliação que constava dos autos. Disse expressamente que conhecia o conteúdo da nova avaliação — e pretendeu impugná-la invocando a avaliação feita pela Justiça Federal.

Basta ter em vista esse aspecto da questão para que assuma ares de *non sense* a assertiva, feita logo em seguida na mesma peça, de que "não pode ainda se pronunciar face a não intimação" (fl. 296).

O episódio ora recapitulado, por um lado, deixa claro que a intimação feita na pessoa do presidente da FPF tinha chegado ao conhecimento do advogado da entidade. Por outro lado, evidencia que inclusive houve impugnação da avaliação.

II.e Arremate do tópico

10 Por todas essas razões, a intimação da avaliação efetiva na pessoa do presidente da FPF foi plenamente válida e eficaz.

III A validade da avaliação

11 A validade da avaliação deve ser examina em duplo enfoque, o de sua apresentação formal e o do seu resultado.

III.a A validade formal da avaliação

12 A r. decisão concessiva do efeito suspensivo no agravo manifestou alguma dúvida acerca da correção formal do laudo. Apontou que no laudo "embora se referindo ao Estádio do Pinheirão, constou 'sem benfeitorias'". Sugeriu ainda a incompletude do laudo no que tange à descrição do bem penhorado (fl. 177 dos autos do AI).

Cumpre examinar se esses aspectos invalidam a avaliação feita.

13 De fato, o auto da nova avaliação — nesse ponto repetindo o auto da penhora e o laudo da primeira avaliação (fls. 41 e 42 dos autos da execução fiscal) — alude a um terreno "sem benfeitorias". Mas pelo que se pôde inferir dos documentos contidos no processo, isso se deve meramente ao fato de o Estádio não ter tido sua construção averbada na inscrição fiscal do imóvel. O termo de penhora reproduz o texto contido em tal inscrição — e esse mesmo texto foi utilizado no primeiro laudo e agora no auto da reavaliação.

O fundamental é que em todos esses atos foi adicionada uma observação, em destaque: "NESTA ÁREA FOI CONSTRUÍDO O ESTÁDIO PINHEIRÃO". Isso afasta qualquer dúvida acerca desse primeiro aspecto — que, de resto, não gerou nenhuma dificuldade concreta (tanto que não foi impugnado nem pela própria FPF).

14 Por outro lado, no que tange à descrição do bem penhorado, o auto de reavaliação também não padece de defeito.

Nesse ponto, cumpre ressaltar a finalidade da exigência de que o laudo ou auto avaliatório descreva o bem penhorado. Destina-se a viabilizar o adequado controle da avaliação pelo juiz, as partes[12] e terceiros que pretendam adquirir o bem em sede executiva. Serve para permitir que juiz, partes e terceiros, a partir da descrição feita, tenham como averiguar se o valor atribuído ao bem na avaliação está consentâneo com a realidade.

É apenas em função desse escopo que se põe a exigência da descrição. E é também à luz dele que se estabelecerá, em concreto, a necessidade de um maior ou menor grau de detalhamento da descrição.

---

[12] Especialmente o credor, pois o executado, normalmente na condição de titular do bem, já o conhece suficientemente.

No caso em exame, duas circunstâncias peculiares devem ser tomadas em conta.

14.1 A primeira concerne à *notoriedade* do bem penhorado.

Constitui fato notório aquele cujo conhecimento faz parte da cultura normal de um determinado círculo social ao tempo em que ocorre o julgamento.[13] Isso não significa que todas as pessoas tenham de necessariamente conhecer o fato notório. O fundamental é que ele seja do domínio do "homem médio" de uma dada época e lugar. Quando isso ocorre em relação a um fato relevante para um processo judicial, basta a referência a ele.

No que tange à avaliação do bem penhorado, sendo as suas características notórias, desaparece a necessidade de sua descrição no laudo ou auto avaliatório. A título de descrição, bastará uma alusão ao bem, por si só remissiva às suas características notórias. Isso já será suficiente para o cumprimento da finalidade antes apontada.

É o mesmo que se passa com bens padronizados. Por exemplo, se é penhorado um automóvel VW Golf GLX 2004, basta essa referência somada a umas poucas outras destinadas a individualizar o bem (cor, número do chassi). No entanto, não se descreverão todas as características de motor, itens internos de conforto, tipo do banco etc. Todos esses aspectos são identificáveis a partir da referência ao seu modelo exato e ano. Tem-se assim uma descrição sintética e remissiva que é perfeitamente válida.

O Estádio do Pinheirão é uma edificação cujas características constituem fato notório. Na medida em que por mais de vinte anos funcionou como praça de esportes e de outros eventos, aberta ao público, seus detalhes são razoavelmente conhecidos do "homem médio". Seria desnecessário um laudo avaliatório que se propusesse a detalhar-lhe as características.

A simples referência no laudo às dimensões do terreno e ao fato de que nele está situado o Estádio já cumpre, enfim, aquela finalidade de permitir que juiz, partes e terceiros compreendam de que bem se trata.

14.2 Além disso, note-se que o auto da reavaliação seguiu o modelo formal da primeira avaliação — cuja descrição do bem também foi meramente remissiva às suas características notórias.

Aquela primeira avaliação não sofreu nenhuma impugnação quanto à sua forma — e foi reputada perfeita e válida inclusive quanto

---

[13] É a célebre definição de Calamandrei (Per la definizione del fatto notório", em *Rivista di diritto processuale civile*, v. II-1, 1925, p. 293). Na doutrina brasileira, veja-se, por todos, ARAGÃO, Egas Moniz de. *Exegese do CPC*, IV-1, Rio de Janeiro: Aide. n. 65-68, p. 103-108.

ao seu conteúdo e resultado. Vale dizer: ela cumpriu a contento a finalidade de controle antes mencionada.

Na medida em que agora houve a mera reavaliação do bem (i.e., a renovação da avaliação), não há porque agora se pretender dar à questão tratamento diverso.

15 Portanto, sob o ponto de vista formal a avaliação em exame cumpre o papel que lhe cabe. Não há nela nenhum defeito que justifique rejeitá-la.

III.b A correção do resultado da avaliação

16 No que tange ao resultado da avaliação (i.e., o valor atribuído ao bem), a executada pretendeu impugná-lo invocando (i) uma "avaliação" assinada pelo Sr. J.C.M., que é corretor de imóveis, e (ii) o fato de que em outra execução fiscal, em trâmite na Justiça Federal, foi atribuído ao bem o valor de R$22.0000.000,00.

16.1 Primeiro, frise-se haver uma certa margem de liberdade de estimativa na avaliação de bens. Na generalidade dos casos — e aqui se inclui o ora em exame —, não existe um critério absoluto, matemático, unívoco de atribuição do valor do bem penhorado.

Bem por isso, alude-se, na hipótese, à abertura de um "espaço à discrição judicial",[14] que talvez possa ser melhor designado como uma margem de liberdade avaliatória.

Com isso, não se pretende sustentar a arbitrariedade na atribuição de valor ao bem. Sempre que houver parâmetros objetivos a utilizar, caberá empregá-los. Além disso, mesmo nos casos em que faltem parâmetros objetivos, não há dúvidas de que os casos que claramente destoem de uma faixa média, razoável, de aferição têm de ser censurados. Mas restará sempre uma "zona cinzenta" dentro da qual não é possível afirmar com objetividade se o valor está certo ou não.

16.2 No caso sob consulta, poder-se-ia cogitar de um erro grave na reavaliação apenas se o "laudo de avaliação estimativo" firmado pelo Sr. J.C.M. se revestisse de consistência técnica e idoneidade jurídica. No entanto, os próprios elementos contidos nos autos afastam essa hipótese.

---

[14] ASSIS, Araken de. *Manual, op. cit.*, n. 273.2.3, p. 696. Na mesma linha, tratando da avaliação na execução fiscal, o STJ já decidiu que o tema ficará sujeito ao crivo da "livre apreciação do juiz condutor do feito" (REsp nº 8.351, 1ª T., v.u., rel. Min. CESAR ROCHA, j. 16.08.1993, *DJU* 11.10.1993).

Em primeiro lugar, já no que tange ao seu resultado, o "laudo" do Sr. Marcondes revela-se, ele sim, de todo discrepante de uma faixa média razoável. O valor nele atribuído ao bem (quase R$53 milhões) é exageradamente diverso daquele apontado pelos laudos judiciais, oficiais (que ficam entre R$16 milhões e R$22 milhões). Note-se que, pelo que consta,[15] a avaliação feita na Justiça Federal (R$22 milhões) não foi sequer impugnada pela FPF — o que depõe contra a solidez da estimativa de R$53 milhões.

Por outro lado, a origem do "laudo estimatório" é viciada, juridicamente inidônea. A petição de agravo da executada omitiu um dado fundamental. O Sr. J.C.M. é diretor da FPF (cf. fl. 418 dos autos do AI). Aliás, isso está até indicado no carimbo que ele apôs embaixo de sua assinatura no referido "laudo estimatório" (fls. 125-126 — "Diretor"). Falta-lhe a imparcialidade necessária para emitir parecer técnico sobre o tema.

16.3 Já no que tange à diferença em face do laudo proveniente da Justiça Federal, ela é bem menor. Ingressa-se na zona cinzenta, antes referida, dentro da qual não há como se estabelecer, com precisão, qual o valor exato.

Mas mesmo assim, as peculiaridades do caso concreto fornecem um fundamental elemento que — caso se tenha de optar por um ou outro — permite, em avaliação retrospectiva, afirmar com razoável segurança que o laudo produzido na Justiça Estadual está mais correto, mais consentâneo com a realidade, do que o laudo feito na Justiça Federal.

Tal elemento consiste no próprio *mercado*.

Afinal, o bem já foi levado à hasta pública na Justiça Estadual. Ora, se de fato o valor do bem estivesse subestimado, teriam surgido interessados prontamente dispostos adquiri-los. Mas não foi o que ocorreu. Na primeira hasta — em que o bem tinha de ser vendido no mínimo por R$16 milhões — absolutamente ninguém se apresentou.

Isso tem um significado óbvio. No mercado, o bem em questão *não vale* R$52 milhões. *Tampouco vale* R$22 milhões. Aliás, *nem sequer vale* R$16 milhões. Pode-se até consignar no papel que esse é o valor do bem. Mas isso não retrata a efetiva realidade do mercado. Há uma célebre passagem das Ordenações Filipinas que alude ao "tanto" que "vale qualquer coisa" e o "por quanto" essa coisa pode "comumente e

---

[15] Cf. andamento do processo disponibilizado no *site* da Justiça Federal na *Internet* (<http://www.jfpr.gov.br/>).

sem fraude" ser vendida.¹⁶ Não se trata de uma mera redundância de conceitos. A rigor, são duas noções distintas: o valor hipotético e abstrato de um bem e o efetivo valor que ele pode atingir ao ser alienado. Obviamente, o que interessa para fins de hasta pública é esse segundo aspecto.

E no presente caso, a hasta pública foi precedida de amplíssima publicidade. Não só foram publicados todos os editais exigidos. Houve uma publicidade muito maior do que a de qualquer hasta comum. Dias antes no leilão já circulavam diversas notícias na imprensa (e não apenas na imprensa desportiva — convém lembrar). O insucesso do primeiro leilão, portanto, não derivou de qualquer falta de divulgação. Deveu-se, mesmo, ao fato de o bem não valer, na realidade do mercado, aquele montante que se atribuiu a ele.

Portanto, a própria dinâmica do mercado deu uma resposta para a questão. E como nota Araken de Assis, "o valor ordinário do bem, obtido por sua venda no mercado livre, em condições normais de negócios, define o 'valor dos bens'".¹⁷ ¹⁸

III.c Arremate do tópico

17 A avaliação foi formalmente válida, ao fazer remissão às características notórias do bem. Por outro lado, o valor atribuído ao bem revelou-se consentâneo com a realidade do mercado.

---

[16] Cf. ASSIS, Araken de. *Manual...*, op. cit., n. 273.2, p. 695-696.
[17] ARAKEN DE ASSIS, *Manual...*, op. cit., n. 273.2.3, p. 696.
[18] Com o aqui exposto não se pretende sustentar que sempre e em qualquer caso o valor do lanço vencedor é que definiria o real valor do bem. Se fosse assim, não existiria o conceito de "preço vil": por menor que fosse o valor obtido na hasta, ele seria sempre o correto. Obviamente não é assim. Cabe considerar aquela margem razoável a que se aludiu no texto — fora da qual, daí sim, pode-se identificar uma vileza no valor do lanço. Mas é evidente que as noções acima expostas a respeito da relevância da postura do mercado na definição do valor do bem constrito repercutem diretamente sobre o tema do "preço vil". Não é por outra razão que a jurisprudência e a doutrina cada vez mais reconhecem a impossibilidade da definição categórica, objetiva, do que seria tal "vileza". Caberá sempre considerar as circunstâncias concretas *do mercado*. Por outro lado — e tendo-se em vista que a "oferta e procura" ditada pelo mercado é o fator essencial de definição do valor adequado do bem —, o "preço vil" tende a ser uma consequência da falta de publicidade da hasta, que gera uma distorção na procura (sua artificial redução). Essa hipótese não se põe no caso em análise, em que, como indicado, houve grande publicidade. Note-se, por fim, que, ainda que se considerasse mais correta a avaliação feita na JF (do que a da Justiça Estadual), mesmo assim não se poderia reputar vil o valor obtido no leilão em exame. Esse tema é examinado no tópico seguinte.

IV Ausência de prejuízo

18 Verificou-se nos tópicos anteriores não haver fundamento para reputar a avaliação e sua intimação inválidas. De todo modo, para responder a um dos quesitos postos pela Consulente, cabe examinar, a título de argumentação, o panorama que se teria, caso tais atos pudessem ser reputados inválidos. É o que se faz neste tópico e no seguinte.

Primeiro, cumpre verificar em que medida uma hipotética nulidade teria gerado efetivo prejuízo.

19 No que tange à questão da intimação, ainda que existisse a obrigatoriedade de que ela fosse feita na pessoa do advogado — e, repita-se, não há tal imposição — mesmo assim, no caso concreto, não teria existido prejuízo algum. E isso por mais de uma razão.

19.1 Primeiro, porque, como se viu, a intimação feita na pessoa do presidente da FPF chegou ao pleno conhecimento do advogado da entidade (que é também integrante da diretoria). Tanto é assim que, quando ele se manifestou, deixou claro que sabia não só da existência da reavaliação como também qual era o conteúdo dela. Mais ainda — embora afirmando que tinha direito a uma nova intimação — pôde inclusive desde logo impugnar a reavaliação, invocando em seu favor a avaliação feita na Justiça Federal.

Quanto a esse ponto, remete-se ao tópico II.d, n. 9.4, acima.

19.2 Em segundo lugar, ainda que a intimação do presidente não tivesse chegado ao conhecimento do advogado da FPF (e chegou), de todo modo abriu-se oportunidade para discussão da avaliação. Quando menos em 5 de setembro, o advogado da executada já tinha obtido acesso aos autos, conforme seu relato. Considerando-se que o bem não foi arrematado na hasta do dia 6, houve então mais quinze dias para discutir-se a questão. Mas a FPF optou por adotar outra postura. Ficou aguardando uma nova intimação.

Frise-se: a FPF já conhecia amplamente o auto avaliatório. Seu presidente já tinha sido intimado dele, ficando com uma cópia. Seu advogado indicou claramente conhecê-lo, mesmo antes do dia 5 (tanto que o impugnou na petição do dia 6). De resto, ainda que não tivesse sido assim (e foi), teve acesso ao auto avaliatório quando menos no dia 5. Contudo, a despeito de tudo isso, a FPF ficou aguardando ser intimada mais uma vez. Se tinha algo para dizer, cabia-lhe falar logo na primeira oportunidade.

19.3 Em terceiro lugar, toda e qualquer disputa sobre a validade da intimação da avaliação fica superada, na medida em que já se estabeleceu agora a própria discussão sobre o acerto da avaliação. Doravante, é irrelevante examinar a validez daquela intimação, na medida em que se constata a própria correção da avaliação em si mesma.

20 No que tange à própria avaliação, também fica descartada a existência de prejuízo.

Caso se reputasse incorreta a avaliação feita no processo em exame (o que só se põe para argumentar), então teria de considerar-se como adequado o valor apurado na Justiça Federal (R$22 milhões) — o qual, pelo que se verifica, foi aceito pela própria FPF.[19] Trata-se de avaliação contra a qual já não cabe mais qualquer insurgência por parte da executada.

Ocorre que, mesmo que se tivesse atribuído ao bem, na execução fiscal ora em exame, o valor de R$22 milhões, ainda assim a arrematação havida seria válida e eficaz.

No primeiro leilão, não houve propostas. A hasta foi infrutífera. No segundo leilão, houve a arrematação por R$11.200.000,00. Tal valor (que equivale a 70% do valor da avaliação da Justiça Estadual) corresponde *a mais de 50% do valor da avaliação feita pela Justiça Federal*.

Isso significa que, mesmo que a avaliação tivesse sido de R$22 milhões (em vez dos R$16 milhões), ainda assim a arrematação seria perfeita e legítima. Isso porque o valor da arrematação *jamais poderia ser considerado vil nem mesmo em face da avaliação feita na Justiça Federal*. Consolidou-se o entendimento de que não é vil o valor de arrematação superior a 50% da avaliação. A questão está pacificada inclusive no STJ: "É remansosa a jurisprudência no sentido de que é vil o preço que não ultrapassa a metade da avaliação".[20] Portanto, a arrematação havida no caso concreto jamais incidiria nesse defeito.

21 Então, ainda que houvesse nulidade (o que só se põe para argumentar), não caberia sua decretação em face da sua irrelevância no andamento do processo.

Haveria de se aplicar, nessa hipótese, as diretrizes atinentes à instrumentalidade das formas. Nos termos do art. 244 do CPC, "quando a lei prescrever determinada forma, sem cominação de nulidade, o juiz considerará válido o ato se, realizado de outro modo, lhe alcançar a finalidade". E conforme a segunda parte do art. 248 do CPC, "a nulidade de uma parte do ato não prejudicará as outras, que dela sejam independentes". Além disso, o §1º do art. 249 do CPC preceitua que "o ato não se repetirá nem se lhe suprirá a falta quando não prejudicar a parte".

---

[19] Cf. acompanhamento processual disponibilizado no *site* da JF na *Internet* (<http://www.jfpr.gov.br/>).
[20] STJ, 2ª T., v.u., rel. Min. ADHEMAR MACIEL, j. 05.12.1996, *DJU*, 03 mar. 1997.

Em hipóteses como a cogitada, nem se haverá de falar de saneamento ou convalidação da nulidade. Pura e simplesmente ela não se revestiu de importância para o destino do processo. Como o signatário já teve a oportunidade de observar em sede teórica:

> Ademais, a convalidação e o suprimento não podem ser confundidos com a simples irrelevância do ato nulo no curso do processo. Por vezes, o ato é inválido mas, no contexto processual, essa invalidade não gera qualquer repercussão sobre os demais atos do procedimento, não afetando o resultado final do processo, nem gera autonomamente conseqüências negativas para as partes ou para o interesse geral. Mas isso não significa que o defeito foi 'sanado'. O ato em questão não terá sido convalidado nem substituído por outro. (...) Nesse caso, a nulidade, embora existente, foi irrelevante.[21]

E "reitere-se que mesmo a nulidade absoluta pode vir a ser irrelevante no contexto do processo".[22]

Como escreve o Desembargador e processualista José Roberto dos Santos Bedaque:

> Não há nulidade capaz de comprometer a relação processual de maneira irreversível (...).
>
> (...) somente se pode falar em ato processual nulo se, além da atipicidade, verificar-se a frustração quanto ao resultado programado. Atingido o fim a que se destinava o ato, cumprida sua função no sistema processual, a não-observância da forma passa a ser irrelevante. A verificação do objetivo supre completamente a irregularidade formal.
>
> Finalidade e prejuízo são idéias fundamentais à compreensão do sistema das nulidades processuais. Embora ambas possam representar fenômenos distintos, sua aplicação como mecanismos de determinação da relevância, ou não, da atipicidade do ato processual acaba por equipará-las, ao menos no que se refere aos resultados obtidos. Para a verificação da nulidade tanto faz pensarmos em prejuízo como em *finalidade*. Qualquer um é suficiente para a determinação da natureza do vício.[23]

No caso em exame, tanto a finalidade está atingida quanto o prejuízo, descartado.

---

[21] TALAMINI, Eduardo. Notas sobre a teoria das nulidades no processo civil. *Revista Dialética de Direito Processual*, n. 29, 2005, n. 3.2, p. 46.
[22] TALAMINI. Notas..., op. cit., n. 4.3., p. 51.
[23] *Efetividade do processo e técnica processual*. 2. ed. São Paulo: Malheiros, 2007. cap. V, n. 9, p. 438-439.

Em suma, uma hipotética invalidade da avaliação ou de sua intimação teriam sido irrelevantes para o desfecho do processo — razão por que não caberia sua decretação.

V A incidência da regra do não desfazimento da arrematação

22 De resto, ainda que coubesse o reconhecimento de uma hipotética nulidade (o que se continua pondo apenas para argumentar), nem mesmo assim caberia o desfazimento da hasta pública.

Nessa hipótese, incidiria a norma do art. 694, *caput*, do CPC, que veda o desfazimento da hasta depois da já aperfeiçoada mediante a lavratura do respectivo auto. A Lei nº 11.382/2006 alterou a redação do dispositivo para estabelecer — na linha do que já entendia parte da doutrina — que nem mesmo o provimento de embargos do executado é apto a desfazer a hasta pública já aperfeiçoada:

> Art. 694. Assinado o auto pelo juiz, pelo arrematante e pelo serventuário da justiça ou leiloeiro, a arrematação considerar-se-á perfeita, acabada e irretratável, ainda que venham a ser julgados procedentes dos embargos do executado.

Eventual reconhecimento da razão do executado haverá de resolver-se mediante indenização, a ser paga pelo exequente ao executado (no valor da arrematação ou no da avaliação do bem — o que for maior: CPC, art. 694, §2º).

22.1 O escopo dessa norma é evidente. Conferir à aquisição do bem em sede executiva mais estabilidade e segurança — enfim, dar-lhe a seriedade que toda e qualquer operação jurídico-econômica merece ter. Isso apenas contribui para incentivar terceiros a adquirir bens em sede executiva — o que, em última instância, resulta em benefício para o credor, o devedor e o interesse do Judiciário como um todo. Como já escreveu o signatário:

> Na medida em que se estabelecem providências de diminuição do risco do arrematante, a expectativa é de que os bens passem a receber ofertas melhores — o que contribui para a eficácia da execução, em prol do credor, e sacrifica menos o devedor, evitando que seus bens sejam alienados por quantias muito menores do que as que obteria em uma alienação voluntária e em condições normais.[24]

---

[24] WAMBIER; ALMEIDA; TALAMINI. *Curso avançado de processo civil.* II, 9. ed. São Paulo: RT, 2007. n. 10.8, p. 234.

Idêntica constatação tem sido feita pela generalidade da doutrina. Conforme a lição de Humberto Theodoro Jr.:

> Nessa situação, o eventual julgamento de procedência dos embargos pode ocorrer quando terceiro arrematante já tenha se tornado proprietário dos bens postos à arrematação. Em nome da definitividade da execução e em respeito à segurança jurídica estabelecida pela confiança nos atos estatais, o arrematante não sofrerá prejuízo, mesmo que os embargos provoquem o reconhecimento da não-sujeição do devedor ao crédito exeqüendo.
>
> Os efeitos da acolhida dos embargos se farão sentir apenas no relacionamento jurídico entre as partes do processo de execução. A arrematação subsistirá incólume, no tocante aos direitos adquiridos por terceiro sobre os bens oferecidos à aquisição na hasta pública. A solução legal é reconhecer, no caso de procedência dos embargos decididos depois de consumada a arrematação, o direito ao executado de exigir do exeqüente que lhe repasse o valor pelo qual se deu a respectiva arrematação. Se o valor foi, em segunda praça ou leilão, inferior ao da avaliação judicial, o reembolso compreenderá, além do produto apurado na alienação em juízo, a diferença entre ambos (art. 694, §2º).[25]

Na mesma linha, Sidney Palharini Jr. assim se manifesta:

> De se ver, pois, que a Lei 11.382/2006 tornou mais efetiva a arrematação em hasta pública, assegurando sua irretratabilidade mesmo se procedentes os embargos do executado, ou seja, *ao arrematante não importam os acontecimentos na execução ou nos embargos do devedor posteriores à hasta pública. Sua aquisição é pronta e acabada, conferindo maior segurança e estabilidade às relações jurídicas advindas da arrematação.*[26]

E, em termos sintéticos mas precisos, Cassio Scarpinella Bueno também constata: "O motivo da novidade é claro: garantir maior segurança jurídica nas aquisições que se façam perante o Poder Judiciário, nos casos de hasta pública".[27]

22.2 Sendo assim, se *nem mesmo o provimento dos embargos de executado* dá ensejo ao desfazimento da hasta, o acolhimento da insurgência no caso em exame — formulada mediante agravo de instrumento posterior à hasta — tampouco pode implicar a ineficácia da arrematação.

---

[25] *Curso de direito processual civil*. II, 41. ed. Rio de Janeiro: Forense, 2007. n. 870, p. 382-383.
[26] *Nova execução de título extrajudicial*: Lei 11.382/2006 comentada artigo por artigo (em coautoria com Fernando Sacco Neto e outros). São Paulo: Método, 2007. p. 188-189 — sem destaque no original.
[27] *A nova etapa da reforma do CPC*. São Paulo: Saraiva. 2007. n. 101, v. 3, p. 220.

Nem se diga que a regra da preservação da eficácia da hasta pública aplicar-se-ia apenas à hipótese de provimento de embargos e não ao acolhimento de impugnações feitas por outras vias. Esse argumento colide-se frontalmente com a letra explícita e com o espírito da regra do art. 694 do CPC.

A disposição em discurso é clara ao estabelecer que *nem mesmo o acolhimento dos embargos de executado* desfaz a hasta. Isso significa que todas as outras medidas impugnativas estão também abrangidas pela regra. Aludiu-se aos embargos de executado precisamente porque eles são a principal medida típica de ataque à execução e aos atos executivos. Se até mesmo o sucesso dessa medida típica não afeta a eficácia da hasta, não serão medidas atípicas ou gerais que poderão atingir resultado diverso.

Caso contrário, a disposição seria inócua e contribuiria apenas para o desprestígio dos embargos de executado. O devedor, em vez de opor embargos, formularia objeções na própria execução ("exceção de pré-executividade") ou agravaria, como fez a FPF, para assim ver-se livre da incidência da regra do art. 694.

Portanto, a interpretação ora criticada conduziria a um resultado absurdo, de conferir mais valor e efetividade a uma medida atípica do que aos embargos de executado. Consagraria uma verdadeira fraude à lei (o que é vedado pelo ordenamento — C. Civ., art. 166, VI).

A conclusão não pode ser outra: o acolhimento de toda e qualquer medida de insurgência do devedor — até mesmo o provimento de seus embargos — está abrangido pela norma do art. 694 do CPC. Em qualquer caso, mantém-se a eficácia da hasta executiva.

22.3 Assim, mesmo que se acolhessem os argumentos da executada, provendo-se seu agravo de instrumento, a questão resolver-se-ia com indenização a ser paga pelo exequente à executada — mantendo-se íntegro o resultado do leilão.

VI Consideração final: devido processo legal, razoabilidade e proporcionalidade

23 A matéria envolvida no presente parecer exige uma ponderação adicional conclusiva.

O processo civil brasileiro — em especial a execução por quantia certa — passou por diversas reformas nos últimos anos. Nos seminários, congressos e debates sobre essas alterações, o signatário — a exemplo de inúmeros outros processualistas — tem insistido que, por melhores que sejam as novas regras, o sucesso da execução civil no Brasil depende, acima de tudo, de uma clara tomada de postura acerca dos resultados que se quer atingir.

A atividade jurisdicional executiva tem um fim claro e único: a satisfação do crédito já consagrado no título executivo. Sob essa perspectiva, todas as garantias que sem dúvida também vigoram em prol do réu da ação executiva — em especial, contraditório e menor onerosidade dos meios empregados (proporcionalidade) — devem funcionar estritamente como balizas destinadas a assegurar que a execução desenvolva-se nos limites do necessário para a satisfação do crédito, de modo a não sacrificar o executado mais do que o suficiente para que tal escopo satisfativo seja atendido. As formalidades invocadas como garantias do executado — simples fator de controle da atividade executiva — não podem ser hipertrofiadas a ponto de assumir uma relevância divorciada da finalidade a que se destinam. Quando tal patologia ocorre, tem-se o mero fetichismo das formas. Cai-se no estéril "garantismo".[28]

Nesse ponto, pode-se invocar recente ensaio de Carlos Alberto Alvaro de Oliveira, em que se diferencia o "formalismo-valorativo" (i.e., o respeito às formalidades como meio de busca dos adequados resultados do processo) do "formalismo excessivo" (i.e., o fetichismo das formas, acima apontado). Como escreve o i. processualista gaúcho: "Nesse caso o formalismo se transforma no seu contrário: em vez de colaborar para a realização da justiça material, passa a ser o seu algoz, em vez de propiciar uma solução rápida e eficaz do processo (...)", obsta "a que o instrumento atinja a sua finalidade essencial".[29]

Assim, mais do que de leis novas, a execução civil brasileira depende da adequada aplicação das normas que a regem, tendo-se sempre em vista a finalidade do processo executivo. Dois são os fatores que fazem com que em geral sejam pífios os resultados da execução civil brasileira. Por um lado, tem-se a ausência de aplicação severa das regras de preservação e identificação do patrimônio penhorável (p. ex., a rigorosa observância das normas sobre fraudes). Por outro — e esse é o aspecto que aqui especialmente importa —, há uma excessiva

---

[28] A expressão foi cunhada pela doutrina processual penal italiana, para designar os exageros que impedem que o processo penal cumpra sua função de punir os culpados. Mas é igualmente aplicável ao processo civil brasileiro (v., p. ex., SILVA, Ovídio Baptista da. A 'plenitude da defesa' no processo civil. In: As garantias do cidadão na Justiça. (org. Sálvio Teixeira). São Paulo: Saraiva, 1993. §2, p. 149).

[29] OLIVEIRA, Carlos Alberto A. de. O formalismo-valorativo no confronto com o formalismo excessivo. Revista Forense, p. 11-28, v. 388, 2006. O trecho transcrito está na p. 19.

adoção de formalismos que são desnecessários à efetiva garantia das partes, são alheios aos fins legítimos da execução e, por fim, não são sequer extraíveis da correta interpretação das normas legais sobre o tema. Em casos extremos, o procedimento executivo é transformado em uma espécie de gincana, em que se estabelece um itinerário irracional a ser cumprido pela máquina judiciária (Juiz e seus auxiliares) e pelo exequente. Um jogo dificílimo em que qualquer deslize faz com que se ponha tudo a perder: consomem-se anos para a repetição de atos, gastam-se novamente imensas quantias, afugentam-se os terceiros eventualmente interessados na aquisição executiva dos bens penhorados — e assim por diante.

Enquanto não forem superados esses problemas de postura concreta, nenhuma reforma legislativa será suficiente. Todas serão inócuas.

24 O caso em exame serve como exemplo real, vivo, do que se vem de dizer. A solução dos problemas a aqui enfrentar, em sua imensa maioria, independe das novas regras da execução. Trata-se sobretudo de aplicar as disposições sobre execução fiscal vigentes há mais de 25 anos e normas gerais processuais em vigor há ainda mais tempo do que isso. As novidades advindas das Leis nºs 11.232/2005 e 11.382/2006, de reforma da execução, servem apenas para corroborar, confirmar o encaminhamento a ser dado ao tema. O cerne da questão reside em conferir às formalidades do processo executivo sua exata dimensão — aliás, perfeitamente extraível da letra da lei — de mero instrumento que permita a satisfação do crédito sem desnecessário sacrifício do devedor.

No caso, tem-se uma execução que tramita há mais de quinze anos, na qual — e eis um *feito raríssimo na realidade forense* — foi possível realizar-se uma hasta pública frutífera, em que o valor arrecadado é suficiente para a satisfação não apenas do crédito executado, como ainda dos demais créditos garantidos por penhora sobre o mesmo bem e que efetivamente concorrem na execução fiscal (i.e., os credores públicos, cf. art. 29 da Lei nº 6.830/80).

Note-se que nenhum desses credores pretende a anulação da hasta pública. Todos pretendem apenas concorrer ao levantamento do dinheiro arrecadado. Vale dizer: o resultado até aqui atingido é apto a satisfazer uma imensa gama de créditos fiscais — com evidentes resultados positivos ao interesse público. Trata-se de créditos que, não fosse assim, poderiam ser dados como "perdidos" — o que, tratando-se de créditos fiscais, significaria dizer que todos nós, integrantes da coletividade, estaríamos arcando com esse prejuízo.

Reitere-se, por outro lado, que o valor obtido na expropriação executiva está bem longe de poder ser qualificado como vil — e isso, considerando-se não apenas o valor atribuído ao bem na avaliação realizada no processo do caso em exame, mas também naquela feita perante a Justiça Federal.

Pondere-se, ademais, que não está em pauta nenhuma disputa sobre a efetiva existência do crédito exequendo. Não há dúvidas sobre o cabimento da execução. Como, aliás, também não dúvidas acerca da penhorabilidade do bem hasteado.[30]

Em suma, há uma significativa dívida — lesiva ao patrimônio público. Penhorou-se um bem que podia e devia ser penhorado. Obteve-se na expropriação desse bem montante compatível com as duas avaliações judiciais existentes do bem. O valor obtido é suficiente para o pagamento dos créditos fiscais que efetivamente concorrem ao recebimento do valor arrecadado. Como, ainda assim, pretender-se a invalidação da hasta pública?

25 *Data venia*, diante desse quadro a resposta não pode ser outra: o desfazimento da expropriação — não bastasse o veto extraível da já examinada regra do art. 694 do CPC — seria ofensivo à proporcionalidade e à razoabilidade, intrínsecas à cláusula do devido processo legal (CF, art. 5º, LIV).[31]

Como o signatário já consignou em outra oportunidade, com base nessa norma constitucional, "*exige*-se um *processo razoável* à luz dos direitos e garantias fundamentais".[32] Cumpre ponderar, balancear, as garantias envolvidas — de modo que nenhuma delas incida mais do que o estritamente necessário para a consecução de sua finalidade de proteção legítima das partes. É desproporcional e desarrazoada toda e qualquer invocação do formalismo que vá além disso — i.e., toda e qualquer pretensão de se desfazer atos do processo amparada

---

[30] A executada até alega em seu agravo a impenhorabilidade do bem. Mas o tema já foi definido — no sentido oposto — em acórdão que resolveu o mérito dos embargos da executada, e fez, portanto, coisa julgada material.

[31] Há vasta doutrina tratando do princípio da proporcionalidade e da razoabilidade como sendo uma das decorrências da cláusula constitucional do devido processo legal — no seu duplo aspecto, substancial e processual. Cf. entre outros, DI PIETRO, Maria S. Zanella. *Discricionariedade administrativa na Constituição de 1988*. São Paulo: Atlas, 1991. cap. 5, n. 6, p. 143; CASTRO, Siqueira. *O devido processo legal e a razoabilidade das leis na nova Constituição do Brasil*. Rio de Janeiro: Forense, 1989. esp. cap. XI, p. 369 e seguintes; STUMM, Rachel D. *Princípio da proporcionalidade no direito constitucional brasileiro*. P. Alegre: Liv. do Advogado, 1995. p. 147 e seguintes.

[32] WAMBIER; ALMEIDA; TALAMINI. *Curso avançado de processo civil*. I, 9. ed. São Paulo: RT, 2007. cap. 3, p. 70 (o destaque está no original).

em eventos que não geraram prejuízo nenhum, a despeito de se terem afastado de formalidades hipoteticamente previstas (o que nem se passa no caso em exame). E uma decisão estatal que venha a acolher uma tal pretensão é igualmente ofensiva à razoabilidade e à proporcionalidade.

Conforme célebre lição de San Tiago Dantas, a garantia da razoabilidade afasta a legitimidade constitucional de pronunciamentos estatais que, conquanto formalmente reúnam todos os elementos para sua validade (o que — por todas as razões antes expostas — nem seria o caso de uma decisão judicial que invalidasse a hasta no presente caso), tenha se norteado por critérios absurdos, caprichosos, despropositados.[33]

VII Respostas aos quesitos

26 Em face das considerações acima realizadas, apresentam-se as seguintes respostas para os quesitos formulados:

> *a) Foi válida a intimação da avaliação efetivada na pessoa do presidente da FPF, que é seu representante legal? Ou era necessária uma nova intimação por Diário de Justiça?*
>
> Sim. O regime jurídico das execuções fiscais sempre consagrou a possibilidade de intimação da avaliação na pessoa da própria parte ou de seu representante. Idêntica possibilidade ora está consagrada, desde a Lei nº 11.382/2006, nas execuções em geral. Além disso, as circunstâncias concretas retratadas nos autos confirmam que a intimação atingiu plenamente seus propósitos.
>
> *b) Do ponto de vista formal, foi válida a avaliação realizada?*
>
> Sim. A remissão às características notórias da edificação existente era mais do que suficiente para a compreensão do laudo de avaliação. De resto, o laudo original havia seguido exatamente a mesma apresentação formal — sem que jamais se tivesse visto nisso um defeito ou extraído daí qualquer prejuízo.
>
> *c) De acordo com os elementos reunidos no processo, pode-se imputar incorreção ao valor dado ao bem na avaliação?*

---

[33] Igualdade perante a lei e *due process of Law*. In: *Problemas de direito positivo*. Rio de Janeiro: Forense, 1953. p. 37 e seguintes.

Não. Os próprios fatos do processo confirmaram o acerto da avaliação, na medida em que, a despeito da amplíssima publicidade, nem sequer houve lanços na primeira hasta.

d) *Cabe, no presente caso, a invalidação dos atos executivos praticados previamente à hasta pública?*
Não. Primeiro, porque não são inválidos — conforme respostas aos quesitos anteriores. Depois, porque, mesmo se padecessem de alguma nulidade (o que só se põe para argumentar), essa teria sido completamente irrelevante para o desfecho do processo. O bem foi arrematado por valor compatível com a própria avaliação maior, feita na Justiça Federal.

e) *Supondo-se que houvesse defeito na intimação da avaliação ou na própria avaliação, o reconhecimento do vício implicaria o desfazimento da hasta pública já aperfeiçoada?*
Não. Aplica-se a regra do art. 694 do CPC, segundo a qual, uma vez aperfeiçoada a hasta com a assinatura dos autos, ela torna-se irretratável, não se desfazendo na hipótese do acolhimento de qualquer medida impugnativa do devedor (formulada por embargos ou qualquer outra via).

É o parecer.

Curitiba, 7 de janeiro de 2008.

CAPÍTULO 9

CABIMENTO DE ARBITRAGEM ENVOLVENDO SOCIEDADE DE ECONOMIA MISTA DEDICADA À DISTRIBUIÇÃO DE GÁS CANALIZADO

Nota introdutória

Este parecer trata de tema ao qual me dediquei em sede teórica em mais de uma oportunidade: o cabimento da arbitragem como meio de solução de litígios de que toma parte a Administração Pública.[1] Aos poucos, vem sedimentando-se o entendimento favorável a essa tese, inclusive no Superior Tribunal de Justiça.[2]

O parecer teve duas versões, ambas datadas de julho de 2001: a primeira, mais sintética, foi elaborada em prazo de menos de 24 horas desde sua solicitação e foi levada aos autos do processo arbitral; a segunda, ora reproduzida, o Consulente fez acompanhar os memoriais que apresentou, em primeiro e segundo graus de jurisdição, na ação judicial proposta pela Compagás, visando à nulidade da arbitragem. Tal ação foi julgada improcedente, em julgamento confirmado em grau de apelação (3ª Vara da Fazenda de Curitiba, Autos nº 22.237/2001; TAPR, Apelação nº 247.646-0; atualmente, pendem recursos especial e extraordinário). O acórdão da apelação empregou em grande parte os mesmos fundamentos adiante expostos.

---

[1] Arbitragem e parceria público-privada (PPP). In: Parcerias público-privadas: análise crítica da Lei 11.079/2004. (org. E. Talamini e Monica S. Justen). São Paulo: RT, 2005; "A (in)disponibilidade do interesse público: decorrências processuais", em Revista de Processo, 128, 2005 e em Curso de Direito Administrativo. (coord. Marcelo Harger). Rio de Janeiro: Forense, 2007; "Idioma e local da arbitragem sobre PPP", em PPPS Parcerias Público-Privadas. Campinas, Ed. Millenium, 2005 e em Migalhas 1.095 (www.migalhas.com.br), 25.01.2005. Em 2010, publicou-se obra coletiva dedicada ao tema, que, ao lado de Cesar A. Guimarães Pereira, tive a oportunidade de coordenar (Arbitragem e Poder Público. Saraiva).

[2] Para um panorama jurisprudencial sobre a questão, veja-se o texto que, com Cesar G. Pereira, escrevi na introdução à coletânea Arbitragem e Poder Público, citada na nota anterior.

Este parecer foi publicado anteriormente na *Revista de Processo*, v. 119, 2005, na *Revista Brasileira de Arbitragem*, v. 4, 2004, na *Revista de Arbitragem e Mediação*, v. 5, 2005.

Sumário: I A consulta – II A natureza jurídica da *Compagás* – O regime jurídico processual a que ela se submete – III A indisponibilidade do interesse público: suas decorrências no terreno processual – IV O princípio geral da não necessariedade da intervenção jurisdicional nas relações de direito público – V A "disponibilidade" como requisito da arbitragem – VI A legitimidade constitucional da arbitragem – VII O objeto do processo arbitral em exame – VII.1 Perfeita identificação do objeto no compromisso arbitral – VII.2 O caráter patrimonial dos bens em disputa – VII.3 As especificidades técnicas da matéria controvertida – VIII A confirmação doutrinária e jurisprudencial do cabimento da arbitragem – IX Os princípios da boa-fé e da moralidade administrativa – X Conclusão

Parecer

I A consulta

1 O Consórcio Carioca-Passareli solicita-me parecer acerca dos fatos a seguir expostos.

Em maio do corrente ano, o Consulente e a Companhia Paranaense de Gás (Compagás) celebraram compromisso arbitral, tendo por objeto o exame e julgamento das divergências surgidas entre as partes relativamente ao "Contrato Compagás n° 004/99" (cláusula primeira do compromisso).

A Consulente relata que a celebração do compromisso foi antecedida de ampla negociação entre as partes — primeiro, relativamente à matéria objeto de disputa. Apenas quando fracassada as tentativas de composição as partes optaram pela solução arbitral.

Depois, a própria redação do compromisso arbitral foi objeto de intenso diálogo entre as partes. Sempre segundo o relato da Consulente, o instrumento de compromisso surgiu de uma primeira minuta feita pela própria Compagás e depois aperfeiçoada nas discussões entre as partes. A versão final do instrumento, aliás, foi assinada não só pelas partes e testemunhas como também pelo então i. advogado da Compagás.

Escolhidos os árbitros, as partes formularam quesitos e pleitos, conforme previsto no compromisso.

Nesse momento, houve uma primeira impugnação da Compagás, em que afirmava que a Consulente não estaria se atendo ao objeto da arbitragem. Em resposta, a Consulente demonstrou que todos os seus pleitos vinculavam-se diretamente às questões atinentes ao contrato que se haviam tornado litigiosas — o que comprovou relacionando cada um dos pleitos com as correspondências entre as partes e atas de reuniões que deles haviam tratado. Diante disso, o Tribunal Arbitral indeferiu a impugnação da Compagás, reconhecendo que os pleitos da Consulente inseriam-se no objeto da arbitragem.

Posteriormente, na véspera da data prevista para a entrega do laudo técnico pelo Tribunal Arbitral, para o exame das partes, a Compagás apresentou nova impugnação. Dessa vez, insurgiu-se contra a própria validade do processo arbitral de cuja instauração participara. Sustentou que o compromisso arbitral e o processo dele derivado seriam nulos, não só por um suposto defeito na cláusula que definiu o objeto controvertido, como ainda por pretensamente não caber a arbitragem para a solução de conflitos que envolvam sociedade de economia mista prestadora de serviço público (o que reputa ser o seu caso). Em seguida, o Tribunal Arbitral abriu à Consulente a oportunidade para se manifestar sobre a nova impugnação.

2 Diante desses fatos, a Consulente formula-me os seguintes quesitos:

a) O objeto da arbitragem estava suficientemente definido no compromisso arbitral?

b) Cabe o processo arbitral no presente caso?

Passo à análise dos aspectos nucleares da questão.

II A natureza jurídica da *Compagás* – O regime jurídico processual a que ela se submete

3 A Compagás é sociedade de economia mista. Vale dizer, pessoa jurídica de direito privado, que *não integra o conceito de Fazenda Pública* (União, Estados, Distrito Federal, Municípios e respectivas autarquias, aqui incluídas as chamadas "fundações públicas").

4 Mais ainda: a atividade desenvolvida pela Compagás *não constitui prestação de serviço público*. Inclui-se entre as hipóteses do inc. IV art. 177 da CF, qual seja, o "transporte, por meio de conduto, de (...) gás natural de qualquer origem".

Trata-se de intervenção do Estado no domínio econômico, sob a forma de monopólio, sendo que os entes que a exercem sujeitam-se ao disposto no art. 173 da CF, em especial ao §1º, II ("sujeição ao regime jurídico próprio das empresas privadas, inclusive quanto aos direitos e obrigações civis, comerciais, trabalhistas e tributários").

A esse respeito, confira-se a doutrina de Celso Antônio Bandeira de Mello, ao comentar o art. 177 da CF:

> Tais atividades monopolizadas não se confundem com serviços públicos. Constituem-se, também elas, em "serviços governamentais", sujeitos, pois, às regras do Direito Privado. Correspondem, pura e simplesmente, a atividades econômicas subtraídas do âmbito da livre iniciativa.
>
> Portanto, as pessoas que o Estado criar para desenvolver estas atividades não serão prestadoras de serviço público.[3]

No mesmo sentido posiciona-se Eros Roberto Grau:

> No caso, assim como naquele no art. 177 — monopólio do petróleo e do gás natural — razões creditadas aos imperativos da segurança nacional é que justificam a previsão constitucional de atuação do Estado, como agente econômico, no campo da atividade econômica em sentido estrito. Não há pois, aí, serviço público.[4]

Ainda na mesma linha é a lição de Maria Sylvia Zanella Di Pietro, ao manifestar-se sobre a intervenção direta do Estado no domínio econômico:

> Nesse caso, não se trata de atividade assumida pelo Estado como *serviço público*; é atividade tipicamente privada que o Estado exerce em regime de monopólio (nos casos indicados no art. 177 da Constituição) ou em regime de competição com a iniciativa privada, conforme o determine o interesse público ou razões de segurança (art. 173). O Estado exerce essa atividade a título de *intervenção no domínio econômico*, conservando a natureza da atividade como tipicamente privada; por isso mesmo, ele se submete às normas de direito privado que não foram expressamente derrogadas pela Constituição.[5]

Nem cabe alegar que a atividade exercida pela Compagás seria serviço público por supostamente estar compreendida entre as previstas no art. 25, §2º, da CF. O art. 177 descreve exatamente a atividade desenvolvida pela Compagás. Não há como conceber que o texto

---

[3] *Curso de Direito Administrativo*. 13. ed. S. Paulo: Malheiros, 2001. p. 618.
[4] *A Ordem Econômica na Constituição de 1988*. 5. ed. S. Paulo: Malheiros, 2000. p. 150.
[5] *Direito Administrativo*. 13. ed. São Paulo: Atlas, 2001. p. 350.

constitucional trataria de forma diferenciada uma mesma atividade conforme o ente da Federação que a exerce (nem conforme o âmbito territorial em que é exercida), ora como atividade econômica em sentido estrito, ora como serviço público.

5 De qualquer modo, parece aqui irrelevante examinar se a Compagás dedica-se à simples "exploração direta de atividade econômica" ou presta verdadeiro "serviço público". Obviamente, não é possível aplicar em tudo e para tudo o regime jurídico de direito privado à sociedade de economia mista, ainda quando explore diretamente "atividade econômica". Mas seria igualmente desarrazoado supor que a sociedade de economia mista prestadora de serviço público fica integralmente equiparada às pessoas de direito público. Uma tal concepção tornaria inexplicável a própria existência autônoma da categoria da sociedade de economia mista. Isso esbarraria na própria Constituição que lhe reconhece tal relevo autônomo, ao referir-se em diversos dispositivos à sociedade de economia mista como ente distinto dos demais que integram a Administração direta e indireta.

Portanto, em nenhum caso o regime jurídico aplicável à sociedade de economia mista será idêntico ao regime jurídico das pessoas de direito público (a "Fazenda Pública"). Como escreve Maria Sylvia Zanella Di Pietro, "dentre as entidades da Administração Indireta, as de direito público — autarquias e fundações públicas — têm praticamente os mesmos privilégios e prerrogativas próprios do Estado, enquanto as de direito privado têm apenas aqueles que forem expressamente previstos em lei que derrogue o direito comum".[6]

Assim, a definição do regime jurídico aplicável à sociedade de economia mista dependerá sempre do exame específico da disciplina pertinente ao caso concreto.

6 No presente caso, importa a investigação do regime jurídico aplicável à solução dos litígios que envolvem a Administração Pública — o que se vai aqui chamar de "campo processual" (em referência ampla a todas as formas de composição de litígios, perante o Judiciário ou fora dele).

E do exame de tais regras facilmente se constata que o tratamento diferenciado pontualmente atribuído à Fazenda Pública em momento nenhum é estendido às empresas públicas e sociedades de economia mista.

---

[6] *Direito administrativo*, op. cit., p. 389.

Podem ser invocadas aqui as rigorosas análises feitas por Celso Antônio Bandeira de Mello[7] e Zanella Di Pietro.[8] O primeiro passa em revista o tratamento constitucional dado às empresas públicas e sociedades de economia mista. A segunda prossegue nesse exame até a legislação infraconstitucional. Através de tais levantamentos nota-se que entre as regras que conferem regime jurídico diferenciado a tais entes (em contraste com a generalidade de sujeitos de direito privado), *nenhuma lhes confere qualquer tratamento peculiar no terreno processual.*

À mesma conclusão se chega pelo caminho inverso, ou seja, examinando as regras de tratamento diferenciado ao Poder Público em matéria processual. Confira-se, exemplificativamente:

a) a prerrogativa dos prazos dilatados está restrita à Fazenda Pública (União, Estados, Municípios, Distrito Federal e respectivas autarquias e "fundações públicas") — CPC, art. 188;

b) o reexame necessário era genericamente concedido apenas à União, Estados, Distrito Federal e Municípios (CPC, art. 475, II) e, especialmente, à Fazenda Pública como um todo nas execuções fiscais (CPC, art. 475, III), até a Lei 9.469/97, que estendeu a regra, em qualquer caso às *autarquias e "fundações públicas"*;

c) o regime de execução por precatórios e a impenhorabilidade de bens que está por trás dele também dizem respeito apenas à Fazenda Pública (CF, art. 100, e CPC, arts. 730 e 731);

d) a prerrogativa da formação unilateral do título executivo e a via da execução fiscal igualmente se restringem à Fazenda Pública (Lei nº 6.830/80, arts. 1º e 2º);

e) a dispensa de caução em ação rescisória é regra de que só aproveitam a União, Estados, Distrito Federal e Municípios (CPC, art. 488, parágrafo único), excepcionalmente estendida a autarquias através de outras leis (ex.: INSS, *ex vi* do art. 8º da Lei nº 8.620/93); etc.

Em síntese, o regime diferenciado atribuído à Administração Pública em matéria processual circunscreve-se ao âmbito da *Fazenda Pública*. Dele não aproveitam as empresas públicas e sociedades de economia mista — pouco importando que a atividade a que se dediquem constitua ou não serviço público. Esses entes, quando levam seus litígios aos mecanismos de composição, estão sujeitos às regras gerais,

---

[7] *Curso...*, op. cit., p. 161-163.
[8] *Direito administrativo*, op. cit., p. 383-389.

aplicáveis a todos os demais litigantes que não a Fazenda Pública. Reputa-se que a posição por eles ocupada no quadro da Administração Pública não justifica nenhum tratamento especial sob o prisma da supremacia ou indisponibilidade do interesse público.

Logo, aí já se tem um primeiro indicativo de que a condição de sociedade de economia mista (seja exploradora de "atividade econômica" ou prestadora de serviço público) não impede a Compagás de participar de processo arbitral. Se nenhuma peculiaridade cerca a sua atuação em Juízo — aplicando-se-lhes as regras a que se submete a generalidade dos litigantes —, não há porque se pretender alguma especial diferenciação, do ponto de vista subjetivo, no que tange ao cabimento da arbitragem.

7 As constatações expostas no presente item, em especial a submissão aos ditames constitucionais, por si só já bastariam para reconhecer o cabimento da arbitragem no caso em exame.

III A indisponibilidade do interesse público: suas decorrências no terreno processual

8 Mas o presente exame pode ser levado adiante, para se demonstrar que nem mesmo a afirmada "indisponibilidade do interesse público" (inocorrente no caso), em sua dimensão processual, seria verdadeiro óbice à arbitragem.

Nos campos em que realmente incide a máxima da indisponibilidade do interesse público (e não é o caso — repita-se), sua repercussão processual pode ser sintetizada nos seguintes termos: não é dado ao agente incumbido da defesa do interesse público indiretamente dispor de bens abrangidos por tal interesse, através de sua simples inércia no curso do processo.

Algumas das regras que retratam essa orientação no terreno processual já foram acima examinadas (os prazos dilatados, o reexame necessário...). Outra ainda poderia ser cogitada: a inocorrência do efeito principal da revelia, quando há efetivamente o interesse público na disputa (CPC, art. 320, II).

Mesmo esse tratamento diferenciado tem sido alvo de intensa crítica, e tende a ser revisto. A ideia é de que tais regras estão se tornando anacrônicas, na medida em que a Fazenda Pública hoje desfruta de adequados quadros incumbidos de sua defesa em juízo, estando estes sujeitos a suficientes mecanismos internos de fiscalização e controle. Esse regime especial perdura como um voto de desconfiança do Poder

Público em seus próprios agentes. Por isso, no julgamento da liminar em ação direta de inconstitucionalidade em que se suspendeu a regra da Medida Provisória pela qual o Executivo pretendia dobrar o prazo para a propositura de rescisória pela Fazenda, o relator, Ministro Sepúlveda Pertence, de passagem indicou que já se fazia oportuna também a revisão das demais regras estabelecedoras de prazo dilatado (ADIn nº 1753-2, d.j. 12.06.98). O reexame necessário, por sua vez, está sendo progressivamente mitigado (*v.g.*, MP nº 2.102-31/2001, art. 12, e Projeto de Lei nº 3.474/2000, nova redação para o art. 475, e Projeto de Lei nº 3.999/2001, art. 13, parágrafo único).[9]

9 Mas note-se que a específica repercussão do princípio da indisponibilidade no campo do processo para por aí. Ela *não chega jamais ao ponto de obstar que situações que poderiam vir a ser espontaneamente resolvidas extrajudicialmente não possam ser igualmente compostas, dispensando-se pronunciamento judicial, depois de instaurado o processo.*

A indisponibilidade do interesse público não afeta outra diretriz fundamental da atuação pública: o Poder Público, uma vez constatando que não tem razão em um dado conflito, tem o *dever* de submeter-se aos parâmetros da legalidade.

Essa é uma óbvia constatação atinente ao próprio direito material — válida inclusive fora, antes e (ou) independentemente da existência de um processo judicial. Se o Estado constata que o particular tem determinado direito em face dele, cabe-lhe dar cumprimento a esse direito. Só assim estará sendo observado o interesse público primário, que é o verdadeiro e único interesse público (v. tópico V, adiante).

A instauração de um processo judicial não interfere nessa diretriz. Vale aqui um princípio essencial do processo. O processo, o direito processual, deve refletir fielmente os desígnios do direito material. Não cabe ao processo criar nem diminuir direitos. O processo é um instrumento do direito material, de modo que regras e princípios processuais jamais podem ser utilizados para adulterar, para distorcer, os resultados que adviriam se não estivesse sendo necessária a tramitação de um processo. Essa noção está sintetizada na insuperável formulação de Chiovenda, no sentido de que *o processo deve dar a quem tem direito tudo aquilo e precisamente aquilo a que ele tem direito*.[10]

---

[9] O Projeto de Lei nº 3.474/2000 originou a Lei nº 10.353/2001 e o Projeto de Lei nº 3.999/2001, a Lei nº 10.259/2001.

[10] "Dell'azione nascente dal contratto preliminare", em *Saggi di diritto processuale civile (1894-1937)*, I. reimp. da 3. ed. Milão: Giuffrè, 1993. p. 110.

Portanto, as obrigações que eram efetivamente devidas, e que por isso o ente público tinha de cumprir fora e antes do processo, continuam tendo de ser cumpridas mesmo depois de instaurado o processo. Sustentar o contrário significaria imaginar que a litispendência imunizaria a Administração de seu dever maior, de submeter-se à legalidade. Significaria supor que o processo, fenômeno eminentemente instrumental, teria o condão jurídico-material de mudar os parâmetros de legalidade, os critérios do correto agir público.

É por isso que, mesmo com um processo em curso, permanece a possibilidade de o ente público reconhecer sua falta de razão e pôr fim ao litígio. Mais do que possibilidade de agir assim, a Fazenda tem o *dever de agir assim*.[11]

Eventuais concessões que o particular faça à Administração, em tais casos, obviamente não esbarrarão em nenhum óbice de indisponibilidade, pois as suas posições, nas relações obrigacionais com a Administração, são disponíveis. Poder-se-ia cogitar, isso sim, é de uma ofensa ao princípio da moralidade e da boa-fé, por parte da Administração, quando esta passa a usar esse expediente de modo reiterado e sistemático para aviltar os direitos dos particulares. Vale dizer, é censurável a eventual postura da Administração de inicialmente resistir ao cumprimento de suas obrigações, embora desde logo sabedora da sua falta de razão, apenas para mais adiante obter uma composição com parcial renúncia a direitos pelo particular. Mas essa constatação não afasta o cabimento de composições envolvendo os entes públicos. Apenas comprova a necessidade de reprimir de modo rigoroso o descumprimento de obrigações pela Administração. Reputar que o desvio de finalidade é a regra geral e proibir por isso a composição direta pelas partes equivaleria a tomar a patologia por normalidade. O desvio deve ser combatido, e não transformado em padrão, em premissa para outras conclusões.

Em síntese, a indisponibilidade do interesse público dentro do processo é pautada pela diretriz de instrumentalidade em face do direito material. O processo não pode desvirtuar o direito substancial. A ideia é de que o processo, como instrumento a serviço do direito material,

---

[11] Essa diretriz, além de dever ser aplicada com a observância do devido processo administrativo, submete-se a um limite constitucional: os casos em que já há condenação judicial transitada em julgado (dívidas pecuniárias contra a Fazenda Pública). Nessa hipótese, a expressa previsão constitucional de respeito à ordem de preferência dos "precatórios" impede que a Fazenda Pública, sem observância de parâmetros isonômicos, aleatoriamente opte pelo espontâneo cumprimento de condenações.

não pode por si só gerar a perda de direitos protegidos pelo interesse público. Daí a existência das regras acima recapituladas, que impedem que o simples descumprimento de prazos afete o interesse público. Mas é essa mesma ideia que explica porque os atos que o ente público podia (e *devia*) praticar fora do processo continua podendo (e *devendo*) praticar depois de instaurado o processo.

10 A orientação ora exposta veio a ser recentemente adotada pelo Superior Tribunal de Justiça, ao enfrentar o tema do cabimento da ação monitória contra a Fazenda Pública.

Tal procedimento especial reveste-se de duas especiais peculiaridades que suscitaram controvérsia, em doutrina e jurisprudência, quanto à possibilidade de seu emprego perante o Poder Público: (1ª) o réu recebe *initio litis* uma decisão judicial (amparada em cognição sumária) que o incentiva a cumprir a obrigação, ofertando-lhe isenção de custas e honorários em caso de pronto cumprimento. Discute-se se o cumprimento espontâneo desse comando pela Fazenda Pública não seria uma afronta à "indisponibilidade do interesse público"; (2ª) em caso de não cumprimento e não oposição de embargos em quinze dias, a decisão inicial transforma-se em título executivo judicial, prosseguindo o processo na forma executiva. Questiona-se se seria aplicável tal consequência contra a Fazenda Pública, quando os agentes incumbidos de sua defesa permanecessem inertes.

Pois bem, o Superior Tribunal de Justiça reputou admissível a monitória contra a Fazenda Pública. Entendeu ser viável o cumprimento espontâneo do mandado, naqueles casos em que a Fazenda ré constata não proceder a sua postura de inadimplemento (o que qualificou como "*relatividade*" da indisponibilidade do interesse público). Apenas deixou ressalvado que em caso de não cumprimento do mandado e não oposição de embargos não caberá a automática formação do título executivo, mas o proferimento de uma sentença (em regra não prevista para esse procedimento) e sua submissão ao reexame necessário.[12]

Em linhas gerais, seguiram-se as balizas antes expostas. A repercussão processual da "indisponibilidade do interesse público" cinge-se a impedir que simples omissões dos agentes públicos acarretem a perda de posições jurídicas da Fazenda. Todavia, não impede que as obrigações que tinham de ser observadas fora do processo sejam cumpridas,

---

[12] REsp nº 196.580-MG, 4ª Turma, v.u., rel. Min. Sálvio de Figueiredo Teixeira, j. 17.10.2000, *DJU* 18.12.2000. Em termos semelhantes foi a solução que propus à questão, desde a primeira edição do meu *Tutela monitória* (S. Paulo: RT, 1998. p. 153-155). Na segunda edição (S. Paulo: RT, 2001), v. p. 179-182 e p. 368-369.

ainda que tardiamente, depois de sua instauração. Muito menos afasta a constatação de que, independentemente do processo, tais obrigações devam ser espontaneamente cumpridas pelos entes públicos.

11 Só se vai cogitar de algo em sentido oposto — isso é, de uma indisponibilidade que poderia ser chamada de "absoluta", para todos os fins processuais — naqueles casos em que também fora do processo tal indisponibilidade punha-se nesse grau máximo. É o caso da indisponibilidade do direito à liberdade e a necessariedade de condenação judicial para que alguém cumpra pena criminal; do processo judicial de anulação do casamento ainda quando ambos os cônjuges concordam com a existência da causa de invalidade etc.[13]

Esse aspecto da questão merece destaque específico, nos tópicos que seguem.

IV O princípio geral da não necessariedade da intervenção jurisdicional nas relações de direito público

12 Tome-se como exemplo o dever de a Administração indenizar os prejuízos indevidamente causados ao particular. Exemplifique-se ainda com o dever que a Administração tem de anular os seus próprios atos ilegítimos praticados em detrimento da esfera jurídica de particulares (Lei nº 9.784/1998, art. 53 c/c art. 55). É nesse mesmo contexto que se insere o dever que a Administração contratante tem de recompor os contratos administrativos, inclusive quando a equação econômico-financeira estiver desequilibrada em desfavor do particular contratado (v. tópico VII.2, adiante). Tudo isso pode e deve ser feito independentemente de ingresso em Juízo.

Nesse ponto, cabe fazer um contraste com determinadas situações de direito material, já referidas no fim do tópico anterior, para as quais o processo judicial é verdadeiramente indispensável.

O exemplo normalmente lembrado é o da persecução penal. Vigora o princípio da necessariedade do processo penal. Por mais que o acusado esteja convencido de que é culpado e deve ser punido, é indispensável um processo judicial para tanto.

O mesmo se passa no âmbito civil, com determinadas situações que envolvem o estado das pessoas, tais como a separação judicial, o divórcio ou mesmo a falência e a insolvência. Em todos esses casos, a

---

[13] O primeiro exemplo permanece válido mesmo em face do atual sistema dos Juizados Especiais Criminais: as transações ali permitidas jamais importam em *condenação criminal* do acusado, conforme pacificamente reconhece a doutrina e já decidiu o Supremo (HC nº 79.572-GO).

ação judicial é necessária; o processo judicial é indispensável. Não basta a própria parte reconhecer que não tem razão, que deve, que é culpada... Apenas uma sentença judicial poderá produzir o resultado devido.

Em regra, nas relações da Fazenda Pública isso *não* acontece. Os direitos eventualmente existentes podem e devem ser cumpridos independentemente da instauração de um processo.

Vale dizer: a ação judicial e a intervenção jurisdicional *não são necessárias*, em regra, no âmbito das relações de direito público.

Esse é o dado fundamental para a constatação do cabimento da arbitragem inclusive nas relações de direito público propriamente ditas (o que nem sequer é o caso).

V A "disponibilidade" como requisito da arbitragem

13 O quanto já exposto evidencia que "indisponibilidade" e, consequentemente, "disponibilidade" não são conceitos unívocos. Pode-se falar em diferente graus e em diferentes acepções de "indisponibilidade" e "disponibilidade".

13.1 Entre muitas possíveis, a primeira distinção que aqui interessa fazer diz respeito às situações de indisponibilidade estabelecidas estritamente no âmbito do direito processual e aquelas oriundas propriamente do direito material.

É que, precisamente para evitar que a tramitação processual gere distorções em relação ao direito material e descumpra a diretriz acima destacada, o direito processual prevê em certos casos aquilo que se poderia chamar de *mecanismos de indisponibilidade estritamente processual*. São cautelas, expedientes, que indisponibilizam determinadas posições jurídico-processuais independentemente de o direito material ser, em si mesmo, indisponível.

Assim, a pessoa que está presa, cumprindo pena restritiva de liberdade ou por outro motivo, em princípio mantém-se com a plena disposição de seus bens. Todavia, o sistema processual civil — considerando as possíveis dificuldades que tal pessoa terá no exercício da defesa em juízo — cria mecanismos para impedir que em certos casos a omissão na prática de atos processuais traga prejuízos a essa pessoa. Assim, se o réu no processo civil é alguém que está preso, ser-lhe-á nomeado um curador especial, incumbido de zelar por seus interesses no processo. Consequentemente, se o preso não contestar, não haverá o efeito principal da revelia (i.e., a presunção de veracidade dos fatos narrados pelo autor): nesse caso, o curador contestará em seu nome, e esse curador nem terá o ônus de impugnar especificamente cada fato, como teriam os litigantes em geral, sob pena de os fatos serem presumidos verdadeiros.

O mesmo acontece, por exemplo, com o réu que é citado por edital ou por hora certa e permanece revel (para ambos os exemplos, v. CPC, art. 9º, II, e 302, parágrafo único).

Mecanismos de indisponibilidade *processual* são em alguma medida também previstos em prol da Fazenda Pública. Trata-se das já mencionadas regras destinadas a impedir que a simples omissão na prática de atos processuais, pelo representante da Fazenda em Juízo, venha a acarretar ao ente público consequências negativas que poderiam conduzir à sua derrota no processo.

Mas — reitere-se — essa é uma dimensão estritamente processual da indisponibilidade (que de resto — já se viu — nem se aplica a sociedades de economia mista, como é o caso da Compagás).

Com ela não se confunde — ainda que possa ter pontos de intersecção — a indisponibilidade oriunda do direito material.

13.2 Ocorre que, mesmo no âmbito do direito material, cabe considerar duas diferentes acepções da "indisponibilidade", também inconfundíveis entre si, ainda que possam sobrepor-se em específicas hipóteses.

Em um sentido, a "indisponibilidade" retrata a impossibilidade de pura e simplesmente se renunciar a um determinado direito. Nesse sentido, o Poder Público titulariza posições jurídicas que são em grande medida "indisponíveis". Mas mesmo essa indisponibilidade comporta gradações. Afinal, se por um lado existem atividades e bens que, em vista de sua absoluta essência pública, não podem ser abdicados em hipótese nenhuma (p. ex., não se concebe que o Poder Público possa renunciar ao seu poder de legislar ou à sua titularidade do poder de polícia), por outro há casos em que, embora o bem jurídico seja indisponível, outros valores constitucionais justificam que, observadas determinadas condições, o Estado renuncie a determinadas decorrências ou derivações desse bem "indisponível" (assim, a potestade tributária é indisponível, mas é possível lei autorizando a remissão, a anistia, do crédito fiscal).

Mas nem é o caso de levar adiante as considerações a esse respeito, porque não é tal acepção de "indisponibilidade" que importa para o presente caso.[14]

---

[14] Um quadro mais amplo a respeito da questão tem-se em "A (in)disponibilidade do interesse público: conseqüências processuais", palestra que proferi no simpósio "A Justiça Federal e o processo civil", 04.06.2004, e que será publicada em edição próxima da *Revista de Processo*, Ed. RT [foi publicado no v. 128, em 2005].

É a segunda acepção de "indisponibilidade" extraível do direito material que ora interessa. Trata-se da impossibilidade, que apenas se põe em determinadas e excepcionais hipóteses, de o sujeito, constatando que não detém razão, curvar-se à pretensão alheia, essa sim fundada, procedente. Vale dizer, proíbe-se o próprio reconhecimento espontâneo e extrajudicial de que não se tem razão e impõe-se como necessário e imprescindível o concurso da Jurisdição: apenas a esta caberá dizer quem tem razão. Enfim, é a excepcional hipótese de "necessariedade da intervenção jurisdicional", examinada no tópico IV, acima.

É possível então traçar a seguinte distinção relativamente às duas acepções de "indisponibilidade" originadas propriamente do direito material:

- na primeira delas, a "indisponibilidade" põe-se como vedação à renúncia de um direito existente;
- na segunda, a "indisponibilidade" configura-se como proibição de espontaneamente se reconhecer que não se tem razão e se submeter voluntariamente ao direito alheio: apenas a Jurisdição poderá dizer quem tem razão e aplicar as consequências jurídicas cabíveis. Essa hipótese é melhor definida como sendo de "necessariedade de intervenção jurisdicional".

14 Reitere-se: apenas a "indisponibilidade" na primeira dessas duas acepções em regra incide — e dentro de certos limites — sobre as relações de direito público propriamente ditas. Na segunda acepção, a "indisponibilidade" é excepcional inclusive no âmbito do direito público. Limita-se, no direito público e no direito privado, a casos específicos, tais como aqueles mencionados no tópico IV, acima. O princípio geral — repita-se — é o de que o Poder Público tem o dever de cumprir obrigações e respeitar direitos alheios independentemente de intervenção jurisdicional.

15 E é apenas essa segunda acepção da "indisponibilidade" que tem relevo para a aferição do cabimento da arbitragem.

Cabe a arbitragem sempre que a matéria envolvida possa ser resolvida pelas próprias partes, independentemente de ingresso em Juízo. Se o conflito entre o particular e a Administração Pública é eminentemente patrimonial e se ele versa sobre matéria que poderia ser solucionada diretamente entre as partes, sem que se fizesse necessária a intervenção jurisdicional, então a arbitragem é cabível. Se o conflito pode ser dirimido pelas próprias partes, não faria sentido que não pudesse também ser composto mediante juízo arbitral sob o pálio das garantias do devido processo.

16 Esse é o significado da regra do art. 1º da Lei nº 9.307/1996, quando alude ao cabimento da arbitragem "*para dirimir direitos patrimoniais disponíveis*".[15]

Trata-se da única interpretação compatível não só com os princípios que norteiam a atuação pública mas também com a função da arbitragem e os princípios que a inspiram.

Não é possível pretender invocar a primeira acepção de "indisponibilidade" há pouco referida para assim negar o cabimento da arbitragem envolvendo o Pode Público. *Não* é viável afirmar que, na medida em que o agente público não pode renunciar a direitos que a Administração detém, que na medida em que ele não pode abrir mão de posições jurídicas públicas, não poderia tampouco submeter os litígios da Administração ao processo arbitral. Sustentar isso implica ignorar o regime jurídico da arbitragem, bem como desprezar o regime jurídico de direito público.

Isso porque, por um lado, a arbitragem não é aposta, jogo de azar. Quem remete a solução de sua causa ao processo arbitral não a está submetendo ao cara-ou-coroa nem à roleta-russa. Está buscando uma composição para o conflito em um processo pautado em parâmetros objetivos quanto ao seu desenvolvimento e ao conteúdo de suas decisões; um processo em consonância com as garantias do *due process of law* e, sob esse específico aspecto, controlável pelo Judiciário (v. o tópico VI, a seguir). Portanto, ao se submeter uma pretensão ao juízo arbitral não se está renunciando a ela, não se está abrindo mão do direito material que eventualmente existe. Apenas se está abdicando do direito de obter do Judiciário a solução para a questão. Mas isso também ocorre quando a solução é obtida diretamente pelas partes sem ingressar em Juízo — o que, reitere-se, é em regra possível também nas relações de direito público.

Em segundo lugar, o princípio da isonomia não autoriza interpretação diferente. Não há fator diferencial que justifique tratamento discriminatório à Administração Pública nessa hipótese. Os aspectos que legitimam a arbitragem em qualquer outro caso também estão presentes quando a Administração está envolvida em um conflito. Não

---

[15] O atual Código Civil, que ainda não estava promulgado na época do parecer, vale-se de fórmula ainda mais clara para definir o cabimento da arbitragem: "Art. 852. É vedado o compromisso para solução de questões de estado, de direito pessoal de família e de outras que não tenham caráter estritamente patrimonial". Obviamente, "questões de estado" *nada têm a ver* com "questões de direito público". A expressão refere-se a *status* jurídico: estado familiar (*status familiae*), estado de cidadania (*status civitatis*) e o estado de liberdade (*status libertatis*).

se justifica, portanto, interpretação restritiva da regra autorizadora da arbitragem.

Por fim, não se ignora que há a possibilidade de a Administração vir a ser derrotada na arbitragem. Mas, mesmo quando isso ocorrer, não terá havido nenhuma renúncia ou ato de disposição por parte da Administração. Significará apenas que ela não tinha razão quanto ao que pretendia. Portanto, sua derrota no processo arbitral não representará afronta ou menoscabo ao interesse público. Simplesmente, o interesse público não estará presente. Se não há direito em favor da Administração, não há que se falar em interesse público. Ou melhor, o interesse público não estará presente *em favor* da Administração.

De há muito a doutrina já esclareceu que interesses pragmáticos da Administração que não encontrem amparo no ordenamento *não constituem interesse público*, são meros interesses secundários, ilegítimos. O interesse de que o agente público deve buscar a satisfação não é, simplesmente, o interesse da Administração como sujeito jurídico em si mesmo ("interesse secundário"), mas, sim, o "interesse coletivo primário", formado pelo complexo de interesses prevalecentes na coletividade.[16]

17 O exposto até aqui já conduz ao reconhecimento do cabimento da arbitragem no caso em exame. Outros argumentos podem ainda ser adicionados.

VI A legitimidade constitucional da arbitragem

18 Para o presente caso é irrelevante a discussão acerca da natureza da arbitragem. Saber se verdadeiramente se trata ou não de uma atividade jurisdicional é aspecto sem repercussão direta para o caso em exame.

Interessa é destacar o reconhecimento da constitucionalidade do instituto, uma vez que:

    a) no campo em que os conflitos poderiam ser compostos independentemente de intervenção judicial ("direitos disponíveis"), a opção pela solução arbitral não representa nenhuma afronta à garantia inscrita no art. 5º, XXXV, da CF. A possibilidade de acesso ao Judiciário não pode ser transformada em proibição do emprego de outra via, mais adequada às necessidades dos litigantes;

---

[16] RENATO ALESSI. *Sistema Istituzionale del Diritto Amministrativo Italiano*. Milão: Giuffré, 1953. p. 151-152. Veja-se, também, C. A. BANDEIRA DE MELLO. *Curso, op. cit.*, p. 64-65.

b) por imposição legal, e sob pena de nulidade, vigoram na arbitragem, as garantias essenciais do devido processo legal (contraditório, ampla defesa, imparcialidade do julgador... — Lei nº 9.307, arts. 20 e 21, §2º, 26, II, 32...);
c) existem precisos mecanismos de fiscalização, pelo Judiciário, da observância dessas garantias (Lei nº 9.307, art. 33);
d) todos os atos derivados da arbitragem que exijam o emprego de força coativa (providências instrutórias ou executivas) serão desempenhados pelo juiz, depois de seus pressupostos de cabimento haverem sido averiguados pelo(s) árbitro(s) (Lei nº 9.307, art. 22, §§2º e 4º).

O reconhecimento de constitucionalidade da arbitragem sempre prevaleceu no Supremo Tribunal Federal.

Note-se que mesmo a discussão atinente ao instituto atualmente em curso no Plenário do Supremo diz respeito apenas à constitucionalidade da execução específica da cláusula compromissória. Vale dizer: debate-se se é possível uma parte impor à outra a arbitragem (mediante "execução específica"), quando o instrumento negocial previa que os conflitos entre elas seriam posteriormente resolvidos por tal via. E a votação encaminha-se no sentido de considerar-se constitucional inclusive essa imposição (SE nº 5.206 [Ag. Rg.]).[17]

Já nos casos em que ambas as partes firmaram o próprio compromisso arbitral — ou seja, espontaneamente se submeteram à arbitragem — jamais sequer se levantou no Supremo qualquer dúvida a respeito de constitucionalidade.[18]

VII O objeto do processo arbitral em exame

VII.1 Perfeita identificação do objeto no compromisso arbitral

19 No caso em exame, a questão atinente ao objeto do compromisso arbitral ficou superada pela precisa demonstração de que todos os pleitos inseriam-se na previsão contida no compromisso.

---

[17] Tal discussão ora está encerrada. O julgamento que estava em curso na época da elaboração do parecer veio a concluir-se, confirmando-se a orientação que, conforme indicado no texto, então já se delineava (j. 12.12.2001, v.m., *DJU* 30.04.2004).

[18] V., p. ex., SEC nº 5.828, rel. Min. Ilmar Galvão, j. 6.12.2000; SEC nº 5.847, rel. Min. Maurício Corrêa, em *RT* 777, 2000, p. 189.

20 Há uma diferença fundamental entre as exigências de descrição do objeto da arbitragem na cláusula compromissória e no próprio compromisso arbitral.

A cláusula compromissória — i.e., a previsão de que futuramente, se for o caso, as partes submeterão seus litígios à arbitragem — exige, em regra, o emprego de fórmulas mais analíticas, que descrevam as hipóteses de litígios que deverão ser resolvidos mediante arbitragem. E assim o é porque se trata de uma previsão *para o futuro*; uma previsão que é formulada quando ainda não existe concretamente o litígio a ser objeto da arbitragem. Então, cabe descrever adequadamente a(s) hipótese(s) de possível litígio futuro, inclusive para que a cláusula compromissória retrate adequadamente a manifestação das partes de submeterem um dado tipo de questão ao juízo arbitral, de modo a ensejar, se necessário, tutela jurisdicional supletiva do compromisso de arbitragem.

Já o próprio compromisso arbitral é celebrado tendo em vista um litígio concreto já instaurado. Portanto, é dispensável uma tipificação mais específica do conflito. Basta referir-se ao litígio já existente, remetendo a documentos ou outros elementos que o retratem.

21 Por outro lado, o informalismo é uma diretriz fundamental da arbitragem, aplicável inclusive aos atos que a constituem, que lhe dão suporte.

Se é perfeitamente identificável o objeto da arbitragem que se pactuou no compromisso, ainda que mediante a consideração de elementos que lhe sejam externos, não cabe exigir que, por simples formalidade, o próprio texto do instrumento de compromisso descreva explicitamente todos os aspectos e elementos atinentes ao referido objeto.

22 No presente caso, foi demonstrado que o objeto da arbitragem não era incerto. Apenas, a cláusula atinente ao tema tinha seu conteúdo vinculado aos documentos comuns às partes, que estabeleciam com precisão o campo da controvérsia: as *"divergências entre as partes"*, relativamente ao contrato nº 04. Obviamente, era uma referência a todas as divergências postas até aquele momento, nos documentos produzidos entre as partes (basicamente, correspondências e atas de reuniões). Não era uma cláusula aberta e imprecisa para o futuro, mas *com exata referibilidade no passado.*

Em suma, o compromisso arbitral estabeleceu que a arbitragem teria por objeto as controvérsias concretamente surgidas até aquele momento — todas elas retratadas em documentos escritos antes trocados entre as partes, atinentes à recomposição da equação

O objeto da arbitragem compromissada tem de ser definido, preciso. Mas nada impede que seja amplo, desde que perfeitamente identificável.

23 O exame concreto da questão torna supérflua qualquer consideração adicional sobre o tema.

Apenas deve-se acrescentar que é irrelevante a posterior insubordinação do pactuante quanto àquilo que pactuou.

O objeto era preciso e definido. Ambas as partes fixaram-no de modo consciente. A Compagás inclusive fez-se acompanhar de i. advogado, cujo alto grau de qualificação é notório. O posterior arrependimento da Compagás e sua malsucedida tentativa de desvincular-se do processo arbitral a que se obrigara não servem, juridicamente, para tornar "incerta" a previsão do objeto da arbitragem. Seria despropósito supor que o conteúdo de uma cláusula é "incerto" apenas porque uma das partes está afirmando que é incerto.

VII.2 O caráter patrimonial dos bens em disputa

24 Indo avante, cabe destacar o caráter patrimonial do objeto do litígio submetido à arbitragem.

Discute-se tão somente o *quantum* necessário à recomposição da equação econômico-financeira originalmente estabelecida no contrato. Trata-se de definir apenas a exata contrapartida remuneratória que a Compagás deve à Consulente pelos serviços que essa executou por força do contrato. Enfim, a disputa limita-se a uma questão pecuniária.

Acima já se apontaram as razões pelas quais a Compagás não presta serviço público e por que, se o prestasse, isso seria irrelevante para o deslinde da questão em exame. Cabe aqui adicionar mais um argumento a esse respeito. Ainda que a Compagás efetivamente prestasse serviço público, só se poderia erguer alguma dúvida quanto ao cabimento da arbitragem (que, de resto, seria superável nos termos expostos no tópico V) caso estivesse em disputa algum elemento essencial da própria atividade que lhe foi delegada; algum aspecto delineador do próprio exercício cuja mera execução se lhe atribuiu; a titularidade ou posse de algum bem público diretamente afetado à prestação do serviço etc. No entanto, nada disso se põe no presente caso.

Aplica-se aqui a precisa lição de Caio Tácito:

> Em suma, nem todos os contratos administrativos envolvem, necessariamente direitos indisponíveis da Administração. Certamente, haverá casos em que a prestação assumida pelo Estado possa corresponder a

interesses públicos de uso de bens públicos ou a fruição de vantagens que não se compadecem com a indisponibilidade ou a alienação do patrimônio estatal.

(...)

Todavia, quando se trata tão-somente de cláusulas pelas quais a Administração está submetida a uma contraprestação financeira, não faz sentido ampliar o conceito de indisponibilidade à obrigação de pagar vinculada à obra ou serviço executado ou ao benefício auferido pela Administração em virtude da prestação regular do outro contraente.[19]

25 Tal encaminhamento da questão, aliás, guarda perfeita consonância com um já bastante antigo entendimento adotado por doutrina e jurisprudência a respeito da necessidade de intervenção do Ministério Público em processos que envolvam o interesse público (CPC, art. 82, III).

Primeiro, note-se que em tais casos ninguém jamais cogitou do cabimento da intervenção do Ministério Público em virtude da simples presença de sociedade de economia mista ou empresa pública (prestadoras ou não de serviço público). Veja-se, por todos, Arruda Alvim, com remissão a diversos julgados.[20]

Isso vem ao encontro do que já se expôs especialmente no item II.

Além disso, está de há muito assente que, *mesmo quando a própria Fazenda Pública participa do litígio*, a sua simples presença não constitui "interesse público" suficiente para justificar a intervenção do Ministério Público — de modo que, *quando a disputa for meramente patrimonial, tal intervenção não ocorrerá*.[21]

Isso é confirmado pela lição de Celso Agrícola Barbi:

(...) qual o interesse público que exige a intervenção do Ministério Público?

(...) Não podem ser os interesses patrimoniais da Fazenda e suas autarquias, porque elas têm seus procuradores judiciais habilitados a bem defendê-las em juízo.[22]

E a orientação que já era adotada pelo Supremo Tribunal continua sendo seguida pelo Superior Tribunal de Justiça, que inclusive editou

---

[19] "Arbitragem nos litígios administrativos", em *RDA* 210, 1997, p. 114-115.
[20] *Manual de direito processual civil*. 7. ed. S. Paulo: RT, 2000. v. I, p. 543.
[21] V., entre outras, as seguintes decisões do Supremo Tribunal Federal: *RTJ* 133/345, 93/226, 94/395, 94/899.
[22] *Comentários ao CPC*. 7. ed. Rio de Janeiro: Forense, 1992. §458. v. I, p. 230.

a Súmula nº 189, segundo a qual nas execuções fiscais não cabe a intervenção do Ministério Público, precisamente por reputar-se que em tais casos o interesse controvertido é meramente patrimonial.

26 Some-se a tudo isso a consideração da base da disputa entre as partes. Trata-se de saber se existe desequilíbrio econômico-financeiro a ser recomposto e em quais limites.

Ora, uma vez constatado o desequilíbrio é dever do ente contratante restaurar a original equação, voluntariamente, através de todos os ajustes que se façam necessários. Frise-se: não se trata de a Administração *poder* recompor a equação *sponte sua*; tem o dever de assim proceder.[23]

Trata-se, portanto, de medida que pode e deve ser adotada independentemente de intervenção judicial. Pode ser composta diretamente entre as partes contratantes. Logo, é compatível com o processo arbitral (v. tópicos IV e V, acima).

VII.3 As especificidades técnicas da matéria controvertida

27 De resto — não é demais notar — as próprias características da matéria objeto do litígio aconselhavam o emprego da arbitragem.

A influência do direito material sobre o processo é um aspecto sempre presente, em maior ou menor grau. O direito processual, na medida em que é instrumento de realização do direito material, sofre os influxos deste; tende a ser moldado conforme as características do direito material que ele se propõe a aplicar.

No que tange à arbitragem e à opção por seu emprego, não é diferente. A escolha dessa via de composição tende a ocorrer sobretudo quando o litígio envolve matérias cujas peculiaridades possam vir a ser adequadamente refletidas no processo arbitral.

Nesse sentido, Elio Fazzalari já se ocupou de realçar a íntima relação existente entre direito material e a opção pela arbitragem. Constatou, por exemplo, que a arbitragem internacional, por seu caráter "a-estatal", tende a ser o mecanismo de composição por excelência dos conflitos surgidos em um "direito mercantil" desenvolvido em determinados setores da atividade econômica que aplica leis de diferentes países ou é regido por práticas comerciais internacionais.[24]

---

[23] Cf., por todos JUSTEN FILHO, Marçal. *Comentários à Lei de Licitações*. 7. ed. S. Paulo: Dialética, 2000. p. 556.

[24] *Istituzioni di diritto processuale civile*. Pádua: Cedam, 1992. p. 478.

Outro terreno para o qual o arbitragem revela-se especialmente apropriada é o dos litígios cuja composição envolve o enfrentamento de questões técnicas específicas. A possibilidade de indicar árbitros que detenham amplo conhecimento da matéria técnica incentiva as partes a optar pelo processo arbitral.

Foi o que ocorreu no caso em exame. As questões relativas à equação contratual envolvem a consideração de uma série de detalhes técnicos relativos a obras de instalação de tubulações de gás e atividades conexas. Bem por isso, cada uma das partes indicou como árbitro um profissional com larga experiência nessa área, e esses árbitros selecionaram um terceiro com semelhante currículo (todos com ampla atuação na área de gás canalizado, especialmente nos quadros da Petrobras).

VIII A confirmação doutrinária e jurisprudencial do cabimento da arbitragem

28 Tem prevalecido de modo marcante nos tribunais e na doutrina o reconhecimento da possibilidade de arbitragem envolvendo entes da Administração Pública.

28.1 Na jurisprudência, destaca-se a célebre decisão do Supremo Tribunal Federal no "caso Lage":

> Incorporação – Bens e direitos das Empresas Organização Lage e do espólio de Henrique Lage – Juízo Arbitral – Cláusula de irrecorribilidade – Juros da mora – Correção monetária.
>
> 1 – Legalidade do Juízo Arbitral, que o nosso Direito sempre admitiu e consagrou, até mesmo nas causas contra a Fazenda. Precedente do Supremo Tribunal Federal.(...).[25]

Semelhante posicionamento encontra-se em acórdão do Tribunal de Justiça do Distrito Federal, relatado pela hoje Ministra do Superior Tribunal de Justiça, Fátima Nancy Andrighi:

> MANDADO DE SEGURANÇA. Pólo passivo. Tempestividade. Licitação. Interesse público indisponível. Juízo arbitral. Dec.-lei 2.300 e Lei 8.666. Possibilidade.
>
> (...)
>
> III – Pelo art. 54, da Lei 8.666/93, os contratos administrativos regem-se pelas suas cláusulas e preceitos de direito público, aplicando-se-lhes supletivamente os princípios da teoria geral dos contratos e as disposições

---

[25] AI nº 52.191, Pleno, rel. Min. Bilac Pinto, em *RTJ* 68/382.

de direito privado, o que vem reforçar a possibilidade de adoção do juízo arbitral para dirimir questões contratuais.[26]

28.2 Na doutrina, além do exato ensinamento de Caio Tácito, já citado, deve ser mencionado ainda o escólio de Adilson Dallari:

> Em primeiro lugar, cabe ressaltar que ao optar pela arbitragem o contratante público não está transigindo com o interesse público nem abrindo mão de instrumentos de defesa de interesses públicos. Está, sim, escolhendo uma forma mais expedita, ou um meio mais hábil, para a defesa do interesse público. Assim como o juiz, no procedimento judicial, deve ser imparcial, também o árbitro deve decidir com imparcialidade. O interesse público não se confunde com o mero interesse da Administração ou da Fazenda Pública; o interesse público está na correta aplicação da lei, e se confunde com a realização concreta da Justiça. Inúmeras vezes, para defender o interesse público, é preciso decidir contra a Administração Pública.[27]

Outra não é a opinião de Diogo de Figueiredo Moreira Neto:

> Consigne-se, finalmente, que a competência para negociar e contratar a respeito de interesses patrimoniais disponíveis de administração pública implica na correlata competência para pactuar preventivamente a solução de controvérsias por meio de arbitramento. Tal é a norma do art. 1º da Lei nº 9.307, de 23 de setembro de 1996, daí decorrendo que a competência para a escolha das regras de direito (art. 2º, §1º), bem como para escolha dos árbitros (art. 13, §2º) segue-se como corolário.[28]

Idêntico ainda é o pensamento, entre outros, de Leon Frejda Szklarowsky ("A arbitragem e a Administração Pública", divulgado na internet, na página do autor), Arnoldo Wald ("A arbitragem e os contratos administrativos", divulgado na internet: www.camarbra. com.br/wald.htm) e Carlos Alberto Carmona (*Arbitragem e processo*: um comentário à Lei nº 9.307/96. Malheiros, 1998. p. 52 *et seq.*).

28.3 O Tribunal de Contas da União também já se pronunciou pela admissibilidade da arbitragem em contratos administrativos. Trata-se da Decisão nº 188/95 (Processo nº TC 006.098/93-2), que consiste em importante precedente sobre essa matéria.

---

[26] MS nº 1998002003066-9 – Conselho Especial – TJDF – j. 18.05.1999 – rela. Desa. Nancy Andrighi – *DJ* 18.08.1999, em *Revista de Direito Bancário, do Mercado de Capitais e da Arbitragem* 8, 2000, p. 359.
[27] "Arbitragem na concessão de serviço público", em *RTDP* 13, 1996, p. 8-9.
[28] "Arbitragem nos contratos administrativos", em *RDA* 209, 1997, p. 89.

Naquela oportunidade, em reexame de decisão anterior, admitiu-se a arbitragem em contrato de concessão (inequivocamente sujeito às regras de direito público), apenas com a ressalva de que não fossem incluídas "cláusulas que não observem estritamente o princípio da legalidade e a indisponibilidade do interesse público".

IX Os princípios da boa-fé e da moralidade administrativa

29 Por último, não se pode deixar de notar que a postura adotada pela Compagás, com a devida *venia*, configura um *venire contra factum proprium*. Ela se volta agora contra um encaminhamento de solução que ela mesma, antes, houvera sugerido e de cuja formulação participara.

Na lição de Francisco Muniz:

> A locução *venire contra factum proprium* traduz o exercício de um direito em contradição com o comportamento assumido anteriormente pelo titular.
>
> Infringe a boa-fé quem pretende fazer valer um direito em contradição com sua conduta anterior, na qual a outra parte confia.[29]

O princípio da moralidade administrativa — este sim indubitavelmente aplicável a qualquer ente da Administração Pública (CF, art. 37) — é incompatível com tal postura. No âmbito administrativo, tanto quanto no privado, aplica-se universalmente o princípio da boa-fé como exigência de lealdade e realização das expectativas objetivamente criadas. Dentre tantos outros, vede Jesus Gonzales Perez (*El Principio General de la Buena Fe en el Derecho Administrativo*, Madri, Civitas, 1983, p. 48 e seguintes) e Hans Maurer (*Droit Administratif Allemand*, Paris, Librairie Générale de Droit et de Jurisprudence, 1994, p. 55-56).

No direito estrangeiro, práticas semelhantes à presente têm sido alvo de específica censura. O Instituto de Direito Internacional, em sua reunião ocorrida em Saint-Jacques de Compostelle, em 13.09.1988, aprovou resolução segundo a qual "um Estado, uma empresa de Estado ou uma entidade estatal não pode invocar sua incapacidade de concluir uma convenção de arbitragem para se recusar a participar da arbitragem com a qual havia consentido".[30]

---

[29] *Textos de Direito Civil*, Curitiba, Juruá, 1998, p. 41.
[30] *Apud* VALENÇA FILHO, Clávio. *Revista de Direito Bancário, do Mercado de Capitais e da Arbitragem*, 8, 2000, p. 370.

X Conclusão

30 Com base no acima exposto, formulo as seguintes respostas para os quesitos apresentados:

a) *O objeto da arbitragem estava suficientemente definido no compromisso arbitral?*

Sim. A cláusula do compromisso atinente ao objeto veiculou conceito ("divergências entre as partes relativamente ao Contrato 004/99") cuja concreta determinação dependia apenas da consideração dos documentos comuns às partes, em que estavam retratadas todas as questões pendentes, e que foram todos reunidos por ocasião tanto da celebração do compromisso quanto da constituição do tribunal arbitral.

b) *Cabe o processo arbitral no presente caso?*

Sim. A condição jurídica da Compagás e o objeto do litígio entre as partes não são óbices ao emprego da arbitragem. Pelo contrário as especificidades técnicas da controvérsia aconselham-na.

É o parecer.

Curitiba, julho de 2001.

CAPÍTULO 10

COMPETÊNCIA DO PODER JUDICIÁRIO PARA PROCESSAMENTO DE MEDIDA CAUTELAR DE PRODUÇÃO ANTECIPADA DE PROVAS PREPARATÓRIA DE FUTURA AÇÃO DE INDENIZAÇÃO E DE RESOLUÇÃO DE CONTRATO, O QUAL, EMBORA CONTIVESSE CLÁUSULA DE ARBITRAGEM, ENSEJOU ANTERIOR AÇÃO JUDICIAL, AINDA EM TRÂMITE

Nota introdutória

Este parecer é uma boa demonstração de como apenas a concretização do direito é apta a revelar, em sua plenitude, a riqueza de perspectivas e o dinamismo do fenômeno jurídico, a que se aludiu na introdução. Diversos valores e diretrizes que, em sede teórica, são comumente e com acerto invocados para justificar a realização do processo arbitral (liberdade e autonomia da vontade; adequação dos meios de composição de litígios; princípio da competência-competência; vedação ao *venire contra factum proprium*...), no caso examinado, por força de suas circunstâncias concretas, conduzem à solução oposta, de reconhecimento de perda da eficácia da cláusula de arbitragem.

No projeto de novo Código de Processo Civil, a impropriedade de redação do §4º do art. 301 do atual diploma é corrigida, explicitando-se, na linha do que se sustenta neste parecer, que tanto o compromisso arbitral quanto a cláusula de arbitragem — ambos inseridos no gênero "convenção de arbitragem" — precisam ser alegados pelo réu em sua contestação para que possam ser conhecidos pelo juiz, sob pena de preclusão (art. 338, §4º, do projeto de novo CPC).

Sumário: I Os fatos e quesitos – **II** Limites de legitimidade da arbitragem – **II.a** Disponibilidade da opção arbitral – **II.b** Ausência de poder coercitivo do árbitro – **II.c** A convenção arbitral não afasta o direito à plena e adequada tutela – **III** Competência do Judiciário para medidas urgentes preparatórias – **III.a** Caráter cautelar da produção antecipada de provas – **III.b** Entendimento assente sobre a competência do Judiciário – **III.c** Os regramentos dos órgãos arbitrais institucionais – **IV** A competência é matéria que antecede qualquer outra – **IV.a** A antecedência lógica das questões preliminares – **IV.b** A presença de *periculum in mora* e *fumus bonis iuris* constitui o mérito da medida cautelar – **IV.c** A precedência da questão da competência entre todas as preliminares – **IV.d** Uma dimensão do princípio da "competência-competência" – **V** A superação da cláusula arbitral pelo ajuste tácito entre as partes – **V.a** As regras dos arts. 267, VII e §3º, e 301, §4º, do CPC – **V.b** A resilição tácita da convenção arbitral – **VI** A extensão da resilição – **VI.a** Negócio jurídico bilateral – **VI.b** Conexão entre a ação que já tramita perante o Judiciário e a futura ação principal – **VI.c** A vedação ao *venire contra factum proprium* e sua incidência no caso concreto – **VII** O efeito devolutivo no recurso especial – **VIII** Conclusão

Parecer

I.B., por meio de seu i. Diretor Jurídico, Dr. ***, solicita-me parecer a respeito da competência do Poder Judiciário para o processamento de medida cautelar de produção antecipada de provas, que é preparatória de futura "ação declaratória de resolução de contrato por inadimplemento cumulada com perdas e danos". O caso reveste-se de duas peculiaridades essenciais: (a) o contrato em questão continha cláusula compromissória e, (b) a despeito disso, os adversários da consulente promoveram antes ação comum de conhecimento, ora em curso em primeiro grau de jurisdição, que tem por objeto responsabilizar a consulente por eventos contratuais.

Os fatos pertinentes e os quesitos estão abaixo expostos. A formulação da consulta fez-se acompanhar dos documentos pertinentes, inclusive cópias das principais peças dos autos dos processos judiciais adiante referidos.

I Os fatos e quesitos

1 Em 1978, a consulente contratou um grupo de empresas nacionais e estrangeiras, que formavam dois consórcios sem personalidade jurídica ("C1" e "C2"), para a elaboração de projeto, fabricação e fornecimento de equipamentos e prestação de serviços (de transporte, assistência técnica, ensaios, supervisão de montagem, colocação em serviço etc.) relativos a dezoito unidades geradoras para o aproveitamento hidroelétrico de I*** (Contrato nº 000/1978). Em 1996, realizou-se termo aditivo a esse contrato para o fim de se prever o fornecimento de um sistema de monitoração e diagnóstico das unidades geradoras ("sistema M").

O contrato continha cláusulas prevendo a arbitragem como meio para a composição de litígios dele decorrentes (cláusulas 72ª a 77ª).

A consulente relata que as obrigações contratuais jamais foram perfeitamente cumpridas pelas contratadas. Mesmo após sucessivos aditamentos contratuais, que visavam a auxiliar as contratadas a cumprir aquilo a que se haviam obrigado, o sistema fornecido pelas contratadas continuou não funcionando. Diante do inadimplemento contratual das contratadas, a consulente deu início a procedimentos internos para encerramento do contrato com a devolução de todos os equipamentos fornecidos. Em medida conjunta, técnicos da consulente e supervisores das contratadas formalizaram o encerramento do fornecimento, desconectando e lacrando os equipamentos e registrando em ata informes detalhados sobre o estado do sistema — inoperante — no momento de sua desconexão. Operou-se a resolução contratual por inadimplemento das contratadas.

2 Depois disso, as contratadas propuseram (a) medida cautelar destinada a impedir a execução da garantia contratual pela consulente (autos nº 2004.34.00.******-4, 000ª Vara Federal do Distrito Federal); (b) mandado de segurança contra decisão proferida na referida medida cautelar (autos nº 2004.01.00.******-0, TRF 1ª Região); (c) medida cautelar de protesto interruptivo de prescrição (autos nº 2007.34.00.******-4, 000ª Vara Federal do Distrito Federal); (d) ação de indenização, fundada na alegação de que a ora consulente teria inadimplido obrigações contratuais referentes ao fornecimento das dezoito unidades geradoras (autos nº 2005.70.02.******-7, 000ª Vara Federal de *** - PR).[1]

Essa quarta medida consiste em ação de processo comum de conhecimento — e foi proposta perante o Poder Judiciário pelas contratadas, a despeito da cláusula de arbitragem existente no contrato.

Ao contestar a ação, a ora consulente tampouco arguiu a existência de cláusula compromissória arbitral.

Desse modo, a ação tramita regularmente perante o Poder Judiciário, na 000ª Vara Federal de *** - PR. Agora o processo encontra-se no início da fase instrutória.

---

[1] Posteriormente, as contratadas promoveram ainda outras duas medidas cautelares perante o Poder Judiciário, uma em Foz do Iguaçu e outra no Distrito Federal — ambas também com o escopo de impedir a execução da garantia contratual pela consulente.

3 Em novembro de 2006, a consulente ajuizou medida cautelar de produção antecipada de provas. A medida foi proposta em caráter preparatório, tendo em vista o futuro ajuizamento de ação destinada a obter a declaração do inadimplemento das contratadas e da consequente validade da resolução contratual já empreendida, bom como a condenação em indenização por perdas e danos (autos nº 2006.70.02.******-1, 000ª Vara Federal de *** - PR).

Tendo em vista a cláusula de solidariedade passiva estabelecida no contrato entre todas as empresas consorciadas, a consulente optou por ajuizar a demanda apenas em face das duas principais contratadas sediadas no Brasil (A.B. Ltda., antes designada A.P.B. Ltda., e V.S.H.P.G. Ltda., sucessora das empresas S. Ltda. e V. S/A).

A medida foi liminarmente deferida.

As rés agravaram contra tal decisão, sustentando a necessidade de observância da cláusula compromissória de arbitragem e a ausência dos pressupostos para a concessão da cautelar. Tal agravo foi desprovido. O E. Tribunal Regional Federal da 4ª Região reconheceu a presença dos requisitos da cautelar. Reputou também que "no âmbito liminar de uma mera ação cautelar de produção antecipada de prova não há sede para a apreciação de matéria prefacial ao mérito do litígio, como a existência ou não de cláusula compromissória de arbitragem" (acórdão do AI nº 2007.04.00.******-3). As rés interpuseram recurso especial contra tal acórdão (REsp nº 000000000).

As rés formularam também exceção de incompetência do foro de *** - PR. Na exceção, tornaram a alegar a existência da cláusula compromissória. Ao julgar a exceção, o d. Juízo de primeiro grau, obviamente ultrapassando os limites de tal incidente, "acolheu a exceção de incompetência" para o fim de reconhecer a necessidade de submissão do processo à via arbitral. Contra tal decisão agravou a consulente — e por essa via obteve a reforma da decisão de primeiro grau. O E. TRF 4ª Região reputou ineficaz a cláusula compromissória para o fim de impedir o acesso ao Judiciário, por haver sido pactuada sob égide da disciplina anterior à da atual Lei de Arbitragem (acórdão do AI nº 2008.04.00.*******-0). As rés interpuseram recursos especiais também contra esse acórdão (ao que consta, autuados unificadamente no STJ: REsp nº 9999999999).

4 Diante desse panorama, foram formulados os seguintes quesitos:

 a) *Mesmo se houvesse cláusula compromissória eficaz, isso obstaria a competência do Poder Judiciário para o conhecimento de medidas urgentes de caráter preparatório?*

b) *Sendo positiva a resposta ao quesito anterior, seria possível afirmar que a competência do Poder Judiciário apenas existiria quando presentes os pressupostos para a tutela urgente?*

c) *O ajuizamento de ação de processo comum de conhecimento pelas contratadas, sem qualquer ressalva ou impugnação por parte da consulente, implicou revogação da cláusula compromissória de arbitragem?*

d) *Sendo positiva a resposta ao quesito anterior, a ineficácia da cláusula compromissória estende-se à futura ação declaratória da resolução contratual e perdas e danos, de que a medida cautelar de produção antecipada de provas é preparatória?*

Passo a responder.

II Limites de legitimidade da arbitragem

5 Tradicionalmente, a arbitragem é fundamentada na autonomia da vontade, na noção de disposição de direitos. A antiga ideia é de que partes capazes, titulares de direitos disponíveis, assim como poderiam simplesmente transigir ou renunciar a seus direitos, poderiam igualmente entregar a um terceiro a sorte desses seus direitos. Seria assim não apenas um ato privado negocial, como também um ato de disposição material.

Não há dúvidas de que a autonomia da vontade é elemento essencial na arbitragem. Mas seu fundamento último é ainda mais nobre. A arbitragem é expressão da própria liberdade: liberdade individual; liberdade de empresa; autonomia dos entes institucionais. A noção fundamental é a de que o Estado, quando atribui direitos e garantias aos jurisdicionados não lhes está impondo condutas obrigatórias. Garante-se aos cidadãos o acesso à jurisdição estatal. Mas isso não significa obrigá-los a levar a jurisdição todos os conflitos em que se envolvam.[2] São excepcionais os casos de intervenção jurisdicional obrigatória. Em regra, os jurisdicionados podem optar por não provocar a jurisdição. Assim, podem igualmente, de modo consensual, encontrar

---

[2] Nesse sentido, confira-se o voto do Min. Nelson Jobim no SE nº 5.206, AgRg, Pleno, v.m, Rel. Min. Sepúlveda Pertence, julg. 12.12.2001, *DJU* 30 abr. 2004. Sobre o tema no direito comparado, cf. MONTERO AROCA, Juan. *Proceso civil y garantía penal*: el proceso como garantía de libertad y de responsabilidad. Valencia: Tirant lo Blanch, 2006. p. 413-418; e LEIBLE, Stefan; LEHMANN, Matthias. El arbitraje en Alemania. *Revista de Processo*, v. 33, n. 162, p. 32, ago. 2008.

outro modo de solução para o conflito, que lhes pareça mais adequado às peculiaridades concretas da situação litigiosa. Com isso, estão exercitando sua liberdade, sua autonomia, mas não necessariamente porque pretendam simplesmente abrir mão de seu direito — e sim porque desejam um modo de solução alternativo ao judicial. Enfim, não é ato de disposição do direito material envolvido, mas ato de disposição do recurso ao Judiciário. A arbitragem não constitui um jogo de azar, uma roleta russa, mas sim um método processual de composição do litígio que, conquanto não estatal, está sujeito às garantias essenciais de um devido processo em todos os modernos ordenamentos.

6 Daí se extrai a legitimidade constitucional da arbitragem. Ao assegurar-lhes o acesso à Jurisdição (art. 5º, XXXV), a Constituição não está impondo aos jurisdicionados o processo judicial como via obrigatória e necessária em qualquer caso. Como princípio geral, permanece-lhes a liberdade de ajustar outra forma de solucionar o conflito.

Inconstitucionalidade haveria se o Estado se recusasse a solucionar jurisdicionalmente conflitos quando as partes não pretendessem usar outras vias. Inconstitucional assim seria a arbitragem obrigatória — ou ainda a imposição da arbitragem quando uma das partes jamais concordou em utilizá-la ou não dispõe de capacidade ou concreto discernimento para tal escolha.[3]

Por outro lado, ao assegurar o monopólio da jurisdição pelo Judiciário, o art. 5º, XXXV, da Constituição tem em mira apenas a separação de poderes — não pretendendo com isso suprimir a fundamental liberdade dos jurisdicionados, também assegurada constitucionalmente (CF, art. 3º, I, e 5º, *caput*).

7 Mas esse conjunto de considerações, ao mesmo tempo em que esclarece a legitimidade da arbitragem, presta-se a evidenciar a existência de limites dentro dos quais ela é legítima. O instituto da arbitragem não

---

[3] Podem ser aqui invocados precedentes de países cujo elenco de direitos e garantias fundamentais guarda razoável consonância com o nosso. Na Espanha, o Tribunal Constitucional declarou inconstitucional a previsão de arbitragem obrigatória em matéria de transportes, prevista no art. 38, 2, I, da Ley de Ordenación de los Transportes Terrestres (STC nº 174/95, de 23.11.1995 – cf. a respeito GARBERÍ LLOBREGAT, José. *El derecho a la tutela judicial efectiva en la jurisprudencia del Tribunal Constitucional*. Barcelona: Bosch, 2008. p. 31-182). Na Itália, a Corte Constitucional reputou ilegítimo o art. 10, n. 1 e 2, da Lei n. 253, de 23 de maio de 1950, no ponto em que impunha às partes de um contrato de locação a submissão a um procedimento extrajudicial de declaração das condições do imóvel locado, que pretensamente teria força vinculante no processo judicial subsequente em que a questão fosse relevante (sent. nº 70, de 22.12.1961 – cf. COMOGLIO, Luigi Paolo. *La garanzia costituzionale dell'azione ed il processo civile*. Padova: Cedam, 1970. p. 217-219).

pode ser invocado para aniquilar precisamente aqueles valores que lhe conferem legitimidade (direito de liberdade, direito à busca do meio de tutela mais adequado...).

Convém pôr em destaque alguns desses limites — de extrema relevância para a solução das questões aqui postas para análise.

II.a Disponibilidade da opção arbitral

8 Se a arbitragem legitima-se como expressão do direito de liberdade, isso significa que a escolha da via arbitral há de ser sempre fruto de uma deliberação espontânea, voluntária e consciente dos jurisdicionados. Daí os limites impostos à opção pela arbitragem nas relações em que as partes figuram em situação de extrema desigualdade quanto à autonomia de suas escolhas; bem como o veto à sua adoção por sujeitos sem capacidade de discernimento. É dessa premissa que se extrai, também, a já mencionada impossibilidade de imposição obrigatória da arbitragem, i.e., sua aplicação a sujeitos que não pactuaram o seu emprego. Isso sim implicaria violação à garantia da tutela jurisdicional (art. 5º, XXXV, CF).

Outra decorrência fundamental da arbitragem como expressão da liberdade consiste na possibilidade de as partes que celebraram um pacto optando pela via arbitral virem a posteriormente abdicar de seu emprego. Vale dizer: assim como as partes são livres para eleger a arbitragem como meio de solução de seus litígios, elas igualmente o são para depois voltar atrás e preferir o emprego do processo judicial.

Portanto, as partes podem não se valer da cláusula compromissória ou do compromisso arbitral que haviam pactuado. Quando celebram a convenção arbitral, não praticam um ato irreversível, irrevogável, de renúncia à tutela judicial. Mesmo depois disso, de comum acordo, as partes podem expressa ou tacitamente optar pelo emprego do processo judiciário.

Caso se reputasse o contrário, estar-se-ia não apenas agredindo o próprio direito fundamental à liberdade das partes, como também se consagrando uma situação de denegação de tutela jurisdicional, ofensiva à garantia do art. 5º, XXXV. A convenção arbitral funcionaria como um caminho sem volta — um artifício para o Estado eximir-se de cumprir sua incumbência constitucional; um modo ilegítimo de tentar diminuir sua carga de trabalho.

Vale aqui a advertência formulada por Juan Montero Aroca, depois de firmar premissas similares às postas no tópico anterior: "por tudo isso, é absurdo regular a arbitragem como um simples meio para diminuir a carga de trabalho dos órgãos judiciários, quando o que está em jogo é o direito da liberdade dos cidadãos".[4]

Em suma, o efetivo emprego da arbitragem convencionada é disponível. A convenção arbitral é revogável, por ajuste expresso ou tácito pelas partes. Eis por que, aliás, o conhecimento da convenção arbitral pelo juiz, como impedimento ao processo judiciário, subordina-se sempre à arguição do réu. O tema é adiante retomado.

II.b Ausência de poder coercitivo do árbitro

9 Conquanto legítima e não ofensiva à garantia da inafastabilidade da tutela jurisdicional, a atividade arbitral *não é jurisdicional*. O árbitro não se reveste do poder estatal.[5]

Sua origem está em um ato negocial das partes — permitido, disciplinado, tutelado pelo Estado. Mas não há um ato de delegação do Estado. O árbitro não fundamenta sua posição na soberania estatal, como o juiz, mas no compromisso feito entre as partes. A arbitragem tem início (formação) negocial e desenvolvimento que se poderia chamar de institucional e processualizado. Institucional porque, embora instituído e previamente organizado pelo acordo entre as partes, passa depois a desenvolver-se em uma estrutura dinâmica, complexa, relativamente objetivada. Pode-se aludir a um *negócio jurídico processual*,[6] em lugar da vetusta noção francesa de contrato de direito privado.

---

[4] MONTERO AROCA. *Proceso civil y garantía penal*: el proceso como garantía de libertad y de responsabilidad, *op. cit.*, p. 418. No original: "Por todo ello es absurdo regular el arbitraje como un simple medio para disminuir la carga de trabajo de los órganos jurisdiccionales, cuando lo que está en juego es el ejercicio de la libertad de los ciudadanos".

[5] Nesse sentido, entre outros: DINAMARCO, Cândido Rangel. Nova era do processo civil. 2. ed., rev., atual. e aum. São Paulo: Malheiros, 2007. p. 38-39; CHIOVENDA, Giuseppe. *Instituições de direito processual civil*. Tradução de J. Guimarães Menegale. 2. ed. São Paulo: Saraiva, 1965. v. 1, p. 78 *et seq.*; FAZZALARI, Elio. *Istituzioni di diritto processuale civile*. Padova: CEDAM, 1992. p. 505 *et seq.*; FAZZALARI, Elio. Arbitrato (dir. proc. civ.) [II agg., 1998]. *In*: *Enciclopedia del diritto*, n. 2. Versão em DVD; MONTERO AROCA. *Proceso civil y garantía penal*: el proceso como garantía de libertad y de responsabilidad, *op. cit.*, p. 414-415. Há autores que adotam a concepção oposta — p. ex. ALCALÁ-ZAMORA Y CASTILLO, Niceto. *Proceso, autocomposición y autodefensa*: contribución al estudio de los fines del proceso. 3. ed. México: Universidad Nacional Autónoma de México, 1991. p. 76; PERLINGIERI, Pietro. *Arbitrato e costituzione*. Napoli: Edizioni Scientifiche Italiane, 2002. p. 33; e CARMONA, Carlos Alberto. *A arbitragem no processo civil brasileiro*. São Paulo: Malheiros, 1993. p. 33 *et seq.* — mas que nem por isso deixam de reconhecer o aspecto central abordado neste tópico: a ausência de poderes coercitivos do árbitro.

[6] É a concepção prevalecente na doutrina alemã – cf. LEIBLE; LEHMANN. El arbitraje en Alemania. *Revista de Processo, op. cit.*, p. 31. Entre nós, cf. GRECO. Leonardo. Os atos de disposição processual: primeiras reflexões. *In*: MEDINA, José Miguel Garcia (Coord.). *Os*

A atuação dos árbitros pode ser qualificada como sendo um perfeito *equivalente jurisdicional*: equipara-se à atuação jurisdicional cognitiva. O árbitro tem a tarefa de verificar e atuar as normas concretamente incidentes — e o faz como um terceiro, *imparcial* (não-parte), estranho, alheio às partes.

Mas, precisamente porque é um *equivalente* jurisdicional, não é a própria jurisdição. Como nota Elio Fazzalari, equivaler não significa ser idêntico.[7] Pode-se complementar: equivaler significa receber o mesmo valor, *embora sendo diferente*. Precisamente por isso é necessária a equiparação legal do resultado da atividade arbitral ao resultado da atividade jurisdicional.

10 Consequência do caráter não-estatal e não jurisdicional da arbitragem reside na circunstância de que os árbitros não detêm o *imperium* estatal. Não podem adotar medidas de força coativa. Toda vez que dela necessitarem, precisam recorrer à autoridade judiciária, à Jurisdição.

Por isso, embora reconhecendo os poderes instrutórios do árbitro, a Lei nº 9.307/1996 prevê que, em caso de recusa injustificada de um terceiro em comparecer para testemunhar no processo arbitral, não tem o árbitro como conduzi-la coativamente. Cabe-lhe, na hipótese, "requerer à autoridade judiciária que conduza a testemunha renitente, comprovando a existência da convenção de arbitragem" (art. 22, §2º, parte final).

E ainda, em termos mais amplos, fica estabelecido que, "havendo necessidade de medidas coercitivas ou cautelares, os árbitros poderão solicitá-las ao órgão do Poder Judiciário que seria, originariamente, competente para julgar a causa" (Lei nº 9.307/1996, art. 22, §4º).

II.c A convenção arbitral não afasta o direito à plena e adequada tutela

11 Como afirmado, ao permitir o emprego da arbitragem pelas partes, o Estado está possibilitando que elas adotem um mecanismo de solução do conflito mais compatível com as necessidades concretas

---

poderes do juiz e o controle das decisões judiciais: estudos em homenagem à professora Teresa Arruda Alvim Wambier. São Paulo: Revista do Tribunais, 2008. p. 290-292, 298-299. Na Itália, cf. BOVE, Mauro. *La giustizia privata*. Padova: Cedam, 2009. p. 33-36.

[7] FAZZALARI. *Istituzioni di diritto processuale civile, cit.*, p. 491.

da situação litigiosa. Características como a celeridade, a aptidão de o procedimento ser moldado em conformidade com as peculiaridades que a instrução exigirá, a informalidade etc. tendem a fazer do processo arbitral um meio mais eficiente de tutela, em determinados casos. Nesse sentido, o instituto da arbitragem é consentâneo com a diretriz constitucional de busca de tutela efetiva e adequada.

Por isso, a arbitragem não pode constituir um entrave no sentido oposto. Ela não pode funcionar como um obstáculo à tutela plena e adequada. Ao Estado não é dado criar dificuldades a que as partes recorram a ele, quando disciplina mecanismos de facilitação da composição por meios alternativos — seja a arbitragem ou qualquer outro. Então, em todos os casos em que o processo arbitral não for por si só apto a propiciar proteção integral e efetiva, cumpre reconhecer o cabimento do recurso à via judicial apta a viabilizar tal tutela.

Pense-se na hipótese em que, embora existindo convenção arbitral, há também cláusula contratual prevendo que o contrato serve de título executivo extrajudicial para obrigações líquidas, certas e exigíveis nele previstas (CPC, art. 585, II). Não seria razoável afirmar que, nesse caso, a parte credora teria antes de promover processo arbitral de conhecimento (condenatório) em relação àquelas obrigações, para só depois poder executar. A despeito da convenção arbitral, caberá reconhecer a direta competência do Judiciário para o processo de execução do título executivo extrajudicial (sem prejuízo de submissão à arbitragem das disputas que exijam cognição do mérito da pretensão creditícia).[8] Pretender fazer prevalecer unicamente a cláusula arbitral, nessa hipótese, implicaria inviabilizar uma tutela plena e adequada.

Outro exemplo tem-se nos casos em que há urgência de proteção antes da instauração da arbitragem. Trata-se dele a seguir.

III Competência do Judiciário para medidas urgentes preparatórias

12 A rigor, a definição da competência do Poder Judiciário para o processamento da produção antecipada de provas promovida pela consulente — que é o objeto dos recursos especiais acima mencionados — independe de saber se a cláusula compromissória ainda é eficaz e vigente.

---

[8] Nesse sentido, cf. STJ. REsp nº 944.917/SP, 3ª T., Rel. Min. Nancy Andrighi, julg. 18.9.2008, DJe 3 out. 2008.

Como se vê a seguir, mesmo quando há convenção arbitral eficaz, é indiscutível a competência do Poder Judiciário para o processamento e julgamento de medidas de urgência que precisem ser adotados quando não há tribunal arbitral instaurado. No presente caso, pelo que foi relatado e documentado, não havia, na época do ajuizamento da produção antecipada de provas, tribunal arbitral instaurado (aliás, não há sequer agora).

III.a Caráter cautelar da produção antecipada de provas

13 Não há dúvidas de que a medida de produção antecipada de provas é meio de tutela urgente, com caráter acautelatório. Não se trata de uma demanda "principal", de cognição exauriente, destinada à solução do litígio entre as partes. Visa apenas a identificar e resguardar material probatório, a fim de viabilizar a instrução de um futuro e eventual processo de conhecimento, esse sim tendente à composição do conflito entre as partes.

É conhecida a classificação, desenvolvida em sede teórica, segundo a qual os provimentos cautelares podem destinar-se a: (a) adiantar uma produção probatória, em relação ao seu momento processual oportuno (ex.: exibição de documentos, justificação...); (b) resguardar a possibilidade de concreta realização do provimento final, mediante a conservação de bens ou de um estado jurídico (ex.: sequestro, arresto, atentado, arrolamento...); (c) determinar contracautela a fim de evitar danos que possam advir de outro provimento sumário e provisório (caução); (d) antecipar total ou parcialmente os efeitos do provimento final, a fim de evitar danos irreparáveis a uma das partes.[9]

O liame unificador, capaz de agrupar essas diferentes medidas dentro da categoria da tutela cautelar, reside nos seguintes traços: (1º) função de garantir o resultado inerente a outra tutela, satisfativa (no sentido de *definitiva*) — viabilizando seu proferimento, resguardando

---

[9] É a classificação formulada por CALAMANDREI, Piero. *Introducción al estudio sistemático de las providencias cautelares*. Traducción de Santiago Sentis Melendo. Buenos Aires: Ed. Bibliográfica Argentina, 1945. p. 53 *et seq*. Em sentido semelhante, no direito brasileiro, cf. LACERDA, Galeno. *Comentários ao Código de Processo Civil*: lei n. 5.869, de 11 de janeiro de 1993. 5. ed. Rio de Janeiro: Forense, 1993. v. 8, p. 9-10; BEDAQUE, José Roberto dos Santos. *Tutela cautelar e tutela antecipada*: tutelas sumárias e de urgência: tentativa de sistematização. São Paulo: Malheiros, 1998. p. 151-153; e TALAMINI, Eduardo. *Tutela relativa aos deveres de fazer e de não-fazer*: e sua extensão aos deveres de entrega de coisa (CPC, arts. 461 e 461-A; CDC, art. 84). 2. ed. rev. atual. e ampl. São Paulo: Revista dos Tribunais, 2003. p. 365.

sua efetivação ou impedindo sua inutilidade —, com o afastamento de um perigo de dano de difícil reparação; (2º) cognição sumária; (3º) em virtude de sua função, instrumentalidade em relação a tal provimento posterior: a providência cautelar opera-se com base na perspectiva da tutela final, ainda que esta concretamente não venha a ocorrer, e sua concessão subordina-se à probabilidade do conteúdo do provimento final e (ou) aos riscos que este sofre; (4º) consequente provisoriedade, caracterizada pela circunstância de o provimento cautelar não ter o condão de se tornar juridicamente definitivo: ou é substituído pela tutela final, ou, simplesmente, perde a eficácia.

A medida de produção antecipada de provas reveste-se de todas essas características. Enquadra-se perfeitamente no primeiro grupo de medidas urgentes acima referido ("a") — como reconhecem todos os autores que se propõem a classificar as medidas urgentes.[10] Esse enquadramento, de resto, é expressamente confirmado pela letra da lei, que inclui a produção antecipada de provas entre os procedimentos cautelares específicos (Capítulo II do Livro III do Código de Processo Civil, arts. 846-851).

Não desautoriza a constatação ora feita o fato de, na linguagem forense, a produção antecipada de provas com frequência ser qualificada como medida "autossuficiente" ou "satisfativa". Tais expressões são utilizadas em sentido atécnico. Prestam-se, por um lado, a indicar que, por seu caráter não constritivo de direitos, a produção antecipada não exige o ajuizamento da ação principal no prazo do art. 806 do CPC, sob a pena do art. 808, I, do mesmo diploma.[11] Por outro lado, aquelas expressões têm em vista a circunstância de que é possível que o requerente da medida, uma vez considerando o efetivo resultado instrutório gerado pela produção antecipada, conclua não possuir material suficiente para promover uma ação "principal".[12]

Portanto, as considerações a seguir feitas a respeito da competência para as medidas urgentes preparatórias aplicam-se integralmente à produção antecipada de provas objeto da presente análise.

---

[10] Vejam-se as referências contidas na nota anterior.

[11] Confiram-se as amplas referências jurisprudenciais em NEGRÃO, Theotonio; GOUVÊA, José Roberto Ferreira; BONDIOLI, Luis Guilherme Aidar; FONSECA, João Francisco Naves da (Org.). *Código de Processo Civil e legislação processual em vigor*. 41. ed. atual. até 02.2009. São Paulo: Saraiva, 2009. p. 903, nota 6 ao art. 808.

[12] Como escreve Galeno Lacerda, tratando das medidas cautelares que visam a assegurar prova, "a propositura ou não desta [a ação principal] depende, muita vez, do resultado final da prova" (*Comentários ao Código de Processo Civil*: lei n. 5.869, de 11 de janeiro de 1993. 8. ed. Rio de Janeiro: Forense, 2001. v. 8, p. 270).

III.b Entendimento assente sobre a competência do Judiciário

14 Como já se destacou, a eleição da via arbitral pelas partes não implica renúncia à busca da tutela mais adequada e efetiva de suas posições jurídicas. Bem o contrário, a opção pela arbitragem retrata precisamente uma tentativa de consecução desse ideal. Bem por isso, toda vez que, embora tendo sido pactuada a solução arbitral, essa via não for propícia para proporcionar uma proteção plena e tempestiva, impor-se-á reconhecer a competência do Poder Judiciário.

É precisamente o que ocorre quando, a despeito de convencionada a arbitragem, surge a necessidade de uma tutela urgente antes mesmo de estar instalado o tribunal arbitral. As medidas urgentes, conservativas ou antecipatórias, haverão de ser pleiteadas diretamente ao Poder Judiciário.

Não há disputas maiores a esse respeito. No que tange às medidas urgentes incidentais ao processo arbitral, há ainda alguma controvérsia acerca da exata delimitação dos poderes do árbitro e do juiz, tendo em vista a disposição não de todo perfeita do §4º do art. 22 da Lei nº 9.307/1996.[13] Mas em relação às medidas urgentes antecedentes ou preparatórias, não há dúvidas da integral competência do Poder Judiciário, pelas razões postas acima.

Como escreve Luiz Fernando do Vale de Almeida Guilherme:

> Pode ocorrer que essa medida cautelar de urgência precise ser adotada na fase prévia da arbitragem, quando ainda não foi solicitada a instauração do processo, ou quando o tribunal arbitral ainda não esteja constituído. Neste caso, a parte interessada encaminhará solicitação diretamente ao juiz estatal, que poderá apreciar a solicitação e o seu deferimento.[14]

---

[13] Há quem interprete o dispositivo literalmente, pretendendo assim atribuir a integral competência para a concessão e execução das medidas urgentes ao juiz, a quem o árbitro haveria de "solicitá-las". Prevalece, no entanto, o entendimento de que a concessão da medida incidental é de competência do árbitro, cabendo ao juiz apenas adotar providências para executá-la coativamente quando não há cumprimento espontâneo. Sobre o tema, cf. as referências doutrinárias em TALAMINI, *Tutela relativa aos deveres de fazer e de não-fazer*: e sua extensão aos deveres de entrega de coisa (CPC, arts. 461 e 461-A; CDC, art. 84), *op. cit.*, p. 459-460, nota 43.

[14] GUILHERME, Luiz Fernando do Vale de Almeida. O uso da medida cautelar no procedimento arbitral. *In*: LEMES, Selma Ferreira; CARMONA, Carlos Alberto; MARTINS, Pedro Batista (Coord.). Arbitragem: estudos em homenagem ao prof. Guido Fernando da Silva Soares, *in memoriam*. São Paulo: Atlas, 2007. p. 145.

No mesmo sentido, entre muitas, são as lições de Carlos Alberto Carmona,[15] Pedro Antônio Batista Martins,[16] Nilton César Antunes da Costa,[17] Luiz Antonio Scavone Junior[18] e Lauro da Gama e Souza Jr.[19]

III.c Os regramentos dos órgãos arbitrais institucionais

15 As regras editadas por órgãos arbitrais institucionais e por entidades especializadas confirmam essa diretriz.

15.1 Tome-se como exemplo a Câmara de Comércio Internacional (CCI). Nos termos do art. 23, n. 2, das Regras da CCI: "As partes poderão, antes da remessa dos autos ao Tribunal Arbitral, e em circunstâncias apropriadas a partir daí, requer a qualquer autoridade judicial competente que tome as medidas cautelares ou provisórias pertinentes". Como nota José Maria Rossani Garcez no art. 23 das Regras da CCI, "faz-se a distinção entre a concessão dessas medidas antes de iniciado o procedimento arbitral (mediante requerimento a qualquer autoridade judicial competente) e após iniciado tal procedimento (então pelo Tribunal Arbitral)".[20]

---

[15] "Medidas cautelares antecedentes ao processo arbitral: (...) Não podendo a parte interessada requerer ao árbitro (como deveria) a medida cautelar, admite-se-lhe a abertura da via judicial (...)" (CARMONA, Carlos Alberto. Das boas relações entre os juízes e os árbitros. *Revista do Advogado*, n. 51, p. 23, out. 1997); e "(...) o que fazer se houver necessidade de medida de urgência *antes* de instituída a arbitragem? (...) Diante de tal contingência, abre-se à parte necessitada a via judicial" (CARMONA, Carlos Alberto. *Arbitragem e processo*: um comentário à Lei nº 9.307/96. 2. ed. rev. atual. e ampl. São Paulo: Atlas, 2004. p. 268).

[16] "Obviamente, essa faculdade somente poderá ser exercida após a instituição da arbitragem. Havendo, assim, necessidade na obtenção de medida de urgência relativa à controvérsia objeto da cláusula compromissória, essa poderá ser requerida ao juízo comum se ainda não instalado o painel de árbitros" (MARTINS, Pedro Antônio Batista. *Apontamentos sobre a lei da arbitragem*: comentários à Lei 9.307/1996. Rio de Janeiro: Forense, 2008. p. 247).

[17] "Antes da instauração do juízo arbitral compete ao juiz estatal que, em tese, seria competente para julgamento se não existisse entabuada entre as partes a convenção de arbitragem, decidir sobre a ação cautelar preparatória ajuizada por uma das partes, haja vista que é de interesse do Estado a boa aplicação da justiça no caso concreto" (COSTA, Nilton César Antunes da. *Poderes do árbitro*: de acordo com a Lei 9.307/96. São Paulo: Revista dos Tribunais, 2002. p. 108).

[18] "Se a necessidade de medida cautelar não se apresenta de forma incidental — no curso do procedimento arbitral já instalado — mas antes da instalação da arbitragem cautelar preparatória —, nada obsta que a parte solicite ao juiz togado, judicialmente (...)" (SCAVONE JUNIOR, Luiz Antonio. *Manual de arbitragem*. 2. tir. São Paulo: Revista dos Tribunais, 2008. p. 154).

[19] "Em outras situações, a própria parte tem de recorrer ao Judiciário, antes de instaurada a arbitragem, para requerer a medida de preservação de seus direitos (arresto, seqüestro, indisponibilidade de bens etc.)" (SOUZA JR.; Lauro da Gama e. Sinal verde para a arbitragem nas parcerias público-privadas: a construção de um novo paradigma para os contratos entre o Estado e o investidor privado. *In*: PANTOJA, Teresa Cristina G. (Coord.). *Prática em arbitragem*. Rio de Janeiro: Forense Universitária, 2008. p. 158).

[20] GARCEZ, José Maria Rossani. Medidas cautelares e de antecipação de tutela na arbitragem. *In*: FERRAZ, Rafaella; MUNIZ, Joaquim de Paiva (Coord.). *Arbitragem doméstica e internacional*: estudos em homenagem ao Prof. Theóphilo de Azeredo Santos. Rio de Janeiro: Forense, 2008. p. 218-219.

É bem verdade que a CCI também prevê um "procedimento cautelar pré-arbitral" ("Rules for a Pré-Arbitral Referee Procedure", na versão traduzida pela própria CCI: "Regulamento de Procedimento Cautelar Pré-Arbitral"). Tal procedimento destina-se a permitir que as partes que assim tenham pactuado, em casos de urgência, possam recorrer imediatamente a um "Terceiro Ordenador", ao qual são conferidos poderes para a emissão de medidas de tutela urgente, inclusive as relativas "à conservação ou produção de prova".

Mas note-se: o cabimento do emprego desse procedimento pré-arbitral depende de *expressa e específica pactuação entre as partes*. Não basta a simples existência da convenção arbitral relativa ao possível litígio "principal".[21] Ou seja, a mera previsão em um contrato no sentido de que possíveis litígios acerca dele serão resolvidos por arbitragem, ainda que desde então já se remeta às regras da CCI, não implica a opção pelo procedimento cautelar pré-arbitral. Para isso, as partes devem celebrar convenção específica e em instrumento escrito (art. 3, n. 1, do Regulamento: "O acordo prevendo o procedimento cautelar pré-arbitral deverá ser celebrado por escrito").

Prova maior de que a convenção de arbitragem pelas regras da CCI não implica por si só opção de submissão ao procedimento pré-arbitral daquela mesma instituição reside no fato de os procedimentos arbitral e pré-arbitral submeterem-se a regulamentos distintos, com regras próprias e inconfundíveis acerca da convenção relativa a cada um dos dois. Mais ainda, na introdução ao regulamento do procedimento pré-arbitral, está claramente afirmada sua autonomia em relação à definição do órgão competente para a lide principal ("O recurso ao procedimento cautelar pré-arbitral não interfere na competência de qualquer jurisdição arbitral ou estatal competente para julgar o mérito da controvérsia"). A regra geral, para quem formaliza uma convenção arbitral pelas regras da CCI, é a aquela já mencionada, no art. 23, n. 2, das Regras da CCI (competência do Judiciário para as medidas urgentes pré-arbitrais). O procedimento cautelar pré-arbitral é exceção a essa regra geral, e depende de uma escolha expressa e formal das partes.

Portanto, a aplicabilidade do procedimento cautelar pré-arbitral da CCI depende de específica pactuação entre as partes. E a previsão regulamentar desse procedimento pela CCI é uma confirmação definitiva de que, mesmo quando houver convenção arbitral, em princípio não fica afastada a competência do Judiciário para as medidas cautelares preparatórias: para que tal ocorra há de existir a específica convenção pré-arbitral.

---

[21] De resto, superada no presente caso (v. adiante).

15.2 Do mesmo modo, o regramento da *American Arbitration Association (AAA)* também contempla a hipótese de requerimento de medidas urgentes à autoridade judicial, antes de instaurada a arbitragem.

Também a AAA possui um regramento prevendo a possibilidade de as partes especificamente pactuarem a adoção de um procedimento destinado à emissão de medidas urgentes que antecedam a constituição do tribunal arbitral (*Optional Rules for Emergency Measures of Protection* – "Regras opcionais para as medidas cautelares emergenciais de proteção").

Valem aqui todas as considerações antes feitas acercas das regras equivalentes da CCI, no sentido de que tal procedimento não judicial pré-arbitral cautelar só poderá ser utilizado quando expressamente pactuado pelas partes. No caso da AAA, aliás, o caráter "opcional" de tal procedimento está expresso já no próprio título das regras que o disciplinam.

15.3 No presente caso, o não cabimento de qualquer procedimento cautelar pré-arbitral é ainda mais óbvio, na medida em que a cláusula compromissória é "vazia", não tendo sequer remetido ao regramento de nenhum órgão institucional ou entidade especializada.

IV A competência é matéria que antecede qualquer outra

16 O segundo quesito formulado pela consulente, ao que tudo indica, toma em conta alegação formulada por uma das rés da produção antecipada de provas, no sentido de que, como pretensamente não haveria perigo de danos irreparáveis, faltaria ao juiz estatal competência para a medida cautelar preparatória.

Daí a indagação da consulente acerca da procedência de tal tese.

IV.a A antecedência lógica das questões preliminares

17 Todos os pontos controvertidos atinentes à própria existência, eficácia e validade da relação processual antecedem logicamente as questões relativas ao próprio mérito. Não há como pura e simplesmente confundir os dois planos: o do processo e o da situação conflituosa constitutiva de seu objeto.[22]

---

[22] Não se ignorando, por óbvio, a relação de instrumentalidade que há entre direito material e processo, que em alguma medida repercute no modo como se relacionam as questões

Essa hoje é uma noção basilar, constitutiva da própria autonomia do direito processual. Deve-se a Bülow a identificação do processo como sendo uma relação jurídica autônoma, que não se confunde com a relação jurídica que se discute no processo, e que, por isso, tem pressupostos próprios, sujeitos parcialmente diversos e natureza distinta.[23]

Primeiro, cabe definir se há juridicamente um processo válido e apto a produzir efeitos. Se não houver, nem será viável o enfrentamento de qualquer questão relativa ao mérito — enquanto não corrigido ou superado o defeito processual. Por isso, as questões processuais são ditas preliminares. São resolvidas antes do que as de mérito.

Como escreve Fredie Didier Jr.:

> Considera-se questão preliminar aquela cuja solução, conforme o sentido em que se pronuncie, cria ou remove obstáculo à apreciação da outra. A própria possibilidade de apreciar-se a segunda depende, pois, da maneira por que se resolva a primeira. A preliminar é uma espécie de obstáculo que o magistrado deve ultrapassar no exame de uma determinada questão. É como se fosse um semáforo: acesa a luz verde, permite-se o exame da questão subordinada; caso se acenda a vermelha, o exame torna-se impossível. As questões preliminares referem-se à possibilidade de exame da questão de mérito.[24]

Portanto, é impossível subordinar o exame da questão processual da competência ao deslinde do mérito.

IV.b A presença de *periculum in mora* e *fumus bonis iuris* constitui o mérito da medida cautelar

18 E a aferição da presença do perigo de danos irreparáveis e da plausibilidade do direito constitui o próprio mérito do processo cautelar. O objeto do processo cautelar é precisamente esse: definir se um provável direito está em situação de perigo e, em caso positivo, identificar um modo de resguardá-lo. Como escreveu Ovídio Baptista

---

de cada um desses dois planos (sobre o tema, cf., por todos, BEDAQUE, José Roberto dos Santos. *Direito e processo*: influência do direito material sobre o processo. 5. ed. rev. e ampl. São Paulo: Malheiros, 2009).

[23] BÜLOW, Oskar von. *La teoría de las excepciones procesales y los presupuestos procesales*. Traducción de Miguel Ángel Rosas Lichtschein. Buenos Aires: Ediciones Jurídicas Europa-América, 1964.

[24] DIDIER JUNIOR, Fredie. *Curso de direito processual civil*. 10. ed. rev. ampl. e atual. Salvador: JusPodivm, 2008. v. 1, p. 291-292.

da Silva: "O juiz, ao decidir sobre esses pressupostos, decide o mérito da controvérsia cautelar".

Portanto, a identificação da presença do *periculum in mora* e do *fumus bonis juris* é a própria razão de ser, o escopo *final*, do processo cautelar. Não há como transformar esses elementos em critérios para serem aferidos previamente, para fins de definição da competência para o processo cautelar.

IV.c A precedência da questão da competência entre todas as preliminares

19 E não se trata apenas de reconhecer que as questões processuais antecedem logicamente as de mérito. Mais do que isso, entre todas as questões processuais, a competência é prioritária em relação a todas as demais. Trata-se também de uma imposição lógica: há de se definir quem é competente para solucionar todas as demais questões.

Na clara lição de Calmon de Passos:

> Só o juiz competente pode se pronunciar sobre a validade ou invalidade da relação processual e sobre a validade ou invalidade de qualquer ato do processo. Consequentemente, a arguição de incompetência absoluta deve preceder a todas as outras.[25]

Cabe completar: não apenas a arguição, mas a solução da questão da competência deve preceder todas as outras.

IV.d Uma dimensão do princípio da "competência-competência"

20 A origem histórica do princípio da "competência-competência" está relacionada com a afirmação da competência dos árbitros em face dos juízes estatais. Em sua acepção originária e radical, retratava a ideia de que os árbitros seriam juízes únicos e últimos de competência — sendo inviável qualquer revisão judicial, se isso houvesse sido pactuado pelas partes. Mas essa formulação inicial, surgida na jurisprudência alemã da década de 1950, logo ficou superada.[26]

---

[25] CALMON DE PASSOS, José Joaquim. *Comentários ao Código de Processo Civil*: Lei nº 5.869, de 11 de janeiro de 1973. 8. ed. Rio de Janeiro: Forense, 2001. v. 3, p. 261. Ainda, em outra passagem, o grande processualista baiano pondera que "só o juiz competente pode se manifestar sobre os pressupostos processuais" (p. 270).

[26] Sobre o tema, cf. LEIBLE; LEHMANN. El arbitraje en Alemania. *Revista de Processo, op. cit.*, p. 35-36.

A noção que vingou, e ganhou o mundo, foi a de que cabe ao árbitro primeiramente pronunciar-se sobre sua própria competência. Por exemplo, quando se alega que a convenção arbitral é inválida, cabe ao tribunal arbitral decidir primeiramente essa questão. Em suma, a "competência-competência" consagra a diretriz de que todo juiz é competente para decidir sobre sua própria competência. Mais do que isso, o princípio em questão assegura que a competência seja definida à luz de parâmetros próprios e prévios, que não se confundam com o próprio mérito da causa. Isso está retratado, no âmbito da arbitragem, na autonomia da cláusula compromissória em relação ao contrato em que ela está inserida (art. 8º da Lei 9.307/1996). Isso significa que a eventual nulidade do contrato (matéria de mérito) não afeta a validade da cláusula compromissória nele inserta (questão de competência).

21 Ocorre que essa noção de "competência-competência" aplica-se não apenas ao árbitro. Estende-se ao juiz estatal e — mais ainda — a qualquer autoridade pública.[27] Toda e qualquer autoridade é o juiz primeiro de sua própria competência. E a competência há de ser sempre definida à luz de critérios prévios, e não mediante o indevido adiantamento do exame do mérito.

A competência é estabelecida à luz daquilo que é afirmado pela parte em sua demanda, independentemente da procedência do quanto afirmado. A definição da procedência concerne ao mérito. Assim, se alguém promove demanda afirmando ter sido empregado do réu da ação, e pretendendo por isso direitos trabalhistas, essa ação é de competência da Justiça do Trabalho, ainda que eventualmente sejam falsos os fatos afirmados pelo autor ou indevida a qualificação jurídica por ele sustentada, de modo que ele jamais tenha sido empregado ou mantido qualquer relação trabalhista com o réu. Competirá ao juiz trabalhista dizer que não há a relação de trabalho afirmada na demanda.

O mesmo se aplica ao caso em exame. Quando se diz que o juiz estatal é competente para as medidas urgentes prévias à arbitragem, quer-se com isso indicar que cabe a ele averiguar inclusive se tais medidas são concretamente necessárias. Enfim, compete ao juiz estatal aferir a presença dos pressupostos para a tutela de urgência (*periculum in mora* e *fumus bonis iuris*).

---

[27] Exemplos de aplicação desse princípio ao juiz estatal encontram-se na decisão monocrática do AI nº 0433789-5, TJPR. Rel. Des. Rosene Cristo Pereira, julg. 20.8.2007, e também nos AI-ED nº 0344115-0/02, mesmo relator, julg. 8.1.2007.

V A superação da cláusula arbitral pelo ajuste tácito entre as partes

22 Como relatado, em 2005, as empresas contratadas ajuizaram em face da consulente ação de processo comum de conhecimento, com pedidos condenatórios (que foi denominada "ação ordinária de indenização"). Na ação, as empresas pretendem imputar à consulente a responsabilidade por eventos contratuais que lhes teriam gerado prejuízos e teriam ocasionado percalços contratuais.

A demanda foi proposta sem nenhuma ressalva acerca da existência de cláusula compromissória arbitral. Na inicial, as empresas limitaram-se a noticiar que haviam notificado a consulente, para darem início às providências para instauração de uma arbitragem, e que, diante da recusa da consulente em adotar a via arbitral, estavam optando por promover a demanda perante o Poder Judiciário.

Citada, a consulente não veiculou em sua contestação nenhuma arguição de existência da cláusula arbitral — de modo que o processo judicial seguiu regularmente. Ora se encontra no início da instrução probatória.

V.a As regras dos arts. 267, VII e §3º, e 301, §4º, do CPC

23 Tendo a ação de conhecimento sido proposta perante o Judiciário, e não tendo sido invocada a convenção arbitral pela ré (a ora consulente), ficou superada a eficácia da cláusula compromissória, assumindo o Judiciário a plena competência para conhecer do litígio entre as partes e ficando afastada a caracterização de qualquer defeito no processo.

Note-se que a consequência ora destacada advém do fato de que se propôs uma ação comum de processo de conhecimento, destinada a resolver o próprio mérito de conflito decorrente do contrato, e não foi arguida como defesa a existência da cláusula compromissória. O fenômeno em questão nada tem a ver com as anteriores medidas cautelares também propostas pelas empresas contratadas. Quanto a essas, como visto antes, o ajuizamento em caráter antecedente não prejudica eventual e subsequente arbitragem. Outra, contudo, é a consequência quando a ação proposta perante o Judiciário, e ali mantida por falta de oposição do réu, é exatamente aquela que a princípio submeter-se-ia à pactuação arbitral. E foi o que houve.

23.1 O ora signatário já teve a oportunidade de se manifestar sobre o tema, em sede doutrinária:

O art. 267, VII, alterado pela Lei da Arbitragem (Lei 9.307/96), prevê que se extingue o processo sem julgamento do mérito em razão da existência de convenção de arbitragem.

A Lei 9.307/96 dispõe, no art. 3º, que a convenção de arbitragem (...) envolve tanto a cláusula compromissória quanto o compromisso arbitral. A cláusula compromissória é negócio jurídico acessório através do qual, em relação a um determinado contrato, os contratantes se comprometem a instituir a arbitragem como mecanismo para a solução de eventuais futuros conflitos dele (do contrato principal) decorrentes. O compromisso arbitral é o pacto específico de instituição do juízo arbitral, diante, objetivamente, de uma pretensão que seja ou não resultante de contrato em que se tenha firmado a cláusula compromissória.

O §4º, do art. 301, do CPC dispõe que o juiz conhecerá de ofício de todas as matérias que a parte puder alegar como preliminares, na contestação, exceção feita ao compromisso arbitral. Dentre essas matérias estão os pressupostos processuais negativos que vimos acima (litispendência e coisa julgada).

Do cotejo desses textos de lei surgem alguns problemas que exigem solução. Destacamos o seguinte: teria o legislador "esquecido" de substituir a expressão compromisso arbitral, do §4º do art. 301, por convenção de arbitragem? Se a resposta for positiva, ter-se-á que "ler" nesse dispositivo a convenção de arbitragem como matéria que deve ser alegada pela parte, sob pena de preclusão, porque não pode o juiz conhecê-la de ofício. Assim se entendendo, a arbitragem não é nem pela cláusula compromissória, nem pelo compromisso arbitral, pressuposto processual negativo. A propositura de ação versando matéria objeto de um ou outro dos elementos que compõem a convenção de arbitragem tem, se assim se entender, o condão de revogá-las.

Nas edições anteriores, sugeríamos, além dessa, várias outras interpretações para a manutenção do termo "compromisso arbitral", no §4º do art. 301. Destacávamos que a questão estava em aberto. Todavia, após esses primeiros anos de vigência da Lei 9.307/96, sedimentou-se o entendimento de que houve mero lapso na falta de mudança do §4º do art. 301. Assim, tem-se entendimento de que tanto a existência de cláusula compromissória como a de compromisso arbitral precisam ser alegadas pela parte, não podendo o juiz conhecer da matéria de ofício. E é razoável que seja assim. Afinal, as partes podem de comum acordo desistir da via arbitral antes compromissada e optar pela solução judiciária. O mesmo ocorre quando, embora existindo o prévio compromisso de submissão do conflito à arbitragem, uma delas ingressa com ação perante o Judiciário, e a outra não invoca o prévio compromisso. Tacitamente, ambas terão renunciado à arbitragem.

Sob esse prisma, a existência de convenção arbitral funciona como um *impedimento*, e não como pressuposto processual negativo, pois precisa ser alegada pelo réu, no momento oportuno, para que o juiz possa conhecer da matéria.[28]

23.2 Não faria sentido nenhuma distinção, na hipótese, entre cláusula compromissória e compromisso arbitral. Ambos retratam uma livre escolha dos jurisdicionados pela arbitragem. Ambos, portanto, são passíveis de resilição. A mesma livre vontade que ampara a celebração de qualquer dos dois é senhora do seu posterior exercício ou de sua não utilização — *em qualquer dos dois casos*. A força vinculante da convenção arbitral põe-se apenas enquanto alguma das partes pactuantes deseje-a ainda fazer valer. Se nenhuma das partes mais o quer, a pactuação perde sua eficácia.

É uma decorrência necessária dessa diretriz a regra processual que qualifica a existência de convenção arbitral como mero impedimento ao processo judiciário, a ser alegada pela parte ré — e não como um pressuposto de validade cognoscível *ex officio*. Quando a lei condiciona o conhecimento da convenção arbitral — em qualquer de suas duas modalidades — à alegação do interessado, está reconhecendo que, assim como as partes foram livres para eleger a arbitragem, livres são para dela desistir. Afinal, a parte que vai ao Judiciário em vez de fazer valer a convenção arbitral, inequivocamente está manifestando sua vontade nesse sentido. Se a parte adversária, ao contestar, não alega haver pactuação arbitral, está também exteriorizando sua intenção de manter a disputa perante o Judiciário. Se fosse dado ao juiz conhecer a questão de ofício, isso significaria que, mesmo com as partes não desejando mais a arbitragem, seriam forçadas a se submeter a ela, pelo tão só fato de que, no passado, manifestaram a intenção de adotá-la. Vale dizer: nessa hipótese — descartada — a convenção arbitral seria irrevogável pelo comum acordo entre as partes. Ainda, em outra perspectiva: se fosse assim, ao Judiciário seria dado o poder de recusar a tutela jurisdicional, a despeito de nenhuma das partes mais desejar a via arbitral. Então, a cognoscibilidade de ofício da convenção arbitral, *em qualquer de suas duas modalidades*, implicaria afronta ao direito fundamental de liberdade e à autonomia da vontade (CF, art. 3º, I, e 5º, II), de um lado, e à inafastabilidade da tutela jurisdicional (CF, art. 5º, XXXV), de outro.

Insista-se: não há o que justifique a distinção entre compromisso arbitral e cláusula compromissória quanto a esse ponto.[29] Os princípios

---

[28] WAMBIER, Luiz Rodrigues; TALAMINI, Eduardo. *Curso avançado de processo civil*. 10. ed. rev. atual. e ampl. 2. tir. São Paulo: Revista dos Tribunais, 2008. v. 1, p. 246-247.

[29] Vasta doutrina tem apontado a necessidade de arguição também da cláusula compromissória:

subjacentes à hipótese, ora destacados, são os mesmos em um caso e outro. Impõem, como única solução constitucionalmente legítima, a necessidade de alegação pela parte ré. Tal conclusão é ainda reforçada pela diretriz declaradamente assumida pela legislação brasileira no sentido de equiparar os efeitos da cláusula compromissória aos do compromisso arbitral (Lei nº 9.307/1996, art. 6º).[30] De resto, a diferenciação nos termos sugeridos pela exegese meramente literal do art. 301 do CPC — não bastasse estar desautorizada pelos fundamentos há pouco apresentados — implicaria uma situação paradoxal. É indiscutível que o compromisso arbitral representa uma convenção ainda mais sólida e firme do que a mera cláusula compromissória. Enquanto aquele desde logo é suficiente para o início da arbitragem, essa, em dadas circunstâncias, é inapta a por si só instaurar o juízo arbitral.[31] Então, por que precisamente a modalidade convencional revestida de menor solidez é que seria cognoscível de ofício? Por que precisamente ela implicaria uma situação irrevogável para as partes — se nem mesmo o próprio compromisso implica tal irrevogabilidade, conforme se extrai da própria letra do 4º do art. 301 do CPC? Uma interpretação que conduz a resultados despropositados jamais pode ser prestigiada. Assim, também por isso, cabe reconhecer que ambas as modalidades de convenção arbitral submetem-se ao mesmo regime, no que tange à sua resilição por força da não alegação no processo judiciário.

23.3 Ademais, a conjugação do inciso VII do art. 267 com o §3º do mesmo artigo fornece mais uma confirmação desse entendimento. O 3º do art. 267 indica fundamentos de "extinção do processo sem julgamento de mérito" que devem ser conhecidos de ofício pelo juiz. Alude aos incisos IV, V e VI do art. 267 — os dois primeiros referem-se a pressupostos de constituição e desenvolvimento válido e regular do processo; o inciso VI, às condições da ação. Mas o referido §3º não inclui

---

ARRUDA ALVIM, José Manoel de. *Manual de direito processual civil*. 9. ed. rev., atual. e ampl. São Paulo: Revista dos Tribunais, 2005. v. 2, p. 324; CALMON DE PASSOS. *Comentários ao Código de Processo Civil*: Lei nº 5.869, de 11 de janeiro de 1973, op. cit., v. 3, p. 273; FIGUEIRA JÚNIOR, Joel Dias. *Arbitragem, jurisdição e execução*: análise crítica da Lei 9.307, de 23.09.1996. São Paulo: Revista dos Tribunais, 1999. p. 194; CÂMARA, Alexandre Freitas. *Arbitragem*: Lei nº 9.307/96. 4. ed. rev. ampl. e atual. Rio de Janeiro: Lumen Juris, 2005. p. 41-42; e GRECO. Os atos de disposição processual: primeiras reflexões. *In*: MEDINA (Coord.). *Os poderes do juiz e o controle das decisões judiciais*: estudos em homenagem à professora Teresa Arruda Alvim Wambier, op. cit., p. 298.

[30] Cf. MACIEL, Marco. Exposição de motivos da Lei de Arbitragem: justificação. *Revista de Arbitragem e Mediação*, v. 3, n. 9, p. 319, abr./jun. 2006.

[31] É a chamada cláusula compromissória vazia.

a "convenção de arbitragem", hipótese do inciso VII do art. 267, entre os fundamentos cognoscíveis de ofício.

V.b A resilição tácita da convenção arbitral

24 O ingresso em Juízo por uma das partes, conjugado com a ausência de invocação da cláusula compromissória como impedimento a que o processo prossiga, implica a resilição tácita da convenção arbitral.

Trata-se de caso em que a lei estabelece a necessidade de manifestação de conduta diversa, caso se pretenda fazer valer a eficácia da convenção de arbitragem. Quanto ao autor, cabe-lhe não ir ao Judiciário, mas sim acionar a via arbitral. Quanto ao réu, cumpre-lhe arguir tempestivamente a existência da convenção.

Se nenhuma dessas condutas é adotada, a consequência extraível do ordenamento é o esvaziamento da vigência e eficácia da cláusula compromissória. É o próprio ordenamento que impõe, então, ao conjunto concatenado de condutas em questão, a eficácia resilitiva da convenção arbitral. Não se trata de uma mera presunção em sentido estrito, mas de uma consequência necessária. Não cabe nenhuma investigação adicional, senão a identificação das condutas objetivas: propositura da ação judicial de conhecimento, de um lado, e não invocação da convenção arbitral como defesa preliminar, de outro. Enfim, esse é um daqueles casos em que, usando-se as palavras de Caio Mário da Silva Pereira, "é o próprio direito positivo que traduz em emissão volitiva um mencionado comportamento".[32]

24.1 A doutrina fala muitas vezes em "renúncia". Adiante, procurar-se-á identificar a exata natureza do ato praticado pelas partes nessa hipótese. Por ora, importa destacar o resultado concreto que se tem no caso. E, para tanto, o termo renúncia não chega a ser inadequado.

Tratando dessa hipótese, Alexandre Freitas Câmara pronuncia-se em termos bastante didáticos:

> Questão interessante é a de saber se, havendo convenção de arbitragem e, ainda assim, uma das partes propuser sua demanda, se deve considerar que as partes renunciaram à solução de seu conflito por via arbitral se, oferecida pelo réu a contestação, este não alegar exceção de convenção de arbitragem. Esta parece ser realmente a melhor solução. A arbitragem,

---

[32] PEREIRA, Caio Mário da Silva. *Instituições de direito civil*. 20. ed. Rio de Janeiro: Forense, 2004. v. 1, p. 483.

como já disse — e não canso de repetir — é uma manifestação de liberdade. Assim é que, do mesmo modo que se garante a liberdade de sua instituição, deve-se garantir a liberdade de renúncia ao previamente estatuído. Desta forma, deixando o demandado de alegar, em sua contestação, que haviam as partes celebrado uma convenção de arbitragem, é de se entender que optaram pela solução de seu conflito pela via jurisdicional, renunciando ao processo arbitral. Poderá, então, o Judiciário, exercer, sem impedimentos, a função jurisdicional.[33]

Wellington Moreira Pimentel, estudando o tema ainda à época da disciplina anterior, em que o compromisso arbitral era a única modalidade de convenção vinculante, pronunciou-se em termos similares:

> (...) não obstante o compromisso celebrado pelas partes de submeterem o litígio à arbitragem, podem, quando de acordo, submetê-lo ao juiz estatal. Assim, se o autor teve a iniciativa de pedir ao Estado a prestação jurisdicional, não obstante a existência do compromisso arbitral, pode o réu aderir à submissão do litígio à decisão do Estado, bastando, para isso, que não alegue o fato impeditivo da ação, ou seja, o compromisso arbitral. Terão as partes, por essa forma, renunciado àquela via de composição.
>
> O compromisso arbitral só opera como condição negativa da ação, como fator *imperativo*[34] do seu exercício, se um dos compromissados o alega.[35]

Calmon de Passos, por sua vez, abordou o assunto já à luz da nova lei, chegando à mesma conclusão e aplicando-a expressamente também à cláusula compromissória:

> Em face desse novo regime, observa-se que se um dos pactuantes não só resiste à instituição do juízo arbitral, estipulado na cláusula compromissória, como toma a iniciativa de ajuizar a demanda perante a jurisdição estatal, pode o réu argüir a existência da cláusula, com o que se extinguirá o processo sem julgamento de mérito. Não o fazendo, deve-se entender como tendo renunciado ao que pactuou, submetendo-se à jurisdição estatal, não mais podendo exercitar a pretensão que lhe defere o art. 7º [da Lei 9.307/1996] já referido.[36]

---

[33] CÂMARA. *Arbitragem*: Lei nº 9.307/96, *op. cit.*, p. 41-42.

[34] Há nesse ponto um lapso material. O autor quis dizer "impeditivo", tal como o fez no parágrafo anterior.

[35] PIMENTEL, Wellington Moreira. *Comentários ao Código de Processo Civil*. São Paulo: Revista dos Tribunais, 1975. v. 3, p. 270.

[36] CALMON DE PASSOS. *Comentários ao Código de Processo Civil*: Lei nº 5.869, de 11 de janeiro de 1973, *op. cit.*, v. 3, p. 273.

24.2 A Lei espanhola de arbitragem de 1988 (Ley 36/1988), como lembra Alexandre Câmara,[37] veiculava regra bastante didática a esse respeito: "Las partes podrán renunciar por convenio al arbitraje pactado, quedando expedita la vía judicial. En todo caso, se entenderán que renuncian cuando, interpuesta demanda por cualquiera de ellas, el demandado o todos los demandados, si fuesen varios, realicen, después de personados en juicio, cualquier gestión procesal que no sea proponen en forma la declinatoria" (art. 11, n. 2). A atual Ley de Arbitraje (Ley 60/2003) não contém disposição idêntica, mas estabelece a necessidade de arguição da existência de convenção arbitral para conhecimento da matéria pelo Judiciário: "El convenio arbitral obliga a las partes a cumplir lo estipulado e impide a los tribunales conocer de las controversias sometidas a arbitraje, siempre que la parte a quien interese lo invoque mediante declinatoria" (art. 11, n. 1). A regra do art. 11, n. 2, da lei anterior era vista como mera decorrência do previsto no art. 11, n. 1, daquele diploma,[38] cujo teor é igual ao do art. 11, n. 1, da lei atual. Mantém-se, então, aquela decorrência.

Note-se que a regra da atual lei espanhola é essencialmente a mesma resultante da conjugação das regras dos artigos 267, VII e §3º, e 301, IX e §4º, do Código de Processo Civil brasileiro. Portanto, idêntica conclusão, no sentido da resilição da opção arbitral nessa hipótese, é também aplicável.

Semelhante orientação é adotada, por exemplo, na Itália e na Alemanha.[39] Tratando da eficácia da convenção arbitral no direito italiano, cujas regras coincidem com as nossas, Paolo S. Nicosia assim se pronuncia:

> Nenhum problema, ao invés, se ambas as partes, depois de haverem estipulado um compromisso ou uma cláusula arbitral, pretendem renunciar-lhe consensualmente: ou de modo explícito e na forma escrita ou, implicitamente, dirigindo-se ao juiz, na qualidade de autor e réu, mas não suscitando nenhuma exceção relativa à previsão arbitral.[40]

---

[37] CÂMARA. *Arbitragem*: Lei nº 9.307/96, op. cit., p. 41, nota 66.

[38] SAN JOSÉ, Alicia Bernardo. *Arbitraje y jurisdicción*: incompatibilidad y vías de exclusión. Granada: Ed. Comares, 2002. p. 69.

[39] NICOSIA, Paolo S. *La tutela extragiudiziale degli interessi*: negoziazione, conciliazione, mediazione e abitrato in Italiz, per tutelare i propri interessi sul fondamento dell'autonomia privata. Piacenza: La Tribuna, 2002. p. 259; JAUERNIG, Othmar. *Direito processual civil*. Tradução de F. Silveira Ramos. 25. ed. total. refund. da obra criada por Friedrich Lent. Coimbra: Almedina, 2002. p. 187; e LEIBLE, Stefan. *Proceso civil alemán*. 2. ed. Medellín; Bogotá: Biblioteca Jurídica Diké; Fundación Konrad Adenauer, 1999. p. 161.

[40] NICOSIA. *La tutela extragiudiziale degli interessi*: negoziazione, conciliazione, mediazione e abitrato in Italiz, per tutelare i propri interessi sul fondamento dell'autonomia privata,

24.3 Pode-se aludir inclusive à extinção da convenção arbitral — ainda que os exatos limites dessa extinção precisem ser aferidos de modo particularizado (v. adiante).

Ainda sob égide da antiga disciplina brasileira sobre arbitragem (CPC, artigos 1072-1102), Antônio Carlos Marcato apontava que, "apesar de não contemplada no art. 1.077, há outra hipótese de extinção do compromisso: a não arguição de sua existência, pelo réu, caso seja proposta ação versando o mesmo litígio (v. art. 301, IX, do CPC)".[41] Carlos Alberto Carmona, escrevendo já na vigência da lei atual, pondera que permanece válida a lição de Marcato.[42]

Joel Dias Figueira Júnior, tratando já da lei vigente, também inclui entre as "causas extintivas do compromisso arbitral" a hipótese "quando não alegada tempestivamente como matéria preliminar da contestação (revogação tácita da convenção arbitral – art. 301, IX)".[43]

Note-se que a não alegação oportuna da convenção arbitral presta-se a impor a cessação da eficácia não apenas de compromisso arbitral como também de cláusula compromissória. A lição de Marcato, acima transcrita, refere-se apenas ao compromisso porquanto foi formulada à época em que essa era a única modalidade convencional arbitral impeditiva do processo judiciário e passível de alegação. Na medida em que se acrescentou a cláusula compromissória, aplica-se-lhe idêntico entendimento. Basta ver que Figueira Júnior, conquanto aluda a um rol de hipóteses de "extinção do compromisso", ao tratar da hipótese aqui em análise refere-se de modo amplo à "revogação tácita da convenção arbitral", remetendo ao inc. IX do art. 301, que trata de ambas as espécies convencionais arbitrais.

---

cit., p. 259. No original: "Nessun problema, invece, se entrambe le parti, dopo aver stipulato un compromesso o una clausola arbitrale, intendono rinunciarvi consensualmente: o in modo esplicito e in forma scritta o, implicitamente, rivolgendosi al giudice, in qualità di attore e di convenuto, ma nos sollevando alcuna eccezione relativa alla previsione arbitrale".

[41] MARCATO, Antônio Carlos. *Procedimentos especiais*. 4. ed. rev. ampl. São Paulo: Revista dos Tribunais, 1991. p. 190, nota 183.

[42] "Continua a prevalecer, mesmo sob o regime da Lei 9.307/96, a observação de Antonio Carlos Marcato acerca de hipótese (não contemplada expressamente na Lei) de extinção de compromisso, a saber, falta de arguição de sua existência, pelo réu, caso seja proposta em juízo demanda versando o mesmo litígio que haveria de ser composto pela via arbitral" (CARMONA. *Arbitragem e processo*: um comentário à Lei nº 9.307/96, *op. cit.*, p. 388).

[43] FIGUEIRA JÚNIOR. *Arbitragem, jurisdição e execução*: análise crítica da Lei 9.307, de 23.09.1996, *cit.*, p. 196.

VI A extensão da resilição

25 Impõe-se ainda definir qual a extensão da resilição do convênio arbitral no caso em exame. Concerne apenas ao objeto da ação de conhecimento já proposta perante o Judiciário? Ou estende-se a outras ações entre as partes, decorrentes do contrato, notadamente aquela de declaração de resolução contratual e perdas e danos a ser proposta pela consulente, de que a produção antecipada de provas é preparatória?

Um pretenso argumento em sentido contrário à extensão mais ampla da resilição seria o de que, por se tratar de uma renúncia à arbitragem, o ato praticado no processo judicial de conhecimento instaurado em 2005 teria de ser interpretado restritivamente. Invocar-se-ia para tanto a regra do art. 114 do Código Civil ("Os negócios jurídicos benéficos e a renúncia interpretam-se restritivamente").

A maior ou menor extensão da extinção da convenção arbitral advinda de sua não arguição em processo judicial é questão que não comporta uma resposta abstrata e genérica. Dependerá do exame dos aspectos concretos de cada caso.

Seja como for, por um lado, a invocação do art. 114 do Código Civil será sempre, em toda e qualquer hipótese, impertinente. Por outro lado, as circunstâncias do caso em análise respaldam a constatação de que a extinção da convenção de arbitragem vai além do objeto da demanda já proposta, atingindo claramente a "ação de declaração de resolução contratual cumulada com perdas e danos" que a consulente virá a propor, bem como, ainda, eventuais outras ações. Há sólidos fundamentos para essas conclusões: (a) a resilição da convenção de arbitragem constitui um negócio jurídico bilateral, e não propriamente uma renúncia; (b) há conexão entre a ação judicial já proposta e a demanda ainda a propor-se; (c) incide a vedação do *venire contra factum proprium*. Esses fundamentos serão examinados nos tópicos seguintes.

VI.a Negócio jurídico bilateral

26 A mencionada regra do art. 114 do Código Civil refere-se a duas modalidades distintas de ato jurídico em sentido amplo: negócios jurídicos benéficos e renúncias.

Tratando da regra em discurso, Caio Mário da Silva Pereira leciona o seguinte:

> O Código transpôs para a Parte Geral (art. 114) o disposto no art. 1.090 do Código Civil de 1916, que mandava que se interpretassem estritamente os contratos benéficos. Generalizou para todo negócio

jurídico o princípio que recomenda não dar interpretação ampliativa a quaisquer atos liberais. E, com a mesma orientação, abrangeu na mesma regra a renúncia.

No primeiro plano, aludindo aos negócios jurídicos benéficos, o Código enfatiza o fundamento ético do preceito, assentando que a declaração de vontade benéfica deve ser contida no limite do que o agente especificamente pretendeu. O beneficiado não pode obter mais do que se contém no texto da declaração. E o intérprete encontra barreira a todo propósito ampliativo.

No mesmo propósito restritivista colocou a renúncia, como ato pelo qual o sujeito abre mão de um direito, de uma faculdade ou de uma vantagem.[44]

27 O ato ora em exame — a resilição da convenção arbitral decorrente do ajuizamento de ação judicial por uma parte sem a arguição da pactuação de arbitragem pela outra — não se enquadra em nenhuma das duas modalidades previstas no art. 114 do Código Civil.

27.1 A hipótese em questão não constitui propriamente uma renúncia, conquanto seja comum empregar-se tal denominação para ela. A renúncia consiste em *declaração unilateral de vontade*[45] pelo qual o sujeito abre mão de uma posição jurídica que lhe era favorável. Na resilição da convenção arbitral, ora em pauta, há indiscutivelmente um negócio jurídico bilateral. É indispensável tanto a propositura da ação judicial de conhecimento por uma das partes quanto a não alegação da existência do compromisso ou cláusula compromissória pela outra. É só da conjugação dessas duas condutas que se extrai a supressão da eficácia da convenção arbitral. E mais ainda: nenhuma das duas partes abre mão de uma posição jurídica em favor da outra. Ambas optam por outra modalidade de solução do conflito.

O tema foi enfrentado de modo direto e preciso por Pontes de Miranda:

> O juiz não pode de ofício apreciar a falta de alegação (art. 301, §4º). (...)
>
> Quem alega existir o compromisso arbitral é o réu. A despeito do que contrataram, o autor propôs a ação. Se o réu não alega o que podia alegar, temos de entender que autor e réu desfizeram o que haviam acertado.

---

[44] PEREIRA. *Instituições de direito civil*, op. cit., v. 1, p. 503-504.
[45] É um "negócio unilateral", no dizer de GOMES, Orlando. *Introdução ao direito civil*. 9. ed. Rio de Janeiro: Forense, 1987. p. 269-270, n. 187.

Não se fala de renúncia, porque, em verdade, o réu concordou com o autor: há novo negócio jurídico bilateral.[46]

27.2 Por outro lado, tampouco é possível imputar ao ato objeto do presente exame a natureza de um "negócio jurídico benéfico". Esse consiste em um ato de gratuidade, na concessão de um benefício de uma parte à outra. Exemplo por excelência de tal categoria é a doação. Ora, no presente caso, não se põe nada similar. Ambas as partes haviam pactuado o futuro emprego da via arbitral, e depois ambas, de comum acordo, optaram por alterar o antes ajustado, submetendo a questão ao Judiciário. Não há nisso nenhum ato de doação, nenhuma gratuidade, nenhuma concessão de vantagem sem contrapartida de uma parte à outra.

27.3 Portanto, fica desde logo descartada a aplicação da diretriz hermenêutica restritiva consagrada no art. 114 do Código Civil.

Mas há, além disso, fatores que impõem que se reconheça o alcance mais amplo da resilição no caso objeto de análise.

VI.b Conexão entre a ação que já tramita perante o Judiciário e a futura ação principal

28 A "ação declaratória de resolução contratual e perdas e danos" que a consulente pretende futuramente propor — e de que a produção antecipada de provas é medida preparatória — apresenta vínculo de conexão com a ação de indenização já proposta pelas empresas contratadas.

Na ação que as empresas contratadas já promovem perante o Poder Judiciário, elas pretendem o reconhecimento de que a conduta da consulente teria sido indevida no curso da relação contratual, impondo-lhes alterações indevidas de cronogramas que teriam afetado a equação econômica do contrato, gerando-lhes prejuízos. As contratadas reputam, portanto, que o inadimplemento de condições contratuais adveio da consulente, e não delas, e pedem condenação da consulente por isso.

Já a "ação declaratória de resolução contratual e perdas e danos" que a consulente promoverá — e da qual a cautelar de produção antecipada de provas é preparatória — destina-se ao reconhecimento de que as contratadas deixaram de cumprir obrigações contratuais que

---

[46] PONTES DE MIRANDA, Francisco Cavalcanti. *Comentários ao Código de Processo Civil*. 3. ed. atual. legislativa de Sérgio Bermudes. Rio de Janeiro: Forense, 1996. v. 4, p. 136-137.

lhes cabiam, justificando-se não apenas extinção do contrato por culpa delas, como também a condenação das contratadas pelas obrigações inadimplidas.

29 A circunstância de que as duas ações versam sobre obrigações distintas previstas no Contrato nº 000/1978 — que é um contrato "complexo" — é irrelevante para o fim da configuração da conexão.

Nesse ponto, impõe-se tomar em conta as peculiaridades do direito material aplicável ao objeto litigioso. É impossível solucionar as questões de processo sem considerar as especificidades da situação jurídico-material que é objeto da tutela jurisdicional.[47]

A situação material constitutiva do objeto de ambos os processos aqui analisados concerne ao contrato administrativo celebrado entre as partes. Ambas as ações versam sobre obrigações contratuais. Ambos os polos subjetivos do conflito igualmente pretendem o reconhecimento de créditos em seu favor, imputando ao adversário condutas de inadimplemento contratual.

Especificamente no que tange à ação proposta em 2005 pelas empresas contratadas, ainda que a demanda tenha sido formulada apenas com a invocação de regras civis sobre reparação de danos, é clara a pretensão das contratadas de obter, mediante a condenação almejada, o reequilíbrio da equação econômico-financeira do contrato administrativo sob o argumento de que houve alterações de cronogramas que lhes acarretaram mais custos e prejuízos.

No entanto, a equação econômico-financeira do contrato administrativo jamais pode ser aferida de modo pontual, restrito a um único aspecto da relação contratual. É indispensável a consideração conjunta de todos os direitos e obrigações de ambas as partes. Só assim se define se a equação está equilibrada ou não.

Isso porque a expressão "equação econômico-financeira" (ou "equilíbrio econômico-financeiro") indica uma espécie de "relação" entre "encargos" e "retribuições" que o contrato administrativo gera para as partes. Significa que, em um contrato administrativo, os "encargos" correspondem (equivalem, numa acepção jurídica) às "retribuições". A expressão "equilíbrio" esclarece que o conjunto dos "encargos" é a contrapartida do conjunto das "retribuições", de molde a caracterizar uma "equação". Utilizam-se os vocábulos "encargos" e "retribuições" para indicar que se tomam em conta todos os ângulos jurídicos das

---

[47] Acerca do tema, remete-se mais uma vez à obra de BEDAQUE. *Direito e processo*: influência do direito material sobre o processo, *cit., passim*.

prestações impostas às partes. Assim, o equilíbrio econômico-financeiro abrange não apenas o montante de receita estimado (segundo perspectivas de desenvolvimento ordinário de um empreendimento) em prol do particular contratado, mas também o prazo estimado para sua realização, a periodicidade das entradas e qualquer outra vantagem que a configuração da avença possa produzir. O mesmo se passa com a questão dos "encargos".

Como escreve Marçal Justen Filho:

> Utilizam-se os vocábulos "encargos" e "retribuições" para esclarecer que se tomam em conta todos os ângulos jurídicos das prestações impostas às partes. Assim, o equilíbrio econômico-financeiro abrange não apenas o montante de dinheiro devido ao particular contratado, mas também o prazo estimado para os pagamentos, sua periodicidade e qualquer outra vantagem que a configuração da avença possa produzir. O mesmo se passa com a questão dos "encargos". Deve-se enfocar não apenas a prestação propriamente dita, que recai sobre o particular. Também são relevantes as circunstâncias atinentes à execução (prazos, condições de execução, local de execução, local de entrega da prestação etc.). Para tornar mais técnica a terminologia, poderíamos utilizar "ângulo ativo" para identificar "retribuições" e "ângulo passivo" para indicar os "encargos".[48]

Vale dizer, não é impossível — e é muito comum na prática — que, apesar da ampliação da carga onerosa de uma dada posição obrigacional do particular contratado, outro elemento da relação obrigacional tenha-lhe ficado menos oneroso, na mesma proporção (p. ex.: elevou-se o valor de mercado de um item que ele tem de fornecer, mas, em contrapartida, reduziu-se o custo de outro item a ser fornecido; ou a elevação do custo da mão de obra é compensada pela diminuição do custo do material a ser fornecido etc.). Por isso, é imprescindível a consideração global da equação econômico-financeira.

30 A aplicação dessas considerações ao caso em análise conduz à constatação de que as diferentes demandas, ainda que versando sobre obrigações distintas do mesmo contrato, são todas relevantes para a definição do equilíbrio da equação contratual. Suponha-se, a título de mera argumentação, que as contratadas tenham razão quanto à alegação de que teriam sofrido prejuízo acarretador de desequilíbrio da equação, pelos fundamentos expostos na ação que já propuseram. Isso ainda não basta. É imprescindível verificar se não há fatores de desequilíbrio no

---

[48] JUSTEN FILHO, Marçal. O equilíbrio econômico-financeiro dos contratos administrativos, a Lei nº 8.666 e o Plano Real. *ILC*, n. 8, p. 475-476, out. 1994.

vetor oposto (i.e., em favor da Administração Pública, representada pela consulente). Note-se bem: não se trata aqui de mera consideração do instituto privatístico da compensação. A questão com isso não se confunde. O cerne reside na imprescindibilidade da consideração global da equação econômico-financeira nos contratos administrativos.

Assim, as causas de pedir da "ação ordinária de indenização" já ajuizada pelas empresas contratadas e da futura "ação de declaração de resolução contratual cumulada com perdas e danos" a ser proposta pela consulente possuem um mesmo substrato: as relações entre as partes decorrentes do contrato que realizaram entre si. Mais do que isso, ambas as ações destinam-se ao reconhecimento de inadimplementos contratuais da parte adversária e a aplicação das consequências imputáveis ao inadimplemento – com a consequente repercussão dessas consequências sobre a equação econômico-financeira do contrato administrativo.

Precisam, por isso, ser julgadas conjuntamente. Em suma: *a cláusula de equilíbrio da equação contratual exige a consideração integral e unificada de todos os haveres e deveres, de parte a parte.*

Há um vínculo jurídico que justifica a reunião dos processos, conforme anota Humberto Theodoro Júnior:

> "A identidade do objeto que a lei cogita não é a material, mas jurídica. Feitos ligados entre si, nos quais o julgamento de um deles importa no julgamento dos demais, ou por ele são alcançados" (ac. un. da Câm. de Férias do TA-RS DE 22.07.1987, no Agr. nº 187.028.402, rel. Juiz Osvaldo Stefanello; JTARS, 65/167).[49]

31 Ademais, o princípio da economia processual conduz a que os atos processuais sejam concentrados em um mesmo juízo, dentro do mais curto espaço de tempo. No caso concreto, a não reunião dos feitos redundaria em, no mínimo, a desnecessária duplicação de muitos atos processuais. Na lição de Arruda Alvim:

> Há, em segundo lugar, um outro fundamento a recomendar a reunião dos processos: é o da *economia processual*. Se dois processos são parcialmente idênticos, a apreciação de ambos, num só juízo, trará economia, pois as provas poderão ser produzidas uma só vez, e, ademais, parte comum a ambos será apreciada somente uma vez, pelo mesmo juiz, e não duas vezes, por juízos diversos.[50]

---

[49] THEODORO JÚNIOR, Humberto. *Código de Processo Civil anotado*. Rio de Janeiro: Forense, 1995. p. 52.
[50] ARRUDA ALVIM, José Manoel de. *Manual de direito processual civil*. 4. ed. rev. ampl. e atual. 2. tir. São Paulo: Revista dos Tribunais, 1994. v. 1, p. 198.

32 A jurisprudência reconhece a necessidade de reunião em um mesmo juízo das ações que estejam em relação de conexão por dizerem respeito ao mesmo substrato contratual.
Como já decidiu o E. STJ:

> I - Nos termos do art. 103, CPC, que deixou de contemplar outras formas de conexão, reputam-se conexas duas ou mais ações quando lhes for comum o objeto (pedido) ou a causa de pedir, não se exigindo perfeita identidade desses elementos, senão a existência de um liame que as faça passíveis de decisão unificada.
>
> II - Recomenda-se que, ocorrendo conexão, quando compatíveis as fases de processamento em que se encontrem, sejam as ações processadas e julgadas no mesmo juízo, a fim de evitar decisões contraditórias.[51]

A configuração do instituto da conexão não exige perfeita identidade entre as demandas, senão que, entre elas preexista um liame que as torne passíveis de decisões unificadas.[52]

33 Sendo assim, a cessação de eficácia da convenção arbitral relativamente à "ação ordinária de indenização" implica necessariamente o afastamento dessa eficácia em relação a todas as ações conexas. Todas elas deverão tramitar conjuntamente, perante o mesmo juízo estatal em que já tramita aquela primeira ação.[53] Em outras palavras, a revogação da cláusula compromissória prevista no contrato estende-se a todas as ações nas quais também se discutam, direta ou indiretamente, outros aspectos da mesma equação contratual.

34 A situação é perfeitamente comparável com a que se tem quando, embora existindo uma cláusula de eleição de foro, uma primeira ação é proposta em outra comarca, diversa daquela estipulada na cláusula. Posteriormente, quando vêm a ser propostas ações conexas àquela primeira, já não se poderá invocar a cláusula de eleição de foro. As ações

---

[51] REsp nº 309.668/SP, 4ª T., Rel. Min. Sálvio Teixeira, *DJU* 10 set. 2001.

[52] CC nº 22.123, 1ª S., v.u., Rel. Min. Demócrito Reinaldo, julg. 14.4.1996, *DJU* 14 jun. 1999.

[53] É irrelevante o fato de a ação cautelar de produção antecipada de provas não tramitar perante o Juízo em que se processa a "ação ordinária de indenização", no qual também deverá ser processada futuramente a "ação declaratória de resolução contratual e perdas e danos". A medida de produção antecipada de provas "não previne a competência para a ação principal" (enunciado n. 263 da Súmula do extinto Tribunal Federal de Recursos – TFR). Ver também OLIVEIRA, Carlos Alberto Alvaro de; LACERDA, Galeno. *Comentários ao Código de Processo Civil*: Lei n. 5.869, de 11 de janeiro de 1973. Rio de Janeiro: Forense, 1988. v. 8, t. 2, p. 346. Portanto, ela não precisa tramitar no juízo que será o competente para a ação dita "principal".

conexas haverão de ser processadas perante o mesmo juízo em que já tramita a primeira ação proposta.

Assim o é porque a reunião de processos por força da conexão é imposição de ordem pública,[54] que prevalece, portanto, sobre a cláusula de eleição que já foi uma primeira vez desconsiderada.

Isso significa que a revogação da cláusula de eleição de foro para a primeira ação abrange todas as demais ações conexas.

34.1 Há inúmeros precedentes do E. STJ nesse sentido:

Competência. Conflito. Conexão. Prevenção. Prorrogação tácita. Conflito improcedente.

I - (...)

II - Deixando o réu de excepcionar o foro, quando lhe assiste o direito de fazê-lo, ou abstendo-se o excepto de manifestar recurso contra a procedência da exceção de incompetência, prorroga-se a competência do foro, que é relativa.

III - Se o autor, em causa com o foro de eleição, não se opõe a decisão que deu por competente o foro do domicílio do réu, prorrogada fica a competência deste. Nessa hipótese, também nesse juízo devera correr, por força de conexão, a outra demanda existente entre as partes.[55]

O foro de eleição cede lugar àquele prevento por força da conexão, em face da prevalência do interesse publico, privilegiando a segurança contra a ocorrência de decisões contraditórias, que atenta contra a estabilidade jurídica e a credibilidade da justiça, além de garantir a realização da instrução de forma mais econômica, em detrimento da simples conveniência das partes.[56]

Conflito de Competência. Ação revisional de contrato de arrendamento mercantil. Ação de reintegração de posse. Foro de eleição. Competência territorial. Prorrogação. Exceção de incompetência.

- Há prorrogação da competência territorial do juiz perante o qual foi ajuizada a ação revisional de contrato de arrendamento mercantil,

---

[54] Cf. BARBI, Celso Agrícola. *Comentários ao Código de Processo Civil*: Lei n. 5.869, de 11 de janeiro de 1973. 6. ed. rev. e aum. Rio de Janeiro: Forense, 1991. v. 1, p. 284; CALMON DE PASSOS. *Comentários ao Código de Processo Civil*: Lei nº 5.869, de 11 de janeiro de 1973, cit., v. 3, p. 268 (ao destacar a possibilidade de conhecimento de ofício da conexão); e RODRIGUES, Marcelo Abelha. *Elementos de direito processual civil*. 3. ed. rev., atual. e ampl. São Paulo: Revista dos Tribunais, 2003. p. 209. Cf, ainda, 2º TACivSP. Agravo de Instrumento nº 215.999, Rel. Ferreira de Castro, *JTA* 37, p. 102; 2º TACivSP. 4a. Câm. nº 220.202-0, Rel. Juiz Aldo Magalhães, v.u., julg. 30.8.1998, *JTACivSP* 112, p. 271.
[55] CC nº 2.823, 2ª S., v.u., rel. Min. Sálvio Teixeira, julg. 10.2.2003, *DJU* 8 mar. 2003.
[56] CC nº 17.588, 2ª S., v.u., rel. Min. Sálvio Teixeira, julg. 9.4.1997, *DJU* 23 jun. 1997.

mesmo que não seja o foro de eleição, quando não oposta a exceção declinatória de foro.

- Conflito conhecido e declarada a competência do juízo de Canoinhas-SC.⁵⁷

Consta do corpo do v. acórdão:

A ré da ação revisional, arrendante, foi citada, contestou, mas deixou de oferecer exceção para argüir a incompetência territorial do juízo de Canoinhas-SC. Mais de um ano após a propositura da revisional, a arrendante ajuizou a reintegratória de posse na comarca de São Paulo, alegando a seu favor a cláusula de foro de eleição.

Assim, como não foi devidamente oposta a exceção declinatória de foro, prorrogou-se a competência territorial do juízo de Canoinhas-SC, conforme dispõe o art. 114 do CPC, que se tornou competente para processar e julgar a ação revisional.

Ainda nesse mesmo sentido:

Processo civil. Competência. Conflito positivo. Medida cautelar preparatória para ajuizamento de ação revisional de contrato de arrendamento mercantil. Ação de reintegração de posse. Foro de eleição. Competência territorial. Prorrogação. Exceção de incompetência.

- Há prorrogação da competência territorial do juiz perante o qual foi ajuizada medida cautelar preparatória para o ajuizamento de ação revisional de contrato de arrendamento mercantil, mesmo que não seja o foro de eleição, quando não oposta a devida exceção declinatória de foro.⁵⁸

Processual civil – Competência relativa – Conexão – *Vis attractiva* – Foro de eleição.

I - No que pertine com a competência relativa decorrente do foro de eleição, as causas em que litigam as mesmas partes e referentes ao mesmo negocio jurídico devem ser proposta no foro onde já ajuizada a ação anterior as demais, posto que, sob o efeito da conexão, a competência (*vis attractiva*) da causa antecedente se impõe para julgamento de todas em *simultaneus processus*.

II - Recurso não conhecido.⁵⁹

Conflito positivo de competência. Agravo interno. Ações conexas. Juízes com competência territorial diferente. Prevenção do juízo de acordo

---

⁵⁷ CC nº 36.314, 2ª S., v.u., Rel. Min. Nancy Andrighi, julg. 23.10.2002, *DJU* 25 nov. 2002.
⁵⁸ CC nº 36.522, 2ª S., v.u., Rel. Min. Nancy Andrighi, julg. 25.2.2003, *DJU* 7 abr. 2003.
⁵⁹ REsp nº 19.658, 3ª T., v.u., rel. Min. Waldemar Zveiter, julg. 11.5.1992, *DJU* 22 jun. 1992.

com a anterioridade da citação válida. Contrato de compra e venda com reserva de domínio. Equipamentos médicos.

Tratando-se de competência territorial, portanto, relativa, se o réu, citado, não argüir, tempestivamente, a incompetência, prorroga-se a do juízo onde foi realizada primeiramente a citação, pois esse ato torna prevento o juízo, na forma do artigo 219 caput do Código de Processo Civil. Agravo a que se nega provimento.[60]

34.2 Idêntica orientação é aplicável à hipótese ora em exame. Uma vez promovida uma primeira demanda perante o Poder Judiciário, a despeito da existência da cláusula compromissória (não arguida pelo réu), a imposição de ordem pública de que se reúnam as ações conexas faz com que a revogação da convenção arbitral estenda-se a todas essas demandas conexas.

Isso significa, no caso em exame, que os efeitos da resilição da cláusula compromissória de arbitragem estendem-se não apenas à "ação ordinária de indenização" e à "ação declaratória de resolução contratual cumulada com perdas e danos", antes referidas, mas igualmente a todas as demais ações que venham a ser propostas e repercutam direta ou indiretamente sobre a equação econômico-financeira do contrato.

VI.c A vedação ao *venire contra factum proprium* e sua incidência no caso concreto

35 Por fim, há um fundamento não menos importante a confirmar a extensão dos efeitos da resilição da cláusula compromissória a todas as demais ações decorrentes do mesmo contrato.

A despeito de haver convenção arbitral, as empresas contratadas optaram por demandar perante o Judiciário, quando isso lhes pareceu conveniente. Propuseram ação judicial e continuam a movê-la perante a Justiça estatal.

No entanto, pretendem agora impedir a consulente de adotar idêntica postura, relativamente a outra ação derivada do mesmo contrato. Mais ainda, elas agora anunciam a pretensão de promover, em sede arbitral, outra demanda conexa às já propostas perante o Judiciário.

Se não pelos demais fundamentos antes postos, essa inconstância de conduta seria, por si, só juridicamente inadmissível.

---

[60] AgRg no AgRg no CC nº 41.523, 2ª S., v.u., Rel. Min. Castro Filho, julg. 14.2.2005, *DJU* 14 mar. 2005.

Trata-se de tomar em conta a proibição do *venire contra factum proprium*. O princípio da boa-fé (que vincula tanto o Poder Público quanto os particulares) e o princípio da moralidade (impositivo no Direito Público – CF, art. 37, em que está inserido o Direito Processual) vedam que o sujeito volte-se contra suas próprias condutas pretéritas, livremente adotadas.[61]

Na lição do i. civilista Francisco Muniz:

> A locução *venire contra factum proprium* traduz o exercício de um direito em contradição com o comportamento assumido anteriormente pelo titular.
>
> Infringe a boa-fé quem pretende fazer valer um direito em contradição com sua conduta anterior, na qual a outra parte confia.[62]

Ou, ainda, como escreve Paulo Luiz Netto Lôbo:

> Entre tantas expressões derivadas do princípio da boa-fé pode ser destacado o dever de não agir contra o ato próprio. Significa dizer que a ninguém é dado valer-se de determinado ato, quando lhe for conveniente e vantajoso, e depois voltar-se contra ele quando não mais lhe interessar. Esse comportamento contraditório denota intensa má-fé, ainda que revestido de aparência de legalidade ou de exercício regular de direito. Nas obrigações revela-se, em muitos casos, como aproveitamento da própria torpeza, mas a incidência do dever não exige o requisito de intencionalidade.
>
> Essa teoria radica no desenvolvimento do antigo aforismo *venire contra factum proprium nulli conceditur*, significando que a ninguém é lícito fazer valer um direito em contradição com sua anterior conduta, quando esta conduta interpretada objetivamente segundo a lei, segundo os bons costumes e a boa-fé, justifica a conclusão que não se fará valer posteriormente o direito que com estes se choque.[63]

---

[61] Cf., por todos, WIEACKER, Franz. *El principio general de la buena fe*. Traducción de José Luis Carro. Madrid: Civitas, 1982. p. 60 *et seq*. Anderson Schreiber, em obra centrada no tema (*A proibição de comportamento contraditório*: tutela da confiança e *venire contra factum proprium*. 2. ed. Rio de Janeiro: Renovar, 2007. p. 107), fundamenta constitucionalmente a proibição de comportamento contraditório no princípio da solidariedade social (CF, art. 3º). Ademais, a proibição do *venire contra factum proprium* guarda íntima relação com a própria força vinculante do negócio jurídico tácito. cf. PINTO, Paulo Cardoso Correia da Mota. *Declaração tácita e comportamento concludente no negócio jurídico*. Coimbra: Almedina, 1995.

[62] MUNIZ, Francisco José Ferreira. *Textos de direito civil*. Curitiba: Juruá, 1998. p. 41.

[63] LÔBO, Paulo Luiz Netto. Deveres gerais de conduta nas obrigações civis. *Jus Navigandi*, Teresina, ano 10, n. 711, 16 jun. 2005. Disponível em: <http://jus.uol.com.br/revista/texto/6903>. Acesso em: 8 nov. 2010.

A pretensão contraditória com a conduta anterior implica *abuso de direito*.[64] E, como escreveu Donaldo Armelin, carecem de interesse processual, por desrespeitar a objetiva utilidade da Jurisdição, as "ações ajuizadas com abuso de direito ou com fins subalternos ou ilícitos".[65]

VII O efeito devolutivo no recurso especial

36 Os fundamentos justificadores da competência do Poder Judiciário para o processamento da medida cautelar de produção antecipada de provas, expostos neste parecer, podem ser considerados pelo E. STJ por ocasião do julgamento dos recursos especiais acima referidos, que versam sobre o tema.

O STJ, quando conhece do recurso especial, não se limita a censurar ou não a decisão recorrida (diferentemente de outros sistemas, como, p. ex., o recurso de cassação francês). Tratando-se de recurso especial em que se alega erro de julgamento, com o conhecimento do recurso, haverá a substituição da decisão por outra — haja ou não provimento do recurso. Ou seja, ao reputar presentes os pressupostos de admissibilidade do recurso especial, incumbe ao Superior Tribunal dar uma solução para a causa, coincida ou não ela, quanto ao resultado concreto, com aquela dada pelo órgão *a quo*.

E, no exercício dessa atividade, caberá ao E. STJ tomar em conta todo e qualquer fundamento relevante para solução da questão posta. Aplica-se ao caso o enunciado nº 456 da Súmula do E. STF ("O Supremo Tribunal Federal, conhecendo do recurso extraordinário, julgará a causa, aplicando o direito à espécie").

VIII Conclusão

37 Em face das considerações acima realizadas, apresentam-se as seguintes respostas para os quesitos formulados:
 a) *Mesmo se houvesse cláusula compromissória eficaz, isso obstaria a competência do Poder Judiciário para o conhecimento de medidas urgentes de caráter preparatório?*

---

[64] Cf., por todos, SCHREIBER. *A proibição de comportamento contraditório*: tutela da confiança e *venire contra factum proprium*, cit., p. 118
[65] ARMELIN, Donaldo. *Legitimidade para agir no direito processual civil brasileiro*. São Paulo: Revista dos Tribunais, 1979. p. 64. No mesmo sentido, Rodrigo da Lima Cunha Freire: "As ações ajuizadas com abuso de direito, fins subalternos ou ilícitos não produzirão um resultado útil da jurisdição, especialmente sob a óptica do Estado" (*Condições da ação*: enfoque sobre o interesse de agir. 2. ed. São Paulo: Revista dos Tribunais, 2001. p. 148).

Não. É sempre do Poder Judiciário a competência para o processamento de medidas urgentes que antecedam a demanda principal. Mesmo quando há convenção arbitral eficaz, enquanto não instaurado o tribunal arbitral e iniciada a arbitragem, incumbe ao juiz estatal processar os pedidos de tutela urgente.

b) *Sendo positiva a resposta ao quesito anterior, seria possível afirmar que a competência do Poder Judiciário apenas existiria quando presentes os pressupostos para a tutela urgente?*

Não. Quando se afirma que compete ao Poder Judiciário o processamento de medidas urgentes preparatórias, isso significa dizer que compete a ele, e apenas a ele, inclusive decidir se estão presentes os requisitos para a concessão da tutela urgente. A afirmação da competência do Judiciário, como toda questão de competência, antecede necessariamente toda e qualquer outra questão processual, bem como as questões relativas ao mérito da medida cautelar (i.e., os pressupostos para sua concessão).

c) *O ajuizamento de ação de processo comum de conhecimento pelas contratadas, sem qualquer ressalva ou impugnação por parte da consulente, implicou revogação da cláusula compromissória de arbitragem?*

Sim. A conjugação das duas condutas — propositura da demanda perante o judiciário por uma parte e não invocação da cláusula arbitral pela outra — configura, por força da lei, negócio jurídico tácito, resilitivo da cláusula compromissória.

d) *Sendo positiva a resposta ao quesito anterior, a ineficácia da cláusula compromissória estende-se à futura ação declaratória da resolução contratual e perdas e danos, de que a medida cautelar de produção antecipada de provas é preparatória?*

Sim. A resilição da cláusula compromissória abrange todas as ações conexas à "ação ordinária de indenização" já proposta perante o Judiciário, como é o caso da "ação declaratória de resolução contratual cumulada com perdas e danos" que a consulente proporá.

É o parecer.

Curitiba, 27 de julho de 2009.

CAPÍTULO 11

DESEQUILÍBRIO DA EQUAÇÃO ECONÔMICO-FINANCEIRA DE CONTRATO ADMINISTRATIVO. ADITIVOS CONTRATUAIS QUE NÃO A REEQUILIBRAM. AUSÊNCIA DE PRECLUSÃO OU PRESUNÇÃO DE RENÚNCIA AO DIREITO AO REEQUILÍBRIO

Nota introdutória

Desde o final do século XIX até os anos 1960, a doutrina processual ocupou-se em afirmar a autonomia do processo em face do direito material. A preocupação era justificável. Tratava-se de superar ideias como a de que a ação nada mais seria do que uma forma de exercício do próprio direito material, ou do processo como desdobramento da relação jurídico-material. Estabelecida a distinção entre os planos material e processual, contudo, uma nova postura tornou-se necessária, a fim de evitar o absoluto divórcio entre direito (material) e processo. Se o processo é instrumento de realização do direito material, esse necessariamente exerce influência sobre aquele.

Mas esse é apenas um aspecto da interação entre direito processual e direito material. Há outro igualmente relevante. Não é apenas o direito processual — compreendido esse como a disciplina da atividade jurisdicional e seus equivalentes — que se desenvolve segundo a *dinâmica processual* (i.e., exercício do poder mediante atividade procedimentalizada, com a participação, no exercício do contraditório, dos sujeitos interessados no resultado final). Assiste-se à "processualização" dos demais ramos do direito. O fenômeno é mais evidente nas outras searas do direito público.[1] Porém, ocorre igualmente

---

[1] ELIO FAZZALARI. *Istituzioni di diritto processual*. 6ª ed. Padova: Cedam, 1992. p. 12 e 14; SILVA, Ovídio Baptista da. *Curso de processo civil*. Porto Alegre: Fabris. v. I, 1987.

no direito privado, naqueles âmbitos em que há o exercício do poder no âmbito de relações institucionais.

De resto, e independentemente desse fenômeno, jamais foi correto supor que o direito material diga respeito apenas a normas que regulam as condutas dos sujeitos e que o direito processual ocupe-se apenas da "forma". Com efeito, o ordenamento jurídico é composto por normas impositivas de condutas (normas primárias) e normas técnicas (normas secundárias ou instrumentais). As primeiras são as que proíbem ou autorizam (facultam) comportamentos, estabelecendo sanções negativas para quem praticar as condutas proibidas ou para quem impedir que os outros pratiquem as condutas autorizadas. As normas técnicas são as que estabelecem "instruções" sobre como se atingir um dado resultado jurídico: para se obter A, incumbe fazer B — e assim por diante.[2] Tais normas não estabelecem propriamente sanções para quem não as observa, mas quem as descumpre perde (ou corre o risco de perder) a chance de atingir aquele resultado que almejava. À distinção do ponto de vista objetivo entre *normas impositivas de conduta* e *normas técnicas* corresponde, sob o ângulo das posições jurídicas subjetivas, a diferenciação entre *dever* e *ônus*. As normas impositivas de conduta prescrevem deveres. As normas técnicas estabelecem ônus. Não há, contudo, vinculação absoluta entre as normas impositivas de conduta (e os deveres) e o direito material e entre as normas técnicas (e os ônus) e o direito processual. Por um lado, não é incomum o estabelecimento de normas técnicas no âmbito do direito material. A título de exemplo, considerem-se as regras materiais sobre os atos e negócios jurídicos, que estabelecem os requisitos e condições (objetivos, subjetivos, formais...) para que eles sejam válidos e eficazes. Por outro lado, também existem normas processuais impositivas de conduta. Assim, as regras sobre litigância de boa-fé impõem verdadeiros *deveres* (acompanhados de sanções) aos litigantes e terceiros que de alguma forma participem no processo (CPC, arts. 14, 15, 17, 600...). Também servem de exemplo as regras que balizam a atuação do juiz e de seus auxiliares (CPC, arts. 125 a 153), cuja inobservância enseja a aplicação de sanções (CPC, arts. 133, 144, 147, 150, 314, parte final, etc.). Além disso, uma mesma situação pode envolver a simultânea aplicação de normas dos dois tipos; ou,

---

[2] Sobre as "regras técnicas", veja-se Bobbio, "Norma giuridica", em *Contributi ad un dizionario giuridico*, Turim, Giappichelli, 1994, n. 7, p. 228. Correspondem às "regras potestativas" ou "secundárias" na teoria de Hart (*O conceito de direito* [trad. A. R. Mendes, da ed. inglesa de *The concept of law*, de 1961], Lisboa, Gulbenkian, 1986, cap. III, p. 34 e seguintes, e cap. V, p. 89 e seguintes). Tratei do tema em "Notas sobre a teoria das nulidades no processo civil", *Revista Dialética de Direito Processual*, n. 29, 2005, item 1.

ainda, que hipóteses de incidência das duas espécies de normas podem estar encadeadas. Por exemplo, o ordenamento pode estabelecer o *dever* de praticar um ato que se submeta a parâmetros "técnicos"; ou *facultar* a prática de um ato, mas subordinando sua validade e eficácia a observância de determinados requisitos. Assim, o negócio jurídico é realizado como exercício de uma *faculdade* do sujeito de direito (p. ex., a faculdade de dispor de seus bens); no entanto, para atingir os efeitos pretendidos, o sujeito tem o ônus de cumprir os requisitos do negócio. Do mesmo modo, o juiz tem o *dever* de sentenciar; mas, para fazê-lo perfeitamente, tem o *ônus* de observar os requisitos de tal ato.

Em suma: as normas técnicas não são monopólio do direito processual, assim como as normas impositivas de conduta não são exclusividade do direito material — e é frequente a coordenação ou subordinação dessas duas espécies normativas, seja nos domínios processuais, seja na esfera substancial.

Por isso — e essa é uma observação secundária, mas que não posso deixar de fazer —, a usual afirmação de que o processualista é formalista, apegado a picuinhas e filigranas, é em grande medida um clichê — uma daquelas piadinhas internas a um âmbito profissional ou científico (imagino quantas não são as piadas entre as várias especializações da física, que só eles, físicos, entendem o suficiente para achar graça...). Para um leigo, todo direito é formalista... E ele tem razão. Quem considera, seriamente, o formalismo uma marca do direito processual provavelmente nunca atinou para o regime jurídico de uma licitação pública, as regras orçamentárias, os requisitos para a celebração de um casamento ou testamento, as condições para se obter e manter uma isenção tributária... São todos exemplos tirados do direito material. Não se nega que as regras técnicas preponderam no processo. Mas talvez até por isso, já há muito, o direito processual confere ao princípio da instrumentalidade das formas (destinado a evitar que elas prevaleçam sobre os fins do processo) um valor que ele não recebe em outras searas...

O predomínio de normas técnicas no direito processual fez também com que diversos institutos — embora sendo aplicáveis ao direito como um todo — fossem antes e mais profundamente estudados pela doutrina processual. Ônus, competência, presunção, preclusão são alguns dos exemplos nesse sentido.

Neste parecer, tem-se uma questão de direito material cujo deslinde envolve a consideração de dois desses institutos, a preclusão e a presunção.

Sumário: **I** A consulta – **II** O equilíbrio econômico-financeiro: sua intangibilidade como imposição constitucional – **III** A distinção entre regras sobre presunção e regras formativas (preclusivas) – **IV** Ausência de regra preclusiva – **V** Ausência de regra de presunção: norma geral exigindo renúncia expressa – **VI** A existência de comprovação de que não houve renúncia – **VII** O princípio da boa-fé da Administração Pública – **VIII** Conclusão

Parecer

I A consulta

1 O Consórcio Fiatengineering – Ivaí solicita opinião legal sobre questão atinente à possibilidade de reequilíbrio da equação econômico-financeira de contrato administrativo, relatando os fatos a seguir expostos.

2 O Consulente celebrou contrato administrativo com Furnas Centrais Elétricas S/A, tendo por objeto a modernização e ampliação da Usina Termoelétrica Santa Cruz.

Posteriormente, por fatos não imputáveis ao Consulente (indefinições e atrasos relativos ao combustível a ser utilizado na usina etc.), Furnas pretendeu a redefinição dos prazos contratuais, em duas diferentes ocasiões.

O Consulente relata que em ambas as oportunidades dispôs-se a colaborar, deixando apenas ressalvado o seu direito à recomposição da equação econômico financeira (pois a postergação dos prazos impunha-lhe uma série de custos adicionais).

Houve, então, duas postergações de prazos contratuais, retratadas em termos aditivos ao contrato (primeiro e quarto termos aditivos).

Os aditivos foram celebrados sem que neles se procedesse ao devido reequilíbrio contratual nem se ressalvasse expressamente, no texto dos aditivos, a necessidade de oportuno reequilíbrio.

O Consulente apresenta documentos a respeito dos fatos que relata e indaga se a celebração dos aditivos nos moldes em que foram feitos teria implicado preclusão ou renúncia ao seu direito de obter o reequilíbrio da equação econômico-financeiro do contrato.

II O equilíbrio econômico-financeiro: sua intangibilidade como imposição constitucional

3 A questão posta para análise envolve o tema da intangibilidade da equação econômico-financeira dos contratos administrativos. Trata-se

de saber se estaria ou não configurada, no caso concreto, uma renúncia ou preclusão ao exercício dessa garantia constitucional.

É inerente ao regime jurídico do contrato administrativo a imposição de razoável correspondência econômica e financeira entre as posições ativas e passivas na relação contratual. Essa é a noção de equilíbrio econômico-financeiro, que vai muito além da simples equivalência entre "direitos" e "deveres" ou "créditos" e "obrigações". Incide sobre todos os aspectos da relação contratual (prazo de duração, objeto, periodicidade e critérios de remuneração), sobre toda e qualquer vantagem ou encargo.

A esse respeito é esclarecedora a doutrina de Marçal Justen Filho:

> Utilizam-se os vocábulos "encargos" e "retribuições" para esclarecer que se tomam em conta todos os ângulos jurídicos das prestações impostas às partes. Assim, o equilíbrio econômico-financeiro abrange não apenas o montante de dinheiro devido ao particular contratado, mas também o prazo estimado para os pagamentos, sua periodicidade e qualquer outra vantagem que a configuração da avença possa produzir. O mesmo se passa com a questão dos "encargos". Deve-se enfocar não apenas a prestação propriamente dita, que recai sobre o particular. Também são relevantes as circunstâncias atinentes à execução (prazos, condições de execução, local de execução, local de entrega da prestação etc.). Para tornar mais técnica a terminologia, poderíamos utilizar "ângulo ativo" para identificar "retribuições" e "ângulo passivo" para indicar os "encargos".[3]

4 Evidentemente, a exigência do equilíbrio econômico-financeiro não se põe apenas por ocasião do surgimento do contrato. É atributo que deve estar presente durante toda a sua vigência. Mesmo porque supor o oposto significaria tornar inócua tal imposição.

Também é óbvio que tal constatação não significa propriamente a imutabilidade de todas as condições e aspectos contratuais. O contrato administrativo está sujeito à alteração de aspectos de seu conteúdo — seja por atos unilaterais da Administração, seja por aditivos bilaterais, seja ainda em virtude de eventos não imputáveis aos contratantes. O que há de permanecer sempre íntegra é a relação de razoável proporcionalidade entre o "ângulo ativo" e o "ângulo passivo", tal como acima definidos. Impõe-se que a equação permaneça íntegra, ainda que se

---

[3] "O equilíbrio econômico-financeiro dos contratos administrativos, a Lei n° 8.666 e o Plano Real", em *ILC* 08, out./94, p. 475-476. O exame dos demais aspectos atinentes ao equilíbrio econômico-financeiro, que adiante segue, também tomará em conta a doutrina do Prof. Marçal Justen Filho.

alterem as suas variáveis. Daí que, para toda alteração das condições contratuais, deverá em regra haver o correspondente reequilíbrio.

5 A manutenção do equilíbrio econômico-financeiro, na perspectiva mais comum, é encarada como um "direito" da parte. O enfoque, em si mesmo, não está incorreto. Há o direito de cada parte zelar pelo equilíbrio e obter sua recomposição, toda vez que afetado. Mas é um enfoque parcial. Mais do que prerrogativa da parte, a diretriz em exame constitui um princípio geral do regime jurídico dos contratos administrativos, um atributo essencial dessa espécie contratual.

Por outro lado, a recomposição do equilíbrio por parte da Administração não é simples faculdade ou competência a ser discricionariamente exercida. Constatado o desequilíbrio, incumbe eliminá-lo. É nesse sentido que deve ser interpretada a regra do art. art. 65, IV, "d", da Lei nº 8.666/1993. A despeito da redação literal da regra, o dispositivo encerra um *dever* — não uma faculdade — da Administração Pública de promover o reequilíbrio, através de ato consensual com o contratado.[4] Sob tal aspecto, é mais precisa a redação do §4º do art. 9º da Lei nº 9.897 (*"Em havendo alteração..., o poder concedente **deverá**...*"). O emprego da dicção "poderá", adotada no art. 65 da Lei nº 8.666, é irrelevante. Como já teve oportunidade de escrever o subscritor da presente peça:

> O agente público, no exercício de função pública, jamais possui simples "faculdade" (como, muitas vezes, tem o particular, no exercício da autonomia da vontade). Todo "poder" que se lhe confere tem em vista uma finalidade maior, o interesse público. Não é mais do que ferramenta que ele recebe para o cumprimento de uma imposição. Isso vale tanto para o administrador, quanto para o legislador e o juiz.[5]

Assim, quando a lei dá ao administrador determinado poder, igualmente o incumbe do dever de desempenhar esse poder adequadamente. Melhor dizendo: a lei só lhe confere um poder porque lhe impôs, num momento lógico anterior, um dever — no caso, promover a restauração da equação econômico-financeira.

6 E os dispositivos legais acima exemplificativamente mencionados, asseguradores da intangibilidade da equação econômico-financeira, apenas retratam uma imposição que é constitucional.

---

[4] V. entre outros JUSTEN FILHO, Marçal. *Comentários à Lei de Licitações*. 10. ed. São Paulo: Dialética, 2004. p. 530, e SUNDFELD, Carlos Ari. *Licitação e contrato administrativo*. São Paulo: Malheiros, 1994. p. 241.

[5] TALAMINI, Eduardo. *Tutela relativa aos deveres de fazer e de não fazer*. 2. ed. São Paulo: RT, 2003. p. 385-386.

Há a regra específica do inciso XXI, do art. 37 da Constituição, que impõe que sejam *"mantidas as condições efetivas da proposta"*, durante todo o curso contratual. Porém, e mais do que isso, a diretriz em exame está vinculada a diversos princípios constitucionais, o que lhe confere ainda maior relevância sistemática e dimensão axiológica.

6.1 O primeiro e mais essencial valor constitucional resguardado é a própria supremacia do interesse público. A diretriz da intangibilidade da equação econômico-financeira faz com que as propostas de contratação com a Administração Pública sejam formuladas no menor valor e melhores condições possíveis. Se o particular não estivesse protegido dos eventos supervenientes, certamente computaria esse risco em sua proposta, que ficaria desde logo inflada pela avaliação de riscos futuros. Ao eliminar tais riscos, a diretriz da manutenção do equilíbrio não só estabelece uma garantia para o particular, como possibilita a diminuição do custo a ser arcado pelo Estado e pela coletividade nas contratações públicas.

Por outro lado, e dentro da mesma perspectiva, a proteção ao equilíbrio evita a deterioração da qualidade da obra realizada ou do serviço prestado.

Aqui, o próprio princípio constitucional da eficiência poderia ser invocado. Em que pesem as dúvidas sobre a existência de alguma carga inovatória com sua inclusão na Constituição (tanto que a questão pôde ser explicada apenas à luz da supremacia do interesse público), a hipótese em exame retrata uma das dimensões em que é legítimo aludir à "eficiência" como parâmetro do direito público: a censura a soluções que, embora aparentemente mais vantajosas, resultam em prejuízo ao interesse público.

6.2 Em segundo lugar, o resguardo da equação econômico-financeira é uma imposição do princípio da isonomia. O desequilíbrio contra o particular sempre representaria um "enriquecimento" em prol dos cofres públicos. Mas não se suponha que tal vantagem ao Poder Público estaria legitimada na medida que destinada à coletividade como um todo. É que o princípio da isonomia não tolera uma tal solução. Não se concebe um benefício à comunidade mediante o sacrifício imposto a um particular específico.

O fundamento ora considerado é o mesmo empregado para admitir, em certos casos, a responsabilidade patrimonial do Estado por atos *lícitos*. Assim, Celso Antônio Bandeira de Mello observa que há atos em consonância com o ordenamento que lesam bens de particular para satisfazer um interesse público. Nota que em tais hipóteses não há ilicitude. Mas acrescenta:

Contudo, a toda evidência, o princípio da isonomia estaria a exigir reparação em prol de quem foi lesado a fim de que se satisfizesse o interesse da coletividade. Quem aufere os cômodos deve suportar os correlatos ônus. Se a Sociedade, encarnada juridicamente no Estado, colhe os proveitos, há de arcar com os gravames econômicos que infligiu a alguns para o benefício de todos.[6]

Caberia também nesse ponto a consideração do princípio fundamental da solidariedade (art. 3º, I, CF).

6.3 Sob o mesmo prisma, os princípios da proporcionalidade e da razoabilidade, que estão embutidos no aspecto material da cláusula do devido processo (CF, art. 5º, LIV), dão suporte à intangibilidade da equação econômico-financeira. Não vigorasse a diretriz, o benefício ao *todo* adviria de um desproporcional sacrifício do particular contratado.

7 No presente caso, houve um incremento de "encargos" do Consulente, derivado da ampliação dos prazos contratuais — o que afeta a equação do contrato e justifica a proporcional elevação das "retribuições" em prol do Consulente. Esse é um dado fora de questionamento no presente caso, faltando apenas quantificar a recomposição.

Diante desse quadro, a questão que se põe é a seguinte: *seria possível sustentar que o reequilíbrio da equação econômico-financeira — que é garantia constitucional do contratado e dever da Administração — fica automaticamente precluso ou renunciado, quando firmado aditivo que amplia "encargos" do contratado sem a simultânea previsão de aumento das "retribuições"?*

III A distinção entre regras sobre presunção e regras formativas (preclusivas)

8 Uma resposta afirmativa à indagação formulada no fim do tópico anterior dependeria da existência de norma jurídica que lhe desse amparo. Na ausência de regra em tal sentido, fica vedada a conclusão no sentido de que se perdeu o direito à manutenção do equilíbrio da equação. Essa constatação é uma decorrência óbvia do princípio da legalidade (CF, art. 5º, I), aplicável a todas as relações jurídicas e de modo especial às relações de direito administrativas (CF, art. 37, *caput*), como a ora em exame. Para os órgãos e agentes da Administração Pública, a legalidade não é apenas um limite, uma baliza, mas um vetor fundamental da sua atuação.

---

[6] *Curso de direito administrativo.* 13. ed. São Paulo: Malheiros, 2001. p. 817.

Nesse ponto, cabe diferenciar dois tipos de regras jurídicas que em tese poderiam ser relevantes para a hipótese. Cabe verificar se regra de alguma dessas duas espécies aplica-se ao presente caso.

9 Por um lado, há regras que, diante de determinado fato (que pode consistir inclusive em conduta ativa ou omissiva do sujeito de direitos), impõem, criam, constituem uma nova situação jurídica. São normas *formativas, constitutivas* de um novo estado jurídico. Vinculam automaticamente determinado resultado jurídico a determinada hipótese fática.

Esse resultado jurídico pode consistir na atribuição ou na extinção ou vedação do exercício de um direito. Nesse segundo caso, pode-se falar genericamente em normas *preclusivas*.

10 Por outro lado, há regras que estabelecem critérios para a formação do convencimento do aplicador do direito relativamente à reconstrução de fatos pretéritos. Tais normas, diante da constatação da ocorrência de determinado fato, fornecem para o aplicador da norma parâmetros para o desenvolvimento de ilações que permitam concluir sobre a ocorrência ou inocorrência de outro fato. São regras sobre *presunção*.

Presunção é atividade intelectiva desenvolvida pelo aplicador do direito para formar convencimento sobre a ocorrência de um fato, a partir de outro que ele já sabe haver ocorrido. Parte-se do fato já comprovado (o "fato secundário"), que funciona como indicativo, como *indício*, da ocorrência de outro fato (o "fato principal").[7]

Nem toda a presunção deriva diretamente de uma regra específica. Há normas gerais autorizando o desenvolvimento de presunções, mediante a aplicação das "máximas da experiência": "em falta de normas jurídicas particulares, o juiz aplicará as regras de experiência comum subministradas pela observação do que ordinariamente acontece..." (CPC, art. 335). Alude-se a "presunção comum" em contraposição a "presunção legal", que é a prevista em uma norma específica. Em regra, as "presunções comuns" são admitidas em relação a fatos que poderiam ser comprovados por prova meramente testemunhal (C. Civil, art. 230).

Diante das regras sobre presunção, a conduta do sujeito de direito (que funciona como "fato secundário") não gera, em si mesma, uma consequência jurídica. Ela apenas é indício da ocorrência de

---

[7] Ver, entre muitos, MARQUES, J. Frederico. *Manual de direito processual civil*. 7. ed. São Paulo: Saraiva. v. II, p. 250.

outro fato, de outra conduta (o "fato principal") que, esse sim, acarreta determinada consequência jurídica.

11 A grande relevância da distinção entre essa hipótese e aquela da norma preclusiva reside em que, quando se está diante de regra presuntiva, é possível a produção de uma prova em sentido contrário, que ilida a presunção. Ou seja, a despeito de o sujeito haver adotado aquela conduta que seria indicativa de — que permitiria presumir — outra conduta sua, é possível comprovar que as coisas não são como parecem; que, a despeito da primeira conduta efetivamente ocorrida, a segunda conduta (a "presumida") não existe — e que, portanto, não se devem produzir os efeitos jurídicos vinculados a essa segunda conduta.

Já na hipótese da incidência de uma regra preclusiva, a pura e simples ocorrência da conduta prevista na regra basta para a produção dos efeitos que a norma imputa a essa conduta — sendo impertinente cogitar de "prova em sentido contrário".

12 Então, há uma diferença substancial entre os dois tipos de normas — que pode ser melhor destacada mediante exemplificação.

12.1 Considere-se a regra do art. 41, §2º, da Lei nº 8.666/1993: o licitante que não exercer o direito de impugnar o edital no prazo ali previsto, perde o direito a tal impugnação.[8] Não se trata de presumir que o licitante que não impugnou o edital concordou com ele, nem de presumir que tal licitante renunciou ao direito de impugnação. Apenas a lei peremptoriamente estabelece que quem não impugna no prazo perde o direito a tanto.

Vários outros exemplos podem ser apresentados em tal sentido. Regras dessa espécie são extremamente frequentes em matéria processual (p. ex., CPC, arts. 183, 503, 473 etc.), mas também estão previstas no âmbito do direito material (*v.g.*, C. Civil, art. 838). As próprias normas sobre prescrição e decadência são exemplos de regras preclusivas. Se o titular do direito omite-se de exercê-lo durante o lapso prescricional ou decadencial, extingue-se a pretensão (possibilidade de exigir o direito) ou o próprio direito, respectivamente. Nesses casos, a inércia do titular do direito durante o prazo previsto na norma acarreta diretamente a consequência preclusiva. É impertinente investigar se tal conduta omissiva era ou não indicativa de uma intenção de abrir mão do direito. Eventualmente, a inércia do sujeito até deriva disso — mas é irrelevante para a incidência da norma.

---

[8] A interpretação dessa regra comporta ressalvas e mitigações que a compatibilizem com a ordem constitucional. Mas o que ora importa é apenas ressaltar o seu caráter de regra sobre preclusão.

12.2 Por outro lado, tome-se como exemplo a regra do art. 330 do Código Civil, pela qual "o pagamento reiteradamente feito em outro local faz presumir renúncia do credor relativamente ao previsto no contrato". Nesse caso, não é a prática reiterada da aceitação do pagamento em lugar diverso do pactuado que por si só altera o local do pagamento. Tal prática é apenas indício de um possível renúncia. Diferentemente dos exemplos anteriores, é possível a produção de prova destinada a demonstrar que, a despeito da reiterada aceitação pelo credor do pagamento em outra localidade, ele não renunciou ao previsto no contrato.

Outros tantos exemplos podem ser mencionados, em diplomas de direito material (*v.g.*, C. Civil, arts. 232, 311 e 1.201, parágrafo único, etc.) e processual (*v.g.*, CPC, arts. 302, 319, 343, §1º, etc.). Mas todas as regras sobre presunção revestem-se de natureza preponderantemente processual. Consistem sempre no estabelecimento de critérios para a formação de convencimento sobre fatos pretéritos. Essa atividade instrutória probatória tem caráter processual.

12.3 Nem sempre a distinção entre regras preclusivas e regras sobre presunção é tão clara.

Há casos em que um mesmo dispositivo reúne previsões atinentes a presunção e preclusão (p. ex., art. 324 do C. Civil).

Há ainda casos em que a disposição legal alude a uma "presunção", mas deixa claro não caber prova em sentido contrário ao estabelecido na presunção. Tem-se então a chamada "presunção absoluta" (ou *"juris et de jure"*). Tais regras, a rigor, não têm o mesmo caráter daquelas que versam sobre presunção propriamente dita ("presunção relativa" ou *"juris tantum"*). Afinal, as regras que preveem "presunção absoluta" não fornecem parâmetros para a formação de convencimento probatório pelo aplicador do direito, mas, sim, ao equiparar em termos absolutos uma dada situação fática a outra, estendem à situação equiparada uma consequência jurídica aplicável àquela outra.[9] Sob esse aspecto, são regras "formativas", na acepção acima indicada, podendo inclusive ter caráter preclusivo. Tome-se como exemplo a previsão, de há muito revogada, de que "presume-se (*sic*) perdoado o adultério, quando o cônjuge inocente, conhecendo-o, coabitar com o culpado" (C. Civil de 1916, art. 319, parágrafo único). Considerava-se que tal

---

[9] V., entre outros, Barbosa Moreira, "As presunções e a prova", em *Temas de Direito Processual: 1ª série* (2. ed. São Paulo: Saraiva. p. 68 e seguintes).

"presunção" não admitia prova em contrária: era, portanto, "absoluta". Então, a regra em questão não estava verdadeiramente estabelecendo balizas para investigar se houve ou não presunção, e sim apenas determinando que, tendo havido adultério, e dele sabendo o cônjuge inocente, a coabitação dos cônjuges, em si mesma, gerava a perda do direito de obter a dissolução da sociedade conjugal. Ou seja, é uma regra preclusiva.[10]

13 Mas os traços distintivos aqui sintetizados bastam para os fins do presente exame.

Importa é saber se existe uma regra preclusiva ou ao menos presuntiva no presente caso. Vale dizer: uma regra que extinga o direito ao reequilíbrio na hipótese de celebração de aditivo aumentando os "encargos" sem expressa ressalva quanto à recomposição; ou uma regra estabelecendo que a celebração desse aditivo sem ressalvas gera quando menos uma presunção de que se renunciou ao direito à recomposição.

Como se procurará demonstrar a seguir, não há regra de nenhuma dessas duas espécies aplicável ao caso em exame.

IV Ausência de regra preclusiva

14 Não há no ordenamento regra estabelecendo que quem celebra aditivo ao contrato administrativo ampliador de seus "encargos" e não pactua no mesmo ato o reequilíbrio da equação perde o direito a tal recomposição.

E apenas se houvesse uma norma expressa a esse respeito seria possível concluir que o direito à recomposição ficou precluso. Cabe observar a diretriz de legalidade estrita. A submissão ao regime de direito público — como já se apontou acima — já bastaria para justificar a exigência de expressa previsão legal. O caráter restritivo de direito de que se reveste a preclusão impõe idêntica conclusão.[11]

---

[10] Outros exemplos podem ser verificados em Egas Moniz de Aragão (*Exegese do Código de Processo* Civil. Rio de Janeiro: Aide. v. IV-I, p. 112-513), que, depois de mencionar regras que aludem a "presunção" no Código, arremata: "em verdade, algumas dessas 'presunções' correspondem a casos de 'preclusão', como a do art. 412, §1º, *in fine*".

[11] De resto, seria duvidosa a constitucionalidade de uma previsão legal nesses termos. A lei infraconstitucional não poderia restringir uma garantia constitucional senão por motivos razoáveis.

V Ausência de regra de presunção: norma geral exigindo renúncia expressa

15 Também não há regra estabelecendo a presunção de renúncia ao direito de reequilíbrio no caso em exame. Não existe no ordenamento regra com esse específico teor.

E não é sequer possível sustentar que, a despeito de não haver uma regra de presunção específica para a hipótese, seria aplicável a norma geral permissiva do desenvolvimento de presunções. Não é viável reputar que o silêncio nos aditivos indica uma renúncia ao direito ao reequilíbrio por parte do Consulente.

É que não só não existe regra específica autorizadora de tal presunção, como ainda *há norma expressa em sentido oposto*, estabelecendo *diretriz geral que desautoriza a pura e simples presunção da ocorrência de ato de renúncia a direitos*.

É o art. 114 do Código Civil, segundo o qual "os negócios jurídicos benéficos e a renúncia interpretam-se restritivamente". Se não é possível sequer conferir a um ato de renúncia uma extensão mais ampla do que aquela nele expressamente retratada, também não é admissível supor, deduzir, presumir uma renúncia a partir de um ato que não a veicula expressamente. Em outros termos: se não é viável *ampliar* interpretativamente uma renúncia explícita, é igualmente vedado pretender extrair uma renúncia de um ato que nem sequer a expressa.

Essa disposição legal já estava prevista no anterior Código Civil (art. 1.090), e teve sua redação alterada para expressamente indicar que também a renúncia não pode receber interpretação extensiva.

Tratando da regra em discurso, Caio Mário da Silva Pereira leciona o seguinte:

> O Código transpôs para a Parte Geral (art. 114) o disposto no art. 1.090 do Código Civil de 1916, que mandava que se interpretassem estritamente os contratos benéficos. Generalizou para todo negócio jurídico o princípio que recomenda não dar interpretação ampliativa a quaisquer atos liberais. E, com a mesma orientação, abrangeu na mesma regra a renúncia.
>
> No primeiro plano, aludindo aos negócios jurídicos benéficos, o Código enfatiza o fundamento ético do preceito, assentando que a declaração de vontade benéfica deve ser contida no limite do que o agente especificamente pretendeu. O beneficiado não pode obter mais do que se contém no texto da declaração. E o intérprete encontra barreira a todo propósito ampliativo.

No mesmo propósito restritivista colocou a renúncia, como ato pelo qual o sujeito abre mão de um direito, de uma faculdade ou de uma vantagem. Conjugando o artigo 114 com o artigo 112, resulta a filosofia hermenêutica da vontade liberal ou abdicativa: o intérprete, através da declaração, tem de fixar o querer do agente, não permitindo que a liberalidade e a renúncia exorbitem da intenção pura do agente.[12]

Consequentemente, aplica-se ao ato de renúncia a ressalva da parte final do art. 111 do Código Civil. É indispensável declaração de vontade expressa da renúncia. Não basta o mero silêncio do titular do direito.

16 E as regras em questão incidem inclusive sobre as relações contratuais administrativas. Vale aqui a determinação de aplicação supletiva dos princípios da teoria geral dos contratos e das disposições de direito privado, estampada no art. 54 da Lei nº 8.666/1993.

As normas ora em destaque não são incompatíveis com o regime de direito público. Bem o contrário, os vetores constitucionais da Administração Pública exigem a consideração de tais regras.

16.1 Afinal, a intangibilidade da equação econômico-financeira do contrato administrativo é uma garantia constitucional (cf. item II, acima).

Trata-se de posição jurídico-subjetiva incompatível com uma renúncia tácita. Mesmo que não existisse a regra do art. 114 do Código Civil, não seria legítima uma interpretação no sentido de que o silêncio implicaria renúncia à intangibilidade de equação. As normas sobre direitos e garantias constitucionais não devem receber interpretação restritiva, que lhes reduza o alcance e a eficácia, senão quando houver outro fundamento constitucional de maior magnitude que justifique tal solução hermenêutica. Do mesmo modo, as normas que limitam ou extinguem esses direitos e garantias normalmente não podem receber interpretação ampliativa.

16.2 Depois, o princípio da boa-fé, ínsito à moralidade administrativa (CF, art. 37, *caput*) também impõe essa mesma conclusão. A Administração não se pode valer de simples omissões do particular para negar-lhe direitos constitucionalmente assegurados. No presente caso, nem mesmo se pode afirmar que o Consulente omitiu-se. Prévia e reiteradamente, ele ressalvou o seu direito (v. item VI, a seguir). Mas em qualquer caso, o silêncio nos aditivos, por si só, jamais poderia ser

---

[12] *Instituições de direito civil*. 20. ed. Rio de Janeiro: Forense, 2004. v. I, p. 503-504.

invocado como fundamento para suprimir o direito constitucional à manutenção da equação original — sob pena de afronta à boa-fé. O tema é retomado adiante (item VII).

16.3 De resto, a diretriz geral de que as renúncias exigem atos expressos, não podendo ser presumidas, está estampada também em diversos preceitos legais destinados a regular especificamente relações de direito público.

Tome-se como exemplo a Lei nº 9.784/1999.

Nos termos de seu art. 27, "o desatendimento de intimação não importa o reconhecimento da verdade dos fatos, *nem a renúncia a direito pelo administrado*".

E o art. 51, *caput*, do mesmo diploma, condiciona a "desistência do pedido" e a *"renúncia a direitos disponíveis"* à *"manifestação escrita"* do particular. Na mesma linha, o §1º desse art. 51 veda interpretação extensiva da renúncia: se há vários interessados, a desistência ou renúncia atinge apenas quem expressamente a formulou.

17 Em suma, não é possível presumir uma renúncia ao direito ao reequilíbrio. A renúncia há de ser expressa, explícita, textual.

VI A existência de comprovação de que não houve renúncia

18 De qualquer modo, e ainda que fosse em tese possível presumir uma renúncia (e — repita-se — não é), no caso concreto tal presunção seria derrubada por prova documental em sentido contrário.

Dos relatórios do Consulente, extrai-se que ele sempre ressalvou seu direito ao reequilíbrio da equação contratual. Há correspondências e atas a esse respeito. Durante as conversações para a elaboração dos aditivos, o Consulente expressamente apontou a necessidade de que viessem a ser futuramente quantificadas e recompostas as perdas derivadas da extensão dos marcos contratuais.

A ata da reunião realizada entre as partes em 23.07.2004 é a cabal comprovação desses fatos (DGE.T.028.2004). Nessa reunião, as partes finalizaram os ajustes daquele que veio a ser o conteúdo do quarto termo aditivo. E na ocasião constou da ata a seguinte ressalva: "Eventuais custos adicionais e prazos de Garantia de fornecimentos, ambos decorrentes da postergação dos Marcos Contratuais acima serão avaliados oportunamente" (item 2.3.1.1).

Portanto, está definitivamente afastada a ocorrência de renúncia ao direito ao reequilíbrio da equação.

VII O princípio da boa-fé da Administração Pública

19 Além do mais, eventual recusa ao reequilíbrio que a Administração viesse a emitir violaria o princípio constitucional da boa-fé.

O Consulente tem reiteradamente se proposto a cooperar com Administração no que tange a uma série de reformulações contratuais — todas derivadas de fatos alheios ao Consulente (decorrentes de força maior ou mesmo de opções da Administração). Entre os documentos que acompanharam a presente consulta há relato minucioso e documentado dessas providências. Entre elas, incluiu-se a postergação dos prazos contratuais — com significativo aumento de encargos do Consulente. O Consulente concordou com as alterações contratuais dos prazos. Dispôs-se a tanto sem exigir que desde logo — como seria seu direito — fossem quantificadas e implementadas as medidas de reequilíbrio do contrato. Ou seja, prontificou-se a colaborar para a imediata solução dos pontos de interesse da Administração, deixando ressalvado o seu direito ao reequilíbrio da equação. Ambas as partes deixaram isso inclusive consignado em ata de reunião (v. item anterior).

O Consulente confiou na Administração Pública. Acreditou que, tal como indicado previamente, haveria a "oportuna" avaliação dos eventuais custos adicionais. Portanto, a Administração não pode, agora, simplesmente recusar o reequilíbrio sob o argumento de que o Consulente perdeu a oportunidade de obter o reequilíbrio.

Logo, e não bastassem todas as outras razões, a imposição de boa-fé já bastaria para amparar a posição do Consulente.

20 Com o devido respeito, eventual negativa do reequilíbrio, sob o argumento de que teria havido renúncia ou preclusão, implicaria sustentar que o princípio da boa-fé não se coloca na relação entre a Administração Pública e o particular. Isso seria desproposilado, dando lugar a vício de inconstitucionalidade (CF, art. 37, *caput*). A Administração, tendo concordado e, mais do que isso, incentivado determinado encaminhamento da questão (de deixar para um momento posterior a avaliação do desequilíbrio), não poderia ignorar sua conduta anterior.

Trata-se da conhecida vedação ao *venire contra factum proprium*, inerente à boa-fé, tal como demonstra Franz Wieacker.[13] Na lição de Francisco Muniz:

---

[13] *El Principio General de la Buena Fe*. Madrid: Civitas, 1982. p. 60 e ss.

A locução *venire contra factum proprium* traduz o exercício de um direito em contradição com o comportamento assumido anteriormente pelo titular.

Infringe a boa-fé quem pretende fazer valer um direito em contradição com sua conduta anterior, na qual a outra parte confia.[14]

No âmbito administrativo, tanto quanto no privado, aplica-se universalmente o princípio da boa-fé como exigência de lealdade e realização das expectativas objetivamente criadas.[15]

No Brasil, o princípio da boa-fé tem assento constitucional, no *caput* do art. 37 da Constituição Federal, que determina à Administração o respeito ao princípio da moralidade.[16] Há reprovação qualificada — justamente porque constitucional — à postura desleal da Administração Pública. Todo agente estatal tem o dever *jurídico* de agir de boa-fé. E todo o aparato judiciário, do primeiro ao último grau, está habilitado a rechaçar conduta que atente com o princípio da boa-fé.

Esse entendimento é compartilhado por Celso Antônio Bandeira de Mello, para quem o princípio da moralidade administrativa compreende "...*os chamados princípios da lealdade, e boa-fé*".[17] Sua orientação é assim lançada:

> Segundo os cânones da lealdade e da boa-fé, a Administração haverá de proceder em relação aos administrados com sinceridade e lhaneza, sendo-lhe interdito qualquer comportamento astucioso, eivado de malícia, produzido de maneira a confundir, dificultar ou minimizar o exercício de direitos por parte dos cidadãos.[18]

VIII Conclusão

21 Pelo exposto, conclui-se que a circunstância de os aditivos de postergação dos prazos contratuais haverem sido celebrados sem que neles se procedesse ao devido reequilíbrio contratual nem se ressalvasse expressamente a necessidade de oportuno reequilíbrio não implica

---

[14] *Textos de Direito Civil*. Curitiba: Juruá, 1998. p. 41.
[15] Entre tantos outros, vejam-se os ensinamentos Jesus Gonzales Perez (*El Principio General de la Buena Fe en el Derecho Administrativo*. Madrid: Civitas, 1983. p. 48 e ss) e Hans Maurer (*Droit Administratif Allemand*. Librairie Générale de Droit et de Jurisprudence, Paris, 1994. p. 55-56).
[16] Como demonstra Marçal Justen Filho, em "O Princípio da Moralidade Pública e o Direito Tributário", *RTDP* 11, 1995, p. 44 e ss.
[17] *Curso de Direito Administrativo*. 8. ed. São Paulo: Malheiros, 1996. p. 69.
[18] *Op. cit.*, p. 69.

preclusão nem renúncia à garantia de intangibilidade da equação econômico-financeira.

Não há norma jurídica impondo uma preclusão nesse sentido. Tampouco há regra autorizando presumir uma renúncia nesse caso. Ao contrário, a renúncia exige ato expresso e inequívoco. Ademais, há razoável comprovação de que as partes remeteram a questão do reequilíbrio a posterior avaliação. Por fim, se a Administração viesse a recusar-se a promover a recomposição da equação sob o argumento de que houve renúncia ou preclusão, estaria havendo grave afronta ao princípio da boa-fé, ínsito à imposição constitucional de moralidade administrativa.

Curitiba, 18 de fevereiro de 2005.

Esta obra foi composta em fonte Palatino Linotype, corpo 10,
e impressa em papel Offset 75g (miolo) e Supremo 250g (capa)
pela Gráfica e Editora O Lutador.
Belo Horizonte/MG, novembro de 2010.